中小企業診断士2次試験

ふぞろいな再現答案5

2018～2019年版

ふぞろいな合格答案プロジェクトチーム 編

同友館

はじめに

　『ふぞろいな合格答案』の総集編である『ふぞろいな再現答案5』は、中小企業診断士2次試験の合格を目指す受験生のために作成しています。本書は他の書籍とは異なり、受験生の生の情報をもとにして作成された参考書であることが大きな特徴です。

　『ふぞろいな再現答案5』は、『ふぞろいな合格答案エピソード11』と『ふぞろいな合格答案エピソード12』の中でも人気の高い再現答案編（合格者答案と80分間ドキュメント）をまとめたものです。ぜひ受験勉強にお役立てください。

『ふぞろいな合格答案』の理念

1．受験生第一主義

　本書は、「受験生が求める、受験生に役立つ参考書づくりを通して、受験生に貢献していくこと」を目的としています。プロジェクトメンバーに2次試験受験生も交え、できる限り受験生の目線に合わせて、有益で質の高いコンテンツを目指しています。

2．「実際の合格答案」へのこだわり

　「実際に合格した答案には何が書かれていたのか」、「合格を勝ち取った人は、どのような方法で合格答案を作成したのか」など、受験生の疑問と悩みは尽きません。我々は実際に十人十色の合格答案を数多く分析することで、実態のつかみにくい2次試験の輪郭をリアルに追求していきます。

3．不完全さの認識

　採点方法や模範解答が公開されない中小企業診断士2次試験。しかし毎年1,000名前後の合格者は存在します。「合格者はどうやって2次試験を突破したのか？」、そんな疑問にプロジェクトメンバーが可能な限り収集したリソースの中で、大胆に仮説・検証を試みます。採点方法や模範解答を完璧に想定することは不可能である、という事実を謙虚に受け止め、認識したうえで、本書の編集制作に取り組みます。

4．「受験生の受験生による受験生のための」参考書

　『ふぞろいな合格答案』は、2次試験受験生からの再現答案やアンケートなどによって成り立っています。ご協力いただいた皆様に心から感謝し、お預かりしたデータを最良の形にして、我々の同胞である次の受験生の糧となる内容の作成を使命としています。

> (一社)中小企業診断協会では、中小企業診断士試験にかかる個人情報の開示請求に基づき、申請者に対して得点の開示を行っています。『ふぞろいな合格答案』は、得点区分(合格、A、B、C、D)によって重みづけを行い、受験生の多くが解答したキーワードを加点要素として分析・採点をしています。いただいた再現答案と試験場の答案との差異や本試験との採点基準の相違等により、ふぞろい流採点と得点開示請求による得点には差が生じる場合があります。ご了承ください。

目　次

合格一直線！『ふぞろいな再現答案５』徹底活用法

　『ふぞろいな合格答案』の総集編『ふぞろいな再現答案５』を手に取ってくださったみなさま、ありがとうございます。『ふぞろいな再現答案５』は、『ふぞろいな合格答案エピソード11』と『ふぞろいな合格答案エピソード12』の２冊の再現答案編（合格者答案と80分間ドキュメント）をまとめたものになります。『ふぞろいな合格答案エピソード13』と併せてお使いいただけると、直近の過去問３年分の合格答案を活用した受験対策が可能になり、合格により近づけるものと思います。

　『ふぞろいな合格答案エピソード13』と『ふぞろいな再現答案５』を徹底活用していただき、合格答案作成のコツをつかみましょう。その前に効果的な活用のために、ふぞろいな理念が意味するものを押さえていきましょう。

『ふぞろい』の理念が意味するもの

　『ふぞろいな合格答案』の理念にもとづく本書の特徴です。

１．不完全さの認識

　正解が発表されない試験のため、答案分析「ふぞろい流採点基準」のキーワード採点や加点方式も「もし、こういう基準で採点がされていたとしたら」という、１つの仮説にすぎません。編集者は200を超える受験生の再現答案を分析して、一定の方向を導き出していますが、本書は「不完全」であるという認識のうえでお読みください。

２．受験生第一主義

　本書は、受験指導のプロではない、合格者や未合格者が中心となって編集しています。等身大の目線で編集できる強みを持つ一方で、受験指導を生業にしている方々とは異なるアウトプットになっています。

３．「実際の合格答案」へのこだわり

　「実際の合格答案」は、試験会場で回収されています。本書は、合格者が後日作成した再現答案の再現性が100％である前提で分析を行っていますが、実際の再現性は70〜90％程度と思われます。

４．「受験生の受験生による受験生のための」参考書

　データやアンケートの収集源は、『ふぞろい』をすでに認知している人たちが大半です。よって母集団に一定のバイアス（偏り）がありますので、予めご了承のうえでお読みください。

●合格答案のレベルを把握し、自分の解答との違いを探すには？

⇒合格者の答案を知る！

　第1章および第2章の「80分間のドキュメント」では、受験当日にどのように取り組んだのかを体感することができます。「80分ではどうしても時間が足りない…」などの悩みをもつ受験生の皆さんに特に参考にしていただきたいと思います。

　また、同じく「再現答案」では、合格者の再現答案を使って、答案の全体像や設問ごとの解答プロセスなどを確認することができます。「結論が先か」「①②などの使い方は」など、合格者が解答欄に解答をどのようにレイアウトしたのかを知り、参考にすることで、「書く力の安定」にお役立てください。

　読者の皆様なりの『ふぞろい』の活用法を見出していただき、ぜひとも合格を勝ち取っていただきたいと願っております。

ふぞろいな合格答案ブログ、更新中！

ストレート生・2年目生・多年度生それぞれの合格ナビゲーターによる、
受験生応援ブログを日々更新しています。冊子に載せきれなかった情報やセミナーなどの
イベント情報を発信していますので、ぜひ本書と合わせてご活用ください。

https://fuzoroina.com/

| ふぞろい | 検索 |

平成30年度試験 再現答案
（2019年版）

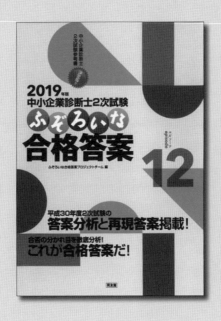

第１章のトリセツ

　第１章は、平成30年度２次試験合格者のうち６名を取り上げ、各人の２次試験当日の思考や行動を詳細に紹介しています。６名の現場対応の記録を、合格のヒントとしてご活用いただければ幸いです。

第１節　合格者６名の勉強法と解答プロセス

　ふぞろいな合格者６名の紹介に続き、各メンバーの勉強への取り組み方、合格のために重視していたこと、勉強スケジュールなどを詳細なコメント付きで紹介します。

第２節　合格者の80分間のドキュメントと再現答案

　６名の合格者が２次試験本番にどのように臨み、どのように合格答案に至ったのかを、ドキュメント形式でお伝えします。予想外の難問・奇問や思わぬハプニングに翻弄されつつも、なんとか合格をつかみ取ろうとする６名の姿を、リアルな感情の動きも含め克明に記録しています。また、実際に当日作成した答案を後日再現し、ふぞろい流採点と得点開示結果を添えて掲載します。

第３節　きっと見つかる！　ふぞろいなスッキリお悩み解決法

　診断士受験生、水戸麻美と応泉用（『ふぞろいな答案分析５』に登場）からの質問に回答する形式で、６名の合格者がそれぞれの解答プロセスを公開します。どのような方法を採用していたのか、その理由はなぜなのか、詳細な手順に図解も添えて紹介していますので、ぜひご自身に合った解答プロセスを探してみてください。

～事例の効果的な復習方法～
ほかの方に答案を添削してもらいアドバイスをもらうこと。

第1節　合格者6名の勉強方法と解答プロセス

1．ふぞろいな合格者6名のご紹介

再現答案を活用するために、自分と似たタイプの合格者を一覧表から見つけてください！

		かずま	かわとも	もってぃ	たっつん	そうちゃん	いくみん
年齢		29歳	35歳	35歳	39歳	40歳	35歳
性別		男	女	男	男	男	女
業種		IT	小売	製造業	IT	出版	アパレル通販
職種		SE	営業運営	技術	営業	編集兼営業	法務
2次受験回数		1回	1回	1回	2回	3回	4回
2次勉強時間		100時間	300時間	200時間	1,100時間	1,150時間	2,000時間
学習形態		独学	予備校通学	独学	1、2年目：予備校通学 3年目：独学	1～3年目：予備校通学	予備校通学 （2年目のみ予備校通信）
模試回数		1回	1回	0回	1回	4回	2回
模試成績		上位25％以内	上位15％以内	—	上位75％以内	上位2％以内	上位0.4％以内
得意事例		特になし	事例Ⅱ	事例Ⅱ	事例Ⅲ・Ⅳ	事例Ⅰ	事例Ⅱ
苦手事例		事例Ⅳ	事例Ⅰ・Ⅲ	事例Ⅳ	事例Ⅱ	特になし	事例Ⅰ
文系／理系		理系	文系	理系	文系	文系	文系
過去問の取り組み方		質を重視	量を重視	PDCAと量を重視	質を重視	質を重視・分析中心	質を担保し量も確保
取り組み事例数		32事例	108事例	101事例	59事例	84事例	130事例
得点開示結果／ふぞろい予想点	Ⅰ	68/70	76/71	78/62	73/59	64/68	71/71
	Ⅱ	56/64	64/71	65/65	55/54	64/70	47/50
	Ⅲ	73/78	49/68	58/60	57/62	56/63	69/71
	Ⅳ	47/57	72/79	61/64	64/60	61/68	53/64
2次試験攻略法		キーワード・切り口の習得	過去問演習のアウトプットと1次知識のインプット	出題者の求めている解答を読み取る	能力とスキルの向上を図る	過去問を分析し傾向をつかむ	過去問重視知識とスキル両面で攻略
事例を解くのに有利な経験や資格		—	—	ビジネスマネージャー検定	あえて言えば1次試験	—	—

与件文へのメモや解答骨子など、自分が解いた軌跡をファイルにまとめ、間違えたポイントなどを見直す。

2．勉強方法と合格年度の過ごし方

勉強方法と解答プロセス ＊■━━━━━━━━━━━━━━ ■かずま 編

（再現答案掲載ページ：事例Ⅰ p.26　事例Ⅱ p.54　事例Ⅲ p.84　事例Ⅳ p.114）

私の属性

【年　　齢】 29歳	【性　　別】 男
【業　　種】 IT	【職　　種】 SE
【得意事例】 特になし	【苦手事例】 事例Ⅳ
【受験回数】　1次：1回　　2次：1回	
【合格年度の学習時間】　1次：430時間　　2次：100時間	
【総学習時間】　　　　　1次：430時間　　2次：100時間	
【学習形態】　独学	
【直近の模試の成績】　上位25％以内　【合格年度の模試受験回数】　1回	

私のSWOT

S（強み）：集中力がある　　W（弱み）：独学のため情報が少ない
O（機会）：自習室の確保　　T（脅威）：2次試験と仕事の繁忙期が重なった

効果のあった勉強方法

①『ふぞろいな合格答案10年データブック』の活用
　『ふぞろいな合格答案10年データブック』の「事例別10年まとめ表」を活用しました。各年度の出題概要や切り口・キーワードがまとまっており、それらの切り口やキーワードはいつでも使えるように覚えました。覚えたキーワードを用いて繰り返し解答を作成することで、安定した解答を作成できるようになりました。

②勉強する事例（過去問）を絞り、反復する
　1次試験終了後から勉強を始めたため、勉強時間が限られていました。そのため、勉強する問題は過去問7年分と決め、同じ問題を繰り返し解きました。過去問を解いたら自分が失点した箇所を分析し、なぜ失点したのかをノートにまとめ、いつでも振り返ることができるようにしました。

③自分に合う参考書を見極め、それに集中する
　1次試験終了後に、インターネットで情報を集め、複数の参考書を購入しました。最初の1週間はさまざまな参考書を用いましたが、2週目には自分に合う参考書を見極め、それに集中しました。どの参考書が合うかは人により異なると思うので、複数の参考書を実際に使い、自分に合うものを選択したのはよかったと思います。

私の合格の決め手

　月に4回まで使用可能な自習室をレンタルし、メリハリをつけて学習を実施できたことです。当初は自宅で勉強していましたが、誘惑が多く、集中力が持続しませんでした。有料自習室には、さまざまな人の目標が掲示板に張られており、なかには同じ目標を持つ人もいたため、刺激を受けながら取り組むことができました。

〜事例の効果的な復習方法〜

　予備校の解答とふぞろいを見つつ、自分が80分で書けそうなベスト答案を作る。

合格年度の過ごし方～初年度受験生～

平日は分野別に過去問がまとめてある参考書を用い、事例Ⅳを勉強しました。休日はまとまった時間が取れるので、実際に80分の時間を計り、事例Ⅰ～Ⅲを中心に勉強しました。過去問の2周目以降は少ない時間での解答を心掛け、キーワード抽出と答案構成作成のみとしました。

1月～ 5月下旬	課題：計算科目を中心に1次試験対策知識を取得		
	学習内容	学習時間のすべてを1次試験対策につぎ込みました。3科目程度を同時並行で学習し、勉強に飽きがこないようにしていました。またこの時期は暗記科目よりも財務・会計といった計算科目を中心に学習していました。	取り組み事例数： 0事例
			平均学習時間 平日：0時間 休日：0時間
5月下旬～ 8月上旬	課題：暗記科目を中心に1次試験対策知識を取得		
	学習内容	この時期も2次試験対策は実施せず、1次試験の勉強をしていました。1次試験当日が近づくにつれ、経営法務、中小企業経営・中小企業政策といった暗記科目の勉強時間を増やしていきました。	取り組み事例数： 0事例
			平均学習時間 平日：0時間 休日：0時間
	1次試験！		
8月上旬～ 9月上旬	課題：2次試験の情報収集		
	学習内容	1次試験終了後、まずは受験生支援ブログなどで2次試験の情報を集めました。「ふぞろいな合格セミナー　夏」に参加し、周囲の方々の勉強の進み具合に刺激を受けました。9月上旬には模試を受験し、1日の流れを体験しました。	取り組み事例数： 12事例
			平均学習時間 平日：1時間 休日：6時間 （土日どちらか）
9月上旬～ 直前	課題：解答プロセスの固定化、キーワードの活用		
	学習内容	過去問を繰り返し解き、なぜ間違ったのかについて分析しました。よく間違える箇所はノートにまとめ、同じ間違いをしないように工夫しました。インターネットや『ふぞろいな合格答案10年データブック』を活用し、よく出る切り口やキーワードを暗記しました。	取り組み事例数： 20事例
			平均学習時間 平日：1時間 休日：6時間 （土日どちらか）
	2次試験！		

学習以外の生活

1次試験が終わった解放感から、趣味の旅行に何度か行きましたが、そのおかげでモチベーションを保つことができました。旅行以外では、なるべく遊びに行く時間を夕方にし、自習室に行った後に遊びに出かけていました。また、可愛い甥っ子の写真で日々の息抜きを行っていました。

仕事と勉強の両立

仕事の繁忙期と重なってしまったため、平日はほとんど勉強に取り組めない時期もありました。重要な解答の切り口・キーワードをスマホに入れ、通勤時間中にそれを使って平日の勉強時間を確保していました。

~事例の効果的な復習方法～

点数は気にしない。みんなができたことができていなかった時だけ反省する。

勉強方法と解答プロセス ＊ ━━━━━━━━━ ▶かわとも 編

（再現答案掲載ページ：事例Ⅰ p.30　事例Ⅱ p.58　事例Ⅲ p.88　事例Ⅳ p.118）

【 私の属性 】

【年　　　齢】	35歳	【性　　　別】	女
【業　　　種】	小売	【職　　　種】	営業運営
【得意事例】	事例Ⅱ	【苦手事例】	事例Ⅰ、事例Ⅲ
【受験回数】	1次：1回　　2次：1回		
【合格年度の学習時間】	1次：700時間	2次：300時間	
【総学習時間】	1次：700時間	2次：300時間	
【学習形態】	予備校通学		
【直近の模試の成績】	上位15%以内	【合格年度の模試受験回数】	1回

【 私のSWOT 】

S（強み）：試験勉強に慣れている　　　　W（弱み）：短時間で文章をまとめるのが苦手

O（機会）：時短勤務で時間確保が可能　　T（脅威）：仕事の精神的負荷

【 効果のあった勉強方法 】

①常に情報収集を怠らず、良い方法を取り入れる

　2次試験は何を指針として学習すべきかがモヤっとしており、しかも短期間で合格レベルまで到達しなければなりません。そのため、勉強方法や解答プロセスに関する情報収集が非常に重要だと考えていました。複数の受験生支援団体のブログを毎日チェックし、良い方法があればすぐに取り入れるようにしました。

②まとめノートを活用した知識の定着化

　事例別に「解答作成のポイント、間違えたポイント、1次知識、便利なフレーズ」をまとめたノートを作成。過去問を解くなかで都度ノートに記入し、日々見直すことで、知識の定着化を図りました。特に苦手な事例Ⅰの克服に役立ち、試験本番はノートに書いた着眼点と1次知識を使って答案を作成することができました。

③事例別・論点別の「タテ解き」による学習効率アップ

　2次学習開始後の1ヵ月間は、3日単位のサイクルで事例Ⅰ～Ⅲのうち1種類の事例のみを解く「タテ解き」をすることで、各事例の出題傾向を早期に体得しました。事例Ⅳは『事例Ⅳの全知識＆全ノウハウ』を活用し、経営分析、CVP分析などの論点別に過去問をタテ解きし、解法を効率的に身につけることができました。

【 私の合格の決め手 】

　緻密な計画とPDCAが決め手です。1次試験終了後に2次試験の情報を徹底的に集め、「これをやれば必ず受かる」と自信を持てる学習プランを自分なりに定めて突き進みました。スケジュールを日次・週次・月次で作成し、行きの電車、昼休み、帰りの電車、夜間と、各時間枠で何をどこまでやるかを細かく計画。毎週末に振り返り＆修正を行いPDCAを回すことで、着実に合格レベルまで達することができました。

　各事例の問われ方別に分けた、解答例やキーワードまとめを作る。

合格年度の過ごし方～初年度受験生～

2月から1次試験の勉強開始と、他の受験生よりも出遅れたこともあり、一心不乱に勉強しました。土曜は子供を保育園に預けて予備校に通学し、平日は通勤電車、昼休み、子供を寝かしつけた後はすべて勉強。ゴールデンウィークも夏休みも旅行に行かず、勉強漬けの日々を送りました。協力してくれた家族に感謝です。

4月～5月	課題：2次試験とは何かを知る		
	学習内容	予備校の同じクラスで勉強会を結成し、事例Ⅰ～Ⅲを直近1年分解く。1事例解くのに4時間もかかり、2次試験の手強さを痛感。この経験があったからこそ、1次試験終了後にスタートダッシュできたと思う。勉強会は1次試験の勉強に専念するため、5月でいったん中止。 受験生支援団体のブログで、1次試験終了後に2次問題集が品薄になるという情報を知り、1次模試が終わった時点で買い揃える。	取り組み事例数：3事例 平均学習時間 平日：0時間 休日：0.5時間
1次試験！			
8月	課題：情報収集と勉強方法の確立		
	学習内容	1次終了後、1週間かけて受験生支援団体のブログで2次試験の情報を集めまくる。その間事例Ⅰ～Ⅲには手をつけず、事例Ⅳを淡々と勉強。8月末までの目標を「事例Ⅰ～Ⅲは過去3年分を丁寧に解いて解答プロセスを確立し、事例Ⅳは『事例Ⅳの全知識＆全ノウハウ』をひととおり解く」と設定し、週次・日次のスケジュールに落とし込み学習を進める。	取り組み事例数：30事例 平均学習時間 平日：4時間 休日：5時間
9月～10月上旬	課題：解答プロセスの定着化と精度向上		
	学習内容	80分以内に解き終えられないことに悩み、丁寧な解答作成をやめて「質より量」型にシフト。通勤電車を活用して1日1～2事例、解答骨子のみを作成するトレーニングを実行し、過去問11年分を1.5回転させる。情報収集は毎日継続し、真似できそうな方法はすぐに試しつつ、学習のPDCAを回す。	取り組み事例数：60事例 平均学習時間 平日：4時間 休日：5時間
試験2週間前～	課題：今までの総復習とメンタルのコンディショニング		
	学習内容	週末にセルフ模試をやり、栄養補給ペースも含めシミュレーション。平日は、事例Ⅰ～Ⅲは今までの答案と改善ポイントを見直し、事例Ⅳは『事例Ⅳの全知識＆全ノウハウ』と予備校演習をパーフェクトレベルに仕上げ、ベクトルを「量から質」に戻していった。試験前日も、本番で緊張しないことを最優先にセルフ模試を行う。	取り組み事例数：15事例 平均学習時間 平日：4時間 休日：5時間
2次試験！			

学習以外の生活

夫と子供との時間を大切にしたかったので、金曜夜と土曜夜は夫と宴会、日曜は日中を家族で遊ぶ時間として、「勉強しない時間枠」を決めていました。日曜に勉強時間を確保したいときは、夫にも同じだけの自由時間をあげることで、公平感を保つようにしました。

仕事と勉強の両立

4月から新規事業部門に配属となってストレスが多くなったため、精神的に辛い時期がありました。そのようなときは自分の心と向き合い、コンディションを整えるよう心掛けました。私の場合、時には通勤時の勉強時間を仕事のタスクを考える時間に充て、心に余裕を持つことができました。

～おススメ疲労回復法～

15分の昼寝（一説によると15分の昼寝は2時間分の睡眠に相当する効果あり？）。

勉強方法と解答プロセス ＊ ■━━━━━ **もってぃ 編**

（再現答案掲載ページ：事例Ⅰ p.34　事例Ⅱ p.62　事例Ⅲ p.92　事例Ⅳ p.122）

【 私の属性 】

【年　　齢】	35歳	【性　　別】	男
【業　　種】	製造業	【職　　種】	技術職
【得意事例】	事例Ⅱ	【苦手事例】	事例Ⅳ
【受験回数】	1次：1回　　2次：1回		
【合格年度の学習時間】	1次：450時間　　2次：200時間		
【総学習時間】	1次：450時間　　2次：200時間		
【学習形態】	ほぼ独学		
【直近の模試の成績】	未受験	【合格年度の模試受験回数】	0回

【 私のSWOT 】

S（強み）：時短のために投資を惜しまない　　W（弱み）：解けない問題に尻込みしがち
O（機会）：親族・地元の仲間の協力＆理解　　T（脅威）：情報共有できる仲間がいない

【 効果のあった勉強方法 】

①消沈時、無心で合格答案の書き写し

　1次試験終了後、自己採点するも424点でした。マークミス、自己採点ミスがあれば不合格という状況のなか、意欲が湧かず2次試験の勉強に集中できませんでした。そのため、思い切って勉強にウェイトを置かず、情報収集を中心に行いました。ネット、ブログで評価の高い書籍を現物確認し、ひととおり購入しました。その後、2次試験に向けて1日何事例すれば2次試験までに100事例できるかのスケジューリング、基礎となる合格答案の書き写しを随時行いました。

②PDCAと強みと弱みの把握

　過去問題5年分×4事例×各事例5回ずつ、合計100事例を行えば、それなりの形になると計画しました。事例を解く→自己採点→不足点の把握→解答した事例の上から必要キーワードの書き込み、注意点の記述を行い、このPDCAを回しました。これにより自身の得手不得手を把握し、PDCAセットを年度別に行い、5年分を1周しました。その後、事例別に5年分を3周し、事例の特徴をつかみました。

③本番のハプニングを想定

　本番は1事例80分ですが、練習で80分ぎりぎりの解答をしていると、本番では想定外の事態への余裕時間がなくなると判断したため、60分で1事例が解けるように時間調整を行いました。

【 私の合格の決め手 】

　エクセルで過去問題の自己採点一覧を作ったことです。自身の弱い事例は何か？　強い事例は何か？　を客観視し、弱い事例は克服、強い事例は盤石なものとしました。弱点事例を作らないよう、努力することが重要でした。

合格年度の過ごし方〜初年度受験生〜

過去問題・解答用紙をすべてデータ化して、電子ペーパーに保存することで、いつでもどこでも勉強ができる状況に追い込みました。時間がなかったため、教材を『2次試験合格者の頭の中にあった全知識』と『ふぞろいな答案分析』に重点を置き、資源（時間）を集中投資しました。

時期		学習内容	取り組み事例数 / 平均学習時間
3月初旬〜5月GW		**課題：1次試験を知る**	
	学習内容	講義動画を3倍速で視聴し、問題集を1周しました。この時期はインプット中心で、なんとなくわかった気になりました。	取り組み事例数：0事例　／　平均学習時間　平日：0時間　休日：0時間
5月GW〜8月1週		**課題：自分のできなさを受け止める**	
	学習内容	過去問題を解き、あまりのできなさに愕然としました。市販の問題集を5周、過去問題も5年分を5周し、過去問題はほぼできるようになりました。試験1週間前はインプットに集中することにしました。講義動画（暗記科目のみ）を3倍速、かつ4画面で視聴し、抜けているキーワード、情報のみを抽出しました。1次試験に精一杯で2次試験の勉強は一切できませんでした。	取り組み事例数：0事例　／　平均学習時間　平日：0時間　休日：0時間
		1次試験！	
8月2週〜8月4週		**課題：モチベーションが低い状態での勉強方法**	
	学習内容	1次試験の出来栄えがよくなかったため、しばらくは放心しました。受動的でもできる講義動画の視聴と事例Ⅰ〜Ⅳの合格答案の書き写しを続ける日々でした。	取り組み事例数：10事例　／　平均学習時間　平日：1時間　休日：4時間
8月4週〜10月1週		**課題：PDCA回転数の向上**	
	学習内容	エクセルで自己採点一覧表を作成し、弱点事例の洗い出しを行いました。事例Ⅳが弱点と判明し、問題集を購入しました。事例の経験数を高速で増やすため、および本番の余裕時間確保のために80分ぎりぎりの解答ではなく、60分での解答を目標とし、事例数を重ねました。合間でキーワード、フレーズのインプットを行いました。	取り組み事例数：80事例　／　平均学習時間　平日：2時間　休日：8時間
10月2週〜前日		**課題：自分はできると信じられるようにする**	
	学習内容	自信を持つために一番できた事例、一番できなかった事例を年度関係なく事例Ⅰ〜Ⅳまで解きました。本番1週間前は体調管理のため、勉強時間を減らし、コンディションを最高の状態にもっていきました。	取り組み事例数：11事例　／　平均学習時間　平日：2時間　休日：8時間
		2次試験！	

学習以外の生活

2週間に1度の間隔で子どもとゲームをしていました。あとは、1ヵ月に1度くらいは少し遠くへ遊びに行っていましたが、あまり家族サービスができていなかった記憶しかありません。その分、家事をできるだけしていました。

仕事と勉強の両立

仕事は仕事、勉強は勉強と割り切り、残業があっても仕事が終わってから勉強をしていました。移動時も普段は本を読んでいましたが、参考書に切り替えて勉強時間の確保をしていました。

〜おススメ疲労回復法〜

　毎日しっかり寝て、しっかり食べること。適度に運動。

勉強方法と解答プロセス ＊ ━━━━━━━━━━ ➤ **たっつん 編**

（再現答案掲載ページ：事例Ⅰ p.38 事例Ⅱ p.66 事例Ⅲ p.96 事例Ⅳ p.126）

【 私の属性 】

【年　　齢】 39歳		【性　　別】 男	
【業　　種】 IT		【職　　種】 営業	
【得意事例】 事例Ⅲ、事例Ⅳ		【苦手事例】 事例Ⅱ	
【受験回数】 1次：3回 2次：2回（平成29年度 C42B53A72A70→B）			
【合格年度の学習時間】 1次： 380時間 2次： 340時間（2次受験資格あり）			
【総学習時間】 1次：1,560時間 2次：1,100時間			
【学習形態】 予備校⇒独学			
【直近の模試の成績】 上位75％以内		【合格年度の模試受験回数】 1回	

【 私のSWOT 】

S（強み）：黙々と勉強を継続する力　　W（弱み）：低下する記憶力

O（機会）：妻の理解と協力　　　　　　T（脅威）：妻の爆発

【 効果のあった勉強方法 】

①1次試験の過去問学習（知識を備える）

今回は1次免除でしたが、前年合格した予備校仲間からの勧めもあって1次7科目にチャレンジしました。過去問を論点別に解いては不明点を確認する、の繰り返しでしたが、ひととおり学習していたので勉強にそれほど時間を取られることはありませんでした。「傾向が変わる」とされる2次で、論点を広くカバーし現場対応力を高める、という意味でとても効果があったと感じています。

②ふぞろいキーワードによる論点確認（論点を誤らない）

過去問を解いていると、設問に答えていなかったり、与件文を考慮できていないなど、論点を間違えることがありました。そこで過去問を解いた後の振り返りと改善に、ふぞろいキーワードを活用しました。キーワードをトリガーに「合格＋A答案が捉えた論点は何か？」「なぜ間違えたのか。設問の読み違い？ 与件文の読み落とし？ 引用箇所の過不足？ 知識不足？」を振り返ることで、思考のクセや知識不足などの弱点を把握し、改善方法の検討に役立てました。

③受験ブログやセミナー、勉強会の活用（独り善がりにならない）

受験ブログやセミナー、勉強会で合格者の視点や考え方に触れ、自分の思考や解法を修正していきました。事例企業のテーマを意識し、解答要求を正しく理解するにあたり、独り善がりな解答を減らすよいきっかけを与えてもらいました。

【 私の合格の決め手 】

診断士に必要な知識や能力を意識して伸ばすため「セルフコンサルティング」したことだと思います。足りないものを伸ばすことに加え、本番80分で得点を最大化するためにどうやってこれらを使うか、具体的な手段に落とし込んで訓練しました。

合格年度の過ごし方～多年度受験生～
2次受験資格はありましたが、前述のとおり1次受験に向け、7科目全般の過去問学習を進めつつ、合間に日商簿記2級や応用情報技術者などの他資格の学習でペースを保ちました。2次対策（事例演習）は、前年の勉強が貯金になっていると踏み、1次受験後に本格的に学習を開始しました。

12月～3月	課題：2次の振り返りと学習計画／学習ペースの確立		
	学習内容	前年の予備校仲間と平成29年度2次試験を振り返る勉強会を実施。2次試験突破に向けて、まずは知識を固めるため1次7科目の学習を中心に進めた。合間に簿記2級、応用情報技術者などの他資格の勉強で知識を補強した。	取り組み事例数：4事例 平均学習時間 平日：0時間 休日：0時間
4月～8月上旬	課題：1次知識の再点検と2次対策の土台づくり		
	学習内容	1次対策を加速。過去問を論点別に学習し、知識を再点検。2次試験で問われやすい論点を特に意識し、不明なところを解消するように努めた。事例Ⅳ頻出分野は2次試験対策も兼ねて簿記の問題集で特訓した。	取り組み事例数：0事例 平均学習時間 平日：0.5時間 休日：0時間
1次試験！			
8月中旬～10月中旬	課題：解答プロセス／タイムマネジメントの再構築		
	学習内容	前年の解答プロセスで事例を解き始めたが、事例によって出来・不出来の差が大きかった。ふぞろい秋セミナーでの指摘や受験ブログの記事から合格者の視点や思考、学習方法を取り入れ、論点別知識、記述内容を点検。並行して80分の解答プロセスを継続的に改善した。 1日目に事例を解いて解答プロセスや論点をざっと確認し、2日目に文章構成やロジック、表現方法などの細部を確認し改善する、というサイクルで学習を進めた。 基本的に対象事例は直近5ヵ年まで。それ以上古い事例は傾向が異なると感じたので今回は手を出さず、セルフ模試で使用したのみ。予備校模試1回、セルフ模試2回を行い、本番でペースを乱さないよう訓練した。	取り組み事例数：45事例 平均学習時間 平日：2.5時間 休日：6.5時間
直前1週間	課題：本番へのピーク設定		
	学習内容	有給休暇を取得し、これまでの学習内容を総括した。これまで解いた事例を振り返り、ファイナルペーパーに弱点や注意点を反映し、再編集。事例Ⅳの苦手論点は、何のために、どういった計算しているのか、を意識して1次の問題を見直し、再点検した。気力・体力・知力のピークを本番に持っていった。	取り組み事例数：10事例 平均学習時間 平日：8時間 休日：8時間
2次試験！			

学習以外の生活
会社の飲み会には積極的に参加するようにしていましたが、2次会には行かないよう強い意志？　を持ちました。休日は、頻度は少ないものの定期的に「家族と過ごす日」を設けて、その日は勉強を忘れて家族と過ごす時間をめいっぱい楽しむようにしました。

仕事と勉強の両立
仕事終わりに自宅には直帰せず、学習スペースに立ち寄って22時頃まで勉強してから帰っていました。家に帰ってしまうとリラックスしてしまい勉強がはかどらないため、「勉強は仕事の延長（賃金の出ない残業）」と割り切っていました。

～おススメ疲労回復法～
　マッサージとランニング。ランニングは運動不足解消にもなって良かった。

勉強方法と解答プロセス ＊ ━━━━━━━━━━ そうちゃん 編

（再現答案掲載ページ：事例Ⅰ p.42　事例Ⅱ p.70　事例Ⅲ p.100　事例Ⅳ p.130）

【 私の属性 】

【年　　齢】	40歳	【性　　別】	男
【業　　種】	出版	【職　　種】	編集兼営業
【得意事例】	事例Ⅰ	【苦手事例】	特になし
【受験回数】	1次：2回　　2次：3回（平成29年度　A62 D37 B53 C48→B）		
【合格年度の学習時間】	1次： 200時間　　2次： 200時間（2次受験資格なし）		
【総学習時間】	1次：1,500時間　　2次：1,150時間		
【学習形態】	予備校通学		
【直近の模試の成績】	上位2％以内	【合格年度の模試受験回数】　4回	

【 私のSWOT 】

S（強み）：読解力・文章作成力　　　W（弱み）：過度の緊張
O（機会）：受験生である妻の存在　　T（脅威）：1次再チャレンジの重圧

【 効果のあった勉強方法 】

①徹底した過去問の研究

　2次試験において過去問は情報の宝庫です。直近5年間分から始め、最終的には平成13年度までのすべての過去問を対象に分析しました。演習的に解くのではなく、設問や与件文を読み込んで「毎年共通して問われていること」、「特徴的な語句の意味するところ」、「設問の構成に表れている出題者の意図」などの把握に努めました。

②書き方のパターンを作る

　2次試験はとにかく時間がありません。せっかく解答の方向性を正しく導けたとしても、その場の思いつきで文章を構成していては80分で解答用紙に安定して落とし込めません。また、文章構成が不安定だと、どれだけすばらしい内容を記述していても採点者に伝わらない可能性があります。スピーディーな記述と伝わりやすい解答作成のために、安定した書き方のパターンを練習しました。

③MECEで考える切り口思考の体得

　よく「2次試験は多面的に書け」といわれますが、やみくもに多要素を詰め込むのではなく、SWOTやT＋4Pなどの切り口で考えて「モレなく、ダブリなく」（MECE）考える訓練を行いました。MECEで考えると、与件文のヒントを見落としにくくなり、解答の構成も非常に安定するようになりました。

【 私の合格の決め手 】

　妻とともに試験に挑めたことです。妻も受験生のため、夫婦共通の話題も診断士試験のことが多く、日常会話のなかで試験への理解が深まる、というようなことが多々ありました。また、受験生メンバーとしてふぞろいの執筆に参加し、先輩合格者から多くの刺激やエールを受けられたのも大きかったです。

> **合格年度の過ごし方～多年度受験生～**
> 1次試験から再チャレンジだったのですが、すでに学んだ内容を思い出す作業は単調で辛く、5月半ばからやっと本腰を入れました。2次試験に関しては上積みや新しい勉強は必要ないと考え、勘を鈍らせない程度に演習や模試を受けました。

1月～4月	課題：モチベーションの向上		
	学習内容	年明けから始動。しかしまったくやる気が出ず、たまに1次の過去問題を解く程度。3月に予備校模試を受け1位であったため、しばらく2次試験の勉強はしなくていいと判断し、休養してやる気の回復を待つ。	取り組み事例数：4事例 平均学習時間 平日：0.5時間 休日：0.5時間
5月～8月上旬	課題：1次試験範囲の弱点補強		
	学習内容	5月半ばから1次試験過去問題を本格的に解き始める。同時に予備校の答練を受け、忘れているポイントの把握を行う。結果的には意外と記憶がしっかりしており、模試も好成績で自信を持って1次試験に臨むことができた。	取り組み事例数：0事例 平均学習時間 平日：0時間 休日：0時間
1次試験！			
8月中旬～10月中旬	課題：過度の勉強を控えつつ、2次のスキルを磨く		
	学習内容	約7ヵ月ぶりに2次試験の勉強を再開。予備校の直前対策を受講し、模試も受ける。演習や模試では点数よりも「自分のルールを守れているか」、「俯瞰で見てやるべきことがやれているか」を重視した。また事例Ⅳの計算問題を1日1問ずつ解いた。演習や模試で点数を落としたポイントについては、「できるべきであったかどうか」を冷静に判断するようにし、過剰に勉強をしないようにした。	取り組み事例数：70事例（ほぼ電車での流し読み） 平均学習時間 平日：1.5時間 休日：2時間
直前1週間	課題：心身のリラックス		
	学習内容	試験のことを深刻に捉えず、週末のイベントであるかのように考えることにした。徹底した健康管理など特別なことをすると緊張してくるので、自然体で過ごすことを心掛けた。ただ、やはり4日前くらいから、睡眠が若干浅くなるなどの身体的な影響が出てしまった。	取り組み事例数：10事例（電車での流し読み） 平均学習時間 平日：0.5時間 休日：1時間
2次試験！			

学習以外の生活

過去2年は勉強中心の生活で、土日もほぼ毎週朝から夜まで勉強していました。ただ、たまに旅行に行ったり、スーパー銭湯に行ったりと、適度な息抜きも心掛けていました。合格した年は、勉強時間を極端に減らし、1次試験の直前期以外、心身のリラックスを優先しました。

仕事と勉強の両立

勉強を始めた当初は、仕事もあり、なかなか平日にまとまった勉強時間を確保できませんでした。その後、効率的な仕事の進め方を工夫し、平日の夜にある程度の時間確保ができるようになりました。6～11月が仕事の繁忙期であるため、年度初めからスケジュール調整を行い、直前期の勉強時間を確保しました。合格した年は、仕事と家庭を最優先にしていました。

～モチベーションアップの方法～
　　友だちに応援してもらいました。

勉強方法と解答プロセス ＊ ■ いくみん 編

（再現答案掲載ページ：事例Ⅰ p.46 事例Ⅱ p.74 事例Ⅲ p.104 事例Ⅳ p.134）

私の属性

【年　　齢】 35歳		【性　　別】 女
【業　　種】 アパレル通販		【職　　種】 法務
【得意事例】 事例Ⅱ		【苦手事例】 事例Ⅰ
【受験回数】 1次：2回　　2次：4回（平成29年度 B51 A68 B59 A61→B）			
【合格年度の学習時間】 1次：　　0時間　　2次：1,380時間（2次受験資格あり）			
【総学習時間】 1次：1,000時間　　2次：2,000時間			
【学習形態】 予備校通学（2年目だけ予備校通信）			
【直近の模試の成績】 上位0.4％以内　　【合格年度の模試受験回数】 2回			

私のSWOT

S （強み）：読み書きが得意、字がきれい　　W （弱み）：くよくよしがち、緊張しい
O （機会）：家族や勉強仲間、先輩の助け　　T （脅威）：なし

効果のあった勉強方法

①徹底的な過去問分析

予備校の解答とふぞろいを活用し、5年分の過去問を徹底的に分析しました。設問でどのような知識を問われていたのか、また、その知識を解答させるために与件文にどのようなヒントが埋め込まれていたのかを検証しました。そして、自分がその解答に辿り着くためのプロセスとしてストックしました。

②予備校の演習や模試の活用

過去問分析でストックした自分なりのプロセスを試すために、複数の予備校の演習や模試を活用しました。予備校ごとに問題の傾向にカラーがあり必ずしも過去問と同じ傾向ではないので、高得点を取ることを目指すのではなく、予め計画した80分のプロセスを再現することを重視して取り組みました。そのため、解説で新しく得た知識も過去問に当てはめて検証したうえで活用できれば採用し、活用できなければ忘れるように強弱をつけました。

③勉強会への参加

受験生同士でお互いの答案を交換してディスカッションする形式の勉強会に参加しました。同じ問題に対する複数の答案を見比べることで、ライバルとなる母集団のレベル感を把握し、どの程度書ければ合格できるかの指標としました。

私の合格の決め手

私の合格の決め手は、家族や勉強仲間、先輩の助けをたくさん得られたことです。家族の理解のおかげで勉強の時間を捻出できたこと、相談すれば勉強仲間が一緒に考えてくれたこと、先輩や予備校の先生が「いくみんは絶対合格だよ！」と励ましてくれたことで、ずっとモチベーション高くがんばり続けることができました。

〜モチベーションアップの方法〜
具体的な相手の顔を思い浮かべながら、将来自分がサポートしている姿を想像する。

合格年度の過ごし方〜多年度受験生〜

不合格であった１年目〜３年目は妊娠、出産、職場復帰との両立がうまくできず、予備校の講義の時間以外は一切勉強しませんでした。今回は両立が軌道に乗ってきたこともあり、どうしても合格したかったので思い切って時間を確保し、やれることは全部やる方針で積極的に行動しました。

1月〜3月	課題：解答プロセスの構築		
	学習内容	予備校の２次対策テキストを片手に、事例Ⅰ〜事例Ⅳのそれぞれの過去問と見比べながらプロセスを検討する。たとえば、「事例Ⅰの第１問で強みに関連する問題が問われたのは過去５年で〇回で、〇〇を想定しながら与件文を読み、100字であれば〇〇と〇〇の知識を想定しながら〇個の切り口で解答作成すると合格点」という感じ。	取り組み事例数：20事例 平均学習時間 平日：4時間 休日：8時間
4月〜7月	課題：過去問分析と解答プロセスのブラッシュアップ		
	学習内容	いろいろな予備校の演習や模試を活用し、構築した80分の解答プロセスのＰＤＣＡを行う。過去問１事例につき10時間ぐらいかけて「この事例のテーマは何か」といったマクロ的な視点と「この単語がここにある意味は何か」といったミクロ的な視点の両面から検証し、論理的に解説できるレベルまで理解を深める。受験生支援団体の勉強会が週に１回で過去５年分の過去問が課題になるため良いペースメーカーになった。	取り組み事例数：60事例 平均学習時間 平日：4時間 休日：9時間
1次試験！（受験せず）			
8月〜9月	課題：タイムマネジメントと体力づくり		
	学習内容	問題のボリュームが大きくて80分では足りないときや、疲れて脳が動かないときにどのプロセスを優先させるか検討する。そのために１事例につき75分で解く練習を開始する。また、予備校の自主勉強会で講義のない日に１日で６事例を解いて、疲れた状態の答案を確認する。	取り組み事例数：40事例 平均学習時間 平日：5時間 休日：9時間
10月	課題：総仕上げと実力の維持		
	学習内容	試験当日に緊張して頭が真っ白になった場合に備え、「これだけはやるリスト」としてファイナルペーパーを作成する。自主勉強会の仲間と集まり１事例を75分で解く練習を続けることで、予備校の講義が終了した後も勘が鈍らないようにする。	取り組み事例数：10事例 平均学習時間 平日：5時間 休日：9時間
2次試験！			

学習以外の生活

ふぞろいをはじめとした受験生支援団体や、予備校のセミナーへ行き懇親会にまで参加することで魅力的な先輩や受験生に出会い、「一緒に活動してみたい！」とモチベーションを上げていました。また、本当に追い詰められたときは、勉強なしで息抜きに連れ出してくれる仲間がいて救われました。

仕事と勉強の両立

平日は22時くらいまで残業したり、早く退社しても結局は持ち帰り仕事が２時間ぐらいあったりで、勉強時間の捻出はずっと課題でした。予備校のテキストやＷｅｂ講義の音声、勉強会でもらった他の受験生の答案用紙などを常に持ち歩き、通勤時間や会社の昼休みなど隙間時間で勉強しました。

〜モチベーションアップの方法〜

金曜と土曜の夜は一切勉強せずに思いっきり飲む日とし、週末に向けて勉強をがんばる。二日酔いするけど。

第2節　合格者の80分間のドキュメントと再現答案

▶事例Ⅰ（組織・人事）◀

平成30年度　中小企業の診断及び助言に関する実務の事例Ⅰ
（組織・人事）

　A社は、資本金2,500万円、売上約12億円のエレクトロニクス・メーカーである。役員5名を除く従業員数は約50名で、そのほとんどが正規社員である。代表取締役は、1970年代後半に同社を立ち上げたA社長である。現在のA社は電子機器開発に特化し、基本的に生産を他社に委託し、販売も信頼できる複数のパートナー企業に委託している、研究開発中心の企業である。この10年間は売上のおよそ6割を、複写機の再生品や複合機内部の部品、複写機用トナーなどの消耗品が占めている。そして、残りの4割を、同社が受託し独自で開発している食用肉のトレーサビリティー装置、業務用ＬＥＤ照明、追尾型太陽光発電システムなど、電子機器の部品から完成品に至る多様で幅広い製品が占めている。

　大手コンデンサーメーカーの技術者として経験を積んだ後、農業を主産業とする故郷に戻ったA社長は、近隣に進出していた国内大手電子メーカー向けの特注電子機器メーカーA社を創業した。その後、同社のコアテクノロジーであるセンサー技術が評価されるようになると、主力取引先以外の大手・中堅メーカーとの共同プロジェクトへの参画が増えたこともあって、気象衛星画像データの受信機や、カメラ一体型のイメージセンサーやコントローラーなど高精度の製品開発にも取り組むことになった。もっとも、当時は売上の8割近くを主力取引先向け電子機器製造に依存していた。

　しかし、順調に拡大してきた国内大手電子メーカーの特注電子機器事業が、1990年代初頭のバブル経済の崩壊によって急激な事業縮小を迫られると、A社の売上も大幅に落ち込んだ。経営を足元から揺るがされることになったA社は、農産物や加工食品などの検品装置や、発電効率を高める太陽光発電システムなど、自社技術を応用した様々な新製品開発にチャレンジせざるを得ない状況に追い込まれた。

　平成不況が長引く中で、A社は存続をかけて、ニッチ市場に向けた製品を試行錯誤を重ねながら開発し、事業を継続してきた。もちろん開発した製品すべてが市場で受け入れられるわけもなく、継続的に安定した収入源としてA社の事業の柱となる製品を生み出すこともかなわなかった。そうした危機的状況が、A社長の製品開発に対する考え方を一変させることになる。開発した製品を販売した時点で取引が完了する売切り型の事業の限界を打ち破ることを目標にして、新規事業開発に取り組んだのである。それが、複写機関連製品事業である。

　大口顧客は事務機器を販売していたフランチャイズ・チェーンであり、2000年代後半の
リーマン・ショックに至る回復基調の景気を追い風にしてＡ社の業績も伸長した。ところ
が、リーマン・ショックによって急速に市場が縮小し始めると、Ａ社の売上も頭打ちになっ
た。同業者の多くがこの市場から撤退する中で、Ａ社はシェアこそ拡大させたが、もはや、
その後の売上の拡大を期待することのできる状況ではなかった。

　ところが、Ａ社がこの事業に参入した頃から、情報通信技術の急速な進歩に伴って、事
務機器市場が大きく変化してきた。そのことを予測していたからこそ、Ａ社長は、後進に
事業を委ねる条件が整うまで自らが先頭に立って、新規事業や製品の開発にチャレンジし
続けているのである。

　これまで幾度かの浮き沈みを経験してきた同社であるが、営業職や事務職、人事・経理・
総務などの管理業務を兼務している者を加えた約50名の社員のうち、技術者が９割近くを
占めている。創業以来変わることなく社員の大半は技術者であるが、売上が数十倍になっ
た今日に至っても従業員数は倍増程度にとどまっている。

　従前Ａ社では、電子回路技術部門、精密機械技術部門、ソフトウェア技術部門と専門知
識別に部門化されていた。しかし、複写機関連製品事業が先細り傾向になった頃から、製
品開発部門、品質管理部門、生産技術部門に編成替えをし、各部門を統括する部門長を役
員が兼任した。製品開発部門は、環境エネルギー事業の開発を推進するグループ、法人顧
客向けの精密機械を開発するグループ、ＬＥＤ照明関連製品を開発するグループに分けら
れ、電子回路技術、精密機械技術、ソフトウェア技術などの専門知識を有する技術者をほ
ぼ同数配置した混成チームとした。品質管理部門と生産技術部門には、数名の技術者が配
属され、製品開発部門の業務をサポートすると同時に、複数の生産委託先との調整業務を
担っている。

　絶えず新しい技術を取り込みながら製品領域の拡大を志向してきたＡ社にとって、人材
は重要な経営資源であり、それを支えているのが同社の人事制度である。

　その特徴の一つは、戦力である技術者に新卒者を原則採用せず、地元出身のＵターン組
やＩターン組の中途採用者だけに絞っていることである。また、賃金は、設立当初から基
本的に年功給の割合をできるだけ少なくして、個人業績は年二回の賞与に多く反映させる
ようにしてきた。近年、いっそう成果部分を重視するようになり、年収ベースで二倍近く
の差が生じることもある。それにもかかわらず、Ａ社の離職率が地元の同業他社に比べて
低いことは、実力主義がＡ社の文化として根付いていることの証左である。とはいえ、そ
の一方で家族主義的な面も多くみられる。社員持株制度や社員全員による海外旅行などの
福利厚生施策を充実させているし、1990年代半ばには、技術者による申請特許に基づく装
置が売れると、それを表彰して売上の１％を報奨金として技術者が受け取ることができる
制度を整備し運用している。

　このように、Ａ社は、研究開発型企業として、取引先や顧客などの声を反映させていた
受け身の製品開発の時代から、時流を先読みし先進的な事業展開を進める一方で、伝統的

な家族主義的要素をも取り入れて成長を実現している企業だといえる。

第1問（配点20点）

研究開発型企業であるＡ社が、相対的に規模の小さな市場をターゲットとしているのはなぜか。その理由を、競争戦略の視点から100字以内で答えよ。

第2問（配点40点）

Ａ社の事業展開について、以下の設問に答えよ。

（設問1）

Ａ社は創業以来、最終消費者に向けた製品開発にあまり力点を置いてこなかった。Ａ社の人員構成から考えて、その理由を100字以内で答えよ。

（設問2）

Ａ社長は経営危機に直面した時に、それまでとは異なる考え方に立って、複写機関連製品事業に着手した。それ以前に同社が開発してきた製品の事業特性と、複写機関連製品の事業特性には、どのような違いがあるか。100字以内で答えよ。

第3問（配点20点）

Ａ社の組織改編にはどのような目的があったか。100字以内で答えよ。

第4問（配点20点）

Ａ社が、社員のチャレンジ精神や独創性を維持していくために、金銭的・物理的インセンティブの提供以外に、どのようなことに取り組むべきか。中小企業診断士として、100字以内で助言せよ。

Column

「合格者なら２次試験の事例は簡単に解けるんでしょう？」

　そう思いますか？　いえ、率直にいって難しいです。試験問題は与件文全体を理解したうえで、端的に答えないといけないように、うまく作り込まれています。だから、本試験での第一印象は「これは、難しいな」と思うのです。それに加え、本番の緊張感が平常心を奪っていきます。だからこそ、毎年、予備校の２次試験模試成績上位者が不合格する悲劇が起こるのだとも思います。私自身、開示得点76点の事例Ⅰですら、解いている最中は「難しいな…」と気持ちが折れそうになりながら解いていました。そんな、とっつきにくい２次試験対策に有効なのは、過去問を繰り返し解いて出題者のクセを知り、ふぞろいで80分で現実的に書ける合格答案のレベルと何を書くと点がもらえるかを知り、どのようなフレームワークで書けば点をもらえるかを理解することです。そうすれば、本試験で非常に難しいと思っても、実は聞かれているポイントは過去と似通っているおかげで大外しせず、意外と点数が入っているものです。過去問題とふぞろいを通して得る力は裏切りませんよ。

（おかじ）

Column

本番を本番にしない

　いかにいつもどおりの力を発揮するかに注意を払う必要があると思います。私は勉強に限らず、年単位で何かに挑戦するという機会がこれまでなかったため、練習と本番を完全に別モノとして準備していましたが、大きな間違いでした。本番では今までやってきたことを試験会場でそのままやるだけのはずですが、１回目の受験時は「絶対に受かる」という気持ちが先走ってしまい、極度の緊張状態にありました。結果、事例Ⅰで与件を読んでもわからず、わからないので焦り、焦るけど何もできない、という負のスパイラルに陥りました。奇しくもこのコラムを書いているタイミングで、大坂なおみ選手が全豪オープンに優勝しました。１セット目を先取し、２セット目を奪われた後の３セット目、冷静に、１つ１つのプレーを確かめながらやっているように見えました。舞台のレベルは雲泥の差がありますが、私にとっての本番の舞台ではこのように取り組むべきなのだと、今更ながら感じました。皆さまの本番での実力発揮を願っています。

（たっつん）

~知識以外に自分に身についたこと~
タイムマネジメント力。

80分間のドキュメント 事例I

 かずま 編 （勉強方法と解答プロセス：p.8）

１．当日朝の行動と取り組み方針

　朝6時半頃に起床。前日は23時には布団に入っていたため、睡眠時間は十分。前日に準備していた持ち物を再確認し、試験会場へ。途中のコンビニで朝ご飯と、バランス栄養食、飲み物を購入。試験の日は大学受験の頃から同じバランス栄養食・飲み物を購入している。受験生支援ブログのコメント欄を確認し、やる気を注入。

２．80分間のドキュメント

【手順0】開始前（～0分）

　直前にトイレを済ませ、緊張している自分を客観視しながら落ち着こうとする。どのような人が中小企業診断士を目指しているのだろう？　と周囲を観察する。時計は予備のものを含め2つ準備する。模試のときは時計を忘れてしまったため、その反省だ。

【手順1】準備（～1分）

　問題用紙に受験番号を記入する。記入後に受験票と問題用紙を見比べて、記入間違いがないことを確認する。

【手順2】与件文冒頭確認と設問解釈（～7分）

与件文　1段落目を読む。従業員のほとんどが正規社員。外部資源を有効活用して、コア業務のみに専念しているのかな。「生産を他社に委託」「販売も委託」と与件文にあるので、やはりA社は「研究開発」というコア業務に専念しているようだ。

第1問　「研究開発型企業であるA社が」とあるため、「研究開発型企業」であることの特徴を解答に盛り込もう。「競争戦略」と聞かれた際の、よくある切り口に「差別化戦略」があるので、設問文の横にメモを書いておく。

第2問

（設問1）「最終消費者に向けた製品開発に力点を置いてこなかった」とある。「最終消費者向け製品」と聞かれた際の、よくある切り口に「ニーズをヒアリングするノウハウ」があるので、設問文の横にメモを書いておく。A社が研究開発型企業であることと組み合わせて解答を組み立てられそう。

（設問2）「それまでとは異なる考え方に立って」とあるので、まずはどのような考え方に立ったのかについて整理が必要だな。これを意識して与件文を読む必要があるな。

第3問　「組織改編」とあるので、A社がどのような組織改編を行ったのかに注意して与件文を読んでいこう。機能別組織やマトリクス組織が出るのだろうか。

第4問　「金銭的・物理的インセンティブの提供以外に」という制約条件は見逃さないようにしないといけないな。あとは、いろいろな書き方ができそうな問題だな。

【手順3】与件文読解（〜17分）

[2段落目]　「同社のコアテクノロジーであるセンサー技術が評価される」というのは強みだな。与件文の横に強みを表す「Ｓ」を記入。

[3、4段落目]　「A社長の製品開発に対する考え方を一変させることになる」。これは、まさに第2問の（設問2）で使えるな。与件文の横に大きく「2－2」と記入する。考え方を一変させた後に新規事業開発として取り組んだのが、複写機関連製品事業か。なるほど、この事業特性を整理したら第2問の（設問2）を解答できるはず。

[5、6段落目]　「同業者の多くがこの市場から撤退する中で、A社はシェアこそ拡大させたが、もはや、その後の売上の拡大を期待することのできる状況ではなかった」とある。A社が撤退することなくシェアを拡大できたのは技術力が高かったからなのかな。

[7段落目]　A社の人員構成について記載がある。これは第2問の（設問1）で使うだろう。与件文の横に「2－1」と記入する。やはり、販売の専門部署はなく、これでは最終消費者のニーズ把握はできないな。これを解答の骨組みにしよう。

[8段落目]　A社の組織改編について記載がある。これは第3問で使うだろう。与件文の横に「3」と記入する。さまざまな専門知識を有する技術者の混成チームとしているので「シナジーの発揮」が解答のポイントになってくるかな。

[9、10段落目]　成果主義を重視しているにもかかわらず、離職率が低いのはA社の強みといえるだろう。与件文に線を引き「Ｓ」と記入。

[11段落目]　「受け身の製品開発の時代」から「時流を先読みし先進的な事業展開を進める」。この変化はキーワードとして解答のどこかで使うかもな。線を引いておこう。

【手順4】解答作成（〜75分）

[第1問]　メモしたとおり、「差別化戦略」を軸として解答しよう。ただし、A社が研究開発型企業であることも解答に盛り込むように注意する。与件文を見ながら解答を記入。

[第2問]

（設問1）　この問題もメモしたとおり、「ニーズをヒアリングするノウハウ」を軸に解答する。A社の人員構成も技術者が9割であり、解答の軸につなげられる。

（設問2）　どのような考え方の違いに立ったのかについても記入しつつ解答欄を埋めていく。文章の構成に時間をとられ、時間が少なくなってくる。

[第3問]　組織改編は8段落目にまとまっているので、ここを軸に解答を作成する。混成チームとすることの一般的メリットにも触れながら解答を進める。

[第4問]　書ける内容がたくさんある。多面的に書くことと、効果まで記入することを意識しながら解答する。

【手順5】見直し（〜80分）

答案全体の見直しを行う。誤字・脱字や、わかりにくい文がないかの確認を行う。

3．終了時の手ごたえ・感想

高得点の感触はないものの、大きなミスはない印象。60点前後だろうか。

~モチベーションアップの方法~

定期的なご褒美（スイーツ、高級フルーツ等）。

合格者再現答案＊（かずま 編）　　　　　　事例 I

第1問（配点20点）　　100字

理	由	は	差	別	化	戦	略⁶	の	た	め	で	あ	る	。	大	規	模	市	場
の	場	合	、	規	模	の	経	済	が	作	用	す	る	た	め	小	規	模	企
業	は	不	利	で	あ	る⁴	。	一	方	、	小	規	模	市	場	で	あ	れ	ば
A	社	の	よ	う	に	研	究	開	発	技	術	を	活	か	す⁶	こ	と	で	、
差	別	化	に	よ	る	売	上	の	確	保	が	可	能	で	あ	る	。		

【メモ・浮かんだキーワード】　差別化戦略、ニッチ戦略、規模の経済

【当日の感触等】　大規模企業との違いと、研究開発型企業である特性も記入できているので大外しはしていないだろう。

【ふぞろい流採点結果】　16/20点

第2問（配点40点）

（設問1）　　　　　　100字

人	員	構	成	は	創	業	以	来	技	術	者	が	大	半⁶	を	占	め	、	販
売	の	専	門	部	署	が	存	在	し	な	い³	。	そ	の	た	め	、	最	終
消	費	者	と	の	接	点	が	少	な	く	最	終	消	費	者	の	ニ	ー	ズ
把	握	ノ	ウ	ハ	ウ	が	な	い⁵	。	こ	の	た	め	、	最	終	消	費	者
向⁰	け	製	品	開	発	が	難	し	い	こ	と	が	理	由	で	あ	る	。	

【メモ・浮かんだキーワード】　研究開発型企業、販売の専門部署がない、ニーズ把握ノウハウがない

【当日の感触等】　「最終消費者」との接点がないことで、「ニーズ把握」ができないというのはよくある切り口。大外しはしていないだろうが、多面的に書くことができていない。

【ふぞろい流採点結果】　14/20点

（設問2）　　　　　　100字

事	業	特	性	の	違	い	は	、	継	続	的	に⁴	安	定	し	た	収	入	源³
を	得	る	こ	と	が	で	き	る	と	い	う	点	で	あ	る	。	こ	れ	は
販	売	時	点	で	取	引	が	完	了	す	る³	売	り	切	り	型	事	業⁴	を
重	視	す	る	考	え	か	ら	、	消	耗	品³	を	重	視	す	る	考	え	方
に	立	っ	た	た	め	で	あ	る	。										

【メモ・浮かんだキーワード】　売切り型事業、消耗品、継続的収入源

【当日の感触等】　文の構成を考えるのに時間がかかった。論点が少ないので高得点は望めないだろう。

【ふぞろい流採点結果】　17/20点

~私のストレス解消法~

朝は必ずコーヒー豆を挽き、ハンドドリップして会社に持参。苦みと香りで頭をリフレッシュしていました。

第3問（配点20点）　100字

目	的	は	、	①	専	門	技	術	者	の	混	成	チ	ー	ム^4	と	す	る	こ
と	に	よ	り	シ	ナ	ジ	ー	を	発	揮^4	す	る	こ	と	、	②	製	品	開
発	部	門	を	中	心	と	し	た	サ	ポ	ー	ト	体	制	を	整	え	る^3	こ
と	に	よ	り	、	時	流	を	先	読	み	し	た	先	進	的	な	事	業	展
開	を	可	能	と	す	る	こ	と	で	あ	る	。							

【メモ・浮かんだキーワード】 セクショナリズム解消、シナジー、サポート体制

【当日の感触等】 与件文の「部門長を役員が兼任した」という箇所を解答に盛り込みたかったが、うまく盛り込むことができず断念。②の論点が外れていれば大きく失点してしまいそう……。

【ふぞろい流採点結果】 11/20点

第4問（配点20点）　100字

取	り	組	む	べ	き	こ	と	は	、	①	外	部	の	研	究	学	会^3	や	講
演	会	へ	行	く	機	会	を	提	供	す	る	こ	と	、	②	研	修	制	度^4
を	整	備	す	る	こ	と	、	③	社	員	の	専	門	性	や	知	識	を	共
有	す	る	社	内	サ	イ	ト	の	構	築^3	、	④	社	内	ベ	ン	チ	ャ	ー
制	度^2	を	整	備	す	る	こ	と	で	あ	る	。							

【メモ・浮かんだキーワード】 研究や学会の奨励、社内ベンチャー制度

【当日の感触等】 取り組むべきことを多面的に記入できたが、効果の部分について記入することができなかった。ここは減点されているだろうな。意識していたつもりだったのだけれど……。

【ふぞろい流採点結果】 12/20点

【ふぞろい評価】 70/100点　　**【実際の得点】** 68/100点

　各設問で設問要求に沿ったキーワードを適切に盛り込んでいることで、全体で合格点以上の解答になっています。

Column

勉強はやりたくなった時にやればいい

　勉強計画を立てたのに予定どおりに進まない、周りの人がものすごい勉強しているような気がする、など真面目過ぎるがゆえに、モチベーションを下げてしまっている方、いませんか？　人間だもの、さぼってしまう時もあるし、勉強以外のプライベートのほうが大事な時もあるでしょう。私はそれでいいと思います。できなかった事実を受け入れて、これからどうするかを考えるほうがずっと建設的です。また、勉強は時間だけじゃありません。自分が勉強したい、と思ったときに、集中して取り組むほうが効率的です。案外、追い詰められたほうが、集中できたりします。長丁場の試験なので、心くじけることもあるかとは思いますが、ポジティブに、前を向いて、もうひと踏ん張りしてみませんか？

(ゆか)

~私のストレス解消法~

夜の勉強後、レシピ検索サイトでおいしそうなものを見つつ晩酌。

かわとも 編 （勉強方法と解答プロセス：p.10）

1．当日朝の行動と取り組み方針

　朝6時半に起床。5時間ほどの睡眠だったが、すっきりとした目覚めだ。いつもどおり和朝食をとり、「今まで協力してくれてありがとう、行ってくるね」と、夫に娘を託して家を出発！　すっきり晴れて気持ちのよい天気。体調もよく、実力を発揮できそうな予感がした。今日でいったん勉強漬けの生活に区切りがつくため、試験が待ち遠しい感覚もある。試験会場では予備校でお世話になった講師が応援にいらっしゃり、握手して念を注入してもらった。

2．80分間のドキュメント

【手順0】開始前（〜0分）

　まとめノートに目を通し、1次知識を最終確認。事例Ⅰは直前の演習でも大外ししてしまい、最後まで苦手意識が克服できていない。もっと緊張するかと思ったが、不思議と心地よい緊張感に包まれている。ここまで来たら、実力を精一杯ぶつけるだけだ！

【手順1】準備（〜1分）

　受験番号を記入し、問題用紙のホッチキスを外す。設問数・文字数・配点を確認後、メモ用紙に設問ごとの骨子作成スペースを作成し、片隅に「組織・人事、サハホイヒ・けぶかいねこ」とメモ。与件文の段落に番号を振りつつ、事例企業の業種をサッと確認。多色ボールペンで各設問の色をマークしておく。

【手順2】設問解釈（〜5分）

　第1問　解答作成のレイヤーは「経営戦略×分析」。生き残るための戦略が問われているため「脅威を避けて機会を捉え、強みを生かす」とメモ。制約条件は「競争戦略の視点」か。忘れないようにアンダーラインを引く。書き出しを「理由は〜」とメモ。

　第2問　（設問1）のレイヤーは「組織構造×分析」。書き出しを「理由は〜」とメモ。（設問2）のレイヤーは「経営戦略×整理」。主語がここだけ「A社」ではなく「A社長」となっているため、「社長」にマークする。「それまでとは異なる考え方」とは何か？　答案の構成を「違いは、それまで〜に対し、複写機関連製品事業は〜」とメモ。

　第3問　レイヤーは「組織構造×分析」。組織改編の目的、シンプルで答えやすそう。

　第4問　レイヤーは「人的資源管理×助言」。チャレンジ精神や独創性の維持のための施策か。1次知識で対応できそうだな。研修・学会・表彰・MBO・CDPとメモ。制約条件「以外に」に忘れないように印を付けておく。

【手順3】与件文通読（〜13分）

　強みは黄色マーカー、時制は○囲み、業種や業態は□で囲みながら読む。

　1段落目　生産と販売を他社に委託している研究開発中心の企業か。強みと弱み、どちらにも転ぶ可能性があるな。

〜私のストレス解消法〜

　プチ遠出。キレイな景色を見て、おいしいものを食べて、たくさん笑えば元気になる。

2段落目　社長の技術者としてのキャリアとセンサー技術は強み。「もっとも」はわざわざ表現として要チェック。このような接続詞の後には、解答で使う重要なポイントが隠れていることが多い。主力取引先への依存は弱みだろう。カタカナ用語が多く、事業内容をうまくイメージできない。

4段落目　A社の転機に関する重要な段落。「もちろん」はわざわざ表現。「売切り型の事業の限界を打ち破る」は超重要な社長の想いとしてマーク。複写機関連製品事業は売切り型ではないということだ。「メンテナンス・消耗品・継続購買」とメモ。

6段落目　唐突感のある段落。「情報通信技術の急速な進歩に伴う事務機器市場の大きな変化」とは、どのような変化なのか？　機会として捉えるべきか？　「この事業に参入した頃」とは、いつ頃だっけ？　時系列の理解に戸惑う。

7段落目　技術者が9割近く！　営業が少ないため、課題の可能性もある。

8段落目　組織に関する超重要段落。余白に組織図をメモ。混成チームのメリットとして、組織知化、ノウハウ共有などを思い浮かべる。

9段落目　人材と人事制度に関する重要段落。要チェックだ。

10段落目　単に中途採用というだけではなく、「地元出身の」と書いてあるのはなぜ？　成果主義を取り入れている理由は？　「それにもかかわらず」「とはいえ」は、わざわざ表現。離職率が低く、実力主義でありながら家族主義的なのは、間違いなく強みだろう。

11段落目　全体をきれいにまとめている。この段落の表現は解答に使えそうだな。

【手順4】解答骨子メモ作成（～40分）

設問ごとの色で与件文のキーワードをマークしながら、対応づけと骨子作成を行う。

第2問（設問2）　与件文の複写機関連のキーワードをマークし、周辺の記述を漏らさないよう気をつける。売切り型と対比させて「継続的・汎用性」という方向性で書こう。

第3問　混成チームの意図は、最終段落の「先進的な事業展開」という攻めの戦略だろう。機能別組織のメリット「人的資源共有による効率化」は、字数が余ったら入れよう。

第4問　事前にメモした1次知識を活用。平成26年度事例Ⅰと似ているな。

第1問　苦手な戦略レイヤー問題。高付加価値化で競争優位性を発揮する方向で書こう。

第2問（設問1）　最終消費者というキーワードは与件文に見当たらず、人員構成に着目して紐解く。生産と販売を外部委託し、経営資源を集中しているということだろう。

【手順5】解答作成・見直し（～80分）

いつもギリギリで終わるのに、なんと5分ほど余裕がある！　与件文の課題が解決できているか、誤字はないか確認。残り2分くらいで「家族主義的」というキーワードを解答に盛り込めていないことに気づく。でも、どの設問にも使えない……。

3．終了時の手ごたえ・感想

全体的に解きやすく、事例Ⅰが苦手な私でも制限時間内に無事解答作成できたが、おそらく他の皆と大差はつかないと思う。「家族主義的」を解答に盛り込めず若干もやもやするが、大外しはしていないだろう。

～本番力の磨き方～

初見の問題を数多くこなす。パニックになった場合の対処法を決めておく。

合格者再現答案＊（かわとも 編）　　　　　　　事例Ⅰ

第1問（配点20点）　　100字

理	由	は	①	技	術	の	急	速	な	進	歩	に	伴	う	事	務	機	器	市
場	の	高	度	化	・	細	分	化	に	対	し	、	強	み	の	自	社	技	術
を	活	か	し	高	付	加	価	値	化	・	差	別	化	が	図	れ	る	為	②
激	し	い	環	境	変	化	の	中	、	大	規	模	市	場	で	は	売	上	を
主	力	取	引	先	に	依	存	し	事	業	リ	ス	ク	が	高	い	為	。	

【メモ・浮かんだキーワード】　外部環境変化に対し、機会を捉えて強みを生かす
【当日の感触等】　戦略レイヤーの問題は苦手だ。定番ワードの「高付加価値化による競争優位性発揮」でまとめ、大外しを防ごう。
【ふぞろい流採点結果】　15/20点

第2問（配点40点）
（設問1）　　100字

①	生	産	と	販	売	を	外	部	委	託	し	、	創	業	以	来	社	員	の
大	半	を	技	術	者	と	し	、	人	的	資	源	を	法	人	向	け	技	術
開	発	に	集	中	さ	せ	て	き	た	為	②	激	し	い	環	境	変	化	の
中	、	売	上	規	模	が	拡	大	し	て	も	人	員	増	加	を	抑	制	す
る	こ	と	で	事	業	リ	ス	ク	を	低	減	し	て	き	た	為	。		

【メモ・浮かんだキーワード】　人的資源をコア業務に配置、選択と集中
【当日の感触等】　なぜあえて「最終消費者」と限定されているのか？　最終消費者向けの製品の特徴が思い浮かばず、人的資源面のみから書く。高得点は狙えないかも。
【ふぞろい流採点結果】　11/20点

（設問2）　　100字

特	注	電	子	機	器	事	業	や	様	々	な	新	製	品	開	発	で	は	受
け	身	の	製	品	開	発	で	売	切	り	型	の	為	、	継	続	的	な	収
入	源	と	な	ら	な	か	っ	た	。	一	方	複	写	機	関	連	事	業	で
は	製	品	の	汎	用	性	が	高	く	消	耗	品	の	継	続	的	販	売	が
可	能	で	、	安	定	的	な	事	業	の	柱	と	し	て	成	長	で	き	た。

【メモ・浮かんだキーワード】　継続的販売、安定的な事業の柱、汎用性
【当日の感触等】　与件文のキーワードをつなげるだけで対応できた。ほぼ下書きせずに解答作成でき、自信あり。
【ふぞろい流採点結果】　20/20点

~本番力の磨き方~
本番を本番にしない。予備校模試やセルフ模試でシミュレーションしておき、当日はそれをなぞるだけ。

事例Ⅰ

第3問（配点20点）　100字

目	的	は	、	専	門	知	識	別	部	門	を	製	品	別	開	発	部	門	に
集	約	し	、	異	な	る	専	門	知	識	を	持	つ	技	術	者	の	**混**	**成**
チ	**ー**	**ム**4	と	す	る	事	で	、	**技**	**術**	**・**	**情**	**報**	**を**	**共**	**有**3	し	技	術
開	**発**	**の**	**促**	**進**	と	**高**	**度**	**化**5	を	図	り	、	時	流	を	先	読	み	し
た	先	進	的	な	事	業	展	開	を	進	め	る	た	め	で	あ	る	。	

【メモ・浮かんだキーワード】　組織知化、技術と情報の共有、機能別組織

【当日の感触等】　混成チームの目的は開発促進で決まり。これも楽勝。機能別組織といえば
人的資源共有によるコスト削減だが、優先度は低い。字数の関係で入れなかった。

【ふぞろい流採点結果】　12/20点

第4問（配点20点）　100字

①	**研**	**修**	**制**	**度**4	、	**学**	**会**	**参**	**加**	**の**	**促**	**進**3	、	C	D	P	の	導	入
に	よ	り	社	員	の	独	創	性	あ	る	能	力	開	発	を	行	い	②	**社**
内	**ベ**	**ン**	**チ**	**ャ**	**ー**2	や	M	B	O	の	導	入	に	よ	り	チ	ャ	レ	ン
ジ	精	神	を	醸	成	し	③	評	価	項	目	に	独	創	性	・	チ	ャ	レ
ン	ジ	行	動	を	加	え	る	こ	と	で	**適**	**正**	**な**	**評**	**価**4	を	行	う	。

【メモ・浮かんだキーワード】　研修、学会、ＭＢＯ、ＣＤＰ、社内ベンチャー

【当日の感触等】　平成26年度事例Ⅰとそっくり！　モチベーションアップ施策の1次知識を
これでもかと盛り込み、手ごたえあり。

【ふぞろい流採点結果】　13/20点

【ふぞろい評価】　71/100点　　　【実際の得点】　76/100点

　各設問で設問要求に沿ったキーワードを適切に盛り込んでおり、特に合格者が多く解答し
ているキーワードを外していないことから全体で合格点を大きく超えています。

Column

2次試験本番に避けたい「パニック」の対処法

　2次試験は、1年に1回きり。1次試験を突破した猛者たちが4社の事例に向き合う。
緊張しないわけがありません。想定外の内容、時間配分の乱れ、間に合わないと思った瞬
間ヒヤッとなり頭が真っ白に。「パニック」が起きることがあります。私は事例Ⅰで経験
しました。

　「パニック」に遭遇したときの対処法を先に準備しておくことで、立て直しができます。
ご自身で、本試験中パニックに遭遇したことを想像してください。とても不安な気持ちに
なると思います。そこで、次の対処をしてみます。①頭が真っ白になり焦ったら、目を閉
じて心のなかで「ストップ!!」と叫び、思考を中断。②腹式呼吸で落ち着きを取り戻し、
大丈夫、まだ間に合う、と安心する言葉を言い聞かせる。

　事前にシミュレーションしておくと安心感は半端ないです。1次試験後に、多くのセミ
ナーが行われます。そのなかで、「メンタルトレーニングセミナー」がとても役に立ちま
した。事前に準備したい方は、ぜひ調べてみてください。　　　　　　　　　　（ほっしー）

〜本番力の磨き方〜

　解けなさそう＆時間がかかる問題は後回しにする判断力をつけるため、過去問から意識する。

もってぃ 編（勉強方法と解答プロセス：p.12）

1．当日朝の行動と取り組み方針

　試験会場近くのホテルで6時に起床し、朝ご飯を食べる。少し時間があったので、テレビを観ながらファイナルペーパーを確認するが、居ても立ってもいられず、早めにチェックアウトを済ませ、コンビニで昼食を買い、会場へ向かう。

2．80分間のドキュメント

【手順0】開始前（～0分）

　ブドウ糖とサプリを飲み、気合を入れる。コーヒーはトイレに行きたくなる可能性があるため、この日は飲まないことを決意。事例Ⅰでつまずけば、その後の事例に響くとブログに書いてあったため、いつもどおり落ち着いて解答をしようと心掛ける。

【手順1】設問確認（～5分）

　A社の性質を確認した後、設問を確認し、その時点でわかるキーワードを書き出す。

第1問　小さな市場……。ニッチ戦略のキーワードを書く。

第2問　最終消費者に向けて力点を置いていなかった。人員構成……。ニーズ把握できなかった？　違う気がするも、書いておく。開発してきた製品の事業特性、複写機関連製品の事業特性……、キーワードが出ないのでマーカーのみ引いておく。この観点で与件文を確認することを意識づける。

第3問　「組織改編」か。メリット、デメリットと書いておく。組織改編を必ずしているため、与件文を注意することとする。

第4問　チャレンジ精神、独創性を維持していくために、金銭、物理、インセンティブ以外で……、インセンティブ？　緊張のあまり、度忘れする。後で考えることとし、金・モノ・成果以外とメモを残し、与件文確認に移る。

【手順2】与件文確認（～20分）

　赤のマーカーで、強みを太くマーキング、弱みを細くマーキング。緑のマーカーで、A社の自社環境と機会を太くマーキング、脅威を細くマーキング。間違えないように念じながらマーキングを続ける。電子機器開発に特化、信頼できるパートナー、赤で太くマーキング。「研究開発中心の企業」、初見のような気がして、少し動揺する。「そして」「しかし」などの接続詞に大きく丸をする。「追尾型太陽光発電システム」「トレーサビリティ」えらくいろいろと手を出しているなぁ。資源が足らないのでは？　幅広い製品を開発している。やっぱり強みにしておくか。売上の8割近くを依存……、弱みだな。

　バブル経済の崩壊で事業縮小、平成不況……、出た、ニッチ市場！　より太くマーキングをする。技術者が9割を占めている。強みにしよう。

　部門化の組織、そして、機能別に編成か。端っこにメモ書きをしておく。専門知識を有する技術者の混成チーム、サポートする品質管理と生産技術。なるほど、開発をサポートするライン＆スタッフということだな。これもメモしておこう。

　～合格のために必要なことは～

　　最低限の能力、へこたれない精神力、最後には運。

事例 I

　新卒は採用しない、成果主義、家族主義、うろ覚えの箇所ばかり出てきたなぁ。まぁ、なんとかなるか。よし、解答に進もう。

【手順3】キーワード抽出＆解答作成（〜65分）

第1問　ニッチ戦略→小さな資源で集中して→差別化→価格競争に対応できる。とキーワードを書く、だいたいのイメージがつかめた。講義動画で見たケーキの取り分をイメージする。不況のときに一番ダメージが少ないのはニッチ市場である。時間短縮のため、下書きはせずに解答用紙に書き込んでいく。あれ？　思ったよりも字数が少ない、何か足す必要があるな。……ニッチだから、先んじて開拓すれば障壁を築くことができたはずだ。これにしよう。研究開発型企業であるA社が……か。そうだ、強みを書こう、「高精度」のキーワードを盛り込み、完成。

第2問（設問1）　A社の人員構成から考えて……？　「技術者が9割」はマストで書くとして、メモしていた「ニーズ把握ができなかった」は再度見るも違う気がする。ただ、過去問題で見た気もするのと、思ったよりも時間がかかっていたので、とりあえず解答を書いていく。さて、マイナスっぽいことを書いてあるのもよくないな。再度、与件文を確認する。そうか、ここでも強みを書こう。よく見るとそもそもパートナーに恵まれた企業じゃん？　そうだと決めて、解答完成。

（設問2）　事業特性の違いか。それぞれのメリット、デメリットを書けばいいか。……手が止まる。何を書けばいいのやら？　しばし、考える。そして閃き、複写機関連製品って「再生品」「部品」「消耗品」ってことは開発が簡単なのでは？　それまでの事業は高精度、そうか、開発の難度を書こう。「経営危機に直面した以前に開発してきた製品の事業」、正確に書いていないので、「電子機器製品」と解答用紙に書き込み、その後はほぼ、与件文のコピーのごとく書き進めて完成。

第3問　組織改編。機能別組織のメリットをひたすら書く。そのキーワードをつなげて文章完成。ここはスムーズに書けた。

第4問　インセンティブについて考えるときが来た。なるほど、わからん。しかし、問題の書き方からして、内発的動機づけに関連して書けばいいのか。過去問題でも見た気がするな。「セミナー」「展示会」「産学連携」などキーワードを書き、「意欲」「開発力向上」「独創性を維持する」と組み合わせて完成。

【手順4】見直し、文章修正（〜80分）

　なんとか全部埋めることができた。思っていたよりも字が汚いな。少し書き直す。つながりが変な文章を書き直し、終了の合図。

3．終了時の手ごたえ・感想

　初めての試験、1発目の事例でかなり緊張したな。過去問題を解いていたときとは全然違う。思ったよりも時間がかかる。ただ、足切りにはならない点数は取れているはず。しかし、事例Ⅱはもっとハイペースで書かないと埋めることすら難しいかも。……あれ？　委託が委詫になっていた？　まずい、見直しできていなかった。ショックを隠し切れず、事例Ⅱに進むことに……。

〜合格のために必要なことは〜

　諦めず、最後まで可能性を信じてがんばること。

合格者再現答案＊（もってぃ 編） 事例Ⅰ

第1問（配点20点）　100字

ニ	ッ	チ	戦	略	を	と	る	こ	と	で	、	①	少	な	い	資	源	で³	集
中	し	て	高	精	度	製	品	の	開	発	が	で	き⁶	、	他	社	と	差	別
化⁶	が	で	き	る	。	②	平	成	不	況	、	リ	ー	マ	ン	シ	ョ	ッ	ク
な	ど	の	不	況	に	よ	る	売	り	上	げ	不	振	の	軽	減¹	。	③	他
社	と	の	参	入	障	壁⁴	を	築	く	こ	と	が	で	き	る	。			

【メモ・浮かんだキーワード】　ニッチ戦略、差別化、高精度

【当日の感触等】　ニッチ戦略のメリットを中心に解答。設問に「研究開発型企業」とあるのでA社の強みを書いたほうがよいだろう。与件文のキーワードも含めたから、部分点があるはず。

【ふぞろい流採点結果】　20/20点

第2問（配点40点）
（設問1）　100字

理	由	は	①	人	員	構	成	で	技	術	者	が	9	割⁶	の	た	め	、	ニ
ー	ズ	対	応	で	き	る	人	員	が	少	な	い³	事	②	生	産	を	他	社
に	委	託	し	③	販	売	は	信	頼	で	き	る	複	数	の	パ	ー	ト	ナ
ー	企	業	に	委	託³	し	て	い	る	事	。								

【メモ・浮かんだキーワード】　ニーズ把握、外部委託

【当日の感触等】　強みを解答すべきなのに、マイナス面を解答してしまった。協力会社に恵まれていることも書けたかもしれないが、点数は少ないだろう。

【ふぞろい流採点結果】　12/20点

（設問2）　100字

①	経	営	危	機	に	直	面	す	る	前	の	電	子	機	器	製	品¹	で	は	、
売	り	切	り	型	の	事	業⁴	で	開	発	が	困	難	で	あ	る	。	②	複
写	機	関	連	製	品	は	、	複	写	機	の	再	生	品	、	部	品	、	
複	写	機	用	ト	ナ	ー¹	な	ど	の	消	耗	品³	を	取	り	扱	い	、	比
較	的	開	発	が	容	易	で	あ	る	。									

【メモ・浮かんだキーワード】　サードパーティ、開発難易度

【当日の感触等】　解答が薄いものの、違いについて書けたと思う。求めている解答かは不安。

【ふぞろい流採点結果】　8/20点

~合格のために必要なことは~

自分に合った学習計画の作成、計画のPDCA、やりきる意志。

事例Ⅰ

第3問（配点20点）　100字

①	技	術	間	の	交	流³	が	進	む	事	で	シ	ナ	ジ	ー	効	果⁴	が	得
ら	れ	、	製	品	開	発	、	品	質	管	理	、	生	産	技	術	に	特	化
で	き	る	②	部	門	間	の	セ	ク	シ	ョ	ナ	リ	ズ	ム	の	撤	廃	③
資	源	の	重	複	な	し	で	規	模	の	経	済	を	得	る	こ	と	が	で
き	る	。																	

【メモ・浮かんだキーワード】　シナジー、技術交流

【当日の感触等】　ここはフレーズを覚えたところがそのまま出た感じ。機能別組織について
さらさら書けた。勉強の成果が発揮できたか？

【ふぞろい流採点結果】　7/20点

第4問（配点20点）　100字

①	展	示	会	、	セ	ミ	ナ	ー	に	参	加	さ	せ	る	。	共	同	プ	ロ
ジ	ェ	ク	ト³	の	参	画	を	継	続	的	に	行	い	、	意	欲	向	上³	を
図	る	。	②	大	学	と	の	産	学	連	携	で	専	門	的	な	教	育⁴	を
行	い	、	開	発	力	の	向	上³	、	モ	ラ	ー	ル	向	上	を	図	る	。
③	提	案	制	度²	の	取	組	み	、	独	創	性	を	維	持	す	る	。	

【メモ・浮かんだキーワード】　内発的動機づけ、共同プロジェクト

【当日の感触等】　インセンティブの意味について確証はなかったが、求めている解答を書け
ているはず。ここは点数が高いだろう。なんとか、第2問の挽回ができたはず。

【ふぞろい流採点結果】　15/20点

【ふぞろい評価】　62/100点　　【実際の得点】　78/100点

　第2問（設問2）や第3問は多くの受験生が解答しているキーワードが盛り込めていない
ことから点数が伸びていないですが、他の設問でリカバリーできており、全体で合格点を満
たしています。

Column

私と試験と勉強環境

　独学者のみなさん、勉強する場所は決まっているでしょうか。私は決まっていました。
そう、リビングの一角の自分の机です。なぜならば、夏場は冷房が効いていて、冬場は暖
房が効いているからです。環境を整えることは重要ですよね。勉強は始めるときが一番ハー
ドルが高くて、いざ始めると、あれ？　もう3時間？　なんてことはざらです。しかしな
がら、そう、リビングには家族がいます。誘惑も多いです。そこで役立つのがノイズキャ
ンセリングイヤホン！　これを装着し、BGMを流すと集中できる環境の出来上がり。椅
子に座って、机に向くと自然と勉強したくなる、そうなれば完璧です。ちなみにBGMで
はなく、J-POPを聴くときもありましたが、集中すると音楽が頭に入ってこなくなりま
す。そんなゾーン状態を作り出せれば鬼に金棒です。目指せ！　ゾーン体験！（もってぃ）

~合格のために必要なことは~
　合格するまであきらめないこと。2次試験の合格率は20%あるんだから5回受ければ受かるだろうと考える。

たっつん 編 （勉強方法と解答プロセス：p.14）

1．当日朝の行動と取り組み方針

　6時起床。前の晩早めに布団に入りしっかり休み、頭はとても冴えている。心身ともに充実し、当日にピークを持ってこられたことを実感する。妻にリクエストしていた勝負メシ（焼きたらこ）を食べ、出発。8時頃に会場の大学に到着。前年は場の空気に飲まれて事例Ⅰで思考が停止した。今回は席で待機せず、共用スペースで自己暗示をかける。

　「俺は大学生、見慣れた教室、机、椅子。今日は試験があるだけ……」

2．80分間のドキュメント

【手順1】準備（～4分）

　受験番号を記入する。問題用紙のホッチキスを外す。メモ用紙を作り、事例Ⅰの論点レイヤーを書き込む。与件文と問題に分けるために問題用紙を半分に切る。いつもどおり。問題構成を確認する。5問×20点。いつもどおり。

【手順2】設問解釈（～11分）

1段落目　研究開発中心の企業。過去問で外部環境や資金調達、高度人材の定着あたりを問われていたことが頭をよぎる。

11段落目　「受け身」と「時流を先読み」。どこかに転換点があったよう。外部環境とA社の戦略、組織にどのような変化があったか注意しよう。

第1問　「研究開発型企業」「相対的に規模の小さな市場をターゲット」「競争戦略」に制約条件の「赤」ラインを引いておく。「規模の小さな市場」「競争戦略」からポーターの戦略類型を想定し、「差別化」「集中」のメモを書いておく。

第2問（設問1）　事業展開について問われている。環境変化とその対応の流れがわかるように答案を書く必要がある。「最終消費者に向けた製品」と「A社の人員構成」に制約条件の「赤」ラインを引いておく。第1問とも関連しそう。

第2問（設問2）　「経営危機」「異なる考え方」ときた。転換点を意識した設問。事業特性から説明することに注意する必要がある。「特性は」と書き出しをメモしておく。

第3問　「組織改編」であれば、与件文に明記されているはず。おそらく難易度は低い問題だろう。「目的は」と書き出しをメモしておく。

第4問　「社員のチャレンジ精神や独創性を維持していく」「助言」とあり、今後の成長に向けて施策を提案する問題かな。「金銭的・物理的インセンティブの提供以外」に制約条件の「赤」ラインを引いておく。「動機づけ要因」からピックアップしていこうか。

【手順3】与件文読解（～27分）

1段落目　従業員50名、多くない。売上が10年間同じ事業で6割。多めで長いな。

2段落目　共同プロジェクトへの参画か。どこかで使えそう。電子機器製造に売上の8割依存。これは後々の環境変化でA社がピンチになりそう。

3段落目　「バブル経済の崩壊」「急激な事業縮小」。やっぱりきた。「チャレンジせざるを

得ない」とあり、環境変化に引きずられた印象があるな。

[4段落目]　「継続的に安定」と「売切り型の事業」の対比は第2問（設問2）で使える。

[6段落目]　「自らが先頭に立って、新規事業や製品の開発にチャレンジし続けている」状況は第4問のチャレンジ精神に関係してくるかな。後進？　問題にあったっけ？

[7段落目]　「約50名の社員のうち、技術者が9割近くを占めている」か。技術者中心の人員構成は、そのまま第2問（設問1）に使うことになりそう。

[8段落目]　専門知識別組織？　よくわからないが技術単位で組織化されていたということか。編成替え後の機能別組織は教科書どおり。「混成チーム」「製品開発部門の業務をサポート」「生産委託先との調整業務」と、専門化による効率化が図られたことがよくわかる。これはそのまま第3問で整理しよう。

[10段落目]　新卒を採用せず中途採用のみ？　とりあえず新卒、中途のメリット・デメリットのあたりはつけておこう。成果主義のメリット・デメリットは書けそうだし、一旦流しておこう。特許の表彰制度は第4問の一例にあたるのかな。ここから広げていこう。

[11段落目]　受け身から先進的な事業展開か。事例全体のテーマはだいたいつかめた。

【手順4】解答骨子作成（～51分）

[第3問]　8段落を整理、編集すれば大丈夫。機能別組織の目的に、A社の特徴である混成チーム、技術開発を支援する体制の3本柱で構成しよう。

[第2問]（設問2）　売切り型事業と継続販売型事業を与件文から引用して構成しよう。商品が複数あることや顧客がチェーンで複数あることも対比として使えそう。編集して織り込んでみよう。

[第4問]　「コレ！」という施策が思いつかない……。時間をかける問題ではないので、やはり「動機づけ要因」をベースに与件文から引用して構成してみよう。

[第2問]（設問1）　人員構成は、技術者中心で営業・管理人員が手薄なことを明記しよう。「最終消費者向け製品」はマス向けの機能も必要だし、これらを書けば大丈夫かな。

[第1問]　しまった。骨子を考える時間がない。とりあえず解答を作成して最後に書こう。

【手順5】与件文通読（～53分）

解答骨子と与件文の内容、事例テーマ、設問要求とのズレがないかをチェック。

【手順6】解答作成（～80分）

骨子作成順に解答作成。残り5分。第1問は「差別化」「集中」しかイメージが立っていない。第2問（設問1）と第1問を睨む……。そうか、第2問（設問1）の裏返しを書けば第1問がそれなりに書ける。時間ギリギリで第1問を書き込む。最後に答案をざっと見直し、事例テーマと解答内容のズレがないことを確認する。

3．終了時の手ごたえ・感想

事例テーマはわかりやすく、全体の流れは押さえた。問題で聞かれていることがわからないということはなかった。自分に書けることは十分に書けただろう。前年、初っ端の事例Iで大崩れしたことを考えれば十二分。事例IIに向けて気持ちを切り替えよう。

〜試験前に行ったゲン担ぎやジンクス〜

カフェでその日の試験科目の復習。

合格者再現答案＊（たっつん 編） ━━━━━━━━━━━ 事例Ⅰ

第 1 問（配点20点）　　100字

理	由	は	、	研	究	開	発	に	特	化	し	た	事	業	構	造	と	な	っ
て	お	り	、	大	市	場	に	対	応	す	る	組	織	、	人	員	が	不	足
し	て	い	る	こ	と	か	ら	、	**経**	**営**	**資**	**源**	**を**	**最**	**大**	**限**	**活**	**用**	**す**
る³	た	め	、	**差**	**別**	**化**	**と**	**集**	**中**	**の**	**戦**	**略**⁶	と	な	っ	た	た	め	。

【メモ・浮かんだキーワード】　差別化戦略、集中戦略、経営資源の最大活用

【当日の感触等】　ギリギリまで「差別化」と「集中」の理由がイメージできなかったが、諦めずに駆け込みで書き切れた。内容もA社の状況をきちんと説明できており、大きく外してはいないだろう。空欄を作ったので多少失点はあるだろうが、書き切ったことを評価しよう。

【ふぞろい流採点結果】　9/20点

第 2 問（配点40点）

（設問 1 ）　　　　　　　100字

理	由	は	、	最	終	消	費	者	向	け	製	品	は	市	場	が	大	き	く、
生	産	体	制	や	販	売	体	制	に	加	え	て	需	要	見	込	み	や	生
産	管	理	の	体	制	構	築	が	必	要	と	な	る	が	、	A	社	は	**技**
術	**者**	**が**	**9**	**割**	**を**	**占**	**め**⁶	、	**営**	**業**	**職**	**等**	**の**	**事**	**務**	**職**	**員**	**が**	**少**
な	**い**	**人**	**員**	**構**	**成**³	で	あ	っ	た	た	め	。							

【メモ・浮かんだキーワード】　マス向け機能（営業、マーケ、生産管理等）、技術者9割の人員構成

【当日の感触等】　マス向け機能の整理が不十分だった。簡潔でないので解答要素を漏らしていないか気になるが、記述した内容はきちんと伝わるだろう。

【ふぞろい流採点結果】　9/20点

（設問 2 ）　　　　　　　100字

以	前	の	製	品	は	、	開	発	製	品	の	**販**	**売**	**で**	**取**	**引**	**が**	終	了
す	る³	**売**	**切**	**り**	**型**	**事**	**業**⁴	で	、	**顧**	**客**	**要**	**望**	**を**	**反**	**映**	**す**	**る**	受
け	身²	か	つ	売	上	依	存	の	高	い	特	性	だ	っ	た	の	に	対	し、
複	写	機	関	連	製	品	は	、	**消**	**耗**	**品**³	の	**継**	**続**	**販**	**売**⁴	で	複	数
の	製	品	を	複	数	に	販	売	す	る	特	性	で	あ	る	。			

【メモ・浮かんだキーワード】　売切り型事業、継続販売、取引先に依存、電子機器製造に依存

【当日の感触等】　売切り型事業と継続販売を書けば間違いないだろう。うまく編集して取引先や商品構成についても触れられたので、平均点以上は狙えるだろう。

【ふぞろい流採点結果】　16/20点

~試験前に行ったゲン担ぎやジンクス~ ━━━━━

神社で合格祈願のお守りを購入。合格発表当日は朝からトイレ掃除をした。

第3問（配点20点）　100字

目	的	は	①	機	能	別	組	織	に	よ	る	専	門	性	の	向	上	、	②
専	門	技	術	者	の	混	成	チ	ー	ム⁴	に	よ	る	連	携	強	化³	と	新
製	品	開	発⁵	の	シ	ナ	ジ	ー	発	揮⁴	、	③	外	部	の	生	産	委	託
先	と	の	調	整	や	業	務	サ	ポ	ー	ト	に	よ	る	製	品	開	発	部
門	の	支	援	体	制	の	構	築³	、	で	あ	る	。						

【メモ・浮かんだキーワード】　機能別組織の特徴、混成チーム、シナジー、支援体制

【当日の感触等】　１次知識、与件文引用、波及効果までバランスよく解答に織り込めた。平均点は押さえられるだろう。

【ふぞろい流採点結果】　15/20点

第4問（配点20点）　100字

技	術	者	の	士	気	や	や	り	が	い	向	上³	に	取	り	組	む	。	具
体	的	に	は	①	社	長	自	ら	が	先	頭	に	立	っ	て¹	社	員	に	目
的	や	方	向	性	を	説	明	、	共	有	す	る	、	②	メ	ー	カ	ー	と
の	共	同	プ	ロ	ジ	ェ	ク	ト	へ	の	参	画³	を	促	す	、	③	特	許
取	得	の	支	援	制	度³	を	設	け	、	推	奨	す	る	。				

【メモ・浮かんだキーワード】　動機づけ要因、士気向上、支援制度

【当日の感触等】　施策が思いつかなかったが、与件文を引用して施策に結び付けたので、大外しはない、と思いたい。特許取得の支援制度が、すでに実施している評価制度と同じと捉えられないか心配。全体的にあいまいな表現になったので、得点は読めない。

【ふぞろい流採点結果】　10/20点

【ふぞろい評価】 59/100点　　**【実際の得点】** 73/100点

　第１問や第２問（設問１）は多くの受験生が解答しているキーワードが盛り込めていないことから点数が伸びていないですが、他の設問でリカバリーできており、全体で合格レベルの解答になっています。

そうちゃん 編（勉強方法と解答プロセス：p.16）

1．当日朝の行動と取り組み方針

　会場が遠いため妻とともに前日からビジネスホテルに宿泊することにした。5時に一度目が覚め、二度寝し、6時に起床。やはり少し緊張しているのか。ベッドに入ったのは0時くらいなので、睡眠時間としてはまずまずだが、あまりスッキリしない。とりあえず開始前までに脳を目覚めさせねば。少し食欲がないが、朝食をしっかり食べてエネルギー補給だ。妻はあまり緊張していない様子で一安心。

2．80分間のドキュメント

【手順0】開始前（〜0分）

　北松戸に宿をとっていたので、東京理科大は2駅向こう。天気がよく気持ちいい秋の空気の中、妻とくだらない話をしながら会場に向かう。大雨の中、うつむきながら向かった前年とはえらい違いだな。会場前に来ると、『ふぞろいな合格答案11』のメンバーが出迎えてくれた。再会にテンションが上がり、肩を組んで記念撮影。試験前にバカ騒ぎしていいのかと思ったが、いつのまにか緊張が取れていた。感謝！　妻とは教室も同じで心強く、さらに偶然斜め後の席に予備校の元クラスメート。なんとなくツイてる!?

【手順1】準備（〜1分）

　開始の合図でまずは受験番号を指差し確認して記入。入念に3回繰り返すことで自分を落ち着かせる。1年目、2年目のように手が小刻みに震えることもなく、落ち着きを実感した。解答用紙を確認すると、100字程度の解答欄が5つ。うん、いつもの事例Ⅰだな！メモ用紙として裏表紙を定規で破る。

【手順2】設問解釈と解答の金型作成（〜5分）

第1問　「研究開発型企業」か。平成26年度の精密ガラス加工メーカーみたいな感じかな？「競争戦略の視点」か。差別化、集中化、あと一応コスト・リーダーシップ戦略も押さえておこう。それらと、出だしの「理由は、」を直接解答欄に適当に書き込む。

第2問　「事業展開」と来たか。「事業展開」と問われた場合、過去問ではマーケティングの4P的視点で問われることが多かったから、一応4Pを意識しておこう。

（設問1）「A社の人員構成から考えて」か。これは簡単に人員構成について言及したほうがいいんだろうな。人員構成というと、過去には正規と非正規という視点があったが、今回はどうかな。解答欄に直接、「A社の人員構成は○○なため、理由は、」と「4P」と書き込む。

（設問2）「事業特性」の「違い」ね。これも4P視点でヒントを探すのかな。現段階ではよくわからない。解答欄に直接、「違いは、既存は○○な事業特性で、複写機は○○な事業特性である点」と書き込む。

第3問　「組織改編の目的」か。これが今回の組織に関する設問だな。ベタに機能別組織

を事業部別組織にした、とかかな？　とりあえず解答欄に、「目的は、」と書き込む。

[第4問]　「チャレンジ精神や独創性の維持」か。これが今回の人事に関する問題だな。「金銭的・物理的インセンティブ以外に」と来たか。お決まりの「業績連動型の評価・報酬体系」を封じてきたな！　解答欄に書き出しの「A社は、」と「報酬×」と書き込む。

【手順3】与件文読解（〜20分）

[1段落目]　開発に特化して生産も販売もやってないのか。これがA社の「やりたいこと」につながりそうだな。以下、気になった単語はメモ帳に書き込む。

[2段落目]　強みの話と特定の分野への売上依存の話。ここめちゃくちゃ大事だな。

[3段落目]　いろいろな製品開発にチャレンジしたみたいだ、「せざるを得ない」って苦しそう。いい取組みではなかったっぽい。

[4段落目]　ニッチ市場の話か。研究開発型のA社が事業の柱になる製品を生み出せていないって、やっぱ平成26年度の事例Iに似てる。先入観はダメだけれど参考にしよう。

[5、6段落目]　複写機関連製品事業の話か。機会に言及しているな。

[7段落目]　人員構成の話。ここは絶対に第2問の（設問1）で使おう。

[8段落目]　組織構造の話。何をどうしたのか、把握しづらいので図を描こう。

[9、10段落目]　人事の話。第4問の関係上、すでに実施済みの施策をチェックだ。

[11段落目]　締めの段落、A社のことを端的にまとめた重要キーワードの宝庫だ！

【手順4】解答作成（〜75分）

[第1問]　やはりここは環境分析の問題だろう。ただ、複写機関連製品事業のことを書いていいか気になってきた。普通に考えれば「（特注電子機器事業より）比較的小さな市場」だから、書いてもよいのだろうけれど、怖くなったのであえて触れないことにする。

[第2問]

（設問1）　人員構成のことに触れるけれど、長くなりすぎないように。A社は能動的に製品開発に特化してきたんだから、「○○するため」とポジティブに書くべきだ。

（設問2）　受け身かそうじゃないか、が違いを生み出す部分だ。第4段落と第11段落のキーワードをうまく使える構造になっているし、これでOKだろう

[第3問]　まずは製品開発力の強化が目的、でよいだろう。でもほかには何かないかな。しばらく考えたがわからない。よし、ここはもうこれでいいや。

[第4問]　ここは非常に書きやすい！　お決まりの人事面の、「採用・配置、評価、能力開発」の切り口だな。ただし、報酬には触れないように。あと、組織面の「権限委譲」の切り口も加えておこう。

【手順5】解答作成・見直し（〜80分）

受験番号、誤字、脱字を再度確認。読みづらい字を消して書き直す。

3．終了時の手ごたえ・感想

緊張する初っ端の事例だけれど、なんとか無難にやり過ごせたかな。

~試験前に行ったゲン担ぎやジンクス~
心願成就の祈願と、出願は「大安」。その効果か？　本試験は机を広く使える会場で、ストレスなく普段どおりに。

合格者再現答案＊（そうちゃん 編）　　　　　　　　事例 I

第1問（配点20点）　　100字

理	由	は	、	①	国	内	大	手	電	子	メ	ー	カ	ー	の	特	注	電	子
機	器	事	業	が	急	激	な	事	業	縮	小	を	迫	ら	れ	る	中¹	、	②
コ	ア	テ	ク	ノ	ロ	ジ	ー	の	セ	ン	サ	ー	技	術	や	高	精	度	な
製	品	開	発	力	等	の	自	社	技	術	を	応	用	し⁶	、	③	ニ	ッ	チ
市	場	に	お	い	て	差	別	化	、	集	中	化⁶	す	る	た	め	。		

【メモ・浮かんだキーワード】　環境分析、特注電子機器事業の事業縮小、センサー技術、高精度な製品開発力、ニッチ市場、差別化、集中化

【当日の感触等】　環境分析だと認識しながらも、機会に関して言及しづらかった。

【ふぞろい流採点結果】　13/20点

第2問（配点40点）

（設問1）　　100字

A	社	の	人	員	構	成	は	技	術	者	が	9	割⁶	近	く	を	占	め	る
た	め	、	生	産	や	販	売	を	外	部	に	委	託³	す	る	等	で	電	子
機	器	開	発	に	特	化	し	て	製	品	開	発	力	を	強	化	す	る	事
で	、	経	営	資	源	を	高	精	度	な	電	子	機	器	開	発	や	製	品
領	域	拡	大	に	集	中²	さ	せ	有	効	活	用	す	る	た	め	。		

【メモ・浮かんだキーワード】　技術者が9割、電子機器開発に特化、製品開発力の強化

【当日の感触等】　必要なことはだいたい入れられたかな。もう少しいけた気もするが、欲張らずいこう。

【ふぞろい流採点結果】　11/20点

（設問2）　　100字

違	い	は	、	①	既	存	の	製	品	は	、	取	引	先	や	顧	客	の	声
を	反	映	し	た	受	け	身	の	製	品	開	発²	で	売	切	り	型	の	事
業	特	性⁴	だ	が	、	②	複	写	機	関	連	製	品	は	、	時	流	を	先
読	み	し	た	先	進	的	事	業	展	開	で	、	柱	と	な	る³	製	品	を
生	み	出	し	継	続	取	引	が	期	待	で	き	る	事	業	特	性⁴	な	点。

【メモ・浮かんだキーワード】　平成26年度事例 I 、受け身、売切り型、先進的事業展開、継続取引

【当日の感触等】　第11段落のキーワードをうまく使えた。これで大丈夫なはず。

【ふぞろい流採点結果】　13/20点

第3問（配点20点）　100字

目	的	は	、	①	技	術	毎	か	ら	目	的	毎	の	部	門	に	再	編	成
し	、	製	品	毎	の	グ	ル	ー	プ	化	で	目	的	を	明	確	化	し	、
②	専	門	の	技	術	者	を	同	数	配	置	す	る	混	成	チ	ー	ム	で
シ	ナ	ジ	ー	を	生	み	、	③	サ	ポ	ー	ト	や	調	整	業	務	を	行
う	部	署	の	設	置	で	、	製	品	開	発	力	を	強	化	す	る	事	。

【メモ・浮かんだキーワード】　製品毎にグループ化、シナジー、部署の設置、製品開発力強化

【当日の感触等】　製品開発力強化以外の視点も欲しかったが、この程度でまとめればよいだろう。

【ふぞろい流採点結果】　16/20点

第4問（配点20点）　100字

Ａ	社	は	、	①	採	用	面	で	、	中	途	採	用	の	強	化	や	能	力
や	希	望	に	応	じ	た	適	正	配	置	、	②	評	価	面	で	、	特	許
申	請	に	関	す	る	目	標	管	理	制	度	や	Ｃ	Ｄ	Ｐ	の	導	入	、
③	能	力	開	発	面	で	、	専	門	知	識	の	研	修	や	自	己	啓	発
の	奨	励	、	④	研	究	開	発	の	権	限	委	譲	等	を	行	う	。	

【メモ・浮かんだキーワード】　採用・配置、評価、能力開発、権限委譲、報酬は書かない

【当日の感触等】　多面性を意識しつつ、一気に書き上げることができた。まずまずの点数が取れそうだ。

【ふぞろい流採点結果】　15/20点

【ふぞろい評価】　68/100点　　　【実際の得点】　64/100点

　各設問で設問要求に沿ったキーワードを適切に盛り込んでいることで、全体で合格点を維持できています。

Column　本当に必要なのは自分の意思!?

　私は、1年目と2年目は予備校で、合格年の3年目は独学で勉強しました。予備校時代には、講師からオプション講座や市販の参考書を推薦されることがありました。また、ネットにはさまざまな勉強方法が紹介されています。それらを無根拠に採用し、取り入れてしまうことは賢明ではありません。「周りのみんなが採用しているから自分も」といった考えは本当の意味での「自分の意思」ではないと思います。「量に泣かされる試験」であるがゆえに冷静さを失うと、どういった勉強方法が正解なのかがわからなくなりがちです。独学の時には、周囲との接触が減り、情報が入りづらくなりましたが、自分で考えること、今やっていることに集中できる環境になりました。過去問演習のなかで自分に何が足りないのかを自分で考え、克服するために何をすべきかを考えることが最も合格へ近づく方法だと思います。

（ブルーオーシャン）

いくみん 編 （勉強方法と解答プロセス：p.18）

1．当日朝の行動と取り組み方針

　お世話になった予備校の先生が試験会場まで激励に来てくださるとのことだったので、自主勉強会の仲間たちと8時半に正門に集合。受験生支援団体で応援に来てくださった先輩方や、いつもの勉強仲間に会えたことで気持ちがかなり和らいだ。予備校の先生が握手をしながら皆に激励の言葉をかけていて、私には「いつもどおりやれば受かる！」と言ってくださったのが嬉しかった。

　教室に入ってスマホの電源を落とし、ファイナルペーパーを見て解答プロセスを確認する。事例Ⅰだから、課題・外部環境・強みを見つけよう。あとは、抽象的な与件文や設問から出題者の伝えたいことを正確に理解するために、複数の可能性を検討しながら読もう。また、設問への解答要素の対応づけを誤らないため、時制と、与件文と設問に共通して使われているキーワードを見落とさないように気をつけよう。

2．80分間のドキュメント

【手順1】準備（～1分）

　設問で要求される文字数、与件文のボリュームが例年の傾向どおりで安心する。業種がメーカーであることも事例Ⅰでは定番。設問解釈の前に最終段落を読み、今後の方向性だけ確認しておく。研究開発型企業として先進的な事業展開をし続けることが課題で、家族主義的な風土があることが強みの形成に役立っているというところかな。

【手順2】設問解釈（～8分）

第1問 「相対的に規模の小さな市場をターゲット」ということは、あえて小さな市場を選んでいるのだから、小さな市場だと「強みが活かせるから」または「課題解決できるから」の2つの方向性で検討しよう。

第2問

（設問1）　B to C型ではなくB to B型の事業をしているのか。あえてB to B型を採用しているのだから、理由は「強みが活かせるから」または「課題解決できるから」の2つの方向性で検討しよう。「人員構成」を踏まえる点もチェック。B to B型のほうが高い技術力を要求されそうだから、スペックの高い技術者がたくさんいるのかも。

（設問2）　2つのものを比較して書く問題も事例Ⅰの大定番だ。「事業特性」だから、それぞれの事業のPESTと5フォースを分析してミクロとマクロの切り口で整理しよう。以前の事業では経営危機を乗り切れなかった理由が比較のポイントになりそう。

第3問 「組織改編」か。設問からはヒントが少なすぎる。でも組織改編をする場合は部署の構成メンバーが変わるわけだから、なんらかのシナジーを起こすことを模索しているのではないか、という一般知識を想定。

第4問　本問が唯一、「今後」のことを聞いている、と時制をチェックする。人的資源の

~模試の活用法~

　自分の予備校の模試は本番を想定したガチンコ受験、他の予備校の模試は他流試合の修行として受験。

問題なのも明らかだから、今後の課題に対し人的資源管理で助言する方向性か。

【手順3】与件文読解と設問への対応づけ（〜28分）

　A社は研究開発型企業で、電子機器開発に「特化」して生産や販売はパートナー企業に委託してきた。「特化」したということは、ヒト・モノ・カネ・情報の経営資源を開発に集中させるということで、その成果としてセンサー技術が「評価」されるコアテクノロジーとして同社の競争優位性の源泉となった。

　当初は引き合いのあった主力取引先に「依存」する電子機器製造事業で売上を構成していたが、バブル経済の崩壊によって急激な事業縮小を迫られたことで事業多角化を模索した。「売切り型の事業の限界を打ち破ること」を「目標」として参入した複写機関連製品事業が今は売上の6割を支えている状況である。

　ところが、その複写機関連製品事業が先細り傾向であるため、対策の一環として「編成替え」を行っている。また、今後も「絶えず新しい技術を取り込みながら製品領域の拡大を志向」していくために人事制度がカギとなる。

　コア資源を中心として、リソースベースドビューの観点でアンゾフの成長マトリクスに乗せて展開する例年どおりのストーリーなので、いつもどおりやればなんとかなりそうだ。

【手順4】解答作成（〜78分）

[第1問]　「開発した製品すべてが市場で受け入れられるわけもなく」とあるので、たくさんの市場に参入してリスク分散を図りたかったのでは。また、第6段落では事業の「先頭に立って」とあることから、ニッチトップになることを志向したと書こう。

[第2問]

（設問1）　9割近くが技術者であるからこそ、B to B型に対応できる技術力があった／B to C型に対応できなかった、のプラスマイナスの切り口で書こう。

（設問2）　当時の課題は「売切り型の事業の限界を打ち破ること」であるから、複写機関連製品事業は売切り型の事業の対比となる事業特性であることを書こう。

[第3問]　異なる専門知識の人を同じ部門に配置するのはシナジー効果を期待するため。また、部門編成を替えるのは、市場変化への対応力を上げるため。以上をまとめて、社内／社外の切り口で書こう。

[第4問]　社員の「モラール向上」は書きたい。また、今後について助言できるのは本問だけなので、「絶えず新技術を取り込みながら製品領域拡大を志向」というゴールも指摘したい。あとは金銭的・物理的インセンティブ以外で書けることを書けるだけ書こう。

【手順5】誤字脱字の確認（〜80分）

　誤字脱字や読みづらいところがないかを確認し、試験終了を待った。

3．終了時の手ごたえ・感想

　開始から20分くらい経過したときに、机上に置いていた時計をしまうように試験監督に注意されたことにすごく動揺した。受験票の注意事項に違反するものではないはずだけれど、どうしてだろう。今日の悪い運をすべて使い切れたと思って気持ちを切り替えよう。

〜模試の活用法〜　──────────────────────────

　　タイムマネジメントと解く手順の確認、試験での頭や腕の疲れ方の確認。

合格者再現答案＊（いくみん 編）　　　　　　　　　事例Ⅰ

第1問（配点20点）　　100字

理	由	は	①	市	場	拡	大	を	予	測	し	て¹	早	期	に	参	入	し	新
規	事	業	や	製	品	の	開	発	に	チ	ャ	レ	ン	ジ	す	る	事	で	先
行	者	利	益	を	得	て	大	き	な	シ	ェ	ア	を	獲	得	で	き	る³	為
②	A	社	の	事	業	規	模	で	も	幅	広	い	市	場	で	シ	ェ	ア	獲
得	す	る	事	で	リ	ス	ク	分	散¹	し	経	営	を	安	定	さ	せ	る	為。

【メモ・浮かんだキーワード】　市場への早期参入、競争優位性構築、事業多角化、リスク分散、限られた経営資源をどのように配分して事業展開するか

【当日の感触等】　与件文に使いたいキーワードが多すぎる。加点要素を選択できていますように。

【ふぞろい流採点結果】　5/20点

第2問（配点40点）

（設問1）　　　　100字

理	由	は	従	業	員	の	9	割	近	く	が	技	術	者⁶	で	あ	る	事	か
ら	①	セ	ン	サ	ー	技	術	を	核	と	し	て	高	精	度	な	製	品	開
発	が	求	め	ら	れ	る	法	人	需	要	に	対	応	で	き	る⁵	為	②	顧
客	ニ	ー	ズ	を	き	め	細	か	く	収	集⁵	す	る	営	業	人	員	が	お
ら	ず³	最	終	消	費	者	向	け	の	開	発	が	困	難	で	あ	る	為。	

【メモ・浮かんだキーワード】　経営資源（ヒト）の配分、B to B型の事業では高い技術力が求められる、B to C型の事業では情報収集力や営業力が求められる、平成28年度と平成23年度の事例Ⅰ

【当日の感触等】　人員構成に言及した点は加点要素になりそう。

【ふぞろい流採点結果】　19/20点

（設問2）　　　　100字

違	い	は	既	存	事	業	は	開	発	し	た	製	品	を	販	売	し	た	時
点	で	取	引	が	完	了	す	る³	売	切	り	型⁴	で	あ	る	一	方	で、	
複	写	機	関	連	製	品	事	業	は	複	写	機	の	再	生	品¹	等	の	消
耗	品³	で	あ	る	事	か	ら	開	発	後	も	定	期	的	な	需	要	に	よ
り	継	続	的⁴	に	安	定	し	た	収	入	源³	と	な	る	点	で	あ	る。	

【メモ・浮かんだキーワード】　当時の経営課題の解決

【当日の感触等】　与件文の内容をまとめて指摘しただけになってしまったが、ほかに思いつかない。

【ふぞろい流採点結果】　17/20点

事例Ⅰ

第3問（配点20点）　100字

目	的	は	専	門	知	識	別	の	組	織	か	ら	事	業	分	野	別	の	組
織	に	改	編	す	る	事	で	①	異	な	る	専	門	知	識	を	有	す	る
技	術	者	同	士	の	コ	ミ	ュ	ニ	ケ	ー	シ	ョ	ン[3]	を	活	性	化	し
シ	ナ	ジ	ー	を	発	揮[4]	す	る	為	②	各	市	場	の	動	向	に	合	わ
せ[3]	て	柔	軟	で	迅	速	な	意	思	決	定[4]	に	よ	り	対	応	す	る	為	。

【メモ・浮かんだキーワード】　事業部制組織のメリット、シナジー、部分最適化、権限委譲
【当日の感触等】　異なる専門知識を持つ技術者同士の交流促進を指摘したので大丈夫だろう。
【ふぞろい流採点結果】　14/20点

第4問（配点20点）　100字

施	策	は	モ	ラ	ー	ル	向	上[3]	し	新	技	術	を	取	り	込	み	製	品
領	域	を	拡	大	す	る[3]	為	①	本	人	の	志	向	を	加	味	し	つ	つ
専	門	知	識	を	活	か	せ	る	配	置[2]	②	外	部	研	修	へ	の	参	加
等	自	主	的	な	能	力	開	発	の	支	援	制	度[4]	③	長	期	的	な	視
野	で	の	試	行	錯	誤	を	促	す	評	価	制	度[4]	の	整	備	で	あ	る	。

【メモ・浮かんだキーワード】　人事施策（採用・配置・能力開発・評価・報酬）、モラール向上、高度な専門知識を持つ人材の定着率の向上、平成26年度の事例Ⅰ
【当日の感触等】　人事施策を多面的に答える問題。得意な人が多いから乗り遅れてないといいな。
【ふぞろい流採点結果】　16/20点

【ふぞろい評価】　71/100点　　【実際の得点】　71/100点
　第1問では、多くの受験生が解答している「差別化集中戦略」や「強みの技術力の活用」といったキーワードが盛り込めていないことから点数が伸びていないですが、ほかの設問でリカバリーできており、全体で合格点以上を達成できています。

Column

不測の事態は試験問題の外にもある

　予期せぬ設問、サプライズ問題などなど、試験時間中には受験生を動揺させる数多くのトラップが張り巡らされています。それらへの対策は最重要ですが、試験会場で起こりうるさまざまな不測の事態に対しても、心の準備が必要です。

　たとえば、友人の例ですが、昼食をコンビニで買っていざ食べようと思ったらお箸がなかったそうです。彼は袋のビニールを手にはめて手づかみで食べたそうですが、そのような機転が利かない場合もあるでしょう。また、規定上問題ない時計を使っているのに試験監督に注意を受けたり、自分の前の席の人が不正を行って退場させられたり、会場が異様に蒸し暑かったり、トイレが混みすぎて休み時間中に済ませられなかったりと、ただでさえ緊張する本試験のなかで動揺を誘う出来事が頻発します。

　すべてを想定して対処しておくことは不可能ですが、「なんでも起こりうる」と心の準備をして構えておくことは大事でしょう。
（そうちゃん）

～模試の活用法～

本番環境に慣れることとタイムマネジメントのために活用する。

▶事例Ⅱ（マーケティング・流通）◀

平成30年度　中小企業の診断及び助言に関する実務の事例Ⅱ
（マーケティング・流通）

　　B社は、X市市街地中心部にある老舗日本旅館である。明治初期に創業し、約150年の歴史をもつ。2年前、父親である社長が急死し、民間企業に勤めていた30歳代後半の長男が急きょ事業を承継することになり、8代目社長に就任した。資本金は500万円、従業員は家族従業員3名、パート従業員4名である。このうち1名は、つい最近雇用した英語に堪能な従業員である。客室は全15室で、最大収容人員は50名、1人1泊朝食付き7,500円を基本プランとする。裏手には大型バス1台、乗用車6台分の駐車場がある。

　　簡素な朝食は提供しているものの、客室稼働率に上下があり食材のロスが発生するという理由と調理人の人件費を削減するという理由から、創業以来、夕食は提供していない。宿泊客から夕食を館内でとりたいという要望がある場合は、すぐそばにある地元の割烹料理店からの仕出しで対応している。これまで何度か小さな増改築を行ってきたが、現在の宿泊棟は築45年である。客室には基本的にずっと手を加えていない。畳と座卓、障子、天井吊り下げ式照明のある、布団を敷くタイプの古風な和室である。館内には大広間があり、その窓からは小ぶりだが和の風情がある苔むした庭園を眺めることができる。大浴場はないため、各部屋に洋式トイレとバスを設置している。歴代の社長たちは皆、芸術や文化への造詣が深く、執筆や創作のために長期滞在する作家や芸術家を支援してきた。このため、館内の廊下や共用スペースには、歴代の社長たちが支援してきた芸術家による美術品が随所に配置され、全体として小規模な施設ながらも文化の香りに満ちた雰囲気である。この中には、海外でも名の知られた作家や芸術家もいる。

　　X市は江戸時代から栄えた城下町である。明治時代までは県内随一の商都であり、教育や文化支援にも熱心な土地柄であった。X市市街地は、北側は城跡付近に造られた官公庁街、東から南側にかけては名刹・古刹が点在する地域となっており、西側には商都の名残である広大な商業地域が広がっている。B社は創業時からちょうどこの中央に立地し、これらのエリアはいずれも徒歩圏内にある。B社から最寄り駅までは公共バスを利用して20分強かかるが、現在、この間を結ぶバスは平均すると1時間に5～6本程度運行している。この最寄り駅からは国内線と国際線の離発着がある空港に向けて、毎日7往復の直通バスが走っており、駅から空港までの所要時間は1時間40分ほどである。

　　X市市街地の中でも、商業地域の目抜き通りには江戸時代の豪商や明治時代の実業家が造り上げた厳かな大型建造物が立ち並ぶ。この通りは現在でも商業地域の顔である。400年以上続くとされる地域の祭りでは、市内各地を練り歩いてきた豪勢な何台もの山車がこの通りに集結するタイミングで最高の盛り上がりを見せる。夜通し続くこの祭りの見物客は近年、年々増加している。街の一角にはこの祭りの展示施設があり、ここを訪れた観光

客は有料で山車を引く体験ができる。Ｘ市商業地域には、歴史を感じさせる大型建造物が残る一方、住民を対象にした店舗もたくさんある。普段遣いのお店から料亭、割烹料理店までのさまざまなタイプの飲食店をはじめ、各種食料品店、和装店、銭湯、劇場、地元の篤志家が建設した美術館などの施設が集積している。

　10年ほど前、Ｘ市の名刹と商業地域が高視聴率の連続ドラマの舞台となり、このエリアが一躍脚光を浴びた。これを機に、商業地域に拠点をもつ経営者層を中心として、このエリア一体の街並み整備を進めることになった。名刹は通年で夜間ライトアップを行い、地域の動きに協力した。地域ボランティアは観光案内や街の清掃活動を行い、美しい街並みと活気の維持に熱心である。こうした影響を受け、最近では、ほとんどいなかった夜間の滞在人口は増加傾向にある。

　Ｘ市は大都市圏とも近く、電車で２時間程度の日帰りできる距離にある。古き良き時代の日本を感じさせるＸ市の街のたたずまいは観光地として人気を集めている。2017年時点で、Ｘ市を訪れる観光客は全体で約500万人、このうち約20万人がインバウンド客である。商業地域には空き店舗があったが、観光客が回遊しそうな通り沿いの空き店舗には地元の老舗商店が出店して、シャッター通りにならないための協力体制を敷いた。食べ歩きできるスイーツや地域の伝統を思わせる和菓子などを販売し、街のにぎわい創出に努めた。歴史ある街並みに加え、こうした食べ物などは写真映えし、ＳＮＳ投稿に向く。そのため、ここ数年は和の風情を求めるインバウンド客が急増している（図参照）。

　一方、Ｂ社のビジネス手法は創業時からほとんど変わっていなかった。明治時代から仕事や執筆・創作活動のために訪れる宿泊客が常に一定数いたため、たいしたプロモーション活動を行う必要性がなかったのが理由である。それに気付いた８代目は就任して１年後、館内に無料Wi-Fiを導入し、Ｂ社ホームページも開設した。これにより、それまで電話のみで受け付けていた宿泊予約も、ホームページから外国語でも受け付けられるようになった。また、最低限のコミュニケーションが主要な外国語で図れるよう、従業員教育も始めた。近々モバイル決済の導入も考えている。現在、宿泊客は昔なじみのビジネス客８割、インバウンド客２割であるが、なじみ客らは高齢化が進み、減少傾向にある。最寄り駅から距離のあるＢ社には、事前に予約のない客が宿泊することはほとんどない。

　Ｂ社から距離の離れた駅前にはチェーン系ビジネスホテルが２軒ほどあるが、Ｘ市市街地中心部にはＢ社以外に宿泊施設がない。かつてはＢ社と似たようなタイプの旅館もあったが、10年以上前に閉鎖している。Ｂ社周辺にある他の業種の店々は、拡大する観光需要をバネに、このところ高収益を上げていると聞く。Ｂ社だけがこの需要を享受できていない状態だ。

　８代目は事業承継したばかりで経営の先行きが不透明であるため、宿泊棟の改築などの大規模な投資は当面避けたいと考えている。既存客との関係を考えると、宿泊料金の値上げにも着手したくない。打てる手が限られる中、８代目が試しに従来の簡素な朝食を日本の朝を感じられる献立に切り替え、器にもこだわってみたところ、多くの宿泊客から喜び

〜資格を取ってやりたかったこと〜
副業。

の声が聞かれた。こうした様子を目にした8代目は、経営刷新して営業を継続したいと考えるようになり、中小企業診断士にその方向性を相談した。

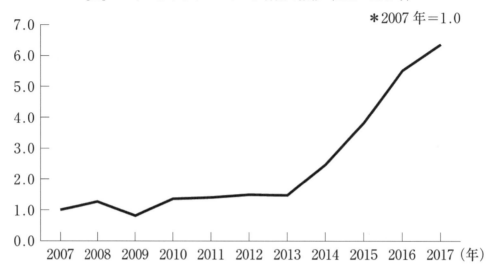

【図】 X市におけるインバウンド客数の推移（2007〜2017年）

＊2007年＝1.0

第1問（配点25点）

B社の現状について、3C（Customer：顧客、Competitor：競合、Company：自社）分析の観点から150字以内で述べよ。

第2問（配点25点）

B社は今後、新規宿泊客を増加させたいと考えている。そこで、B社のホームページや旅行サイトにB社の建物の外観や館内設備に関する情報を掲載したが、反応がいまひとつであった。B社はどのような自社情報を新たに掲載することによって、閲覧者の好意的な反応を獲得できるか。今後のメインターゲット層を明確にして、100字以内で述べよ。

第3問（配点25点）

B社は、宿泊客のインターネット上での好意的なクチコミをより多く誘発するために、おもてなしの一環として、従業員と宿泊客との交流を促進したいと考えている。B社は、従業員を通じてどのような交流を行うべきか、100字以内で述べよ。

第4問（配点25点）

B社は、X市の夜の活気を取り込んで、B社への宿泊需要を生み出したいと考えている。B社はどのような施策を行うべきか、100字以内で述べよ。

Column

士業のダブルライセンス？

中小企業診断士の先輩や同期合格者とお会いしていると、弁護士や税理士、公認会計士などの他の士業の資格を有し、すでに本業でバリバリやりながらも、さらに中小企業診断士の資格を獲得することでステップアップしていこうという向上心の高い人が多いように思えます。一方、僕が中小企業診断士の資格に挑戦しようと考えた当初、保有していた資格は、普通自動車免許ぐらいという状況でした……。

そんななか、やっとのことで合格した難関といわれる中小企業診断士なんですが、登録者数は2.6万人もいるんですよね。この資格を有しているだけでは差別化ができません。

ということで、受験生時代に身についた勉強習慣を活用し、落ち着いたら次は社会保険労務士を目指そうと考えています。

僕は企業内診断士として今後も活動を続けるつもりですが、人生100年時代を迎え、定年後も収入を得るために、しばらくは働き続ける必要があると思っていまして、遅れ馳せながらそのための準備を少しずつ始めているところです。　　　　　（☆はる☆）

~資格を取ってやりたかったこと~

　会社の個人目標設定に入れて、賞与アップを狙う。

80分間のドキュメント　事例Ⅱ

かずま 編（勉強方法と解答プロセス：p.8）

1．休み時間の行動と取り組み方針

　事例Ⅰは可もなく不可もない印象。トイレには多くの人が並んでいるが自分も列に並ぶ。並んでいる間に事例Ⅱのキーワード集を読む。読みながら「ふぞろいな合格セミナー」で習った「ＤＮＤＫ（誰に・何を・どのように・効果）」を思い出す。

2．80分間のドキュメント

【手順０】開始前（～０分）

　直前にお茶を飲み、ペン・消しゴムを所定の位置に置いて、試験開始の合図を待つ。

【手順１】準備（～１分）

　受験番号を記入し、記入間違いがないかを確認。続いて配点と文字数を確認する。第１問の文字数が多いな。聞かれている内容は難しくはなさそうなので、順番に解こう。

【手順２】設問解釈（～６分）

与件文　第１段落を読む。業種は老舗日本旅館で従業員は全員で７名か。「最近雇用した英語に堪能な従業員」は強みだな。強みを表す「Ｓ」を書き、与件文に線を引く。

第１問　「現状について」と記載があるので、時系列を意識する。いつもは与件文を読む際にＳＷＯＴ分析のみを行うが、今回は３Ｃ分析も行おう。

第２問　増加させたいのは「新規宿泊客」なので、既存宿泊客の来店頻度向上ではないな。Ｂ社の自社情報について問われているので、第１問の３Ｃ分析がそのまま使えそう。

第３問　「好意的なクチコミの誘発」か。よく使うのは「顧客関係性強化」だろうか。

第４問　夜の活気を取り込むのか。このあたりは与件文を読まないと全くわからないな。

【手順３】与件文読解（～15分）

１段落目　「最近雇用した英語に堪能な従業員」「裏手には大型バス１台、乗用車６台分の駐車場がある」に線を引き、横に「自社」と記入する。

２段落目　「夕食は提供していない」「地元の割烹料理店からの仕出しで対応」「古風な和室」「苔むした庭園」「歴代の社長たちは皆、芸術や文化への造詣が深く」「文化の香りに満ちた雰囲気」「海外でも名の知られた作家や芸術家」に線を引き、横に「自社」と記入する。自社の情報が多く、第１問をまとめるのに苦労しそうだな……。

３段落目　Ａ社の立地やアクセスに関する記載もあるので、ここも線を引き、「自社」と記入する。また、立地がよくアクセスも悪くないので、強みを表す「Ｓ」も記入する。

４・５・６段落目　「祭りの見物客の増加」「エリアが一躍脚光を浴びた」「インバウンド

客が急増」に線を引き、機会を表す「O」を記入する。ターゲットは「インバウンド客」で間違いないだろう！

7・8段落目　「ビジネス客8割、インバウンド客2割」に線を引き、「顧客」と記入する。また、「ビジネスホテルが2軒」には「競合」と記入する。

9段落目　「宿泊客から喜びの声が聞かれた」と記述があるので、これをうまく使えば、今後の宿泊需要の増加につながりそうだな。

【手順4】解答作成（〜75分）

第1問　与件文につけた、「顧客」「競合」「自社」をもとに解答を作成。「顧客」と「競合」は該当箇所が少なく、簡潔にまとめることができたが、「自社」に該当するところが多すぎて解答欄に入りきらないな。今回の与件文ではインバウンド客がキーワードなので、インバウンド客につながる「自社の強み」を優先的に記述するか。

第2問　図を見ると、明確に増加しているインバウンド客がメインターゲットになることは間違いない。あとは、ターゲットに「増加傾向」「和の風情を求める」といった具体性をどこまでもたせるか……。字数の関係から諦めよう。あとは、与件文で線を引いた自社の強みのなかから、ターゲットにマッチするもので解答を埋めていく。第1問の解答内容とかなり重なっていることが少し気になるが、3C分析の結果も用いているのでしょうがない。

第3問　従業員と宿泊客との交流の促進か。とりあえず、直接会話することが大事だろうから、観光地案内などのツアーだろうか。あとは、顧客との関係性強化といえば、「DMを送付することで継続的に顧客と接点を持つ」というフレーズが思いつくのでそれも記入しておくか。

第4問　夜の活気か……。うーん。お祭りなどもあるし、見物客は増加しているけれど、毎日あるわけではないからな……。そういえば、与件文に「事前に予約のない客が宿泊することはほとんどない」というキーワードがあったな。夜に活気があれば、そのまま「家に帰りたくなくなる人」が発生するかも。それをうまく取り込めば、予約のない客の獲得につながるかもしれないな。あとはどう施策を打つかだけれど、呼び込みぐらいしか思いつかないな……。しょうがない。時間もないしそのまま書いてしまおう。

【手順5】解答作成・見直し（〜80分）

時間の余裕がなく、ほとんど見直しに時間を使うことができなかった。

3．終了時の手ごたえ・感想

問題自体は難しいと感じなかったが、キーワードが与件文に非常に多く、まとめるのに時間がかかってしまった。最後の段落の、「器にもこだわってみたところ、多くの宿泊客から喜びの声が聞かれた」というキーワードも盛り込みたかったが、どこにも盛り込めなかった。時間がなく、解答の見直しがほとんどできず、不安……。なんとか60点を取りたい。

〜模試の活用法〜
　1日の流れを体験するため。点数は気にしない。復習もしない。ただし、事例Ⅳの計算問題を除く。

合格者再現答案＊（かずま 編）　　　　　　　　　　　　　　　　　　事例Ⅱ

第1問（配点25点）　　150字

顧	客	は	な	じ	み	の	ビ	ジ	ネ	ス	客³	8	割²	、	イ	ン	バ	ウ	ン
ド	客³	2	割²	で	あ	り	、	事	前	予	約	の	な	い	宿	泊	は	少	な
い²	。	競	合	は	駅	前	に	チ	ェ	ー	ン	系	ビ	ジ	ネ	ス	ホ	テ	ル³
が	2	軒²	存	在	す	る	。	自	社	は	①	英	語	に	堪	能	な	従	業
員³	が	存	在	し	、	②	歴	代	社	長	達	の	芸	術	や	文	化	へ	の
造	詣	が	深	く	、	③	海	外	で	知	ら	れ	た	作	家	の	美	術	品³
も	あ	り	文	化	の	香	り	に	満	ち	て	お	り³	、	④	観	光	地	の
中	央	に	立	地	し	て	い	る	。										

【メモ・浮かんだキーワード】　顧客、競合、自社
【当日の感触等】　自社に関するキーワードが与件文に多く、どれを優先して書いたらいいのかわからないな。重要そうなものを主観でピックアップしたので、外れていなければいいな。
【ふぞろい流採点結果】　22/25点

第2問（配点25点）　　100字

タ	ー	ゲ	ッ	ト	は	イ	ン	バ	ウ	ン	ド	客⁶	で	あ	る	。	掲	載	す
る	自	社	情	報	は	①	英	語	に	堪	能	な	従	業	員³	の	存	在	、
②	海	外	で	も	知	ら	れ	た	作	家	の	美	術	作	品³	の	写	真	、
③	和	の	風	情	が	あ	る	庭	園³	の	存	在	、	④	空	港	ま	で	の
直	通	バ	ス	等	の	情	報	等	の	ア	ク	セ	ス	情	報	。			

【メモ・浮かんだキーワード】　インバウンド客
【当日の感触等】　設定したターゲットと解答の自社情報がマッチするように注意する。インバウンド客は「増加傾向の」「和の風情を求める」など具体化したかったが、解答欄に入らないので諦めよう……。
【ふぞろい流採点結果】　15/25点

~模試の活用法~
本試験と思って受け、当日の時間配分や、想定外のことが起きた時の対処を具体化。

第3問（配点25点）　100字

交	流	内	容	は	、	①	社	長	の	芸	術	や	文	化	の	深	い	造	詣
を	活	か	し	た	、	**歴**	**史**	**文**	**化**	**説**	**明**	**会**	**の**	**開**	**催**³	、	②	**古**	**刹**
・	**名**	**刹**	**等**	**の**	**観**	**光**	**地**³	や	Ｓ	Ｎ	Ｓ	投	稿	に	向	く	歴	史	あ
る	街	並	み	や	**食**	**べ**	**物**³	**紹**	**介**	**ツ**	**ア**	**ー**	**の**	**開**	**催**⁴	、	③	宿	泊
後	は	Ｄ	Ｍ	送	付	に	よ	る	交	流	継	続	で	あ	る	。			

【メモ・浮かんだキーワード】　ＤＭ、ツアー、顧客関係性強化

【当日の感触等】　「顧客関係性強化」というキーワードも入れたかったが、時間がなく整理できず残念。

【ふぞろい流採点結果】　13/25点

第4問（配点25点）　100字

施	策	は	、	①	**地**	**域**	**の**	**各**	**施**	**設**	**と**	**提**	**携**	**し**	**た**	**共**	**同**	**紹**	**介**
・	**割**	**引**	**制**	**度**	**の**	**導**	**入**³	、	②	**各**	**施**	**設**	**と**	**合**	**同**	**で**	**の**	**ガ**	**イ**
ド	**マ**	**ッ**	**プ**	**の**	**作**	**成**⁷	、	③	**夜**	**間**	**ラ**	**イ**	**ト**	**ア**	**ッ**	**プ**	**時**	**間**	に
は	観	光	地	で	の	呼	び	込	み	を	実	施	し	、	**事**	**前**	**予**	**約**	**の**
な	**い**	**客**³	**の**	**取**	**り**	**込**	**み**¹	を	実	施	す	る	こ	と	。				

【メモ・浮かんだキーワード】　共同紹介、共同割引

【当日の感触等】　設問文の「夜の活気を取り込んで」を解答に反映させることが難しい。大きく外してなければよいが……。

【ふぞろい流採点結果】　14/25点

【ふぞろい評価】　64/100点　　　【実際の得点】　56/100点

　第3問で、得点につながらないキーワードを盛り込んだことで点数が伸びていませんが、その他の設問では要求に沿ったキーワードを適切に盛り込んでいることから、バランスよく得点を積み重ねられています。

Column

解答骨格を作成しないことによる盲点！

　私は2次試験で解答する時、一切下書きをしていませんでした。骨格を頭の中で作成し、一気に解答欄を埋めていました。私が天才で、一発でキレイな解答を書ければいいのですが、書き直す、書き直す、書き直す…。その結果、問題用紙も消しゴムもすぐに黒く汚れてしまいました。試験時間中も、昼休みも、机で消しゴムをキレイにしないと、まぁ消えません。休憩時間中はともかく、試験時間中も消しゴムをキレイにする活動をしていたのは本当に時間がもったいなかったです。消しゴムは3つほど持っていってはいたのですが、それでも足りませんでした。私の書き直しの量がおかしいだけかもしれませんが…。消しゴムはいくつあってもいいものです!!　多すぎる分には全く問題ないので、ぜひたくさん持って試験に臨んでください！

（かずま）

~模試の活用法~

1日の流れを把握する。復習はざっとしかしない。

かわとも 編（勉強方法と解答プロセス：p.10）

1．休み時間の行動と取り組み方針

　事例Ⅰはリラックスして解けたので、まずは安心。目薬を注してトイレに行った後、外に出てストレッチをする。スコーンと晴れた空。飯田橋の東京理科大は目の前にお濠があり気持ちよい。試験が終わったらお散歩したいなと思う。部屋に戻り、チョコレート少量とブラックコーヒーを一口すすり、まとめノートを最終チェック。

2．80分間のドキュメント

【手順0】開始前（～0分）

　事例Ⅱは得意なほうだが、気を緩めないように気をつけよう。「誰に何をどのように＋効果」はもちろん、「地域のニーズ」「使える経営資源」を見逃さないようにしよう。

【手順1】準備（～1分）

　受験番号を記入し、問題用紙のホッチキスを外す。設問数・文字数・配点を確認後、メモ用紙に設問ごとの骨子作成スペースを作成し、片隅に「誰に何をどのように＋効果」「4P」「経営資源」とメモ。与件文の段落に番号を振りつつ、事例企業の業種をサッと確認。老舗日本旅館か、平成20年度の老舗温泉旅館と似ているかも？　多色ボールペンで各設問の色をマーク。

【手順2】設問解釈（～5分）

[第1問]　3C分析という直球ストレートの設問に驚く。与件文の抜き出しと整理で対応できるサービス問題かも。150字と多いので、文字数の配分に気をつけよう。

[第2問]　新規宿泊客増加のためのホームページの活用か。制約条件の「今後のメインターゲット層を明確にして」と「自社情報」にアンダーラインを引く。骨子として「誰に＋何を＋効果」とメモ。B社が活用できる強みや経営資源と、ターゲット層のニーズを見逃さずに拾っていこう。

[第3問]　「インターネット上での好意的なクチコミ」「従業員と宿泊客との交流」を□で囲む。単なるおもてなしではなく「交流」であることに注意しよう。「誰に」は宿泊客に限定されているため、「何を＋どのように＋効果」とメモ。

[第4問]　「夜の活気」は地域の経営資源かな。施策が問われているため「誰に＋何を＋どのように＋効果」とメモ。

【手順3】与件文通読（～13分）

　強みはピンク色、経営資源は黄色のマーカーで印を付けながら読み進む。

[1段落目]　英語に堪能な従業員は強み。客室と駐車場は経営資源だ。

[2段落目]　夕食を提供していないこと、築45年で客室に手を加えていないことは課題？大広間と庭園は経営資源。文化の香りに満ちた雰囲気は強みだ。古いけれど素敵な旅館なのね。

[3段落目]　X市は城下町、B社はその中央に立地か。観光に便利そう。なんとなく松山市

を思い浮かべる。バスや空港に関する詳細な記述が怪しい、解答で使うかも。

4段落目　地域の経営資源が目白押し。「一方」はわざわざ表現。住民を対象にした店舗はガイドブックにも載っていない穴場ということか。

5段落目　夜の活気に関する段落。地域ぐるみの街おこし活動は要チェックだ。

6段落目　インバウンド客にSNS投稿、超重要キーワードが目白押し！　「和の風情を求めるインバウンド客」は第2問のメインターゲット候補としてチェックしておこう。

7段落目　なじみ客が減少傾向のため、今後のメインターゲットはインバウンド客で決まり。「事前に予約のない客が宿泊することはほとんどない」は課題。しかも第4問のヒントになりそうだ。

8段落目　B社の競合は少ないようだ。第1問の3C分析に使う段落だ。

9段落目　大規模な投資と値上げをしない方針は、制約条件としてマーク。朝食を工夫したことによる成功体験は必ず使える。

【手順4】解答骨子メモ作成（～40分）

第1問　易しい問題なのでサクッと片付けたい。顧客と競合は与件文を要約し、自社は「強みと弱み」の切り口でしっかり説明しよう。字数配分は、顧客と競合で40字×2、自社で70字とする。

第2問　これもサクッと解けそう。今後のターゲットは急増するインバウンド客。彼らに響く自社情報は、和の風情が感じられるものに決まり。「海外でも名の知れた作家や芸術家」による美術品は絶対に盛り込みたいし、観光に便利な立地も外せないポイントだ。

第3問　インターネット上でのクチコミ誘発ということはSNS投稿を狙うのだろう。外国人宿泊客と交流するには、語学力はマストだ。具体的な交流施策としては「観光案内」が王道だが、従業員数が少なく厳しいかな。館内ツアー程度にしておくか。

第4問　夜・宿泊に関する与件文のキーワードは「夜通し続く祭り」「夜間ライトアップ」「夕食を提供していない」「事前に予約のない客が宿泊することはほとんどない」。立地の優位性を生かし、夜の観光に便利な宿である点をアピールポイントとし、大都市圏などの観光客を取り込む方向で書こう。

【手順5】解答作成・見直し（～80分）

第1問、第2問はカチッと決まったが、第3問は思いつく施策が多く、取捨選択に迷いながら解答欄を埋める。第4問は「こんな施策で本当に効果があるのだろうか？」と不安になる。そんななか、数名の受験生が解答を提出して退室し始める。えっ、なんで途中退出するの？　最後まで見直さないの？　と動揺しつつ、やっぱり難易度が低いんだ、ますます油断はできないと気を引き締める。残り5分、第3問に日本式のおもてなしを意識して、平成20年度のキーワード「直筆手紙」を入れ込んだ。

3．終了時の手ごたえ・感想

第1問と第2問は自信あり。第3問と第4問もまあまあの出来栄え。難易度が低く他のみんなの出来栄えも良いだろうから、大きな差はつかないだろう。

〜模試の活用法〜
試験本番のシミュレーション。結果は全く気にしなかった。（確認してみたら偏差値40台だった。）

合格者再現答案＊（かわとも 編）　　　　　　　　　　　事例Ⅱ

第1問（配点25点）　　150字

顧	客	は	昔	な	じ	み	の	ビ	ジ	ネ	ス	客³	が	8	割²	で	減	少²	傾
向	、	イ	ン	バ	ウ	ン	ド	客³	が	2	割²	。	競	合	は	駅	前	に	チ
ェ	ー	ン	系	ビ	ジ	ネ	ス	ホ	テ	ル³	が	2	軒²	あ	る	が	中	心	市
街	地	に	ほ	か	の	宿	泊	施	設	は	な	い³	。	自	社	は	小	規	模
老	舗	日	本	旅	館	で	、	強	み	は	芸	術	家	に	よ	る	美	術	品³
に	よ	る	文	化	の	香	り	や	和	の	風	情	、	商	業	地	域	の	中
心	に	あ	り	観	光	に	便	利	な	事	、	弱	み	は	最	寄	駅	か	ら
距	離	が	あ	る	事	で	あ	る	。										

【メモ・浮かんだキーワード】　顧客と競合は40字ずつ、自社は70字

【当日の感触等】　与件文に書かれていることを素直に書いた。よくできていると思う。

【ふぞろい流採点結果】　19/25点

第2問（配点25点）　　100字

急	増¹	す	る	イ	ン	バ	ウ	ン	ド	客⁶	に	対	し	①	古	風	な	和	室¹
庭	園³	、	器	に	こ	だ	わ	っ	た	和	朝	食³	な	ど	の	和	の	風	情
の	情	報	②	館	内	に	配	置	さ	れ	た	海	外	で	有	名	な	芸	術
家	に	よ	る	美	術	品³	の	情	報	③	名	刹	や	商	業	地	域	に	近
く	観	光	に	便	利	な	立	地	情	報¹	を	掲	載	す	る	。			

【メモ・浮かんだキーワード】　誰に＋何を＋効果、和の風情、美術品、立地情報

【当日の感触等】　自社情報を漏らさず書けていると思うが、効果が盛り込めていないのは吉と出るか凶と出るか。

【ふぞろい流採点結果】　18/25点

～この資格を目指して変わったこと～

　周辺分野の幅広い知識が身についたことで、本業（法務）がさらに楽しくなった。

第3問（配点25点）　100字

従	業	員	の	語	学	力³	を	生	か	し	て	①	観	光	名	所	や	住	民
対	象	店	舗²	の	穴	場	情	報	を	紹	介⁴	し	②	館	内	美	術	品²	ツ
ア	ー³	の	開	催	や	館	内	で	の	写	真	撮	影	サ	ー	ビ	ス	を	行
い	S	N	S	投	稿	を	誘	発²	し	③	直	筆	手	紙	を	客	室	に	置
く	な	ど	心	の	こ	も	っ	た	お	も	て	な	し	を	行	う	。			

【メモ・浮かんだキーワード】　語学力、観光情報の紹介、ＳＮＳ投稿の誘発、和のおもてなし

【当日の感触等】　あくまでも「交流」から離れないよう、地に足の着いた施策を書いたが、小さくまとまりすぎているかも？　直筆手紙なんてどこにも書いていないし……。

【ふぞろい流採点結果】　16/25点

第4問（配点25点）　100字

①	器	に	拘	っ	た	和	の	夕	食	を	提	供	し	宿	泊	客	の	利	便
性	向	上	と	差	別	化	を	図	り	②	中	心	市	街	地	の	立	地	を
強	み¹	に	観	光	と	宿	泊	の	セ	ッ	ト	プ	ラ	ン⁷	を	旅	行	会	社
に	提	案	し	③	祭	り	の	展	示	施	設	に³	チ	ラ	シ	を	置	く³	事
で	、	祭	り	の	見	物	客²	の	宿	泊	需	要	を	取	り	込	む²	。		

【メモ・浮かんだキーワード】　誰に＋何を＋どのように＋効果、立地の優位性、プロモーション

【当日の感触等】　投資をしたくないのに夕食提供を提案するなど、本当に正しい方向性で書けているのだろうか。半分くらい点数取れていればいいかな。

【ふぞろい流採点結果】　18/25点

【ふぞろい評価】　71/100点　　　【実際の得点】　64/100点
　各設問で設問要求に沿ったキーワードを適切に盛り込んでいることで、全体で合格点を維持できています。

Column

素振り！

　診断士の試験勉強は、スポーツのトレーニングに似ているといわれます。私は診断士の勉強をする中で、過去問を解くことを素振りと呼び、１年間もくもくとバットを振ってきました。勉強時間のほとんどをこの素振りにあてたといっても過言ではありません。１次試験はこのやり方でよかったのですが、しかし２次試験対策になったときに戸惑いました。そこには解き方のノウハウ、そして知識を身につける必要があったからです。いたずらに時間が過ぎるなか、最終的に思いついた解決策は２次試験すら素振りできるレベルにすることでした。最初は粗かった解答も繰り返すことで徐々にサマになってきて、なんとか滑り込みで合格、その数実に170スイング。力業でお勧めできませんが、困ったときは是非どうぞ。

（あっ）

もってぃ 編（勉強方法と解答プロセス：p.12）

1. 休み時間の行動と取り組み方針

　事例Ⅰでの誤字のショックを忘れるためにお手洗いへ向かう。向かうとそこは長蛇の列……。みんな考えることは同じなのかな？　と思いながら事例Ⅱのことを考える。「誰に、何を、どのように、効果、4P」。ファイナルペーパーを確認しながらチョコを食べる。

2. 80分間のドキュメント

【手順0】開始前（〜0分）

　席に着いてから思考を事例Ⅰから事例Ⅱに切り替える。事例Ⅱは過去問題でも一番早く合格ラインに達した事例だ。大丈夫、いつもどおりにやればいつもどおりの点数は確保できるはず。得点源にして、あとは誤字に気をつけよう。

【手順1】設問確認（〜5分）

　事例Ⅰと同様にB社の性質を確認した後、設問を確認して、その時点でわかるキーワードを書き出す。

第1問　3C？　おや、強みはどこにいった？　150文字？　多いな……。書き出しを忘れないように、「顧客は〜、競合は〜、自社は〜」とメモしておく。

第2問　新規宿泊客か。ホームページと絡めて解答する必要があるな。書き終わりは「好意的な反応を獲得する」と書こう。いつもどおり、「誰に、何を、どのように、効果」をメモしておく。

第3問　おもてなしの一環、従業員と宿泊客との交流……。現時点ではよくわからないな。従業員を通じて……。従業員と直接触れ合える施策が必要かな。メモなしで次に進む。

第4問　X市の夜の活気を取り込んで……。宿泊需要……。こっちも現時点ではわからないか。とりあえず、鉄板の「施策は〜で〜が得られる」と書いておく。

【手順2】与件文確認（〜20分）

　事例Ⅰと同様に強みを赤でマーキング、環境を緑でマーキングする。旅館については過去問題で見た気がする。パートのうち、1名は英語に堪能か、これは明らかに強みだな。Sと追記しておく。駐車場があって、バスも駐車できる。送迎バスが考えられるか。さて、築45年。古っ！　「畳と座卓」「古風な和室」これは使えるキーワード。「和の風情がある苔むした庭園」「芸術家」「美術品」「文化の香り」これは必須のキーワードか。「海外でも名の知られた作家や芸術家」ん？　何か、強みが多くないか？　とりあえず、次の段落に進もう。

　周辺環境について書かれているな。X市市街地にB社はあるのか。北側、東から南側、西側……。頭で考えても混乱するだけなので、絵を描くことにしよう。B社はこれらの徒歩圏内か、立地条件は良いところだな。あ、でも最寄り駅まで遠いのか。バスの運行本数

〜この資格を目指して変わったこと〜
　将来的に独立の選択肢が視野に入ってきた。

は多いな。問題なさそう。駅から空港までは1時間40分、感覚として遠いのかも？

　ページをめくって、「夜通し続く祭り」「名刹の通年夜間ライトアップ」これは第4問で使えるな。読み進めると、「インバウンド客」の文字、ターゲット決定！　しかも和の風情を求めている。出題者が求めている解答に違いない。さらに進めて、B社について書いてある。第1問に使おう。次は競合について書いてある。ほぼ答えだな。最後は注意点、大幅な投資はNGか。よし、解答に進もう。

【手順3】キーワード抽出＆解答作成（～70分）

第1問　メモしたとおり、書き出す。昔からのなじみ客と、インバウンド客、割合も書いておく。競合は駅前とX市市街地の場所を分けて書く。自社は……書けることが多すぎるな。ターゲットはインバウンド客だから、関連づけた内容にしよう。

第2問　ホームページの改善か。ターゲットはインバウンド客で間違いないとして、図を使用したほうがよいだろう。計算して、6.5倍とわかる。それも盛り込もう。施策は和を中心とした内容とすればよいだろう。なんだか写真だらけの提案になってしまった。

第3問　「従業員を通じて」なのだから教育は必須と考える。やはり、直接的に交流を深めるためには、ツアーがいいだろう。バスツアー？　いや、確か地域で有名どころはすべて徒歩圏内だ。○○巡りとしよう。「満足度を向上」などの得点源と思われるフレーズを追記して、自社の強みの芸術品も絡めて、最後に「交流を促進する」と書いて、得点源とする。書いては消して、書いては消したので少し時間がかかってしまった。

第4問　「夜の活気を取り込んで」なのだから祭りと名刹・古刹を絡めよう。さて、誰に、は増加している見物客に、と書いて、そこからどうしようか。少し考えてから、宿泊プラス何かを提供すればよいのでは？　山車引きを追加しよう。もう1つは、名刹・古刹ツアーは第3問で書いてしまった……。よい言葉が出てこない……。気がつけば、時間も1分、2分と経過している。まずい……。リスク分散と割り切って書いてしまおう。「満足度の向上」「顧客関係性」の鉄板フレーズを無理やりくっつけて解答。なんとか間に合った。

【手順4】見直し、文章修正（～80分）

　事例Ⅰで失敗した誤字・脱字を確認。第2問で「器」について追記を試みるが、どうがんばっても文字数がオーバーすることがわかり、書くことができない。1分前まで粘るが、断念。終了の合図が響いた。

3．終了時の手ごたえ・感想

　事例Ⅰよりも手ごたえあり。旅館であったため、品揃えなどのキーワードが使えなかったが、4Pと大きく書いていたことで、立地条件の良さを解答に書けた。第3問と第4問でほぼ同じ内容を書いてしまったが、どちらかが合っていればよしと割り切ることとする。

　～この資格を目指して変わったこと～

　社外活動の充実。毎日が忙しくて悩んでいるヒマがなくなった。

合格者再現答案＊（もってぃ 編）　　　　　事例Ⅱ

第1問（配点25点）　　150字

顧	客	は	①	事	前	に	予	約	を	し	て	宿	泊	す	る²	よ	う	な	高
齢	化	が	進	ん	で	い	る	な	じ	み	客³	8	割²	②	和	の	風	情	を
求	め	る	イ	ン	バ	ウ	ン	ド	客³	2	割²	。	競	合	は	①	離	れ	た
駅	前	に	チ	ェ	ー	ン	系	ビ	ジ	ネ	ス	ホ	テ	ル³	が	2	軒²	②	市
街	地	中	心	部	に	競	合	な	し³	。	自	社	は	①	最	寄	駅	か	ら
距	離	が	あ	り	②	古	風	な	和	室¹	と	苔	む	し	た	庭	園³	が	あ
り	、	芸	術	家	に	よ	る	美	術	品³	が	配	置	さ	れ	③	観	光	需
要	を	享	受	で	き	て	い	な	い³	。									

【メモ・浮かんだキーワード】 インバウンド、芸術品

【当日の感触等】 顧客、競合は素直に与件文から抽出できた。自社は与件文に強みが多く、
どれを書けばいいのか？ インバウンド中心に書くしかないか。

【ふぞろい流採点結果】 23/25点

第2問（配点25点）　　100字

和	の	風	情	を	求	め	る²	20	07	年	か	ら	6.	5	倍	に	増	加¹	し
て	い	る	イ	ン	バ	ウ	ン	ド	客⁶	に	対	し	て	①	日	本	的	な	献
立³	の	写	真	②	古	風	な	和	室¹	と	苔	む	し	た	庭	園³	の	写	真
③	海	外	で	も	名	の	知	れ	た	作	家	や	芸	術	家	の	美	術	品³
の	写	真	を	掲	載	し	、	好	意	的	な	反	応	を	獲	得¹	す	る	。

【メモ・浮かんだキーワード】 写真、絵、紹介文

【当日の感触等】 書いたものの、提案が写真ばかりになってしまった。6.5倍の数値は得点
源になるはず。

【ふぞろい流採点結果】 20/25点

第３問（配点25点）　　100字

従	業	員	に	教	育	を	行	い	、	大	都	市	か	ら	の	観	光	客	に
①	**名**	**刹**	・	**古**	**刹**[3]	**巡**	**り**[4]	を	行	い	、	**満**	**足**	**度**	を	**向**	**上**[2]	さ	せ
る	②	商	業	施	設	で	**飲**	**食**	**店**[2]	**巡**	**り**	を	行	う	。	③	イ	ン	バ
ウ	ン	ド	**客**[1]	に	芸	術	家	に	よ	る	**芸**	**術**	**品**[2]	の	**説**	**明**	**会**[3]	を	行
い	、	宿	泊	客	と	の	交	流	を	促	進	す	る	。					

【メモ・浮かんだキーワード】　巡り、ツアー、送迎バス

【当日の感触等】　地域環境を生かして、キーワード「誰に、何を、効果」は書けたので、得
　点は高いはず。

【ふぞろい流採点結果】　17/25点

第４問（配点25点）　　100字

施	策	は	、	増	加	し	て	い	る	見	物	客	に	①	**山**	**車**	**引**	**き**	**付**
き	**プ**	**ラ**	**ン**	**を**	**立**	**案**	**し**[3]	、	貴	重	な	体	験	を	提	供	す	る	こ
と	で	満	足	度	を	向	上	さ	せ	る	②	名	刹	・	古	刹	巡	り	で
ド	ラ	マ	の	舞	台	と	な	っ	た	場	所	の	説	明	を	し	、	顧	客
関	係	性	を	向	上	さ	せ	て	、	**宿**	**泊**	**需**	**要**	**を**	**生**	**み**	**出**	**す**[2]	。

【メモ・浮かんだキーワード】　○○付きプラン、貴重な体験

【当日の感触等】　前半は及第点かな。後半はうまく書けなかった。第３問とほぼ同じ内容だ
　けれど、リスク分散と割り切る。点数を少しでも増やすため「満足度向上」「顧客関係性」
　を書いておく。

【ふぞろい流採点結果】　5/25点

【ふぞろい評価】　65/100点　　　【実際の得点】　65/100点

　第４問で「X市の夜の活気を取り込んで、B社への宿泊需要を生み出したい」という設問
要求を外した施策を解答したことで点数が伸びませんでした。一方、それ以外の設問は設問
要求に沿ったキーワードを多く盛り込み、得点を伸ばしたことから全体では合格点を維持で
きています。

Column

状況別、自分を支えてくれた音楽

　受験期間はトータルで３年ほどかかりました。勉強していて楽しい時もたくさんありま
したが、しんどい時、つらい時ももちろんありました。そんな時、自分を支えてくれたこ
との１つが音楽でした。私は野球が好きなので、好きな選手の登場曲や、応援チームのチャ
ンステーマを聴くと、心が奮い立ち、モチベーションを上げることができました。他には
リラックスしたり、落ち着いたりしたい時は、ビル・エヴァンスのジャズピアノを聴く等、
いろんな目的別でプレイリストを用意していました。　　　　　　　　　　　　　（けい）

～この資格を目指して変わったこと～
　　毎日勉強することで仕事にも張りが出た。

たっつん 編（勉強方法と解答プロセス：p.14）

1．休み時間の行動と取り組み方針

　事例Ⅰを終え、1週間前のセルフ模試と同じ緊張感であることを確認する。ペースは乱れていない。トイレを済ませ外の風にあたり、ファイナルペーパーを見て、事例Ⅱ「D（誰に）N（何を）D（どのように）K（効果）」でこれまで失敗したことを振り返る。ふぞろい秋セミナーで前年の事例Ⅱリーダーから受けた「その施策、ターゲットに刺さる？」という指摘を思い出す。最終判断は「B社に寄り添えるか」を意識することを再確認し、席に戻りキャラメルを2つ食べる。

2．80分間のドキュメント

【手順1】準備（～5分）

　受験番号を記入する。問題用紙のホッチキスを外す。メモ用紙を作り、事例Ⅱの論点レイヤーを書き込む。与件文と問題に分けるために問題用紙を半分に切る。いつもどおり。

【手順2】設問解釈（～13分）

|1段落目|　老舗日本旅館……。過去問で見たな。引っ張られないように注意しよう。

|9段落目|　既存顧客に配慮しつつ新規顧客を獲得する必要がありそう。献立や器へのこだわりをうまく活用してソフト面で対応していくことになるかな。

|第1問|　3C分析の観点。やったことないけれど、やったことある人のほうが少ないはず。与件文から外れないように、50字ずつで編集すれば字数の多さは気にならないな。

|第2問|　「新規宿泊客を増加」「自社情報」「今後のメインターゲット層」に制約条件の「赤」ラインを引く。好意的な反応？　よくわからない。設備情報以外で訴求できる情報が与件文にあるはずだから、意識して読もう。

|第3問|　「インターネット上での好意的なクチコミ」「従業員と宿泊客の交流」に制約条件の「赤」ラインを引く。交流？　双方向？　与件文を読んでから判断しよう。

|第4問|　「夜の活気」⇒（施策）⇒「宿泊」をイメージ。与件文にヒントがあるはず。

【手順3】与件文読解（～25分）

|1段落目|　老舗の歴史が強みになるかな。従業員が少ない。老舗のわりに宿泊料金が安い。第1問の自社はここから整理かな。

|2段落目|　旅館で「夕食を提供していない」なんてことがあるのか。仕出しで対応しているのであれば無理に提供する必要もないのかな。和の風情、美術品、海外でも名を知られた作家……強みがいっぱいあるのですべてチェック。

|3段落目|　全方位に地域資源があり、しかも徒歩圏内。活用することが求められそう。国内外からのアクセスがよく、アクセス面の問題は意識しなくてよさそう。

|4段落目|　夜通し続く祭り。これが夜の活気かな。また地域資源がいろいろ出てきた。どれを使うかは後で考えよう。とりあえずすべてチェック。

|5段落目|　夜間ライトアップで夜間人口増。これも夜の活気か。第4問で意識しよう。地

　〜この資格を目指して変わったこと〜

　　自分の弱い部分（知識面やメンタル面）に向き合えたこと。

域ボランティアなどの連携要素になりそうな箇所にもチェック。

6段落目　大都市圏のアクセスも良好。幅広いターゲットが考えられそうだが、すべて観光客。第2問のターゲットはここを根拠にしよう。2回目の「和の風情」。2段落目のB社の強みとニーズがここで交わったことを確認。「写真映え」「ＳＮＳ投稿」などの記述は第3問の「インターネット上での好意的なクチコミ」にそのまま使えそう。

7段落目　プロモーションをやっていない＆予約客がほとんど⇒プロモーションで認知度高めて予約増、か。外国語対応＋なじみ客8割、ただし高齢化で減少傾向⇒既存顧客を維持しつつ、新規顧客開拓かな。第1問の顧客はここから編集しよう。

8段落目　ここにきて競合っぽいチェーン系ビジネスホテルが登場。老舗日本旅館と明らかに対極にあり、差別化を意識しよう。第1問の競合はここしかない。

9段落目　「経営刷新して営業」のためのストーリーを与件文から再チェック。

【手順4】解答骨子作成（～48分）

第1問　どこまで掘り下げるべきかわからないので、該当箇所からの引用で組み立てる。

第2問　インバウンド客をターゲットにするのは明らかだが国内観光客のボリュームが圧倒的に多く、インバウンドのみに絞るのは怖い。インバウンド需要を意識した記述を添え「観光客」をメインとしよう。設備などのハード情報がＮＧであれば、強みとニーズが交わる「和の風情」がイメージできるソフト情報で構成しよう。最後に「好意的な反応」をどう解釈するか。目的は「新規宿泊客の増加」にある。7段落目を踏まえ、プロモーション⇒問い合わせ、予約増を好意的な反応として締めくくろう。

第4問　「夜の活気」は4段落目と5段落目。夜間の滞在人口は増えているので、認知度を高め、ニーズ対応していくことが必要なはず。夕食は要望があったときのみ対応しているようなので、プラン化して訴求したら需要が掘り起こせる？　さらに「和の風情」も訴求すれば顧客ニーズにも合いそう。オプションであれば既存客への影響も少ない。想定競合であるビジネスホテルとの差別化も図れるし、これらで構成してみよう。

第3問　「インターネット上での好意的なクチコミ」は6段落目の「写真映え」「ＳＮＳ投稿」にするとして、「交流」は一体何をすれば……。B社の強みを訴求しつつ「写真映え」を意識して、苦し紛れに抽象⇒具体＋効果の構成で組み立てる。自信がない。

【手順5】与件文通読（～51分）

解答骨子と与件文の内容、事例テーマ、設問要求とのズレがないかをチェック。

【手順6】解答作成（～80分）

骨子から解答を記述する。第1問が与件文からの転記が多く掘り下げが浅いことに気づくが、もう書き直す時間はない。第3問も不安を抱えたまま書き終える。最後に答案をざっと見直し、事例テーマと解答内容のズレがないことを確認する。

３．終了時の手ごたえ・感想

　事例Ⅱは得意ではないが、前年より全体のストーリーを押さえた解答が書けた。どんなに悪くても50点台は押さえられているだろう。心配せず次の事例Ⅲへ切り替えよう。

〜ストレート受験生あるある〜

　1次試験対策で知った単語を、日常生活でちょいちょい使いたくなる。

合格者再現答案＊（たっつん 編）　　　　　　　　　　事例Ⅱ

第1問（配点25点）　　150字

顧	客	は	、	**事**	**前**	**予**	**約**	**が**	**あ**	**り**²	、	古	く	か	ら	支	援	し	て
き	た	芸	術	家	や	**昔**	**な**	**じ**	**み**³	**が**	**8**	**割**²	、	イ	ン	バ	ウ	ン	ド
客³	**が**	**2**	**割**²	で	あ	る	。	競	合	は	、	**B**	**社**	**の**	**近**	**く**	**に**	**宿**	**泊**
施	**設**	**は**	**な**	**く**³	、	**駅**	**前**	に	ビ	ジ	ネ	ス	ホ	テ	**ル**³	が	**2**	**軒**²	あ
る	。	自	社	は	15	0	年	の	歴	史	を	も	つ	老	舗	日	本	旅	館
で	、	客	室	15	室	、	最	大	収	容	人	員	50	名	を	家	族	従	業
員	と	パ	ー	ト	従	業	員	の	7	名	で	運	営	し	て	お	り	、	料
金	は	比	較	的	安	価	で	あ	る	。									

【メモ・浮かんだキーワード】 インバウンド、ビジネスホテル、老舗日本旅館

【当日の感触等】 与件文からの転記にとどまっていて掘り下げた分析が少ない。少し失敗したが、そのような人も多いだろう。後の問題で分析を踏まえた解答ができているので内容そのものが大きな差にはならないだろう。

【ふぞろい流採点結果】 16/25点

第2問（配点25点）　　100字

日	**本**	**の**	**伝**	**統**	や	**文**	**化**	**に**	**関**	**心**	**あ**	**る**²	国	内	外	の	観	光	客
を	主	対	象	に	①	**日**	**本**	**を**	**感**	**じ**	**ら**	**れ**	**る**	**朝**	**食**³	や	割	烹	仕
出	し	、	②	海	外	で	著	名	な	**美**	**術**	**品**³	、	③	歴	史	あ	る	地
域	の	祭	り	や	名	刹	、	の	写	真	を	掲	載	す	る	。	**和**	**の**	**風**
情	**を**	**訴**	**求**²	し	、	問	い	合	わ	せ	や	予	約	の	増	加	を	図	る	。

【メモ・浮かんだキーワード】 D（誰に）N（何を）D（どのように）K（効果）、強みとニーズのマッチング

【当日の感触等】 メインターゲット、情報、好意的な反応をそつなく記述できたかな。強引に編集した記述の解釈が少し心配だが、許容の範囲内だろう。

【ふぞろい流採点結果】 10/25点

第3問（配点25点）　　100字

従	業	員	に	よ	っ	て	、	地	域	や	旅	館	の	**魅**	**力**	**を**	**伝**	**え**	**る**[4]	
交	流	を	行	う	。	具	体	的	に	は	①	**食**	**べ**	**歩**	**き**	**ス**	**イ**	**ー**	**ツ**[3]	
な	ど	の	お	す	す	め	パ	ン	フ	レ	ッ	ト	の	作	成	、	②	**館**	**内**	
の	**美**	**術**	**品**[2]	の	**案**	**内**	サ	ー	ビ	ス[3]	、	を	行	い	、	宿	泊	客	と	
の	交	流	を	深	め	、	口	コ	ミ	を	誘	発	す	る	。					

【メモ・浮かんだキーワード】　双方向、食べ歩きマップ、自社資源

【当日の感触等】　交流施策が思いつかない……。あてずっぽうの施策だけでは事故りそうなので、なんのために行うか、施策の結果どうなるか、の前後の因果を書いておいた。これで部分点を稼げるといいけれど。

【ふぞろい流採点結果】　12/25点

第4問（配点25点）　　100字

地	域	の	祭	り	や	ラ	イ	ト	ア	ッ	プ	の	観	光	客	等[2]	に	割	烹	
料	理	の	仕	出	し[6]	や	観	光	案	内	等	を	組	み	合	わ	せ	た	プ	
ラ	ン[7]	を	つ	く	る	。	こ	れ	に	よ	り	和	の	風	情	を	感	じ	さ	
せ	、	駅	前	ホ	テ	ル	と	差	別	化	を	図	る	と	と	も	に	、	既	
存	客	に	も	配	慮	し	、	宿	泊	客	増[1]	で	収	益	を	高	め	る	。	

【メモ・浮かんだキーワード】　D（誰に）N（何を）D（どのように）K（効果）、差別化

【当日の感触等】　プランは少し飛んだ気がするが、内容は与件文からの引用なので許容してくれると信じよう。第1問の3C分析を活用することができたので、無難な点数は取れそうかな。「和の風情」を使いすぎな気がするけれど。

【ふぞろい流採点結果】　16/25点

【ふぞろい評価】　54/100点　　　【実際の得点】　55/100点

　第1問では自社の記述が施設の紹介に留まり、強みと弱みの明示がされておらず、第2問ではターゲットを「国内外の観光客」とし、「インバウンド客」まで絞り込めず、点数を落としました。

事例Ⅱ

そうちゃん 編（勉強方法と解答プロセス：p.16）

1．休み時間の行動と取り組み方針

　事例Ⅰをひとまず無難に乗り切ったという安堵と、書くべきことが書けなかったという後悔が入り混じる休憩時間。「どうせ試験に落ちたって死にはしない。今まで2回も死にはしなかった」そう思って切り替えた。次は、前年度に制限時間を勘違いして大事故を起こした事例Ⅱだ。自分にとって大事なことは知識や解答手順のおさらいではないので、あえて模試のときのようにちょっと寝たり、スマホでゲームをしたりしていた。必要な知識は頭に詰まっている。解答の作り方は体が覚えている。どうせ直前に何かを見たって、頭には大して入ってこない。そう自分に言い聞かせながら。

2．80分間のドキュメント

【手順0】開始前（～0分）

　事例Ⅱは情報量が多い。処理できずにパニックを起こさないために、今回は多少時間がかかっても、メモを取ることにしている。あとは心の準備が大事だ。情報の洪水に飲まれそうになったときほど、冷静に丁寧に時間をかけてメモする構えをつくる。

【手順1】準備（～1分）

　ルーティーンである指差し確認をしながらの受験番号記入。こんなもの、誰も間違えるわけない。そういうところで間違えて落ちるのが自分だということはよくわかっている。後ろの白紙ページを1枚切り取り、設問のページをゆっくり開く。

【手順2】設問解釈と解答の金型作成（～5分）

第1問　3C分析の指定をしてきた。そこで差をつけたかったのに、やられたという思い。すぐに、「動揺するなよ」と心のなかでつぶやく。解答用紙に、「現状は、①顧客は、②競合は、③自社は、」と書き込む。

第2問　これは、与件文を見ないとわからないなぁ。とりあえず解答用紙に「B社は、○○に対し、○○を自社情報として掲載する」と書き込む。

第3問　「クチコミ誘発」「おもてなし」「交流」か。関係性が向上するようなことを書くのかな？　解答用紙に「B社は、○○等の交流で顧客関係性を向上する」と書き込む。

第4問　「施策」ということはT＋4Pで考えるのが妥当だろう。解答用紙に、「B社は、○○に対し、①商品面、②価格面、③販路面、④販促面、を行う」と書き込む。

【手順3】与件文読解（～20分）

1段落目　英語に堪能な従業員をチェック。駐車場も気になるな。

2段落目　かなり個性の強そうな旅館だな。強みと弱みがハッキリしている。それぞれしっかり押さえておこう。

3、4、5段落目　今度は外部、周辺地域に関する記述だな。いろいろ書いてあるが、ざっくりいえば「観光地から近い立地の良さ」か。細かい情報もメモしておく。

～ストレート受験生あるある～

　2次模試を受けたら、順位がめっちゃ低い。

6段落目　ターゲットのことがここに書いてあった。写真映えはどこで使おうかな。しかし、やはりイン○○映えとは書けないんだな（笑）。

7段落目　うーん、いろいろ頑張ってるんだな。またターゲットに関して書いてあるな。ここの内容と下段のグラフを合わせて考えると、インバウンド需要を取り込みたいってことか。最後の一文は、予約なしの宿泊客を増やせという意図か。

8段落目　ここで競合の話か。あれ？　第7段落でいろいろ頑張ってるのに効果が出ていない。プロモーションがまずいんだろうな。

9段落目　大規模投資ＮＧ、値上げもＮＧと。お金のかからない施策を提案しないとな。ここを忘れるとＣやＤランクになってしまうぞ。

【手順4】解答作成（～70分）

第1問　あれ、３Ｃで書くと全然字数に収まらない。これ、100字で書くの無理でしょ。優先順位つけて記述内容を取捨選択するしかない……。

第2問　ここは書きやすいだけにミスできない問題だ。インバウンド客に、和の風情のある強みをぶつける。丁寧に与件文の言葉を使って、わかりやすくまとめよう。

第3問　ここでアクシデント発生！　なんと解答用紙を2つ折りにしていたため解答欄を間違え、第3問、第4問の欄に、第1問、第2問の解答を書いていたことが判明する。第1問は150字だった。道理で100字に収まらないわけだ……。なぜ年に一度の本試験でこんなことをやってしまうのか。時計を見る。まだ大丈夫。でも、心臓は尋常じゃない高鳴り方だ。静まれ、静まれと念ずる。とりあえず第1問の内容を引き延ばして、第2問はそのまま、本来の解答欄に書き写す。気を取り直して第3問。超速で交流になりそうな施策を与件文から引っ張る。時間をロスした分、検討時間が減るのは仕方ない！

第4問　引き続き第4問もそれほどゆっくり検討はできない。とはいえ、サラッと書ける類の問題でもないぞ。ターゲットを忘れずに、施策は与件文からすると、価格面と販路面はないかな。商品面、販促面で書く際には、Ｂ社の強みと弱み、外部環境への合致、Ｂ社のやりたいことに注意だ。これらを考慮すれば、「何を書いてもよい」とはならないはずだ。

【手順5】解答作成・見直し（～80分）

　第3問以降、超スピードで解答作成したため、結局は10分近くも余ってしまった。前年は余った時間で解答を全部書き直して大事故を起こしたので、今回は致命的なミス以外は修正しないこととする。受験番号と誤字脱字を確認し、読みづらい文字を修正してフィニッシュ。

3．終了時の手ごたえ・感想

　前年度に引き続き、やらかしてしまった。前年度と違い、致命的なことにはなっていないが、何点かは落としているだろうな。ただ、全体の出来としてはそう悪くない。受かって笑い話にできるかどうかは、この後の切り替えにかかっている。前年の失敗を乗り越えたかどうか、午後からはその真価が試されるぞ。

合格者再現答案＊（そうちゃん 編）　　　　　　　　　　事例Ⅱ

第1問（配点25点）　　150字

現	状	は	、	①	顧	客	は	、	高	齢	化	が	進	み	減	少[2]	傾	向	の
昔	な	じ	み	の	ビ	ジ	ネ	ス	客[3]	が	8	割[2]	、	増	加[1]	傾	向	の	イ
ン	バ	ウ	ン	ド	客[3]	が	2	割[2]	で	、	②	競	合	は	、	駅	前	の	2
軒[2]	の	チ	ェ	ー	ン	系	ビ	ジ	ネ	ス	ホ	テ	ル[3]	で	、	③	自	社	は、
築	45	年	と	古	く[2]	、	最	寄	り	駅	ま	で	公	共	バ	ス	で	20	分
と	遠	く	、	ビ	ジ	ネ	ス	手	法	の	改	善	に	着	手	し	プ	ロ	モ
ー	シ	ョ	ン	活	動	を	見	直	し	た	が	観	光	需	要	を	享	受	で
き	て	い	な	い[3]	。														

【メモ・浮かんだキーワード】　なじみのビジネス客、インバウンド客、ビジネスホテル、観光需要を享受できていない

【当日の感触等】　100字を引き延ばしただけなので、要素をいろいろ落としていると思う。半分取れればそれでよいと割り切るしかない。

【ふぞろい流採点結果】　18/25点

第2問（配点25点）　　100字

B	社	は	、	和	の	風	情	を	求	め	る[2]	イ	ン	バ	ウ	ン	ド	客[6]	に
対	し	、	①	和	の	風	情	が	あ	る	苔	む	し	た	庭	園[3]	、	②	共
用	ス	ペ	ー	ス	の	海	外	で	名	の	知	れ	た	作	家	や	芸	術	家
の	美	術	品[3]	、	③	日	本	の	朝	を	感	じ	ら	れ	る	献	立	や	こ
だ	わ	り	の	器[3]	等	を	自	社	情	報	と	し	て	掲	載	す	る	。	

【メモ・浮かんだキーワード】　インバウンド客、苔むした庭園、美術品、献立・食器

【当日の感触等】　ここは比較的書きやすかった。しかし、他の受験生も手堅く得点したはずなので、書けたつもりでも差はついていないだろう。

【ふぞろい流採点結果】　17/25点

第3問（配点25点）　　100字

B	社	は	、	①	共	用	ス	ペ	ー	ス	の	美	術	品²	の	展	示	会	や
外	国	語³	も	交	え	た	解	説	会³	、	②	従	業	員	と	共	同	で	の
山	車	を	引	く²	体	験	会⁴	、	③	Ｈ	Ｐ	や	Ｓ	Ｎ	Ｓ	で	の	食	べ
歩	き	ス	イ	ー	ツ³	の	投	稿	と	そ	れ	に	対	す	る	コ	メ	ン	ト
等	の	交	流²	を	行	い	、	顧	客	関	係	性	を	向	上²	す	る	。	

【メモ・浮かんだキーワード】　外国語、美術品の説明会、山車を引く体験、ＳＮＳ等での交流

【当日の感触等】　設問と与件文を読んだ時点で想起していたことを、精査せずに書かざるを得なかった。ただ、大外しはしてないかも。難しい問題なので、上出来だと考えるようにした。

【ふぞろい流採点結果】　19/25点

第4問（配点25点）　　100字

B	社	は	地	域	の	祭	り	の	観	光	客²	に	対	し	、	①	商	品	面
で	、	予	約	な	し	の	宿	泊	プ	ラ	ン	設	定¹	や	、	割	烹	料	理
店	と	の	共	同	で	の	夕	食	メ	ニ	ュ	ー	の	開	発⁶	、	②	販	促
面	で	、	目	抜	き	通	り	で	の	チ	ラ	シ	配	り³	や	Ｈ	Ｐ	等	で
の³	観	光	地	か	ら	徒	歩	圏	内	の	好	立	地	の	訴	求¹	を	行	う。

【メモ・浮かんだキーワード】　Ｔ＋4Ｐ、Ｂ社のＳＷＯＴを意識

【当日の感触等】　ここも考察が十分にできたとはいえないが、大規模投資を避ける制約条件を守り、ある程度妥当な内容が書けたのではないか。いろいろミスもあったが、そのうえでの対応としては上出来かも。

【ふぞろい流採点結果】　16/25点

【ふぞろい評価】　70/100点　　　【実際の得点】　64/100点

　　各設問で設問要求に沿ったキーワードを適切に盛り込んでいることで、全体で合格点を維持できています。

いくみん 編（勉強方法と解答プロセス：p.18）

1．休み時間の行動と取り組み方針

　予備校の模試でシミュレーションしたとおり、1回目の休み時間はまずトイレを済ませ、廊下の椅子に座っておにぎりを1つ食べた。味がまったくわからなくて、自分がまだ緊張していることに気がつく。早く席に戻ってファイナルペーパーを確認しよう。

　事例Ⅱなので、まずは各設問の解答となる施策のターゲットが新規顧客なのか既存顧客なのかを想定しよう。そのうえで、それぞれのターゲットのニーズを与件文から確認し、B社が保有する有形資源と無形資源を活用して4Pの観点で多面的に施策を提案しよう。特にB社の今後の成長を考えたら新規顧客に対する施策を提案しないことはあり得ないし、全体における配点も大きいはずなので、リーチできる可能性があるのにB社がまだアプローチしていない顧客層は必ず押さえよう。もし競合他社の特徴が書かれていたら、競合他社と差別化できる点を施策のポイントとしてはっきりと書こう。

2．80分間のドキュメント

【手順1】準備（～1分）

　解答用紙を見て配点と制限字数を確認する。配点は25点ずつで均等なのに制限字数が唯一多い150字の第1問は気になる。与件文のボリュームは例年どおり。

　B社の業種が旅館であることと、図から2013年を境にしてインバウンド客が増加していることを確認する。増加傾向にある顧客層をB社の新規客のターゲットとして提案するのがオーソドックスなパターンだから、今回はインバウンド客のニーズにB社の有形資源と無形資源で応えて売上向上と提案するのだろう。

　事例Ⅱは設問のなかに図表が出てきて時間配分の調整が難しくなったりするのが怖かったけれど、今回は設問のボリュームもオーソドックスで安心する。ただ、全部で4問しかなく1問外した場合の失点が大きいので、慎重に進めよう。

【手順2】設問解釈（～8分）

第1問　初めて3C分析が直接問われているのを見て、少し動揺する。一方で3つも解答要素があるから制限字数が150字なのかと納得し、むしろ制限字数が足りなくなることが心配に。与件文から丁寧に拾い、各50字ずつをベースに調整して解答作成しよう。

第2問　図で確認したとおり、増加中のインバウンド客を今後のメインターゲット層として新規宿泊客を増加させていく方向だろう。念のため与件文を見てインバウンド客以外に候補となる顧客層がいないかを確認しよう。

第3問　クチコミを誘発するためには顧客満足度が高まるようなサービスを提供する必要がある。「従業員によるおもてなし」が制約条件となっているので、B社が従業員を通じて提供できるサービスと、ターゲットとなる顧客のニーズの接点を見つけよう。ちなみに本問のターゲットもインバウンド客だったら第2問との切り分けに注意しよう。

第4問　「宿泊需要を生み出したい」ということは、第4問も新規客獲得の施策か。「X

市の夜の活気」のなかにいる顧客層に接点を作る施策を検討しよう。

【手順3】与件文読解と設問への対応づけ（～28分）

　予想どおり、新規顧客のターゲットは急増中のインバウンド客と、増加傾向のX市の夜間の滞在者のようだ。既存顧客は「昔なじみ」で高齢化が進み減少傾向とあるので、特に新しく施策を提案することはなさそうだ。

　インバウンド客は「和の風情を求める」というニーズがあると書かれているので、B社が保有しているものか提供できるもののなかで、和の風情を感じられるものを訴求して集客するのが第2問で、顧客満足度を高めてクチコミを誘発するのが第3問という方向性で解答を検討しよう。

　第3問はX市の夜間の滞在者の顧客満足度を高めてクチコミを誘発する方向性もあるけれど、夜間の滞在者のニーズのヒントが少なく書けなさそうなのでやめておこう。

　「宿泊棟の改築」と「宿泊料金の値上げ」はNGという制約条件にも注意しよう。

【手順4】解答作成（～80分）

第2問　第1問を書き始めたが、書けることが多すぎて迷い出してしまったので後回しにして第2問に着手。「インバウンド客」は間違いなく誰でも答えるとして、インバウンド客の求める「和の風情」をどうやって訴求するか。「和の風情」つながりで苔むした庭園は必ず書くとして、その他の情報は何を入れようか。Wi-Fiはホームページに載せている「館内設備」に含まれるのかどうかなど、悩みが尽きない。

第3問　第2段落の「夕食は提供していない」、第6段落の「食べ物などは写真映えし、SNS投稿に向く」、第9段落の「朝食を日本の朝を感じられる献立に切り替え」「器にもこだわったら好評」という話をつなげ、和を感じられる夕食の提供をサービスとして始めたらSNS投稿してクチコミを誘発できるのではないか。

第4問　夜間の滞在者は、昼間なら日帰りできる距離にある大都市圏に住んでいる人たちなのだろうか。その人たちにリーチできそうなところで集客すればいいけれど、どうやって集客すればいいのかまでは案が思い浮かばない。さらに絶望的なことに夜間の滞在者のニーズもわからず、駅前のチェーン系ビジネスホテルではなくB社に泊まりたい理由が説明できない。

第1問　「競合」は奇をてらわずに第8段落の「チェーン系ビジネスホテル」について言及すればいいだろう。「顧客」はX市にいる顧客層なのか、B社の顧客なのか、どこまでを含むのかがわからない。「自社」ってなんだろう。競合に対して比較優位がある特徴や顧客を取り込めている状況を整理すればいいのだろうか。「3C分析」のそれぞれのCについて線引きがわからずパニックになりながら時間ギリギリまで解答を書いた。

3．終了時の手ごたえ・感想

　得意だったはずの事例Ⅱなのに手も足も出なかった。与件文にある大量の情報が処理できなかったし、決定的な根拠が見つけられないままの解答ばかりで、これは得点できていそうという設問が1つもない。

～多年度受験生あるある～
　セミナーや模擬試験、試験後の分析会で偶然同じ人に会う。

合格者再現答案＊（いくみん　編）　　　　　事例Ⅱ

第1問（配点25点）　　150字

顧	客	は	高	視	聴	率	の	連	続	ド	ラ	マ	の	舞	台	や	地	域	の
祭	り	の	国	内	外	の	観	光	客	。	競	合	は	駅	前	に	チ	ェ	ー
ビ	ジ	ネ	ス	ホ	テ	ル³	が	あ	る	が	、	市	街	地	中	心	部	に	ン系
い	な	い³	。	自	社	は	昔	な	じ	み	の	ビ	ジ	ネ	ス	客³	が	8	は
を	占	め	て	お	り	拡	大	す	る	観	光	需	要	に	よ	る	恩	恵	割²
享	受	し	て	い	な	い³	状	況	。										を

（※1行目右端「増加¹中」、3行目右端「系は」、4行目右端「8割²」の欄外注記あり）

【メモ・浮かんだキーワード】　新規顧客、既存顧客、ポジショニングアプローチ、競合との比較

【当日の感触等】　「競合」はこれで間違いないはず。一方で、「顧客」と「自社」をどう表現したらよいか最後までわからず、うまく書けなかった。

【ふぞろい流採点結果】　15/25点

第2問（配点25点）　　100字

急	増	す	る¹	和	の	風	情	を	感	じ	た	い²	イ	ン	バ	ウ	ン	ド	顧
客⁶	を	メ	イ	ン	タ	ー	ゲ	ッ	ト	と	す	る	。	情	報	は	英	語	に
堪	能	な	従	業	員³	を	活	か	し	古	風	な	和	室¹	の	客	室	、	和
の	風	情	が	あ	る	苔	む	し	た	庭	園³	、	海	外	で	も	名	の	知
ら	れ	る	芸	術	家	の	美	術	品³	等	を	英	語	で	訴	求	す	る	。

【メモ・浮かんだキーワード】　ターゲット、ニーズ、4P、誰に→何を→どうやって→効果

【当日の感触等】　ターゲットとニーズは合っているはず。一方で、掲載する情報の候補が多すぎるなか、解答に採用するかしないかの明確な基準を見定められず、すっきりしない。

【ふぞろい流採点結果】　18/25点

第3問（配点25点）　100字

近	隣	の	料	亭	、	和	装	店²	と	連	携	し	浴	衣	で	和	の	器	に
こ	だ	わ	っ	た	和	食	を	楽	し	む	夕	食	サ	ー	ビ	ス	を	提	供
す	る	。	英	語	が	堪	能	な	従	業	員	を	始	め	と	し	主	要	な
外	国	語	に	対	応³	し	た	写	真	映	え	す	る	サ	ー	ビ	ス	の	提
供	で	Ｓ	Ｎ	Ｓ	投	稿	に	よ	る	ク	チ	コ	ミ	を	促	進	す	る²	。

【メモ・浮かんだキーワード】　ターゲット、ニーズ、顧客満足度向上でクチコミ促進、協力者、誰に→何を→どうやって→効果

【当日の感触等】　ＳＮＳ投稿でクチコミ促進は加点要素なはず。夕食の提供サービスを従業員との交流というお題への解答にするのは少し強引だったと思う。

【ふぞろい流採点結果】　7/25点

第4問（配点25点）　100字

施	策	は	①	深	夜	で	も	当	日	予	約	を	受	け	付	け	る	サ	ー
ビ	ス¹	を	導	入	し	祭	り	の	見	物	客²	が	訪	れ	る	飲	食	店	に³
チ	ラ	シ	を	置	き³	訴	求	し	集	客¹	②	歴	代	の	社	長	が	支	援
し	て	き	た	芸	術	家	に	よ	る	美	術	品	が	あ	る	文	化	の	香
り	を	訴	求	す	る	チ	ラ	シ	を	美	術	館	に	置	き	集	客	す	る	。

【メモ・浮かんだキーワード】　ターゲット、ニーズ、４Ｐ、Ｂ社の有形資源・無形資源、誰に→何を→どうやって→効果

【当日の感触等】　チラシを見た人に当日予約を促す助言は、ターゲットも少なそうだし、Ｂ社としても受け入れたい根拠がないし、いくらなんでも強引すぎたと思う。

【ふぞろい流採点結果】　10/25点

【ふぞろい評価】　50/100点　　　【実際の得点】　47/100点

　第1問、第4問では配点の高いキーワードを盛り込んでおらず、第3問では設問要求を外した解答をしたことで点数を落としました。

〜予備校生あるある〜
　予備校の答練で高得点を取れる解き方（本試験対応の解き方とは違う）になってしまいがち。

▶事例Ⅲ（生産・技術）◀

平成30年度　中小企業の診断及び助言に関する実務の事例Ⅲ（生産・技術）

【C社の概要】

　C社は、1974年の創業以来、大手電気・電子部品メーカー数社を顧客（以下「顧客企業」という）に、電気・電子部品のプラスチック射出成形加工を営む中小企業である。従業員数60名、年商約9億円、会社組織は総務部、製造部で構成されている。

　プラスチック射出成形加工（以下「成形加工」という）とは、プラスチックの材料を加熱溶融し、金型内に加圧注入して、固化させて成形を行う加工方法である。C社では創業当初、顧客企業から金型の支給を受けて、成形加工を行っていた。

　C社は、住工混在地域に立地していたが、1980年、C社同様の立地環境にあった他の中小企業とともに高度化資金を活用して工業団地に移転した。この工業団地には、現在、金属プレス加工、プラスチック加工、コネクター加工、プリント基板製作などの電気・電子部品に関連する中小企業が多く立地している。

　C社のプラスチック射出成形加工製品（以下「成形加工品」という）は、顧客企業で電気・電子部品に組み立てられ、その後、家電メーカーに納品されて家電製品の一部になる。主に量産する成形加工品を受注していたが、1990年代後半から顧客企業の生産工場の海外移転に伴い量産品の国内生産は減少し、主要顧客企業からの受注量の減少が続いた。

　こうした顧客企業の動向に対応した方策として、C社では金型設計と金型製作部門を新設し、製品図面によって注文を受け、金型の設計・製作から成形加工まで対応できる体制を社内に構築した。また、プラスチック成形や金型製作にかかる技能士などの資格取得者を養成し、さらにOJTによってスキルアップを図るなど加工技術力の強化を推進してきた。このように金型設計・製作部門を持ち、技術力を強化したことによって、材料歩留り向上や成形速度の改善など、顧客企業の成形加工品のコスト低減のノウハウを蓄積することができた。

　C社が立地する工業団地の中小企業も大手電気・電子部品メーカーを顧客としていたため、C社同様工業団地に移転後、顧客企業の工場の海外移転に伴い経営難に遭遇した企業が多い。そこで工業団地組合が中心となり、技術交流会の定期開催、共同受注や共同開発の実施などお互いに助け合い、経営難を乗り越えてきた。C社は、この工業団地組合活動のリーダー的存在であった。

　近年、国内需要分の家電製品の生産が国内に戻る傾向があり、以前の国内生産品が戻りはじめた。それによって、C社ではどうにか安定した受注量を確保できる状態になったが、顧客企業からの1回の発注量が以前よりも少なく、受注量全体としては以前と同じレベルまでには戻っていない。

〜試験前日の過ごし方〜

　普段と変わらず過ごす。睡眠時間を9時間確保。翌朝の行動を確定させる。起きたら何も考えない。

　最近C社は、成形加工の際に金属部品などを組み込んでしまう成形技術（インサート成形）を習得し、古くから取引のある顧客企業の1社からの受注に成功している。それまで他社の金属加工品とC社の成形加工品、そして顧客企業での両部品の組立という3社で分担していた工程が、C社の高度な成形技術によって金属加工品をC社の成形加工で組み込んで納品するため、顧客企業の工程数の短縮や納期の短縮、そしてコスト削減も図られることになる。

【生産概要】

　製造部は、生産管理課、金型製作課、成形加工課、品質管理課で構成されている。生産管理課は顧客企業との窓口になり生産計画の立案、資材購買管理、製品在庫管理を、金型製作課は金型設計・製作を、成形加工課は成形加工を、品質管理課は製品検査および品質保証をそれぞれ担当している。

　主要な顧客企業の成形加工品は、繰り返し発注され、毎日指定の数量を納品する。C社の受注量の半数を占める顧客企業X社からの発注については、毎週末の金曜日に翌週の月曜日から金曜日の確定納品計画が指示される。C社の生産管理課ではX社の確定納品計画に基づき、それにその他の顧客企業の受注分を加え、毎週金曜日に翌週の生産計画を確定する。日々の各製品の成形加工は、各設備の能力、稼働状況を考慮して原則週1回計画される。また、生産ロットサイズは長時間を要するプラスチック射出成形機（以下「成形機」という）の段取り時間を考慮して決定される。生産効率を上げるために生産ロットサイズは受注量よりも大きく計画され、製品在庫が過大である。C社の主要製品で、最も生産数量が多いX社製品Aの今年7月2日（月）から7月31日（火）までの在庫数量推移を図1に示す。製品Aは、毎日600個前後の納品指定数であり、C社の生産ロットサイズは約3,000個で週1回の生産を行っている。他の製品は、毎日の指定納品数量が少なく、変動することもあるため、製品A以上に在庫管理に苦慮している。

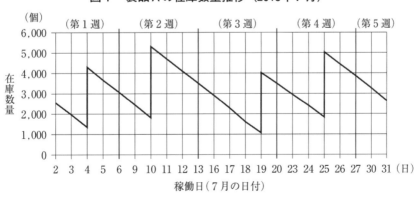

図1　製品Aの在庫数量推移（2018年7月）

　成形加工課の作業は、作業者1人が2台の成形機を担当し、段取り作業、成形機のメンテナンスなどを担当している。また全ての成形機は、作業者が金型をセットし材料供給してスタートを指示すれば、製品の取り出しも含め自動運転し、指示した成形加工を終了すると自動停止状態となる。

　図2で示す「成形機2台持ちのマン・マシン・チャート（現状）」は、製品Aの成形加工を担当している1人の作業者の作業内容である。

　成形機の段取り時間が長時間となっている主な原因は、金型、使用材料などを各置き場で探し、移動し、準備する作業に長時間要していることにある。図2で示す「成形機1の段取り作業内容の詳細」は、製品Aの成形加工作業者が、昼休み直後に行った製品Bのための段取り作業の内容である。金型は顧客からの支給品もまだあり、C社内で統一した識別コードがなく、また置き場も混乱していることから、成形加工課の中でもベテラン作業者しか探すことができない金型まである。また使用材料は、仕入先から材料倉庫に納品されるが、その都度納品位置が変わり探すことになる。

　顧客企業からは、短納期化、小ロット化、多品種少量化がますます要望される状況にあり、ジャストインタイムな生産に移行するため、C社では段取り作業時間の短縮などの改善によってそれに対応することを会社方針としている。

　その対策の一つとして、現在、生産管理のコンピュータ化を進めようとしているが、生産現場で効率的に運用するためには、成形加工課の作業者が効率よく金型、材料などを使用できるようにする必要があり、そのためにデータベース化などの社内準備を検討中である。

図2　成形加工作業者の一日の作業内容

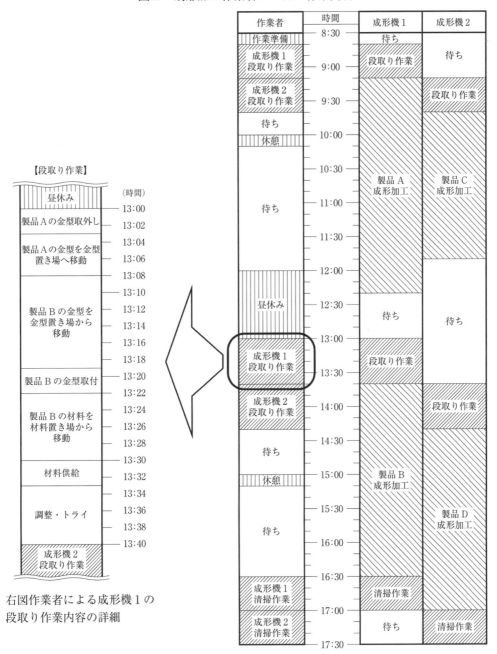

右図作業者による成形機1の
段取り作業内容の詳細

成形機2台持ちのマン・マシン・チャート（現状）

第1問（配点20点）

　顧客企業の生産工場の海外移転などの経営環境にあっても、Ｃ社の業績は維持されてきた。その理由を80字以内で述べよ。

第2問（配点20点）

　Ｃ社の成形加工課の成形加工にかかわる作業内容（図2）を分析し、作業方法に関する問題点とその改善策を120字以内で述べよ。

第3問（配点20点）

　Ｃ社の生産計画策定方法と製品在庫数量の推移（図1）を分析して、Ｃ社の生産計画上の問題点とその改善策を120字以内で述べよ。

第4問（配点20点）

　Ｃ社が検討している生産管理のコンピュータ化を進めるために、事前に整備しておくべき内容を120字以内で述べよ。

第5問（配点20点）

　わが国中小製造業の経営が厳しさを増す中で、Ｃ社が立地環境や経営資源を生かして付加価値を高めるための今後の戦略について、中小企業診断士として120字以内で助言せよ。

Column

パニックに効く処方箋

　１年目の２次試験で不合格だった私は、２年目の受験に向け財務・会計の強化のため日商簿記２級を受験しました。比較的簡単な工業簿記で８割以上を手堅く稼ぎ、商業簿記でなんとか喰らいつくというのがオーソドックスな戦略のようで、それに倣い、真っ先に工業簿記から解き始めました。しかし思わぬ落とし穴が…。簡単と予想していた工業簿記の問題が全然頭に入ってこない。何度読んでも解法が見えてこない。頭に血が上り、視野が狭くなる。完全にパニックに陥っていました。半ば諦めの気持ちで次の問題に移ると、不思議なものでスラスラ解ける。前の問題に戻ってみてもスラスラ解ける。この瞬間、「パニックになったらペンを置き、深呼吸し、次の問題へ」というマイルールが確立しました。診断士２次試験は、年に一度しかない大舞台のプレッシャーの中で、設問の意味がわからない、知っているはずの知識が出てこない、などイレギュラーが目白押しです。パニックにならないほうが不思議なのかもしれません。「パニックにならないように」と考えるのではなく、「パニックになったらどうするか」を事前に決めておくことが重要といえるでしょう。ぜひご自身のマイルールを探してみてください。　　　　　　　　　　　　（いよっち）

Column

まさかの失格!?　１年間の努力が水の泡…

　毎年いくつかの試験会場でさまざまな理由で失格になった受験生がいたと噂を耳にします。受験番号を書き忘れたり、試験終了時間が過ぎても筆記用具を置かなかったり（ほんの数秒でも失格になるようです）と、試験官の指示やルールに従わないと失格になります。場合によっては見逃してもらえるようですが、運よく見逃してもらえても余計なことに神経をすり減らし、次の科目に大きく影響します。「受験番号は試験開始直後と試験終了５分前に必ず確認する」「試験終了の時間がきたら潔く直ちにペンを置く」等、自分なりの基本動作をあらかじめ決めておき、不要なリスクは排除しましょう。失格になれば自分の実力を出せずに、１年間の努力が水の泡になります。他人事とは思わずに、そういった場面を自分に置き換え想像し（考えただけで冷や汗ものですね）、しっかりと対策しておきましょう。　　　　　　　　　　　　　　　　　　　　　　　　　　　　　　　　（うえちゃん）

～会場で緊張をほぐす方法～
指をならす。

■ 80分間のドキュメント　事例Ⅲ

かずま 編（勉強方法と解答プロセス：p.8）

1．昼休みの行動と取り組み方針

　午前中は事例Ⅰ、事例Ⅱとも時間が足りず、書きたいキーワードをすべて盛り込めなかった。事例Ⅳには苦手意識があるので、事例Ⅲでなんとか点数を稼ぎたい。コンビニで買ったご飯とバランス栄養食を食べる。仮眠を10分ほどとり、午後に備える。

2．80分間のドキュメント

【手順0】開始前（〜0分）

　事例Ⅲはとにかく、「生産現場の問題を解消し、機会を捉えて成長していく」をテーマとして意識する。与件文にある「生産現場の問題」と「機会」を見逃さないように意識し、「問題を解消する！」「機会を捉える！」と頭のなかで繰り返す。

【手順1】準備（〜1分）

　いつもどおり、名前と受験番号を書き、受験票と比較する。

【手順2】与件文冒頭確認と設問解釈（〜7分）

[与件文]　1段落目を読む。業種と会社の規模を確認し、事例企業のイメージを持つ。

[第1問]　業績が維持されてきた理由か。「海外移転などの経営環境にあっても」とあるので、そのときに発揮したC社の強みを記入しよう。

[第2問]　問題点と改善策か。それぞれを丸で囲み、「問題点は〜。改善策は〜。」の骨組みでの解答をイメージする。図2については、現時点では簡単に見るだけにしよう。

[第3問]　これも問題点と改善策か。第2問と同じく丸を付ける。また、「生産計画上の」とあるのでここに下線を引く。生産計画上の問題点は頻出問題。「全体生産計画がない」「計画の形骸化」「計画立案サイクルが長い」といったキーワードをメモしておく。

[第4問]　コンピュータ化の事前整備の内容か。コンピュータ化で思いつくのは、「コンピュータ人材の育成」と「標準化」だろうか。設問文の横にメモを書いておく。

[第5問]　今後の戦略か。C社の強みを用いて機会を捉えるのだろう。キーワードの「立地環境」「経営資源」を丸で囲む。

【手順3】与件文読解（〜17分）

[3段落目]　立地環境に関する記述。第5問で使うので、与件文の横に「5」と記入する。

[4、5段落目]　「顧客企業の生産工場の海外移転」についての記述があるので、ここは第1問の解答ポイントになるはず。直後に、「社内体制の構築」「加工技術力の強化」「コスト低減のノウハウ蓄積」といった解答要素になる部分が発見できるので、与件文の横に、第1問を表すため「1」と記入する。

[6段落目]　「助け合いにより経営難を乗り越えた」とある。ここも海外移転という「逆境」を乗り越えたポイントなので、第1問で使うはず。与件文に「1」と記入する。

〜予備校生あるある〜

　情報が入りすぎて振り回される。

[8段落目]　「インサート成形」という技術を用いて「顧客企業の工程数の短縮や納期の短縮、コスト削減」を実現できるのか。これは大きな強みだな。下線を引いて、強みを表す「Ｓ」を記入。また、インサート成形による納期短縮や、コスト削減は「高付加価値」にもつながる。インサート成形という技術も「経営資源」の１つであり、第５問で使えそう。与件文の横に「5」と記入する。

[10段落目]　生産計画における問題点が記載されている。これは第３問で使用するので、与件文の横に「3」と記入する。特に、「生産ロットサイズは受注量よりも大きく計画され、製品在庫が過大である」というのは「現状の問題点」なので、太く下線を引く。

[13段落目]　「成形機の段取り時間が長時間となっている主な原因」についての記載がある。これはそのまま第２問で使えるな。与件文の横に「2」と記入する。「社内で統一した識別コードがなく、また置き場も混乱」とあるので、ここも第２問に使えそう。識別コードがないとコンピュータ化も推進できないので、与件文に「4」も記入しておく。

[14段落目]　「顧客企業からは、短納期化、小ロット化、多品種少量化がますます要望される状況にあり」とある。これは「機会」だ。C社の強みである「インサート成形」でこの機会をつかめそう！　設問で必ず使うだろうから太く線を引き、目立つようにする。

【手順4】解答作成（～75分）

[第1問]　与件文に「1」と記入した箇所をもとに解答を組み立てる。ここはそのまま強みを列挙するだけで解答できるが、字数が少ないのでコンパクトに書くことを意識する。

[第2問]　マン・マシン・チャートを読み込む。段取り時間が長いので、「内段取りの外段取り化」というキーワードが使えそう。また、与件文から「整理整頓がされておらず、現場が混乱している」ことがわかるので「5Sの徹底」も解答しよう。5Sを徹底すれば、段取り替えもスムーズにできるはず。与件文にわざわざ「成形機の自動運転」の記載があり、成形機の稼働中は人の立会いが不要であることがわかるが、昼休憩中は成形機を稼働していない。成形機の稼働順を変えることで、昼休み中に稼働することができるはず。解答要素は十分なので、あとはわかりやすさを意識してまとめる。

[第3問]　10段落目をもとに解答するのは間違いないが、読解・まとめが難しく、時間がかかってしまい焦る。与件文にある「生産ロットサイズは受注量よりも大きく計画されている」ということは問題点なので、これを改善することを記入。あとは、計画を立てるのが毎週末の金曜日とタイミングが遅いので、頻度を増やすことを記入する。

[第4問]　与件文で「4」と記入した13段落目をもとに記入する。また、コンピュータ化の一般的な留意事項である「コンピュータ人材の育成」も記入する。

[第5問]　与件文で「5」と記入した3段落目、8段落目をもとに解答を記入する。特に、インサート成形の箇所は、得点につながるはず。

【手順5】見直し（～80分）

答案全体の見直しを行う。誤字・脱字や、わかりにくい文がないかの確認を行う。

３．終了時の手ごたえ・感想

　第3問に時間をかけすぎてしまったし、時間をかけたわりには納得できる解答にはなっていない。大惨事にはなっていないと思うが、60点を確保できるか微妙なところだな。

～予備校生あるある～
通っている受験予備校のお作法に染まる。

合格者再現答案＊（かずま 編） ── 事例Ⅲ

第1問 （配点20点） 80字

理	由	は	、	①	金	型	設	計	製	作[3]	の	一	貫	体	制	構	築[2]	、	②
O	J	T[2]	等	に	よ	る	技	術	力	向	上[4]	、	③	歩	留	り	改	善	や
成	形	速	度	改	善[1]	に	よ	る	コ	ス	ト	削	減[3]	、	④	工	業	団	地
組	合[2]	で	の	共	同	受	注[2]	に	よ	る	助	け	合	い[1]	の	た	め	。	

【メモ・浮かんだキーワード】 一貫体制構築、歩留り改善、コスト削減、共同受注

【当日の感触等】 強みをしっかり書けたはず。高得点も狙えるかもしれないが、差がつかない問題である印象。

【ふぞろい流採点結果】 20/20点

第2問 （配点20点） 120字

問	題	点	は	、	段	取	り	の	時	間	が	長	い[3]	こ	と	、	無	駄	な
手	待	ち	が	あ	る[3]	点	。	改	善	策	は	、	①	内	段	取	り	の	外
段	取	り	化[2]	、	②	機	器	の	稼	働	順	を	合	理	的	に	見	直	し[2]
昼	休	憩	中[1]	も	機	器	を	稼	働	さ	せ[2]	、	生	産	性	を	向	上	さ
せ	、	③	金	型	と	使	用	材	料	の	置	き	場	の	ル	ー	ル	を	
定	め[2]	、	5	S	を	徹	底[1]	す	る	こ	と	。							

【メモ・浮かんだキーワード】 内段取りの外段取り化、5S、マニュアル化、ルール化

【当日の感触等】 多面的に記入することができたので、高得点が狙えるかもしれない。ただ、稼働順の変更は具体的に記入するべきだったかな？

【ふぞろい流採点結果】 16/20点

第3問 （配点20点） 120字

問	題	点	は	、	生	産	ロ	ッ	ト	サ	イ	ズ	が	段	取	り	時	間	を
考	慮	し	て	決	定[1]	す	る	た	め	、	受	注	量	よ	り	大	き	く	計
画[4]	さ	れ	、	製	品	在	庫	が	過	大[2]	で	あ	る	点	。	対	応	策	は、
①	ロ	ッ	ト	サ	イ	ズ	を	受	注	量	に	合	わ	せ	て	計	画[3]	す	る
こ	と	、	②	確	定	で	な	く	て	も	よ	い	の	で	、	生	産	計	画
策	定	の	頻	度	を	増	加[3]	さ	せ	る	こ	と	。						

【メモ・浮かんだキーワード】 生産計画策定の頻度向上

【当日の感触等】 与件文が頭のなかでまとまりきらず、この問題は失敗した印象。3割程度だろうか……。

【ふぞろい流採点結果】 13/20点

第4問（配点20点）　120字

事	前	に	整	備	す	る	内	容	は	、	①	金	型	に	対	し	て	、	社
内	で	統	一	し	た	識	別	コ	ー	ド	を	策	定	す	る	こ	と	⁶	、	②
金	型	と	使	用	材	料	の	置	き	場	の	ル	ー	ル	を	定	め	⁵	、	5
S	を	徹	底	す	る	こ	と	²	、	③	デ	ー	タ	ベ	ー	ス	や	コ	ン	ピ
ュ	ー	タ	等	を	扱	え	る	人	材	を	育	成	す	る	こ	と	。		

【メモ・浮かんだキーワード】　５Ｓ、コンピュータ人材育成、標準化、マニュアル化、ＤＢ化

【当日の感触等】　コンピュータ人材の育成という事例Ⅰのような解答を記入してしまったが、点数につながっているといいな。

【ふぞろい流採点結果】　13/20点

第5問（配点20点）　120字

今	後	の	戦	略	は	、	①	工	業	団	地	で	あ	る	特	性	¹	を	活	か
し	、	周	囲	の	企	業	と	共	同	開	発	²	を	実	施	す	る	こ	と	で 、
高	付	加	価	値	³	の	製	品	開	発	を	実	施	す	る	こ	と	、	②	イ
ン	サ	ー	ト	成	形	²	を	活	用	す	る	こ	と	で	、	顧	客	企	業	²	の
工	程	数	の	短	縮	²	や	納	期	の	短	縮	²	、	コ	ス	ト	削	減	²	を 実
施	す	る	こ	と	。														

【メモ・浮かんだキーワード】　共同開発、高付加価値化、短納期化、コスト削減

【当日の感触等】　立地環境と経営資源の２つの観点から解答することができたが、顧客のニーズと合致していることを記入できなかった。半分程度得点できていればいいか。

【ふぞろい流採点結果】　16/20点

【ふぞろい評価】　78/100点　　　【実際の得点】　73/100点

　第1問では、重要なキーワードを抜き出しコンパクトにまとめ、第2問では段取り時間と手待ち時間両方について指摘できたことが高得点につながったと考えられます。全体的にも多くのキーワードを盛り込むことができています。

かわとも 編 （勉強方法と解答プロセス：p.10）

1．昼休みの行動と取り組み方針

　眠くならないよう、おにぎり1個を食べて糖分補給。セルフ模試でも実践した食事量だ。再び外に出てストレッチ。他の受験生も外で昼食をとったりストレッチしたりしている。部屋に戻り、まとめノートをチェック。事例Ⅲはやや苦手だが、解答作成に困ったら「機械的に課題を解決する」方向で乗り切ろうと思う。

2．80分間のドキュメント

【手順0】開始前（〜0分）

　周りの受験生がどのような文房具を使っているかチェックする余裕も出てきた。この人はマーカー多色使い、あの人は赤青鉛筆か。電卓が同じメーカーの人に軽い仲間意識を感じる。事例Ⅲのポイント「生産計画→生産統制」を頭のなかで何度も唱える。

【手順1】準備（〜1分）

　受験番号を記入し、問題用紙のホッチキスを外す。設問数・文字数・配点を確認後、メモ用紙に設問ごとの骨子作成スペースを作成。図表が2つ、しかもマン・マシン・チャートがまるまる1ページ！　どうやって使うのだろう。

【手順2】設問解釈（〜5分）

　第1問の強みを第5問で生かすことが多いため、第1問から第5問に矢印を引っ張る。

[第1問]　レイヤーは経営戦略。外部環境の変化を生き抜いた理由か。オーソドックスな強みの問題ね。「機会を捉えて強みを生かす」とメモ。

[第2問]　マン・マシン・チャートの分析キター！　レイヤーは生産効率化もしくは生産統制。解答の型として「問題点は〜、改善策は〜」とメモ。

[第3問]　これも図の分析。レイヤーは生産計画→生産統制。在庫管理は何度も復習した論点だ。現品管理に着目して読み進めよう。「問題点は〜、改善策は〜」とメモ。

[第4問]　レイヤーは情報による効率化。特に難しくなさそうだな。データ化されていないものに着目していこう。

[第5問]　レイヤーは経営戦略。例年どおり、第1問の強みを生かす方向で間違いないだろう。「ニーズに応えて高付加価値＋差別化」とメモ。

【手順3】与件文読解（〜15分）

[1、2段落目]　プラスチック射出成形加工って何？　難しい言葉だけれど、金型を使ってプラスチック部品を作っている様子をイメージしてみる。

[3段落目]　中小企業が多い工業団地に移転か。絶対に企業間連携がポイントだろう。

[5、6段落目]　金型設計から成形加工に至る一貫生産体制を整備し、加工技術力を強化。工業団地でもリーダー的存在か。C社ってすごいな、いい会社だな。強みがたくさん出てきたので、見逃さないようにマーカーを引く。

〜独学生あるある〜

　予備校の受験生はすごいテクニックや情報を持っているのではないかと内心思っている。

|8段落目| インサート成形技術による顧客へのメリットは、絶対に外せない強みだな。

|9段落目| 組織に関する記述。余白に組織図をメモし、C社の体制をイメージする。

|10段落目| 生産計画に関する記述。週次受注で週次計画か。ロットサイズ、計画サイクルに問題があり、在庫過大になっているのだろう。課題がたくさん出てきた。

|13段落目| 成形加工課に関する記述。段取り時間の長さが問題か。金型の管理も材料の定位置も決まっていない。雑然とした現場をイメージする。整理整頓する必要があるな。

|14、15段落目| 顧客ニーズに対し、段取り時間の短縮によって対応しようとしている。ますます13段落目が重要だ。「生産管理のコンピュータ化」は第4問のキーワードだな。

【手順4】解答骨子メモ作成（～40分）

|第1問| 3段落目～6段落目でマークしておいた強みを列記すればよい。80字なのでコンパクトにまとめる必要があるな。

|第2問| 設問要求に「図2を分析し」とあるので、しっかり読み解く必要がある。図から問題点を抽出したうえで、13段落目を使って改善策を書こう。段取り時間の半分以上が移動なのは明らかに問題点、現場の整理整頓により改善できるな。ほかにも、加工順を工夫すればもっと効率化できそうだけれど、字数が余ったら書こう。

|第3問| 図1を分析すると、在庫基準が不明確で、生産していない週もある。10段落目を根拠とし、計画の短サイクル化、ロットサイズと在庫基準の適正化の面から書こう。

|第4問| コンピュータ化に向け「事前に整備しておく内容」か。データ化すべきものが問われていると思ったが、それだけではなさそうだ。効率よく金型・材料を利用できるようにするということ？　あれ、第2問とうまく切り分けられない。生産計画のくだりにも解答根拠が分散している、困ったな。「難」とメモし、後回しにする。

|第5問| 工業団地の中小企業と連携しつつ、強みを生かして顧客ニーズ対応＆高付加価値化という流れで書こう。与件文の根拠も明確だし、書きやすそうな問題だ。

【手順5】解答作成・見直し（～80分）

　第4問の下書きができておらず不安だが、残り40分を切ったので強制的に書き始める。

|第1問| 技術面の強みと立地環境の強みを要約し、サクッと作成終了。

|第5問、第3問| 解答骨子のメモどおり、それほど迷うことなくすんなり作成。

|第2問| 金型と材料の管理方法改善は、結局切り分けができず第2問、第4問の両方に入れることに決める。字数が余ったので、加工順の工夫に関する要素も入れ込んだ。

|第4問| 残り10分を切り、不安な気持ちのまま書く。「データベース化・効率的な金型と材料の使用体制整備」とメモに書きなぐり、ぶっつけ本番でなんとか書き終えた。

3．終了時の手ごたえ・感想

　第4問の焦りで心臓のドキドキが止まらない。事例Ⅲは苦手だけれど、わからなければ「とにかく課題を解決する」「データベース化できそうなものはデータベース化する」という方針でなんとか乗り切った。大外しはしていないだろうが、皆も同じくらい解けているだろうから、大差はつかないだろう。

～独学生あるある～

　仲間がいないのですごく孤独になる。学習管理アプリで似た境遇の人に親近感を抱く。

合格者再現答案＊（かわとも 編）　　　　　事例Ⅲ

第1問（配点20点）　　80字

理	由	は	①	金	型	設	計	・	製	作	・	成	形	加	工	の	一	貫	体
制²	と	高	い	加	工	技	術	力⁴	、	高	度	な	成	形	技	術	を	活	用
し	、	顧	客	企	業	の	コ	ス	ト	削	減³	を	実	現	し	②	工	業	団
地²	の	中	小	企	業	と	助	け	合	っ	て	き	た¹	た	め	。			

【メモ・浮かんだキーワード】　一貫生産体制、高度な技術力、顧客ニーズ対応、他企業との
　　連携
【当日の感触等】　80字以内に盛り込むべき要素をすべて盛り込めたと思う。会心の出来かも。
【ふぞろい流採点結果】　12/20点

第2問（配点20点）　　120字

問	題	点	は	①	金	型	・	使	用	材	料	の	移	動	が	段	取	時	間
の	半	分	超¹	と	、	成	形	機²	の	段	取	時	間	が	長	時	間³	で	②
加	工	時	間	の	長	さ	を	考	慮	せ	ず	加	工	順	を	決	め	て	い
る	点¹	。	改	善	策	は	①	金	型	置	き	場	を	整	理²	し	統	一	識
別	コ	ー	ド	を	設	け¹	誰	で	も	探	し	や	す	く	し	②	材	料	の
納	品	位	置	を	定	め	③	A	と	C	の	加	工	順	を	逆	に	す	る。²

【メモ・浮かんだキーワード】　段取り時間が長い、置き場の整理、加工順の改善
【当日の感触等】　移動により段取り時間が長いということは、みんな書けていると思う。加
　　工順の改善に触れていることを評価してほしいけれど、採点者に伝わるかな？
【ふぞろい流採点結果】　12/20点

第3問（配点20点）　　120字

問	題	点	は	①	日	々	の	成	形	加	工	計	画	が	週	1	回¹	の	み
で	②	生	産	ロ	ッ	ト	サ	イ	ズ	が	生	産	効	率	優	先¹	で	受	注
量	よ	り	多	く⁴	、	製	品	在	庫	が	過	大²	で	あ	る	点	。	改	善
策	は	①	生	産	計	画	を	日	次	化³	し	適	切	な	生	産	統	制	を
行	い	②	ロ	ッ	ト	を	受	注	量	と	一	致³	さ	せ	③	在	庫	基	準
量	を	明	確	に	し	現	品	管	理	を	徹	底¹	す	る	。				

【メモ・浮かんだキーワード】　生産計画の短サイクル化、ロットサイズの適正化、適切な在
　　庫管理
【当日の感触等】　事例Ⅲの定番改善コースを盛り込め、わりといい線いっているかも。
【ふぞろい流採点結果】　14/20点

第4問（配点20点）　120字

①	成	形	加	工	課	の	作	業	者	が	効	率	よ	く	金	型	、	材	料
を	使	用	で	き	る	よ	う	、	**金**	**型**	**置**	**き**	**場**	**を**	**整**	**理**5	し	材	料
の	**納**	**品**	**位**	**置**	**を**	**決**	**め**	**る**3	②	顧	客	か	ら	の	支	給	品	も	含
め	た	金	型	の	統	一	識	別	コ	ー	ド	を	**設**	**定**	**し**6	、	資	材	購
買	情	報	、	製	品	在	庫	情	報	、	受	注	・	納	品	情	報	、	生
産	計	画	情	報	を	デ	ー	タ	ベ	ー	ス	化	す	る2	。				

【メモ・浮かんだキーワード】　データベース化、効率的な金型・材料の使用体制整備

【当日の感触等】　第2問との切り分けに悩んだ。終了時間直前にやっつけた感があるが、自分なりに考えられる解答要素は盛り込めたので、大外しは回避できたかも。

【ふぞろい流採点結果】　16/20点

第5問（配点20点）　120字

国	内	需	要	分	の	家	電	製	品	生	産	の	回	復	を	機	会	と	捉
え	、	高	付	加	価	値3	な	新	製	品	を	開	発	し	海	外	製	品	と
の	差	別	化3	を	図	る	。	設	計	・	製	作	・	成	型	加	工	の	一
貫	体	制1	と	高	い	技	術	力1	を	生	か	し	、	工	業	団	地	の	中
小	企	業1	と	技	術	交	流	や	共	同	開	発2	を	行	う	事	で	、	顧
客2	の	工	程	改	善2	や	コ	ス	ト	削	減2	ニ	ー	ズ	に	応	え	る	。

【メモ・浮かんだキーワード】　高付加価値化、海外との差別化、強みの活用、他企業との連携

【当日の感触等】　「機会を捉え、強みを活かし、高付加価値化＆顧客ニーズ対応」の型でカチッと決めることができた。でも後で見直してみると「短納期化、小ロット化、多品種少量化」や「ジャストインタイムな生産への移行」がまったく書かれていないことに気づいてしまった……。

【ふぞろい流採点結果】　14/20点

【ふぞろい評価】　68/100点　　【実際の得点】　49/100点
　どの問題にもキーワードが盛り込まれ、平均的に得点が取れています。キーワードのつながりを意識して解答を構成することができれば、実際の得点も伸びたのではないでしょうか。

～ふぞろいを読んで衝撃を受けたこと～
　合格＋Ａ答案の方の答案の完成度が高いこと！　こんな答案書けるようになるのか、と心配になりました。

もってぃ 編（勉強方法と解答プロセス：p.12）

1．昼休みの行動と取り組み方針

　事例Ⅰでは誤字、事例Ⅱではキーワード抽出に悩む、といった想定外のハプニングがあったものの、解答は大きくずれていない感触がある。高得点ではないかもしれないが、周りの賢そうな人に負けてなさそうだ。事例Ⅲはやや苦手ではあるが、大きなミスがなければ事例Ⅳで取り返すことも可能だ。これはもしかすると、いけるかもしれない。天気もよいので、ベンチで昼食をとることにする。サンドイッチを食べ、やめようと思っていたコーヒーを口に含む。やはり、普段から口にしているものを含むと調子が上がる感じがする。ブドウ糖とサプリも口に投入、さらに栄養ドリンクを飲み干して、午後からの活力に変える。少し飲みすぎている気がするが、今日に1週間分の集中力を投入する。

2．80分間のドキュメント

【手順0】開始前（～0分）

　事例ⅢはQCDが命、3S（単純化、標準化、専門化）も重要。OJT、生産統制、生産計画、コスト低減、よし、このあたりのキーワード、フレーズは問題ない。ただ、過去問題とは違って緊張感が半端ない。落ち着いて、ファイナルペーパーに書いてあることを問題に合わせて書けばよいだけ。ブログにも、「単語を持ってきて、組み合わせるだけ」と書いてあった。「事例Ⅲ、恐れるに足らず」と、思い込んで開始の合図を待つ。

【手順1】設問確認（～5分）

第1問　C社の業績が維持されてきた理由。これは強みだ。セオリーどおりで少し安心。

　第2問　図2を分析し、図2？　ということは図1もあるのか。あ、左のページにある作業内容のチャートのことか。少し目を通す。待ち時間多すぎる……。待ち時間とメモをする。待ち時間を数字で表す用意もしておく。

第3問　生産計画策定方法、製品在庫数量を分析か。2つの観点から解答が必要だろうな。2つの単語にスラッシュを入れて区切っておく。内容は後で考えよう。

第4問　生産管理のコンピュータ化のためにすること。DRINKとメモし、次に進む。

第5問　付加価値を高めるための戦略。これは強みの強化を書けばOK。これもセオリーどおり。「立地環境や経営資源を生かし」とあるので、2つのキーワードに線を引く。

【手順2】与件文確認（～20分）

　今までどおり、強みを赤で、環境を緑でマーキングする。C社は成形加工の企業か、過去問でも見た企業だな。「一貫生産体制の構築」「技能士」「加工技術力の強化」これらは強みだな。第1問の解答に使えるキーワードとして①とメモする。

　気になる点は、与件文の内容がこれまでの過去問題で出てきた解答のキーワードであることだ。書こうと思っていた解答が与件文にすでに出ている。もやもやとした気分で読み進めると、「技術交流会の定期開催」「共同開発」のキーワード。①、⑤とメモする。

　ページをめくり、「インサート成形」のキーワード。これは①か？　「高度な成形技術」

「納期短縮」「コスト削減」のキーワード。納期のD、コストのCとメモをしておく。

　【生産概要】に移る。それぞれの課の説明か、ここはさらっと読み進める。次は生産計画についての記述。これは第3問の解答の中心点だ。集中して読もう。毎週金曜日、週次計画、生産ロットサイズなどにマーキングする。製品在庫が過大である。他の製品は製品A以上に在庫管理に苦慮している？　製品Aのことだけ書いておけばよいわけではなさそうだ。とりあえず図1は流し見して、作業内容の説明に移る。うんうん、無駄だらけ。「コード統一」「5S」「SLP」のキーワードをメモする。

　顧客企業からは「短納期化、小ロット化、多品種少量化がますます望まれている」これは解答に必須だろう。コンピュータ化についても触れているが、与件文の文章が少ないな。考える必要がありそうだ。

【手順3】キーワード抽出＆解答作成（～70分）

| 第1問 | 理由は～業績維持できた。と書いておき、①とメモしたキーワードを書いて、まとめて大きく○で括る。これを組み合わせて解答作成。よい滑り出しだ。

| 第2問 | すぐに待ち時間を計算する。4時間10分であることがわかった。あとは、待ち時間を削減すればよいのだから、IE分析を書いておこう。あれ？　もしかしたら成形機2から作業すれば、昼休みを有効活用できる？　IE分析に組み合わせよう。あとは、金型、材料を探す時間がかかっているから、「5S」「SLP」を書いておこう。標準化、固定化も重要かな。識別コードの統一も書いておこう。……盛り沢山になったな。

| 第3問 | 手が止まる。問題点はわかるけれど、改善策はどうしたらいいのだろう。……どんどん時間が過ぎていく。やばい、はまった。とりあえず、生産計画を書こう。過剰在庫だから、在庫量で管理だ。週次でダメだから、日次にしてやれ、生産ロットサイズは小さくしたらいいじゃない。ほぼ投げやりで書いていく。他の製品については、精度を上げればいいだろう。やり方はわからないので、書かず。生産方法は受注生産、セル生産を書いておく。どちらか合えばいいやの精神発動。

| 第4問 | DRINKと書いたものの、そこから何を書けばよいのか思いつかない。少し悩んだ後、整備する内容が問われていることに気づく。それなら「共有化」「一元管理」「生産統制」「ABC分析」。ついで「EOQ発注量」も書けば、どれかは得点になるだろう。高得点にはならないだろうけれど。

| 第5問 | 線を引いていた立地環境、経営資源を与件文から拾い集め、なんとか解答欄を埋めることはできた。

【手順4】見直し、文章修正（～80分）

　文章がおかしいところを修正。待ち時間の再計算を行い、キーワードを追記する。すぐに終了となった。

3．終了時の手ごたえ・感想

　書けている感じはしたが、同じキーワードを第2問と第4問、第2問と第5問で使用している。苦肉の策だったけれど、どちらかが合えばOKとしよう。

〜ふぞろいを読んで衝撃を受けたこと〜
　これで自己採点できるじゃーん‼　一気にやる気が出たのを覚えている。

合格者再現答案＊（もってぃ 編） ──────── 事例Ⅲ

第1問（配点20点）　80字

理	由	は	①	金	型	設	計	・	製	作	部	門	を	持	ち³	、	技	能	士
の	有	資	格	者	の	養	成	、	O	J	T²	で	加	工	技	術	力	の	強
化⁴	、	材	料	歩	留	ま	り	向	上¹	の	ノ	ウ	ハ	ウ	蓄	積³	②	工	業
団	地	組	合²	で	互	助	体	制	が	あ	り	業	績	維	持¹	で	き	た	。

【メモ・浮かんだキーワード】　技能士、互助体制

【当日の感触等】　強みを十分に書けたはず。過去問どおりなら高得点？

【ふぞろい流採点結果】　16/20点

第2問（配点20点）　120字

問	題	点	は	①	待	ち	時	間	が	4	時	間	10	分	あ	り³	②	金	型
材	料	な	ど	の	探	索	に	長	時	間	必	要	で	あ	る¹	事	。	改	善
策	は	①	I	E	分	析	し	成	形	機	2	か	ら	作	業	す	る²	②	5
S¹	・	S	L	P¹	で	金	型	・	材	料	置	き	場	を	標	準	化	す	る	。
納	品	位	置	の	固	定	化	を	図	る	。	金	型	の	識	別	コ	ー	ド
を	統	一¹	し	、	シ	ン	グ	ル	段	取	り	を	図	る²	。				

【メモ・浮かんだキーワード】　IE、SLP、シングル段取り

【当日の感触等】　時間は書いておいて損はないだろう。「成形機2から作業する」もよかったのでは？　求めている解答ができているかな。ただ、文章が変……。

【ふぞろい流採点結果】　11/20点

第3問（配点20点）　120字

問	題	点	は	①	受	注	量	よ	り	も	生	産	ロ	ッ	ト	サ	イ	ズ	が
多	く⁴	②	他	の	製	品	は	在	庫	管	理	が	困	難	。	改	善	策	は	、
①	在	庫	量	で	生	産	計	画	を	立	案³	し	、	日	次	で	計	画	を
立	案³	す	る	。	生	産	ロ	ッ	ト	サ	イ	ズ	を	小	ロ	ッ	ト	化	す
る	。	②	受	注	情	報	の	精	度	を	向	上	さ	せ³	、	受	注	生	産	、
セ	ル	生	産	に	す	る	こ	と	。										

【メモ・浮かんだキーワード】　製品在庫過剰、在庫管理、受注生産

【当日の感触等】　時間がかかったわりに、苦し紛れの解答しかできていない。この問題は点数が低いだろうな。そして、文章が変……。

【ふぞろい流採点結果】　13/20点

第４問（配点20点）　120字

事	前	に	整	備	す	る	内	容	は	①	**金**	**型**	**の**	**識**	**別**	コ	ー	ド	の				
統	**一**[6]	②	**金**	**型**	や	**材**	**料**	**の**	**場**	**所**	**の**	**共**	**有**	**化**	③	**生**	**産**	**計**	**画**				
の	**一**	**元**	**管**	**理**	し	、	**共**	**有**	**化**[2]	し	て	、	**生**	**産**	**統**	**制**	**を**	**図**	**る**[1]				
④	**在**	**庫**	**量**	**の**	**A**	**B**	**C**	**分**	**析**	**を**	**行**	**い**	、	**E**	**O**	**Q**	**発**	**注**	**量**				
を	**確**	**認**	し	て	、	**在**	**庫**	**適**	**正**	**化**	**を**	**図**	**る**	。									

【メモ・浮かんだキーワード】　ＡＢＣ分析、共有化、ＥＯＱ発注量

【当日の感触等】　合っているとは思ってはいないが、考えられるキーワードを書き込んだ。部分点があればオッケーとしよう。

【ふぞろい流採点結果】　9/20点

第５問（配点20点）　120字

①	**工**	**業**	**団**	**地**	**組**	**合**[1]	で	Ｃ	社	**主**	**体**	で	**技**	**術**	**交**	**流**	**会**	、	**共**				
同	**開**	**発**[2]	を	継	続	的	に	行	い	、	**高**	**付**	**加**	**価**	**値**	**製**	**品**[3]	を	開				
発	**す**	**る**	②	**技**	**能**	**士**	**を**	**中**	**心**	**と**	**し**	**た**[1]	開	発	部	を	設	置	し、				
Ｏ	Ｊ	Ｔ	で	教	育	を	行	い	、	**イ**	**ン**	**サ**	**ー**	**ト**	**成**	**形**[2]	の	開	発				
を	進	め	る	③	**５**	**Ｓ**	、	**Ｓ**	**Ｌ**	**Ｐ**	を	行	い	リ	ー	ド	タ	イ	ム				
短	縮	を	図	り	、	**短**	**納**	**期**	**対**	**応**	**可**	**能**[2]	と	す	る	。							

【メモ・浮かんだキーワード】　インサート成形、短納期対応、高付加価値

【当日の感触等】　設問文に沿った強みを書けたかな。５Ｓ、ＳＬＰは２回目だけれど、リスク分散のためと割り切ろう。

【ふぞろい流採点結果】　11/20点

【ふぞろい評価】　60/100点　　　【実際の得点】　58/100点

　解答に１次の知識を多く用いていますが、得点にならなかったキーワードもいくつかありました。ただし、設問要求に沿った解答になっているため、合格点を維持しています。

Column

分冊の勧め

　中小企業診断士の勉強をしていると何かと教材が多くなります。２次試験のときは過去問、『ふぞろいな合格答案10年データブック』『２次試験合格者の頭の中にあった全知識』『同全ノウハウ』『事例Ⅳ対策問題集』などを使っていましたが、自宅で集中して勉強ができない私は自習場所まで持ち歩かなくてはならず、とにかく大変でした。

　電子書籍化も考えましたが、タブレットでは１つの画面に多数の教材を並べて表示することができないし、確認したいページの検索がしづらく断念。一方、自習の際には事例の種類ごとに集中して取り組んでおり、他の事例は持ち運ぶ必要がなかったので必要な分だけ持ち運べたら……と思い分冊に踏み切りました。過去問とふぞろいを１つ１つの事例ごとに分冊することで必要な事例だけ持ち歩け、だいぶ荷物が軽くなりました。

　他の人から見たら異様な光景かもしれませんが、ただでさえ勉強で疲れるのでいかに負担を軽減できるかも大事かと思いました。

(KAME)

～ふぞろいを読んで衝撃を受けたこと～

満点を取る必要がなかったこと。

たっつん 編 （勉強方法と解答プロセス：p.14）

1．昼休みの行動と取り組み方針

　近くのコンビニにカップみそ汁を買いに行く。おにぎりを2つ食べ、みそ汁をすすり、セルフ模試の行動をなぞる。栄養ドリンクを追加投入し、キャラメルを2つ食べ、ファイナルペーパーを見て事例Ⅲの頭に切り替えつつ、自己暗示をかける。

　「俺は大学生、見慣れた教室、机、椅子。午後も試験があるだけ……」

2．80分間のドキュメント

【手順1】準備（〜5分）

　受験番号を記入する。問題用紙のホッチキスを外す。メモ用紙を作り、事例Ⅲの論点レイヤーを書き込む。与件文と問題に分けるために問題用紙を半分に切る。いつもどおり……あれ、ページ数が多い。でかい図表だ。1次で見たことある。これは分析に時間をかけすぎると大事故になる。問題構成を確認する。5問×20点。ここはいつもどおり。

【手順2】設問解釈（〜11分）

[第1問]　「顧客企業の生産工場の海外移転」にSWOTの脅威「紫」ラインを引く。業績が維持されているので、C社独自の強みがあるはず。字数が少ないので簡潔に書こう。

[第2問]　え、図2から分析させるの？　作業方法の問題点と改善策だから、「問題点は、〜。」「改善策は、〜。」の2段構成か。内容が気になるけれど優先順位を付けて考えよう。

[第3問]　生産計画上の問題点と改善策。第2問と切り分けが必要かな。同じく2段構成で行こう。

[第4問]　「生産管理のコンピュータ化」「事前に整備」に制約条件の「赤」ラインを引く。「事前に整備」？　情報問題とは違う？

[第5問]　きた、最後の戦略レイヤー問題。ビビらずに戦略で答えよう。

【手順3】与件文読解（〜27分）

[3段落目]　工業団地。前年のA社を思い出す。団地内企業は連携先として使えそう。機会の「緑」ラインを引いておく。

[4段落目]　顧客の海外移転、受注量の減少。脅威の「紫」ラインを引いておく。

[5段落目]　金型対応と技術力強化の強みをすべてチェック。結果として得られたコスト低減ノウハウはどこかで使うことになりそう。

[6段落目]　工業団地に立地しているとこういうメリットがあるのか。勉強になる。わざわざ「リーダー的存在」とある以上、C社の主体的取組みとして書く必要がありそう。

[8段落目]　「インサート成形」は、前年のC社の部門間連携や外注管理と似たような構造だな。新しい取組みとして今後の事業展開に使えそう。

[10段落目]　「各製品の成形加工は、各設備の能力、稼働状況を考慮して」計画、ロットサイズは「段取り時間を考慮して」決める、「製品在庫が過大」。第3問はこのあたりを整理、分析するかな。

〜私が陥ったスランプ〜

　ペンを持つ手に力が入る癖がつき重度の肩凝りに。肩から首、さらには頭痛に吐き気まで。辛かった…。

13段落目　マン・マシン・チャートの分析。図が「一日の作業内容」と「段取り作業」の2つある以上、それぞれの分析が必要になりそう。「一日の作業内容」を1次試験のように組み替えていたら時間が足りなくなりそうだな。とりあえず与件文から分析箇所を絞って解答を編集する方向でいこう。段取り時間の長時間化は明らかな原因として、現場の管理状況が悪そうだから、このあたりの整理が必要になるな。

14段落目　段取り作業時間の短縮が課題か。

15段落目　コンピュータ化とデータベース化の準備か。13段落目の整理がそのまま使えそう。第4問はここか。

【手順4】解答骨子作成（～49分）

第1問　5段落目、6段落目を引用すれば問題なく書ける。イージー問題。

第4問　まずはコンピュータ管理するのであれば識別コードが必要。事前の整備だから、これを維持していくことも必要。定番の5Sでまとめよう。材料の置き場が変わることで困っているようだから、これも併せて解決。……空欄ができる。何か不足している？　とりあえず置き場コードも作るか……。

第2問　問題点は、与件文から段取り作業の長時間化で1つ。図2を見ると待ちが長いな。作業の順番を変えると短縮できそうだけれど、分析に時間がかかりそう……。待ちの間に段取り作業をすれば時間短縮できそうだから、とりあえずこれで骨子を作ろう。

第3問　10段落目から「生産ロットサイズは受注量よりも大きく計画」していることは明らかな問題。改善策はこれに対応して、受注量に基づいた生産計画を立てる、で決まる。図1からは、確定受注情報は毎週金曜日で確定しているのに、生産タイミングはバラバラだな。在庫量もバラつきがあって安定していない。在庫管理が大変そうだから、生産タイミングを中心に構成しよう。

第5問　第3問で時間をかけすぎて時間がない。とりあえず後回しにして解答に進もう。

【手順5】与件文通読（～51分）

解答骨子と与件文の内容、事例テーマ、設問要求とのズレがないかをチェック。

【手順6】解答作成（～80分）

骨子作成順に解答作成。第5問は「付加価値を高めるための今後の戦略」。付加価値を高める？　どうやって？　「立地環境や経営資源を生かして」？　与件文を走り読みしてヒントを探す。工業団地、技術ある中小企業、インサート成形……。なるほど、このあたりを組み合わせて付加価値を高めるのか。時間ギリギリで書き込む。効果が書き切れない。苦し紛れに「顧客の満足を向上する」と殴り書いたところでベルが鳴り終了。解答の最終チェックはできなかったが、最後まで粘り切った。

3．終了時の手ごたえ・感想

時間内で処理しきれる問題じゃなかった。ただ、レイヤー事故はなさそうだし、設問要求には答えただろうから、これ以上気にしても仕方ない。こんなに勉強になる事例は初めてだった。

~私が陥ったスランプ~

2次勉強開始後の約1ヵ月間、事例Ⅰ～Ⅲがどうしても80分以内に解き終えられなかった。

合格者再現答案＊（たっつん 編） ━━━━━━━━━ 事例Ⅲ

第1問（配点20点） 80字

理	由	は	①	金	型	設	計	・	製	作	部	門	を	新	設³	し	、	技	術
力	の	強	化⁴	に	よ	っ	て	生	産	性	を	向	上	し	た	た	め	、	②
工	業	団	地	組	合²	で	技	術	交	流	会	や	共	同	受	注²	等	を	主
体	的	に	行	い	、	企	業	協	力	で	助	け	合	っ	た¹	た	め	。	

【メモ・浮かんだキーワード】 上流対応、工業団地のメリット
【当日の感触等】 与件文から過不足なく引用できれば大丈夫。
【ふぞろい流採点結果】 12/20点

第2問（配点20点） 120字

問	題	点	は	①	段	取	り	作	業	が	非	効	率	で	長	時	間	化³	し
て	い	る	、	②	作	業	の	待	ち	が	長	く³	稼	働	率	が	低	い¹	。
改	善	策	は	、	機	械	稼	働	中	に	次	の	金	型	を	準	備	し	て
お	き	、	加	工	終	了	次	第	、	交	換	し	、	機	械	稼	働	中	に
金	型	の	戻	し	と	次	の	金	型	を	準	備	す	る²	。	こ	れ	ら	に
よ	り	段	取	り	を	効	率	化²	し	、	稼	働	率	を	高	め	る¹	。	

【メモ・浮かんだキーワード】 段取り作業効率化の方法、待ちの短縮
【当日の感触等】 時間内でできる限りの分析、整理はできた。作業工程の組み替えまでは手
　が回らなかったので、ここの配点次第で失点の幅が変わってきそう。
【ふぞろい流採点結果】 12/20点

第3問（配点20点） 120字

問	題	点	は	①	段	取	り	時	間	を	基	準	に	生	産	計	画	を	立
て¹	て	お	り	、	生	産	量	が	過	剰⁴	で	在	庫	も	過	大²	に	な	っ
て	い	る	、	②	週	次	の	生	産	時	期	が	定	ま	っ	て	お	ら	ず
生	産	量	や	在	庫	量	に	バ	ラ	ツ	キ	が	あ	る²	。	改	善	策	は	、
受	注	量	に	基	づ	い	た	生	産	計	画	を	立	て³	、	生	産	量	と
在	庫	量	を	適	正	化¹	し	、	管	理	と	コ	ス	ト	を	省	く¹	。	

【メモ・浮かんだキーワード】 生産計画、定期発注方式、定量発注方式
【当日の感触等】 与件文、図のそれぞれを分析したが、問題点の記述割合が多くなってしまっ
　た。改善策がうまくまとめきれなかったのが不安。
【ふぞろい流採点結果】 14/20点

~私が陥ったスランプ~ ━━━━━━━━━━━━━━━━━
　事例Ⅲがずっと解けなくて心が折れていた。

第4問（配点20点）　120字

整	備	内	容	は	①	金	型	の	自	社	品	と	顧	客	支	給	品	を	仕
分	け	、	社	内	で	の	統	一	し	た	識	別	コ	ー	ド	を	つ	け	る⁶、
②	金	型	や	使	用	材	料	の	5	S	を	徹	底	し²	、	置	き	場	と
管	理	ル	ー	ル	を	定	め	る⁵	。	ま	た	、	置	き	場	コ	ー	ド	を
設	定	す	る	。	こ	れ	ら	に	よ	り	、	生	産	管	理	の	コ	ン	ピ
ュ	ー	タ	化	の	基	礎	を	構	築	す	る²	。							

【メモ・浮かんだキーワード】　5S、資材管理

【当日の感触等】　必要なことは書けたが、残った空欄が気になる。何か解答要素が抜けていないか……。

【ふぞろい流採点結果】　15/20点

第5問（配点20点）　120字

今	後	の	戦	略	は	、	工	業	団	地	内	の	金	属	プ	レ	ス	加	工
等	の	関	連	企	業	と	連	携²	し	、	イ	ン	サ	ー	ト	成	形²	等	の
自	社	の	技	術	と	組	み	合	わ	せ	、	技	術	の	高	度	化	に	よ
っ	て	付	加	価	値	を	向	上³	す	る	。	顧	客	企	業²	の	満	足	を
向	上	す	る	。															

【メモ・浮かんだキーワード】　工業団地のメリット、企業間連携

【当日の感触等】　解答の方向性は間違っていないだろう。「中小企業診断士として」とあったので、1次知識を活用したかったが思いつかなかったのが気になる。助言（提案）とセットで答えるべき「効果」が書けなかったので、点数は半分くらいかな。

【ふぞろい流採点結果】　9/20点

【ふぞろい評価】　62/100点　　　**【実際の得点】**　57/100点

　第5問でどのように顧客の満足を向上させるか書きたかったところです。第4問で効果的に得点することができ、合格点を維持しています。

Column　自分の100％の力を出すために

　私が試験で重視したのは、自分の力を出し切るためにいかに緊張を和らげ、リラックスするかです。私はこんな方法をとりました。①会場の入口付近のチラシ配りの人からチラシを受け取り、応援してもらう。②試験官の人たちと目線を交わしたり、解答用紙が配られたらお辞儀するなどの非言語コミュニケーションをする。③甘い果汁系ジュース500ml、コーヒー 500ml、麦茶500mlの3種類の飲み物を持参し、その時の気分で飲みたいものを飲む。④試験会場には信頼するテキストを全部持っていく（見なくても、持っているだけでいい）。⑤休憩時間はサブノートをチラ見したら、ギリギリまで家族とテレビ通話で雑談する。⑥お昼休みはお気に入りの音楽を聴きながらちょっとだけ会場内を散歩する。荷物は重かったですが、平常心で受けて無事合格できました。あなたは？　　　（なかじー）

事例Ⅲ

そうちゃん 編（勉強方法と解答プロセス：p.16）

1．昼休みの行動と取り組み方針

　アクシデントがありつつも、午前中はなんとか乗り切った。教室を出る妻と目が合ったので、自分も後を追う。廊下で話すなり、「パワーをください（笑）」と冗談めかして言う妻。しかし、その顔は青い。手を握って、「大丈夫や。さっきのは難しかったから、みんな書けへんよ」と元気づける。試験の詳しい内容に関してはお互いに話さないと決めているので、これが精一杯だ。その後、妻の前年の予備校の恩師が昼休みに会場に駆けつけていると聞き、会いに行く。妻が少しは持ち直せばいいが。当日はいい天気で、東京理科大の緑豊かな中庭を散策すると、午後も頑張ろうという気力がみなぎってきた。教室に戻り昼食におにぎりを2個食べ、水を少し飲む。トイレ対策として飲みすぎは注意だ。少し眠ったり、スマホを見たり、なるべくリラックスして午後の開始を待った。

2．80分間のドキュメント

【手順0】開始前（～0分）

　事例Ⅲで気をつけるべきは、切り分けへの対応だ。切り分け方がわかる場合はよい。わからない場合にどう対処するか。過去の合格者の例を見ると、割り切って解答を重複させた例が多い。完全に切り分けに対応できなくとも合格できる。色気を出して完璧な解答を書こうとしないこと。40点捨てても合格できる試験だ。それを再度肝に銘じる。あとは全体を俯瞰で見ること。何を書けばいいかわからなくなったら、常にC社のSWOTや経営課題に立ち戻ろう。そういうことを考えていた。

【手順1】準備（～1分）

　いつもどおりの受験番号の指差し確認。メモ用紙を破る際に一瞬、図表が目に入る。なんだか今回もややこしそうだな。

【手順2】設問解釈と解答の金型作成（～5分）

第1問　業績維持の理由か。ここは強みを聞いてきているんだろうな。解答欄に、「理由は、」と書き込む。あとは与件文を読んでからだな。

第2問　図を見る問題か。まだ今は見ないことにする。解答欄に、「問題点は、」「改善策は、」と書き込む。作業方法に関する問題なので、「マニュアル化！」と書いておく。

第3問　今度は生産計画の話か。そしてまた図を見る問題。第2問と同じく図はまだ見ない。ここも解答欄に、「問題点は、」「改善策は、」と書いておく。

第4問　コンピュータ化を進めるために事前に整備しておくべき「内容」か。内容って漠然としていて捉えづらい言葉だな。なんとなく情報問題っぽい。決め打ちはダメだけれど、まずはその方向であたりをつけておくか。

第5問　今後の戦略が来た。書き出しは「C社は、①立地環境面で○○、②経営資源面で○○する」が書きやすそうなので、それを解答欄に書く。設問文に切り口のヒントがある

ときは非常に書きやすい。同時に、「強み！」「経営課題！」と解答欄に書いておく。

【手順3】与件文読解（〜20分）

3段落目　工業団地の話だな。ここは第5問で使うんだろうな。

5段落目　強みの記述がまとまってある段落だな。ここ超重要。第1問と第5問で使おう。

6段落目　ここも第1問や第5問と関連する部分だな。

8段落目　新しい強みのインサート成形技術の話だな。第5問あたりで使うのだろうか。

10段落目　ここは生産計画の問題点の話だな。図も見て総合的に考える。納品が日次で生産が週次か。このアンバランスさがポイントだな。

11、12、13段落目　ここからは作業方法の話だな。マン・マシン・チャート……だと……？なんとなくは覚えているけれど……。ここは明確に書いてある与件文の問題点をまずは把握することが先決だ！　マン・マシン・チャートの図表はチラ見程度。

14、15段落目　今後の方針とコンピュータ化の説明か。第4問、第5問を書く際にはここを強烈に意識しよう。

【手順4】解答作成（〜75分）

第1問　結局聞かれていることはC社の強みだ。ここは時間をかけずサラッと書く。

第2問　マン・マシン・チャートをどう扱うか。しばらく考えたのちに、作業順の入れ替えには触れないことを決意。この問題では段取り作業の改善が必須だけれど、そのことで短縮できる作業時間が不明確ななか、作業順の入れ替えに言及していいか疑問だ。それに、段取り作業内容の拡大図があるけれど、金型の探索にかなり時間がかかっていることが読み取れ、そこに作問者のメッセージがあると判断したためだ。仮に作業順序の入れ替えが要素として設定してあったとしても、そこを落としただけでは不合格にはならない。40点は捨てていい試験だ。そこで点数を取りに行くより、捨てることで解答のわかりやすさ、伝わりやすさを盤石にする。

第3問　これはいつもどおりの事例Ⅲの問題だな。迷わず一気に書く！

第4問　情報問題と判断。ただ、異様に書きづらい。何を書いてあるのか、わかりやすさを重視し、あまり時間をかけない逃げの姿勢で臨む。

第5問　これも典型的な事例Ⅲの最終問題だな。C社の強み、経営課題、方針を強く意識。立地環境面、経営資源面という切り口の設定で整理して書きやすくなったぞ。

【手順5】解答作成・見直し（〜80分）

　今回も時間的には余裕を持って解答欄を埋められた。受験番号と誤字脱字チェック、読みづらい字の修正を終了時間まで行う。

3．終了時の手ごたえ・感想

　第2問の対応が非常に難しかった。自分のスタンスとしては、よほどの確信が持てない限りは毎年同じことが問われているという前提を崩さないことにしている。その決まり事を守れたことを肯定的に捉えていた。全体としてまずまずの解答を書けたとは思うが、第1問での要素の入れ忘れや、第2問の解答の構成のまずさなど、後味の悪さが残った。

〜合格してから知って驚いたこと〜
合格してからのほうが忙しいこと。

合格者再現答案＊（そうちゃん 編）　　事例Ⅲ

第1問（配点20点）　80字

理	由	は	、	①	金	型	の	設	計	・	製	作	か	ら	成	形	加	工³	ま
で	対	応	で	き	る	体	制	の	構	築²	、	②	資	格	取	得	者	の	養
成	や	Ｏ	Ｊ	Ｔ²	に	よ	る	加	工	技	術	力	の	強	化⁴	等	で	、	③
コ	ス	ト	低	減	の	ノ	ウ	ハ	ウ	蓄	積³	を	行	え	た	た	め	。	

【メモ・浮かんだキーワード】　一貫生産体制、加工技術力、コスト削減のノウハウ
【当日の感触等】　工業団地のことを一切書いていない。気づいたときには後の祭り。
【ふぞろい流採点結果】　14/20点

第2問（配点20点）　120字

問	題	点	は	、	段	取	り	作	業	の	長	時	間	化³	で	の	手	待	ち
時	間	の	発	生³	で	あ	る	。	改	善	策	は	、	①	金	型	の	識	別
コ	ー	ド	が	無	い	事¹	に	対	し	、	識	別	コ	ー	ド	の	設	定¹	、
②	置	場	の	混	乱¹	に	対	し	、	５	Ｓ¹	で	の	置	場	の	定	位	置
化²	、	③	使	用	材	料	の	納	品	位	置	の	不	統	一	に	対	し	、
納	品	方	法	の	標	準	化	、	マ	ニ	ュ	ア	ル	化	等	を	行	う	。

【メモ・浮かんだキーワード】　識別コード設定、５Ｓ、標準化・マニュアル化
【当日の感触等】　問題点を改善策のほうに組み込んでしまい、わかりづらい答案になってしまった。文章の構成はミスしたことがないのに、こういうことをしてしまうのが本試験の怖さだな。
【ふぞろい流採点結果】　12/20点

第3問（配点20点）　120字

問	題	点	は	、	①	日	次	の	納	品	に	対	し	週	次	の	生	産	計
画	立	案¹	、	②	段	取	り	時	間	依	存	や	生	産	効	率	重	視	で
の	生	産	ロ	ッ	ト	サ	イ	ズ	設	定¹	で	あ	る	。	改	善	策	は	、
①	生	産	計	画	立	案	の	日	次	化	等	の	短	サ	イ	ク	ル	化³	、
②	納	品	数	量	基	準	で	の	ロ	ッ	ト	サ	イ	ズ	決	定³	や	、	生
産	の	日	次	化	等	で	の	ロ	ッ	ト	サ	イ	ズ	適	正	化	で	あ	る。

【メモ・浮かんだキーワード】　生産計画立案の短サイクル化、ロットサイズ適正化
【当日の感触等】　ここはしっかり書けた。高得点なはず。高得点であってくれ。
【ふぞろい流採点結果】　8/20点

~合格してから知って驚いたこと~
　一番出来た事例Ⅱの点数が一番悪く、一番出来なかった事例Ⅳの点数が一番良かったこと。

第4問（配点20点）　120字

内	容	は	、	①	金	型	の	、	支	給	品	も	含	め	た	統	一	の	識
別	コ	ー	ド	等	の	識	別	コ	ー	ド	情	報[6]	、	②	ベ	テ	ラ	ン	作
業	者	の	探	索	方	法	や	定	位	置	化	し	た	金	型	の	置	き	場[5]
等	の	金	型	探	索	情	報	、	③	使	用	材	料	の	、	納	品	マ	ニ
ュ	ア	ル	や	納	品	ル	ー	ル[2]	、	納	品	材	料	の	置	き	場[3]	等	の
納	品	関	連	情	報	等	で	あ	る	。									

【メモ・浮かんだキーワード】　特になし

【当日の感触等】　うーん、情報問題と捉えたはいいが、要素は第2問の焼き直しみたいに
　なってしまった。とりあえず、逃げる場合の書き方としては十分かな……。

【ふぞろい流採点結果】　16/20点

第5問（配点20点）　120字

C	社	は	、	イ	ン	サ	ー	ト	成	形[2]	の	活	用	で	高	付	加	価	値
化[3]	を	行	う	。	具	体	的	に	は	、	①	立	地	環	境	面	で	、	近
隣	の	金	属	プ	レ	ス	加	工	の	企	業[1]	等	と	イ	ン	サ	ー	ト	成
形	の	共	同	開	発[2]	を	行	い	、	②	経	営	資	源	面	で	、	金	型
の	設	計	・	製	作	か	ら	成	形	加	工	ま	で	対	応	す	る	体	制[1]
や	加	工	技	術	力	で	工	程	数	短	縮[2]	や	短	納	期	化[2]	を	行	う	。

【メモ・浮かんだキーワード】　インサート成形、高付加価値、共同開発、工程数短縮、短納
　期化

【当日の感触等】　完璧とはいかないまでも、まずまず充実した内容を書けたのではないかな。

【ふぞろい流採点結果】　13/20点

【ふぞろい評価】　63/100点　　　【実際の得点】　56/100点

　第3問では選択したキーワードの得点が低かったため得点が伸びませんでした。第1問で
は立地に関して触れなかったものの、C社の強みについて多くのキーワードを盛り込むこと
で高得点となっています。

Column

2ヵ月半で2次試験対策って無理じゃない？

　2ヵ月半で2次試験対策って無理じゃない？　と、8月の1次試験が終わった夜に2次
試験問題を初めて見た私は思いました。1次試験学習中から、「本丸で厳しいのは2次試
験だから、1次試験学習と並行して学習を進めたほうがよい」とは聞いていました。しかし、
自分はストレート受験生であり、スタートも遅かったので、1次試験対策で手一杯、そん
な余裕はありません。最初は手も足も出ない2次試験も実は聞かれるポイントは毎年似
通っており、しかも知識は1次試験合格者なら頭にはあるので、あとはいかに頭にあるも
のをアウトプットするかということだけ。過去問とふぞろいを使って問題演習を繰り返せ
ば解けるようになります！

（おかじ）

いくみん 編 （勉強方法と解答プロセス：p.18）

1．昼休みの行動と取り組み方針

　不得意な事例Ⅰと大失敗の事例Ⅱを経て、ぐったりと疲れて昼休みを迎える。まずはおにぎりを食べて元気を出そう。予備校の演習で、事例Ⅰと事例Ⅱで失敗したときでも事例Ⅲと事例Ⅳで巻き返して目標点数をクリアしていたことを思い出し、「いつもどおりやれば受かる！」と再度自分に言い聞かせて気持ちを切り替える。さらに気分を上げるために、コンビニでホットカフェオレを買って飲んだ。

　15分くらい仮眠を取ったのちに、ファイナルペーパーを見て事例Ⅲの解答プロセスを確認する。前年は少し構成が異なったものの、もし今回の事例Ⅲが例年と同じ構成であれば、まず第1問でC社の強みや弱みを分析する。最終問題では第1問で指摘した強みを活かし、弱みを解消しながら、環境変化に合わせた戦略でC社の課題解消を助言する。

　あとは、生産管理に関する問題が1問は出題されて、生産管理と生産統制の両面から検討して解答する。また、なんらかの課題や問題点が与えられて、現場のオペレーションのムダ・ムラ・ムリを無くすことが解決策、という設問もきっとあるはずだ。

2．80分間のドキュメント

【手順1】準備（～1分）

　与件文と図を合わせるとボリュームがやや多めなので、解答プロセスのどこかであまり時間をかけすぎると80分ではすべて終えられなくなりそう。図1から、ロットサイズが大きいことと、在庫数量のバラつきが大きいことを読み取る。図2は、予想していたマン・マシン・チャートが出た。作業者と成形機2に待ち時間が多いこと、段取り作業の中身が詳しく書かれていることを確認する。

【手順2】設問解釈（～8分）

第1問　経営環境が厳しいなかでも業績を維持できた理由なので、C社の強みを活かしてなんとかやってこられたという解答になるのだろう。第1問ではこれまで業績を「維持」とあるので、最終問題では今後、同じC社の強みを活かして業績が「向上」するような助言をしよう。

第2問　図2を分析するようにと設問に明確な指示があるので、対応づけに迷わなくて助かる。先ほど確認したとおり、作業者と成形機2の待ち時間が多いのが問題点で、段取り作業の改善を行うことで稼働率向上という方向性だろうか。図2だけで解答作成できてしまいそうだけれど、与件文にも何か情報がないか確認しよう。

第3問　第2問に引き続き、図1を分析するように明確な指示があるので、対応づけに迷わなくて助かる。製品在庫数量の推移を分析するのだから、問題点は在庫水準が適正ではないことにあって、生産計画策定方法を変えることを対応策として助言するのだろう。現在の生産計画策定方法を与件文で探して整理しよう。

第4問　「生産管理」という用語が出てきたら生産統制をセットで想定する。進捗管理、

現品管理、余力管理をコンピュータ化するために必要な情報を与件文から探そう。

第5問　「立地環境や経営資源を生かして」高付加価値化という制約なので、与件文から立地環境と経営資源、あとはC社が提供できる価値と合致するニーズを持っている市場や取引先に関する記述を探して、助言しよう。例年どおり、第1問で指摘した強みを第5問で活用してさらなる業績向上を目指す方向性になるだろう。

【手順3】与件文読解と設問への対応づけ（〜28分）

前年と異なり、与件文と設問が例年どおりの構成であることに安心した。

【C社の概要】が第1問と第5問に対応しているようだ。C社の強みは、第5段落にある一貫生産体制、加工技術力の強化、コスト低減ノウハウということだろう。第5問に限っては第8段落の成形技術も指摘する必要がありそうだ。また、立地環境という点では第7段落の内容を指摘すればよいだろう。

【生産概要】が第2問〜第4問に対応しているようだ。第11段落〜第13段落の前半が図2を含む成形加工課の説明になっているので第2問、第10段落が図1と生産計画の説明になっているので第3問、第13段落後半〜第15段落は現品管理が必要そうなムダ・ムラ・ムリについて書かれているので第4問にそれぞれ対応づけよう。

【手順4】解答作成（〜80分）

第1問　一貫生産体制の構築や技術士などの資格取得者の養成→技術力強化→コスト低減ノウハウの蓄積から、工業団地組合での技術交流会、共同受注や共同開発の実施などの助け合いを全部書きたいけれど、80字になかなか収まらず時間がかかってしまう。

第5問　第1問で指摘した立地環境と経営資源に、最近習得した成形技術を加えて短納期化とコスト削減を実現すれば、十分に高付加価値化といえそうだ。国内需要分の家電製品を国内回帰で生産する顧客企業が増えていることを機会として指摘したい。

第2問　作業者による午後の段取り作業を短縮することが必要だ。午前中の待ち時間に午後の金型を持ってくることと、成形機が動き出した後の待ち時間に材料を片づけることができそう。「製品Aの……」というように具体的に書くか、「外段取り化」というように概念を上げて書くか迷った末に具体的に書くほうを採用した。

第4問　金型と使用材料のそれぞれについて、現品管理がまったくできていないことが第13段落に書いてあるので、現品管理のルールを決めるよう助言する。

第3問　残り8分になってしまった。図1の3,000個のところに色ペンで線を引き、需要に対して在庫過多が発生していることを確認する。第2問や第4問で段取り作業の時間を短縮化するので、ロットサイズは段取り時間ではなく受注量と在庫数量基準で決めるように助言する。

3．終了時の手ごたえ・感想

最後に解答した第3問は時間が足りなくて殴り書きのようになってしまったが、それでも加点要素となるキーワードはひととおり書けたと思う。今回の事例Ⅲは与件文の対応づけに迷う場面もなかったし、みんなも結構できただろうな。

〜2次試験勉強を始める前に戻れるなら〜

1次対策をそこそこにして、早めに2次対策に着手すればよかった。

合格者再現答案＊（いくみん 編）　　　　　事例Ⅲ

第1問（配点20点）　　80字

理	由	は	①	金	型	設	計	・	製	作	部	門	を	持	ち³	技	術	力	を
強	化⁴	し	た	事	で	顧	客	企	業	の	成	形	加	工	品	の	コ	ス	ト
低	減	ノ	ウ	ハ	ウ	を	蓄	積³	し	た	事	②	共	同	受	注	の	実	施²
等	、	工	業	団	地	組	合	内²	で	お	互	い	助	け	合	っ	た¹	事	。

【メモ・浮かんだキーワード】　強み、経営資源（4M＋I）

【当日の感触等】　80字なのに20点も配点があるし、解答要素もわかるから絶対得点したい設問だけれど、書けることがいっぱいありすぎて、取捨選択が難しかった。

【ふぞろい流採点結果】　15/20点

第2問（配点20点）　　120字

問	題	点	は	昼	休	み	後	に	作	業	者²	が	段	取	り	作	業	を	す
る³	間	、	成	形	機	が	待	ち	状	態	に	あ	り³	稼	働	率	が	低	い¹
事	で	あ	る	。	改	善	策	は	①	昼	休	み	前	の	待	ち	時	間	に
作	業	者	が	製	品	B	と	D	の	金	型	と	材	料	を	置	き	場	か
ら	移	動	さ	せ²	②	成	形	機	の	加	工	開	始	後	に	製	品	A	と
C	の	金	型	を	移	動	さ	せ	て	段	取	り	時	間	短	縮	す	る	事²

【メモ・浮かんだキーワード】　内段取りの外段取り化、稼働率向上

【当日の感触等】　方向性は合っているはず。もっと概念を上げて抽象的に書いたほうがよかったのかな。

【ふぞろい流採点結果】　13/20点

第3問（配点20点）　　120字

問	題	点	は	生	産	ロ	ッ	ト	サ	イ	ズ	が	受	注	量	よ	り	大	き
く	計	画⁴	さ	れ	製	品	在	庫	が	過	大²	な	点	で	あ	る	。	改	善
策	は	段	取	り	時	間	を	基	準	と	す	る	の	を	改	め	、	金	曜
日	時	点	の	在	庫	数	量³	と	確	定	納	品	計	画	を	基	に	翌	週
の	生	産	ロ	ッ	ト	サ	イ	ズ	を	決	定³	し	生	産	計	画	を	立	案
す	る	事	で	在	庫	数	量	の	適	正	化¹	を	図	る	。				

【メモ・浮かんだキーワード】　在庫量の適正化、生産計画の精度向上

【当日の感触等】　残り8分で分析して書いたわりには言いたいことを言い切った。時間が足りなくなるドキドキと急いで書いたことで力が入って手が震えた。

【ふぞろい流採点結果】　13/20点

第４問（配点20点）　120字

内	容	は	①	金	型	に	Ｃ	社	内	で	統	一	し	た	識	別	コ	ー	ド
を	決	め[6]	置	き	場	も	決	め[5]	整	頓	を	徹	底	す	る[2]	事	で	誰	で
も	探	せ	る	よ	う	に	す	る	事	②	納	品	さ	れ	る	使	用	材	料
の	納	品	位	置	を	決	め[3]	徹	底	す	る	事	。	結	果	、	各	置	き
場	で	探	す	時	間	を	短	縮	し	段	取	り	作	業	時	間	が	短	縮[2]
さ	れ	ジ	ャ	ス	ト	イ	ン	タ	イ	ム	な	生	産	体	制	を	実	現[1]	。

【メモ・浮かんだキーワード】　現品管理、段取り時間の短縮化、５Ｓ、ＪＩＴ

【当日の感触等】　与件文に書かれている、できていないことをやるように指摘するだけの素直な問題だ。私は最後に効果を入れてみたけれど、他の人は何を入れたのかな。

【ふぞろい流採点結果】　19/20点

第５問（配点20点）　120字

戦	略	は	国	内	需	要	分	の	家	電	生	産	が	国	内	に	戻	る	傾
向	が	あ	る	中	、	イ	ン	サ	ー	ト	成	形[2]	を	中	心	と	し	た	高
度	な	成	形	技	術	と	成	形	加	工	品	の	コ	ス	ト	低	減[2]	ノ	ウ
ハ	ウ	を	活	か	し	、	工	業	団	地	組	合[1]	と	共	同	受	注	や	共
同	開	発[2]	等	の	協	力[1]	を	し	な	が	ら	高	付	加	価	値[3]	な	受	注
を	増	や	す	事	で	、	受	注	量	回	復	と	利	益	率	向	上	す	る	。

【メモ・浮かんだキーワード】　機会に対し強みを生かし、経営課題を解決する

【当日の感触等】　第１問とうまく連動させることができた。第５問も、第１問と同じく書きたいことがいっぱいありすぎて、取捨選択が難しかった。

【ふぞろい流採点結果】　11/20点

【ふぞろい評価】　71/100点　　【実際の得点】　69/100点

　第５問で、解答を１文で構成したために、効果的にキーワードを盛り込むことができず得点が伸びませんでした。しかし、第４問では無駄のない解答で着実に得点を重ね、結果として高得点になりました。

Column

勉強道具の持ち運びに苦労

　診断士受験生には必須の持ち物である勉強道具。筆記用具だけではなく最大７科目の教材（１次試験）を持ち運ばないといけません。予備校のロッカーを使ってなかったので、１次試験直前は毎日肩こりと戦っていました。また、カバンも丈夫なものが求められます。ある意味、受験生時代は、筋トレでした…（笑）。教材を裁断・データ化してタブレット端末などに入れている人もいました。教材はかさばるので、自分に合った対策をおすすめします。

（やまちゃん）

▶事例Ⅳ（財務・会計）

平成30年度 中小企業の診断及び助言に関する実務の事例Ⅳ
（財務・会計）

D社は資本金5,000万円、従業員55名、売上高約15億円の倉庫・輸送および不動産関連のサービス業を営んでおり、ハウスメーカーおよび不動産流通会社、ならびに不動産管理会社およびマンスリーマンション運営会社のサポートを事業内容としている。同社は、顧客企業から受けた要望に応えるための現場における工夫をブラッシュアップし、全社的に共有して一つ一つ事業化を図ってきた。

D社は、主に陸上貨物輸送業を営むE社の引越業務の地域拠点として1990年代半ばに設立されたが、新たなビジネスモデルで採算の改善を図るために、2年前に家具・インテリア商材・オフィス什器等の大型品を二人一組で配送し、開梱・組み立て・設置までを全国で行う配送ネットワークを構築した。

同社は、ハウスメーカーが新築物件と併せて販売するそれらの大型品を一度一カ所に集め、このネットワークにより一括配送するインテリアのトータルサポート事業を開始し、サービスを全国から受注している。その後、E社の子会社F社を吸収合併することにより、インテリアコーディネート、カーテンやブラインドのメンテナンス、インテリア素材調達のサービス業務が事業に加わった。

さらに、同社は、E社から事業を譲り受けることにより不動産管理会社等のサポート事業を承継し、マンスリーマンションのサポート、建物の定期巡回やレンタルコンテナ点検のサービスを提供している。定期巡回や点検サービスは、不動産巡回点検用の報告システムを活用することで同社の拠点がない地域でも受託可能であり、全国の建物を対象とすることができる。

D社は受注した業務について、協力個人事業主等に業務委託を行うとともに、配送ネットワークに加盟した物流業者に梱包、発送等の業務や顧客への受け渡し、代金回収業務等を委託しており、協力個人事業主等の確保・育成および加盟物流業者との緊密な連携とサービス水準の把握・向上がビジネスを展開するうえで重要な要素になっている。

また、D社は顧客企業からの要望に十分対応するために配送ネットワークの強化とともに、協力個人事業主等ならびに自社の支店・営業所の拡大が必要と考えている。同社の事業は労働集約的であることから、昨今の人手不足の状況下で、同社は事業計画に合わせて優秀な人材の採用および社員の教育にも注力する方針である。

D社と同業他社の今年度の財務諸表は以下のとおりである。

~事例Ⅰのポイント・攻略法~

組織論は1次の過去問までチェック。

貸借対照表

（単位：百万円）

	D社	同業他社		D社	同業他社
＜資産の部＞			＜負債の部＞		
流動資産	388	552	流動負債	290	507
現金及び預金	116	250	仕入債務	10	39
売上債権	237	279	短期借入金	35	234
たな卸資産	10	1	未払金	−	43
前払費用	6	16	未払費用	211	87
その他の流動資産	19	6	未払消費税等	19	50
固定資産	115	64	その他の流動負債	15	54
有形固定資産	88	43	固定負債	34	35
建物	19	2	負債合計	324	542
リース資産	−	41	＜純資産の部＞		
土地	66	−	資本金	50	53
その他の有形固定資産	3	−	資本剰余金	114	3
無形固定資産	18	6	利益剰余金	15	18
投資その他の資産	9	15	純資産合計	179	74
資産合計	503	616	負債・純資産合計	503	616

損益計算書

（単位：百万円）

	D社	同業他社
売上高	1,503	1,815
売上原価	1,140	1,635
売上総利益	363	180
販売費及び一般管理費	345	121
営業利益	18	59
営業外収益	2	1
営業外費用	2	5
経常利益	18	55
特別損失	−	1
税引前当期純利益	18	54
法人税等	5	30
当期純利益	13	24

～事例Ⅱのポイント・攻略法～

　ターゲットと要素（使えそうな経営資源）を余白にリストアップし、各問題に割り振り・消し込みする。

第1問 （配点24点）

（設問1）

　D社と同業他社の財務諸表を用いて経営分析を行い、同業他社と比較してD社が優れていると考えられる財務指標を1つ、D社の課題を示すと考えられる財務指標を2つ取り上げ、それぞれについて、名称を(a)欄に、その値を(b)欄に記入せよ。なお、優れていると考えられる指標を①の欄に、課題を示すと考えられる指標を②、③の欄に記入し、(b)欄の値については、小数点第3位を四捨五入し、単位をカッコ内に明記すること。

（設問2）

　D社の財政状態および経営成績について、同業他社と比較してD社が優れている点とD社の課題を50字以内で述べよ。

第2問 （配点31点）

　D社は今年度の初めにF社を吸収合併し、インテリアのトータルサポート事業のサービスを拡充した。今年度の実績から、この吸収合併の効果を評価することになった。以下の設問に答えよ。なお、利益に対する税率は30％である。

（設問1）

　吸収合併によってD社が取得したF社の資産及び負債は次のとおりであった。

（単位：百万円）

流動資産	99	流動負債	128
固定資産	91	固定負債	10
合　計	190	合　　計	138

　今年度の財務諸表をもとに①加重平均資本コスト（WACC）と、②吸収合併により増加した資産に対して要求されるキャッシュフロー（単位：百万円）を求め、その値を(a)欄に、計算過程を(b)欄に記入せよ。なお、株主資本に対する資本コストは8％、負債に対する資本コストは1％とする。また、(a)欄の値については小数点第3位を四捨五入すること。

　旅館内部や周辺の街並みなど、事例企業の様子を視覚的に想像すると楽しく取り組むことができる。

（設問2）

インテリアのトータルサポート事業のうち、吸収合併により拡充されたサービスの営業損益に関する現金収支と非資金費用は次のとおりであった。

（単位：百万円）

収　　益	収　　入	400
費　　用	支　　出	395
	非資金費用	1

企業価値の増減を示すために、吸収合併により増加したキャッシュフロー（単位：百万円）を求め、その値を(a)欄に、計算過程を(b)欄に記入せよ。(a)欄の値については小数点第3位を四捨五入すること。また、吸収合併によるインテリアのトータルサポート事業のサービス拡充が企業価値の向上につながったかについて、（設問1）で求めた値も用いて理由を示して(c)欄に70字以内で述べよ。なお、運転資本の増減は考慮しない。

（設問3）

（設問2）で求めたキャッシュフローが将来にわたって一定率で成長するものとする。その場合、キャッシュフローの現在価値合計が吸収合併により増加した資産の金額に一致するのは、キャッシュフローが毎年度何パーセント成長するときか。キャッシュフローの成長率を(a)欄に、計算過程を(b)欄に記入せよ。なお、(a)欄の成長率については小数点第3位を四捨五入すること。

~事例Ⅱのポイント・攻略法~

経営資源と市場ニーズを組み合わせるパズルのイメージで解く。

第3問 （配点30点）

　D社は営業拠点として、地方別に計3カ所の支店または営業所を中核となる大都市に開設している。広域にビジネスを展開している多くの顧客企業による業務委託の要望に応えるために、D社はこれまで営業拠点がない地方に営業所を1カ所新たに開設する予定である。

　今年度の売上原価と販売費及び一般管理費の内訳は次のとおりである。以下の設問に答えよ。

（単位：百万円）

変動費	売上原価	1,014
	外注費	782
	その他	232
	販売費及び一般管理費	33
	計	1,047
固定費	売上原価	126
	販売費及び一般管理費	312
	支店・営業所個別費	99
	給料及び手当	79
	賃借料	16
	その他	4
	本社費・共通費	213
	計	438

（設問1）

　来年度は外注費が7％上昇すると予測される。また、営業所の開設により売上高が550百万円、固定費が34百万円増加すると予測される。その他の事項に関しては、今年度と同様であるとする。

　予測される以下の数値を求め、その値を(a)欄に、計算過程を(b)欄に記入せよ。

①変動費率（小数点第3位を四捨五入すること）

②営業利益（百万円未満を四捨五入すること）

（設問2）

　D社が新たに営業拠点を開設する際の固定資産への投資規模と費用構造の特徴について、60字以内で説明せよ。

（設問3）

　（設問2）の特徴を有する営業拠点の開設がD社の成長性に及ぼす当面の影響、および営業拠点のさらなる開設と成長性の将来的な見通しについて、60字以内で説明せよ。

第4問（配点15点）

　D社が受注したサポート業務にあたる際に業務委託を行うことについて、同社の事業展開や業績に悪影響を及ぼす可能性があるのはどのような場合か。また、それを防ぐにはどのような方策が考えられるか。70字以内で説明せよ。

事例
Ⅳ

Column

勉強時間の少ないストレート生の時間管理法

　ストレート生は2年目受験生と比べてどうしても2次試験に費やせる時間が少なく、経験の面でも圧倒的に不利です。そのため、日々の勉強の面での時間管理をしっかりと行ったうえで、「ここまでやれば大丈夫！」と思える目標（たとえば、80事例を解く！など）に2次筆記試験当日までに到達できるかどうかがカギを握ります。私は勉強時間管理アプリを使って勉強時間を管理していました。週次で勉強時間を設定して、勉強時間と勉強内容を記録していくとまるでロールプレイングゲームのようにレベルアップした感じがあって、記録することが楽しみになっていました。また、そのアプリのいいところは他の診断士受験生の状況が見れるので、自分の勉強が進んでいないときなど「このままじゃ追いつかない！」と危機感を抱くことができていました。エクセルで自分で自己管理するのもいいですが、なかなかPCを立ち上げるのが億劫と感じたり、自己管理が甘いと感じたりする人にはとても有効だと思います。お試しあれ。　　　　　　　　　　（ゆうちゃん）

80分間のドキュメント　事例Ⅳ

かずま 編（勉強方法と解答プロセス：p.8）

１．休み時間の行動と取り組み方針

　事例Ⅲまでで会心の出来はなかった。模擬試験のときはもう少しできた感覚があったので、落ち込んでいた。ただ、「不合格でも、来年もう一度受験するだけだし、しばらくは気兼ねなく遊ぶことができるぞ」と思うと気分もよくなる。最後にＣＦの計算方法を再確認しながら事例Ⅳの開始を待つ。

２．80分間のドキュメント

【手順０】開始前（～０分）

　事例Ⅳは「満点を取ることができる唯一の科目」という話を聞いたことがある。ただし、自分の場合は勉強不足を認識していたため、65点を目標にする。とにかくわからない問題が出れば、すぐに諦めて次の問題に行くことが重要。また、事例Ⅳは記述問題も大事なので、記述問題にも時間をかけよう。

【手順１】準備（～１分）

　いつもどおり受験番号を記入し、受験票と比較する。これで最後だなと感慨深くなる。

【手順２】与件文読解＆問題確認（～８分）

　与件文を通読するが、Ｄ社の全容の把握ができない……。業種に馴染みがなく、把握が難しい。しかも、経営分析のポイントも見つからない。第5段落、第6段落には今後の記述で使えそうなので下線を引くが、経営分析で使えそうなものではないな。しょうがない。与件文は諦めて、財務諸表から経営分析を行うしかない。

【手順３】経営分析（～15分）

　第1問　Ｐ／ＬとＢ／Ｓの分析を行う。まずは、計算間違いを防止するために、計算に使用しない「同業他社」の列に大きく×印をつける。「Ｄ社の値」を計算しているつもりが、いつの間にか「同業他社」の値を使ってしまったことがあるため、その対策だ。次に、安全性・収益性・効率性の観点で分析していく。まずは安全性。自己資本比率を計算する。この時点で、Ｄ社の安全性が優れていることがわかる。安全性では基本的に自己資本比率を使うことを決めている。続いて収益性。Ｄ社の「販売費及び一般管理費」が高いため、売上高営業利益率が課題になるだろう。最後に効率性。有形固定資産の値が大きいので、有形固定資産回転率が課題になるのだろう。思ったよりも簡単にまとめることができた。ここまでは順調だぞ。

【手順４】第２問以降の計算および答案作成（～70分）

━━ ～試験終了後のテンション～ ━━

　ひゃっふー！　酒だー！　酒をよこせー！（毎日晩酌する人間が直前１ヵ月断酒するとこうなりました）

第2問

（設問1）　WACCの問題。ここは対策を行ってきたところなので問題なく解答できる。ただし、要求CFの計算方法がよくわからないな。ここで悩んで時間を使うのはもったいないので、設問文にある数字で半ば直感的に計算し、次の問題に進む。

（設問2）　増加CFの問題も対策を行ってきた。しかし、「吸収合併」という馴染みのない言葉により不安になる。とりあえず、計算過程をしっかり書くことで、部分点の獲得を狙う。なるべく「一般的な式」を意識して書く。「サービス拡充が企業価値の向上につながったか」という問題。うーん。計算ができず判断ができないが、「サービスを拡充したからには価値向上につながったのだろう」と短絡的に解答を記入してみる。

（設問3）　CFが一定率で成長する場合のCFの現在価値に関する問題か。ここも部分点狙いで、一般的な公式を計算過程に記入しておく。

第3問

（設問1）　第2問が難しく、飛ばした問題もあったため時間は余っている。変動費率と営業利益の計算は基本問題なので、落ち着いて慎重に解答しよう。

（設問2）　費用構造の特徴か。すぐに思いつくのは営業レバレッジだが、何を書けばいいのかよくわからないな。（設問1）で変動費率を計算させているので、そこを記入するのだろうか。うーん。よくわからないな。とりあえず記述問題の空白は絶対にNGなので、抽象的になってしまうものの解答を記入する。

（設問3）　「当面の影響」と「将来的な見通し」か。当面の影響としては（設問1）でも計算したとおり営業利益が増加するため、「成長性が高い」のだろう。しかし、あえて「将来的な見通し」が問われているのでその成長性は鈍化していくのだろうか。この設問もしっくりこないな。

第4問

これは、与件文の第5段落、第6段落をもとに解答できる。あまり事例Ⅳでは馴染みがないタイプの問題である気がしたが、時間は十分にあるのでしっかり記述する。

【手順5】飛ばした問題の再検討（〜80分）

飛ばした第2問を再検討する。うーん。やはりわからない。難しい。とりあえず、途中式だけでも拾おうとするが、しっくりこないままタイムアップ。

3．終了時の手ごたえ・感想

できなかったな……。今回は落ちたな……。せめて記述問題で点数が入っていればと思うが、期待はできないだろう。受験を応援してくれていた人に「手ごたえなし」のメールをする。来年は予備校に通おうか。予備校も自分に合う合わないがあるだろうし、明日から予備校について調べてみるか。大行列で試験会場を後にするなか、事例Ⅳの解答方法について話し合っている人の声が聞こえてくるが、疲れからあまり頭に入ってこない。外に出ると寒く、すっかり秋になったことを実感する。

〜試験終了後のテンション〜
え、みんな余裕そうじゃん！　完全オワタ／（＾o＾）＼

合格者再現答案＊（かずま 編）　事例Ⅳ

第1問（配点24点）

（設問1）

	（a）	（b）
①	自己資本比率[2]	35.59（％）[2]
②	売上高営業利益率[2]	1.20（％）[2]
③	有形固定資産回転率[2]	17.08（回）[2]

（設問2）　　50字

優	れ	て	い	る	点	は	自	己	資		
本	が	多	く[3]	安	全	性	が	高	い[1]	。	
課	題	は	人	件	費	削	減	と	資		
産	活	用	に	よ	る	収	益	性	と		
効	率	性	の	向	上	。					

【メモ・浮かんだキーワード】　安全性、収益性、効率性
【当日の感触等】　（設問2）の字数が少なく、コンパクトに記入するのに苦労した。
【ふぞろい流採点結果】　（設問1）12/12点　　（設問2）4/12点

第2問（配点31点）

（設問1）

	（a）	（b）
①	3.30[2]　　％	WACC＝負債／総資本×負債コスト×（1－税率） ＋自己資本／総資本×株主資本コスト ＝324[1]／503×1[1]×（1－0.3[1]）＋179／503×8＝3.297≒3.30
②	52　百万円	要求されるCF＝取得した資産－取得した負債 ＝190－138＝52

（設問2）　　　　（c）70字

（a）	4.50　百万円	（b）	増加したキャッシュフロー＝（収入－支出）× 税率＋非現金支出 ＝（400－395）×0.7[2]＋1＝4.5

（c）	要	求	キ	ャ	ッ	シ	ュ	フ	ロ	ー	よ	り	増	加	キ	ャ	ッ	シ	ュ	フ
	ロ	ー	が	大	き	い	の	で[1]	、	企	業	価	値	の	向	上	に	繋	が	っ
	た	。														

（設問3）

（a）		（b）	成長率をgとした際に下記の式を満たせばよい。 **要求されるCF＝増加したキャッシュフロー／** **（WACC－g）**[1]

【メモ・浮かんだキーワード】　企業価値の向上
【当日の感触等】　まったくできなかった。3割程度しか取れていない気がする。
【ふぞろい流採点結果】　（設問1）5/10点　　（設問2）3/15点　　（設問3）1/6点

～試験終了後のテンション～

事例Ⅳが難しく感じたため、不安な気持ちを抱えつつも他の人もできてないだろうと言い聞かせた。

第3問（配点30点）

（設問1）

	（a）	（b）
①	73.30[4]　　％	変動費＝{782（外注費）×1.07＋232（その他）＋33（販管費）} ×2053／1503＝1504.91 売上高＝1503＋550＝2053 **変動費率＝変動費／売上高**[1]＝1504.91／2053＝0.7330
②	76[4]　百万円	固定費＝438＋34＝472[1] **営業利益＝売上高－変動費－固定費**[1] ＝2053－1504.91－472＝76.09

（設問2）　　　　　60字

固	定	資	産	へ	の	**投**	**資**	**規**	**模**	**は**	**小**	**さ**	**く**[5]	、	安	定	性	の	高
い	費	用	構	造	で	あ	る	。											

（設問3）　　　　　60字

営	業	店	の	さ	ら	な	る	開	設	に	よ	り	**成**	**長**	**性**	**は**	**増**	**加**[3]	す
る	が	、	開	設	数	が	多	く	な	る	と	**成**	**長**	**性**	**は**	**鈍**	**化**[3]	す	る。

【メモ・浮かんだキーワード】　営業レバレッジ、損益分岐点

【当日の感触等】　計算問題は検算も行ったが、それでも計算間違いが不安。また、記述問題の自信がない。

【ふぞろい流採点結果】　（設問1）10/10点　　（設問2）5/10点　　（設問3）6/10点

第4問（配点15点）　　70字

悪	影	響	を	及	ぼ	す	の	は	**業**	**務**	**委**	**託**	**先**	**の**	**品**	**質**	**確**	**保**	が
で	き	な	い[4]	場	合	。	防	ぐ	方	策	は	**人**	**材**	**採**	**用**	・	**教**	**育**	**の**
強	**化**[4]	、	**加**	**盟**	**物**	**流**	**業**	**者**	**と**	**の**	**緊**	**密**	**な**	**連**	**携**[3]	と	サ	ー	ビ
ス	水	準	の	把	握	・	向	上	。										

【メモ・浮かんだキーワード】　人材確保、採用、教育、連携強化、外部管理

【当日の感触等】　与件文を用いて的確に解答できたはず。ここで7割程度は得点しておきたい。

【ふぞろい流採点結果】　11/15点

【ふぞろい評価】　57/100点　　【実際の得点】　47/100点

　　第2問のCFの解釈ができず大きく失点しましたが、第3問の（設問2、3）では文字数は少ないもののポイントを押さえた解答ができました。また第4問も与件文を活用し合格レベルの答案が書けるなど、主に記述問題の粘りにより大崩れを防ぐことができました。

~試験終了後のテンション~

しばらく立てず。電車に乗るころにはやり切った充実感！

かわとも 編（勉強方法と解答プロセス：p.10）

1．休み時間の行動と取り組み方針

　おにぎり1個で再び糖分補給し、外に出てストレッチ。少し日が傾いている。長かった勉強生活も、いよいよあと1事例で終わる。よくがんばった、自分。家族にも負担をかけた。勉強漬けの日々を振り返り、しばし感慨にふける。事例ⅠからⅢまではおそらく大差はついていないだろうから、この事例Ⅳが合否を分けるだろう。落ち着いて実力を発揮すれば大丈夫と自分を励まし、部屋に戻ってまとめノートの最終チェック。

2．80分間のドキュメント

【手順0】開始前（〜0分）

　事例Ⅳは、数字の単位、計算ミス、タイムマネジメントに気をつけようと、しっかり心に刻む。

【手順1】準備（〜1分）

　受験番号を記入し、問題用紙のホッチキスを外す。解答用紙に目を通し、設問ごとの配点を確認。記述が多いようだ。

【手順2】与件文読解＆問題確認（〜8分）

　設問文にざっと目を通し、各設問の出題分野、時間配分、解答の優先順位付けを判断し、メモ用紙にメモする。時間配分は、配点÷2を目安に決めていく。第1問は経営分析で15分。第2問は……えっ、何これ？　合併？　やばい、連結会計はしっかり押さえていないと心がざわつく。第3問はCVP分析で20分。第4問は記述で10分。再び第2問を眺め「企業価値」とメモ。解く順番は、第1問→第3問→第4問→第2問と決めた。正体のわからない第2問が不安だ。不思議と部屋全体から声にならない動揺が伝わってくるのが感じられた。今回の事例Ⅳは大荒れの予感だ。

【手順3】経営分析（〜20分）

　第1問　まずは与件文を通読し、経営指標に関係ありそうなワードをマークする。D社の事業内容は多岐にわたり、しかもE社、F社も登場し、理解が難しい。「現場における工夫」ということは売上総利益率が高いかも？　「配送ネットワークの強化」は有形固定資産回転率に影響かな？　「労働集約的」ということは、販管費率が高いのかも。財務諸表の分析の前に、ミスしないように単位にマーカー、D社を赤ペンで囲む。収益性・効率性・安全性と分析していくと、アタリをつけた経営指標に合致し一安心。ここは手堅く得点ゲット。

【手順4】第2問以降の計算および答案作成（〜75分）

　第3問（設問1）　まずは変動費率を計算しよう。売上高上昇による全体の変動費上昇と、外注費上昇を両方考慮しなくてはならない。……あれ？　すごく計算が複雑になるけれど

~試験終了後のテンション~
　やり切った後の漫画のような頭からシューっと煙が噴出する感じで、高揚感がなかなか冷めず。

大丈夫かな？　急に焦り始める。10分ほど試行錯誤したが、解法に自信が持てずいったん保留。

第4問　業務委託のリスクと、それを防ぐ方策か。1つ目は与件文にもあったサービス品質について。2つ目は個人情報保護についてとしよう。ほかの問題が難しそうなので、ここで時間は使えない。5分程度で片づけ、また第3問に戻る。

第3問

（設問1）　さっき保留にした解法で解き進めてよいかどうか今一度考えるが、やはりこれしかないと思い、計算に着手。部分点狙いで丁寧に計算プロセスを書いたら、文字がすごく小さくなってしまった。少しでも点数が取れますように。

（設問2）　この設問要求、何が求められているのかよくわからない。しかも（設問3）と紐づいているとは恐ろしい。固定費率が低いから、固定資産への投資規模は少ないはず。「費用構造の特徴」というワードから、営業レバレッジが思いつくけれど……。当たり前の事実しか書けず不安になるが、時間がないので次に進もう。

第2問

（設問1）　いよいよ吸収合併がらみの問題。「吸収合併により増加した資産に対して要求されるキャッシュフロー」って……何？　一瞬フリーズする。ふと、斜め後ろの席の人が問題用紙を手に固まっている様子に気づき「ああ、みんな大変だよね」と思う。我に返って、石にかじりついてもやり切るんだ、絶対に諦めないんだと気合を入れ、さあやるぞ！ＷＡＣＣも要求ＣＦも、合併を意識せず普通に解く。前年の事例Ⅳでは、連結無視しても部分点は入ったはず。頭の中が「？」でいっぱいになりながらも、なんとか解き進める。

（設問2）　これも吸収合併を意識せず普通にＣＦを計算するが、計算が単純すぎて不安になる。記述は計算結果に基づいて書くしかないが、そもそも計算が合っているか不安だ。

（設問3）　これはまったくわからない。定率成長モデル？　成長率が分子に来たはず。わからないながらも、手探りでそれらしき計算式を書いていく。

【手順5】検算と見直し（～80分）

　5分ほど残り時間があったので、第3問の検算と記述の見直しを行う。残り1分、営業レバレッジを意識して「変動費率が高い」というワードをぶち込んだ。

3．終了時の手ごたえ・感想

　（設問2、3）に自信がなく、かなり動揺していたが、経営分析と記述で手堅く点数を稼ぎつつ、最後まで必死で喰らいついて解答欄を全部埋めることができた。きっとほかの皆の出来も悪いだろうし、合格か不合格かは五分五分といったところだ。とりあえず、全部終わった～！　帰りの電車で再現答案を作ったら、今夜は飲むぞ～！

~試験終了後のテンション~

　落ちたと思って落胆。ただ、結構な差で落ちたと思ったので清々しい気持ちもあった。

事例
Ⅳ

合格者再現答案＊（かわとも 編） — 事例Ⅳ

第1問（配点24点）

（設問1）

	（ａ）	（ｂ）
①	自己資本比率[2]	35.59（％）[2]
②	売上高営業利益率[2]	1.20（％）[2]
③	有形固定資産回転率[2]	17.08（回）[2]

（設問2） 50字

顧	客	要	望	へ	の	工	夫	で	内
部	留	保	が	多	い[2]	が	、	営	業
施	設	の	土	地	・	建	物	が	多
く[3]	労	働	集	約	的[1]	で	、	効	率
性[1]	・	収	益	性	が	低	い[1]	。	

【メモ・浮かんだキーワード】 顧客要望に対応、土地・建物が多い、販管費が高い

【当日の感触等】 与件文の根拠と経営指標が一致し、会心の出来。

【ふぞろい流採点結果】 （設問1）12/12点 （設問2）8/12点

第2問（配点31点）

（設問1）

	（ａ）	（ｂ）
①	3.30[2] ％	$324[1]／503×1\%[1]×(1-0.3[1])＋179／503×8\%＝$ 1658.8／503％＝3.2978…％≒3.30％
②	6.27[2] 百万円	要求キャッシュフロー＝増加資産×ＷＡＣＣ $190[2]×3.30\%[1]＝6.27百万円$

（設問2） （ｃ）70字

（ａ）	3.8[5] 百万円	（ｂ）	（収入－支出－非現金費用）×（1-0.3） ＋非現金費用＝増加ＣＦ $(400-395-1[3])×0.7[2]+1＝3.8百万円$
（ｃ）	吸 収 合 併 に よ る 増 加 資 産 に 対 す る 要 求 Ｃ Ｆ は 6. 27 百 万 円[1] だ が 、 実 際 の 増 加 Ｃ Ｆ は 3. 8 百 万 円[1] と 少 な い 為 、 サ ー ビ ス 拡 充 は 企 業 価 値 向 上 に つ な が ら な か っ た[3] 。		

（設問3）

（ａ）	5.3 ％	（ｂ）	成長率をｘ％とおくと $3.8[1]÷(3.30\%[1]-x\%)＝190[1]$ x＝5.3％

【メモ・浮かんだキーワード】 企業価値

【当日の感触等】 設問が何を問うているのかわからない。部分点狙いでとりあえず埋めきった。

【ふぞろい流採点結果】 （設問1）10/10点 （設問2）15/15点 （設問3）3/6点

第3問（配点30点）

（設問1）

	（a）	（b）
①	71.51　　％	来年の売上高：1503＋550＝2053 今年の変動費率：1047÷1503＝0.6966… 来年の変動費：2053×0.6966…＝1430.13… 外注費の増分：782×0.6966…×0.07＝38.13… 変動費：1430.13…＋38.13…≒1468 **変動費率：1468÷2053[1]≒71.51%**
②	113　百万円	**売上高－変動費－固定費[1]** ＝2053－1468－（438＋34）＝113

（設問2）　　　　　　60字

固	定	資	産	へ	の	**投**	**資**	**規**	**模**	**は**	**少**	**な**	**い**[5]	。	費	用	構	造	は
34	百	万	円	の	増	加	と	少	な	い	固	定	費	で	営	業	拠	点	を
開	設	で	き	、	**変**	**動**	**費**	**率**	**が**	**高**	**い**[4]	。							

（設問3）　　　　　　60字

当	面	の	影	響	は	**営**	**業**	**利**	**益**	**が**	11	3	百	万	円	**増**	**加**	**す**	**る**[3]。
今	後	は	営	業	拠	点	の	**更**	**な**	**る**	**開**	**設**[3]	に	よ	り	少	な	い	投
資	で	売	上	増	加	に	よ	る	**成**	**長**[1]	が	見	込	め	る	。			

【メモ・浮かんだキーワード】　営業レバレッジ、賃貸借による固定費低減

【当日の感触等】　変動費率計算がものすごく不安。記述も設問要求がわかりにくいし、自信がない。

【ふぞろい流採点結果】　（設問1）2/10点　　　（設問2）9/10点　　　（設問3）7/10点

第4問（配点15点）　　　70字

①	委	託	先	の	サ	ー	ビ	ス	水	準	が	低	い[4]	場	合	②	顧	客	情
報	が	流	出	す	る[3]	場	合	に	悪	影	響	の	可	能	性	が	あ	る	。
防	止	策	は	①	研	修	や	定	期	的	見	回	り	を	実	施	し[4]	②	秘
密	保	持	契	約	を	結	ぶ[2]	。											

【メモ・浮かんだキーワード】　サービス水準維持、情報管理

【当日の感触等】　与件文からサービス水準、1次知識から情報漏洩リスクの両方を盛り込めた。

【ふぞろい流採点結果】　13/15点

【ふぞろい評価】　79/100点　　　【実際の得点】　72/100点

　　第3問（設問1）での計算間違いで失点しましたが、他の問題は満遍なく得点できました。特に第3問（設問2、3）や第4問といった記述問題で合格ラインを上回る優れた答案が書けたことで高得点につながりました。

もってぃ 編（勉強方法と解答プロセス：p.12）

1．休み時間の行動と取り組み方針

　ブドウ糖を口に含み、事例ⅠからⅢの出来栄えを考える。上等とはいかないまでもサンドバッグ状態にもなっていない。いけるかもしれない。勉強時間は決して多いとはいえないけれど、頑張ってきた。事例Ⅳで計算問題をミスなくできれば……。わからない問題があれば飛ばして、わかる問題から解くようにしよう。

2．80分間のドキュメント

【手順0】開始前（〜0分）

　過去問で解いてきた計算式を思い返しながらファイナルペーパーを確認して、事例Ⅳの頭に切り替える。電卓のチェックをして、問題がないことを確認。

【手順1】与件文確認（〜15分）

　事例Ⅳでは設問は確認せずに与件文を確認する。D社はE社の地域拠点か、子会社かな。F社？　事業を譲り受けて？　D社がやっていることが全然わからない。とりあえず、業務内容をマーキングしよう。あとは協力個人事業主、加盟物流業者をマーキング。頭が整理できていないけれど、問題に移ろう。すごく嫌な予感がする。

【手順2】キーワード抽出＆解答作成（〜75分）

第1問　経営分析の問題か。これはいつもどおり、安全性、収益性、効率性の計算を主な項目すべて行っていく。与件文から答えを推測して……、といった技は使えないため、数値を洗い出して、比較、与件文と照らし合わせて解答を導く。計算終了。安全性は自己資本比率が高いな、負債比率も低い。自己資本比率のほうがよさそうだが、解答フレーズが思いつかない。仕方ない、負債比率にしよう。収益性は販管費が高い、解答はこれだな。あれ？　販管費って正式にはどう書くんだっけ？　ここでも仕方なしに売上高営業利益率に変更して、書き込む。効率性は有形固定資産回転率で決定。ここは迷わずに済んだ。（設問2）の記述に少し手間取るもなんとか埋めることができた。

第2問　加重平均資本コスト⁉　カバー範囲外もいいところ！　問題集でも1、2問くらいしかなかったところだったのに……。まさか出題されるとは……。まずい、これは迷って時間が無くなるパターンだ。ひとまず飛ばそう。

第3問　変動費率の計算か、落ち着いて計算しよう。外注費が7％上昇、売上高、固定費増加。このあたりを計算のときに忘れずにしよう。なんだか計算が変な気がするけれど、営業利益の計算に移ろう。冷静に計算して、難なく計算終了。第2問を飛ばして正解だった。（設問2）は記述か。第2問が白紙提出になる可能性も視野に入れて、ここはしっかりと書こう。固定資産への投資規模と、費用構造の特徴か。うう〜ん、よくわからん。よく考えよう、（設問2）なのだから（設問1）と関係あるはず、そうか、固定資産の投資

に対して、売上高が良くなっているから、投資効率が良いことを書けばいいのか。しかし、それだけだと、文字数が足らない。何か違うキーワード、フレーズが必要だけれども……。営業レバレッジって書いておこう。

　続いて（設問3）。営業拠点の開設がD社の成長性に及ぼす当面の影響？　さらなる開設と成長性？　なるほど、わからん。これは、どう書けばいいのだろうか。

第4問　業務委託を行うことについての注意点？　防ぐ方策？　事例Ⅲみたいな解答をすればいいのかな？　というよりも時間が全然足らない。思ったとおりに書くしかない。白紙より10倍ましだろう。

第2問　ひととおり書くことができたから、第2問をやろう。少し落ち着いたから、WACCは計算できるはず。書き進めると意外にできるものだ。小数点だけ気をつけて、なんとか記入できた。CFも適当に解答。（設問2）に移るものの、ここからがまったくわからない。しかも残り時間が15分しかない。考えてもわからないのだから、閃いたことを書くしかない。白紙はNGだ。書いてある数字を掛けて、足して終了。本当にこんなのでいいのだろうか。絶対だめだろうな。半ば諦めつつも、記述に移る。企業価値向上につながったかどうか？　計算結果が合っているとは思えないのにわかるわけない。と思いつつも、とりあえず二択、向上したか、していないか。……向上したことにしとこう。それっぽく数字を書いて終わらせる。

　（設問3）を読んでいく。どう考えてもわからない。白紙はNGだけれども……。手も足も出ず、泣く泣く白紙解答に……。

【手順3】見直し、文章修正（〜80分）

　見直す時間もないことは第2問を見たときに予想していたので、随時見直しを行っていてよかった。誤字脱字だけしっかりと確認して、終了。

3．終了時の手ごたえ・感想

　まさか事例Ⅳでここまでつまずくとは思わなかった。事例Ⅰ〜Ⅲで60点あったとしても事例Ⅳは足切りになるかもしれない。また1年間勉強しなければならないか。いや、今回は難しく感じたということは周りも同じ気持ちだったに違いない。わからない問題を切り捨てて、記述を書いたことは正解だったかもしれない。そこまで書けなかった人もいるかもしれない。と思うも、帰路は気持ちがすごく重たかった。

〜家族の協力を得る方法〜
　日頃から愛情を注ぐことと、家族への決意表明。

合格者再現答案＊（もってぃ 編）　　事例Ⅳ

第1問（配点24点）

（設問1）

	（a）	（b）
①	負債比率[2]	181.0（％）
②	売上高営業利益率[2]	1.20（％）[2]
③	有形固定資産回転率[2]	17.08（回）[2]

（設問2）　　50字

内	部	留	保	が	多	く[2]	、	負	債
が	少	な	い	た	め	安	全	性	が
高	い[1]	。	人	件	費	が	高	く	、
土	地	の	有	効	利	用	が	で	き
ず[2]	、	低	収	益	・	低	効	率[1]	。

【メモ・浮かんだキーワード】　収益性・効率性・安全性
【当日の感触等】　負債比率は解答として微妙か。②は販管費にしたほうがよかったかも。
【ふぞろい流採点結果】　（設問1）10/12点　　（設問2）6/12点

第2問（配点31点）

（設問1）

	（a）	（b）
①	3.30[2] ％	$1\%^{[1]}×(1-0.3^{[1]})×324^{[1]}／503+8\%×179／503$ $=3.297≒3.30$
②	6.27[2] 百万円	$CF=190^{[2]}×0.033^{[1]}$ $=6.27$

（設問2）　　　　（c）70字

（a）	4.5 百万円	（b）	$(400-395)×(1-0.3^{[2]})+1$ $=4.5$

（c）	企	業	価	値	向	上	に	つ	な	が	っ	た	。	吸	収	合	併	で	W	A
	C	C	が	3.	30	％	か	ら	2.	74	％	に	低	下	し	、	F	C	F	が
	増	加	し	た	た	め[1]	。													

（設問3）

（a）		（b）	

【メモ・浮かんだキーワード】　ＷＡＣＣ、企業価値、フリーキャッシュフロー
【当日の感触等】　完全にカバー外の設問。後回しにして、わかるところだけ書こう。
【ふぞろい流採点結果】　（設問1）10/10点　　（設問2）3/15点　　（設問3）0/6点

〜家族の協力を得る方法〜
やりたいことをきちんと伝える。負担をかけていることは間違いないので、困っていることがないかよく聞く。

第3問（配点30点）

（設問1）

	（a）	（b）
①	73.30[4]　　％	$(782 \times 1.07 + 232 + 33) / 1503^1 \times 100$ $= 73.30$
②	76[4]　百万円	売上高　2053、変動費1505、**固定費**　$438 + 34 = 472^1$ **営業利益** $= 2053 - 1505 - 472^1 = 76.151$

（設問2）　　　　　　60字

営	業	所	の	開	設	に	あ	た	り	、	固	定	資	産	の	投	資	規	模
に	対	し	、	売	上	高	の	向	上	が	良	い[5]	た	め	、	営	業	レ	バ
レ	ッ	ジ	が	低	い[4]	特	徴	が	あ	る	。								

（設問3）　　　　　　60字

さ	ら	な	る	営	業	拠	点	の	開	設	で	売	上	と	利	益	は	増	加[3]
す	る	。	固	定	費	が	増	加	す	る	た	め	に	将	来	的	な	成	長
は	徐	々	に	低	下[3]	す	る	。											

【メモ・浮かんだキーワード】　営業レバレッジ

【当日の感触等】　第2問のハプニングの影響を受けずに埋めることができた。

【ふぞろい流採点結果】　（設問1）10/10点　　　（設問2）9/10点　　　（設問3）6/10点

第4問（配点15点）　70字

悪	影	響	を	及	ぼ	す	可	能	性	は	①	加	盟	店	物	流	業	者	と
の	連	携	不	足[2]	②	サ	ー	ビ	ス	水	準	の	低	下[4]	。	方	策	は	①
業	者	へ	訪	ね	る	回	数	を	増	や	し	、	管	理	す	る[4]	②	サ	ー
ビ	ス	向	上	を	図	る	。												

【メモ・浮かんだキーワード】　事例Ⅲ？　運営管理のことを書くしかない。

【当日の感触等】　まるで手ごたえがない。与件文も深く読めなかった。

【ふぞろい流採点結果】　10/15点

【ふぞろい評価】　64/100点　　　【実際の得点】　61/100点

　難問の第2問（設問2、3）は失点したものの、わからない問題を後回しにするといった効果的なタイムマネジメントも功を奏して、その他の問題で満遍なく稼ぐことができました。結果的に合格ラインを確保しています。

事例Ⅳ

たっつん 編（勉強方法と解答プロセス：p.14）

1．休み時間の行動と取り組み方針

　トイレに行き、外の風にあたり、ファイナルペーパーを見てこれまでの学習を振り返る。原価計算、ＥＯＱ、ＣＶＰ、投資評価、企業価値、オプション、期待値……。あいまいな論点が多く、使いこなせるケースは決して多くないけれど、Ｄ社社長に数字を使ってきちんと説明できれば大丈夫。席に戻りキャラメルを２つ食べ、最後の合図を待つ。

2．80分間のドキュメント

【手順1】準備（～1分）

　受験番号を記入する。問題用紙のホッチキスを外す。メモ用紙を作る。いつもどおり。

【手順2】問題確認（～3分）

第1問　経営分析、いつもどおり。時間配分と正確な計算を心掛けるよう。

第2問　吸収合併？　企業価値？　いつもと違う。時間がかかりそう。

第3問　ＣＶＰ、いつもどおり。記述問題が２問。ここは落とせないので、前後の設問がどこまで関連しているか把握してから解くべきかな。

第4問　記述問題、ここは与件文を読んでから判断かな。

【手順3】与件文読解（～8分）

1段落目　倉庫、不動産関連。明るくない業種。取引先が多いな。「現場における工夫」「全社的に共有して一つ一つ事業化」を強みとしてチェック。

2段落目　引越業務の地域拠点？　引越業者が配送するんじゃないの？　家具の配送、組み立てはイメージがつく。「全国で行う配送ネットワーク」を強みとしてチェック。

3段落目　ネットワークを活用して、全国から受注。全国対応がテーマ？　出た、吸収合併。どう影響するかわからないけれど良いほうに作用しそう。機会としてチェック。

4段落目　マンションサポート？　建物・設備点検かな？　「報告システム」「全国の建物を対象」を強みとしてチェック。

5段落目　協力個人事業主、業務委託、加盟物流業者。「確保・育成」「緊密な連携とサービス水準の把握・向上」「重要な要素」にすべて制約条件としてチェック。これは第４問で引用する箇所かな。

6段落目　配送ネットワークの強化、協力個人事業主と自社支店の拡大が必要。強みをさらに拡大していく方向性か。「昨今の人手不足」に脅威として、「優秀な人材の採用」「社員の教育にも注力」に制約条件としてチェックする。

【手順4】計算および答案作成（～80分）

第1問（設問1）　優れている指標１つ、課題指標２つ。いつもどおり。収益性、効率性、安全性の３つで確認しよう。与件文から読み取れるヒントはなかった。財務諸表を見る。販管費が大きい。全国ネットワークで業務委託が多いから管理コストが膨らんでいるの

か。販管費率のほうが直接的に指摘できるが、慣れない指標で計算ミスをしたらもったいないので、収益性は営業利益率でいこう。有形固定資産も2倍近くある。これも全国ネットワークの影響と考えれば説明がつく。効率性は有形固定資産回転率でいこう。安全性は……純資産が大きく、自己資本比率が高い。でも資本剰余金が大きいのがその理由。どう説明するか。とりあえず安全性の指標は自己資本比率で仮置きして次に進もう。

（設問2）　資本剰余金に関連する説明がわからない……。字数も少ないし、一般的だけれど資本構造の安定性を指摘しておいて、収益性、効率性でD社らしい解答に編集しよう。

第2問　とりあえず、論点、解法がわかりそうか、どれくらい時間がかかりそうかだけでもざっと見ておこう。

（設問1）　WACCはいつものとおり。これは解けそう。要求CF。ファイナルペーパーでも確認した解法だが、1次試験で数問解いたことがあるだけ。しかも何度もミスったので自信はないが、やれなくはなさそう。

（設問2）　うーん、何が問われているのかわからない。400から395引くだけじゃないのか。記述が埋められる時間確保を意識しつつ、後回しかな。

（設問3）　定率成長。確かWACCから成長率を差し引いたうえでCFを割り戻すはず。CFにも成長率を考慮する場合としない場合があったな。どう使い分けるのかわからない。これも後回し。

第4問　サポート事業の業務委託について聞かれているが、財務上／財務以外の制約がない。5段落目、6段落目から引用、編集すれば大崩れはないかな。

第3問（設問1）　第1問で慎重になりすぎて時間がない。変動費率、営業利益の計算はいつもどおり。外注費、売上高、固定費の変更を反映して、計算ミスがないように見直し。

（設問2）　（設問1）の計算結果だと営業所開設で利益が大幅に伸びているが正しいかわからない。与件文に「労働集約的事業」とあったな。外注で変動費の影響もあるだろうし、とりあえず書いておこう。解答が矛盾してすっきりしないがこれ以上時間をかけられない。

（設問3）　当面の影響と成長性か。与件文を踏まえて構成しよう。ここは編集力で勝負。

第2問（設問1）　ようやく戻ってきた。ここはイメージどおりの解法でクリア。

（設問2）　増加CFがやはりわからない。もう時間もないので（a）（b）欄は400－395でこれをもとに（c）欄を考えよう。

（設問3）　間違った数字がもとになるが仕方ない。計算方法の記述で1点でも取りにいこう。

3．終了時の手ごたえ・感想

事業の全体像がよくわからなかった。全国ネットワークの展開を進めるべきなのか留めるべきなのか、第3問の矛盾がひっかかる。ただ、やれることはやった。記述も書き切り、前年と似たような感覚で終えられたので、60点以上は押さえられたはず。できることはやった。だめだったらまた来年受ければいい。

「俺は大学生、今日の試験は終わった！」

~2次試験後、魔の1ヵ月の過ごし方~

受験中にできなかったことをやりつつ、予備校の模範解答や解説を何度も見直し、自分自身の解答との共通点を見つけては一喜一憂。

合格者再現答案＊（たっつん 編） ━━━━━━━━ 事例Ⅳ

第1問 （配点24点）

（設問1）

	（a）	（b）
①	自己資本比率[2]	35.59（％）[2]
②	売上高営業利益率[2]	1.20（％）[2]
③	有形固定資産回転率[2]	17.08（回）[2]

（設問2）　　50字

自	己	資	本	が	多	く[1]	資	本	構
造	が	安	定[1]	し	て	い	る	一	方
で	、	委	託	中	心[1]	で	営	業	所
等	の	展	開	も	あ	り	、	収	益
性	と	効	率	性	が	低	い[1]	。	

【メモ・浮かんだキーワード】　収益性、効率性、安全性、資本構造

【当日の感触等】　選んだ指標で差が出るとしても②の販管費率くらいか。大した差は出ないだろう。

【ふぞろい流採点結果】　（設問1）12/12点　　（設問2）4/12点

第2問 （配点31点）

（設問1）

	（a）	（b）
①	3.30[2]　　　　％	$\{(324^{1} \times 0.01^{1}) \times 0.7^{1} + (179 \times 0.08)\} / 503 \times 100 = 3.297\cdots$
②	6.27[2]　百万円	$x / 0.033^{1} = 190^{2},$　　$x = 6.27$

（設問2）　　　　（c）70字

（a）	5　百万円	（b）	$400 - 395 = 5$

（c）	増加ＣＦ5百万円は要求ＣＦである6.27百万円[1]に届いていない。このことから、合併によるサービス拡充は、企業価値の向上につながらなかった[3]といえる。

（設問3）

（a）		（b）	$5 / (0.033^{1} - x^{1}) = 190^{1}$

【メモ・浮かんだキーワード】　企業価値計算、定率成長

【当日の感触等】　埋められるところを埋める。わからなくても埋める。仮定してでも埋める。

【ふぞろい流採点結果】　（設問1）10/10点　　（設問2）4/15点　　（設問3）3/6点

第3問 （配点30点）
（設問1）

	（a）	（b）
①	53.66　%	1,503＋550＝2,053 **1,047＋（782×0.07）＝1,101.74**[1] 1,101.74／2,053×100＝53.664…
②	479　百万円	1,503＋550＝2,053 1,047＋（782×0.07）＋**438＋34**[1]＝1573.74 2,053－1573.74＝479.26

（設問2）　　　　　　60字

売	上	の	増	加	に	対	し	て	変	動	費	で	あ	る	外	注	費	、	固
定	**費**	**の**	**増**	**加**	**が**	**少**	**な**	**い**[4]	。	**労**	**働**	**集**	**約**	**的**[1]	事	業	で	変	動
費	の	影	響	を	受	け	や	す	い	費	用	構	造	で	あ	る	。		

（設問3）　　　　　　60字

変	動	費	率	を	現	状	維	持	で	き	れ	ば	、	**当**	**面**	**の**	**成**	**長**	**が**
期	**待**[3]	で	き	る	。	昨	今	の	人	手	不	足	か	ら	委	託	等	の	変
動	費	の	増	加	に	よ	り	、	**収**	**益**	**が**	**圧**	**迫**[3]	さ	れ	る	。		

【メモ・浮かんだキーワード】　営業レバレッジ、労働集約型産業、運輸業の人手不足問題

【当日の感触等】（設問2）の矛盾が整理しきれない。第1問で有形固定資産の大きさを指摘しているのに固定費増加が少ない？　どこかがおかしい。致命的でないといいけれど……。

【ふぞろい流採点結果】（設問1）2/10点　　（設問2）5/10点　　（設問3）6/10点

第4問 （配点15点）　　　　70字

委	託	先	が	確	保	で	き	ず	、	サ	ー	ビ	ス	提	供	で	き	な	い
場	合[3]	や	サ	ー	ビ	ス	水	準	を	満	た	せ	な	い	場	合[4]	が	考	え
ら	れ	る	。	方	策	は	、	サ	ー	ビ	ス	水	準	を	定	め[3]	、	育	成
に	よ	り	向	上	さ	せ	る[4]	。											

【メモ・浮かんだキーワード】　運輸業の人手不足問題

【当日の感触等】　与件文からの引用。表面的な内容になったが大丈夫かな。時間の制約がある以上、これでよしと割り切ろう。

【ふぞろい流採点結果】　14/15点

【ふぞろい評価】　60/100点　　　【実際の得点】　64/100点

　第1問（設問2）では、効率性が課題であることの原因を示すキーワードを入れたかったです。また計算問題でも失点していますが、計算過程をしっかり記述することで部分点を細かく積み上げることにより、合格ラインを確保しています。

そうちゃん 編 （勉強方法と解答プロセス：p.16）

1．休み時間の行動と取り組み方針

　事例Ⅲの試験終了時にトラブルがあった。同じ教室の受験生が、試験終了後も解答用紙に記入したと疑われ、厳しく注意を受けていた。結局、途中退室は免れたようだが、審議の対象となる旨が伝えられていた。ここは、厳格な国家試験の審査の場なのだと気が引き締まった。一方、自分はいつもどおりの休憩時間を過ごすことに徹する。机に突っ伏してしばらく眠った後、ラムネ数粒と、カフェイン入りの栄養ドリンクを飲む。正直プラセボ（偽薬）に近いと思っているが、気分の問題が最も重要なのだ。泣いても笑っても次で最後。無難に乗り切れば合格を手繰り寄せられるはずだ。

2．80分間のドキュメント

【手順0】開始前（～0分）

　事例Ⅳで高得点を取るという戦略がよくいわれる。理屈としては正しいと思うが、自分はそれを採用していない。欲張れば必ず失敗する自らの特性を把握しているからだ。ここまで十分に対策はしてきたが、狙いはあくまで素点で65点。周囲がこけて相対的に高得点となるか、思いのほか解ければ儲けものというスタンス。経営分析、最後に出るであろう記述、ＣＶＰなどの易しい計算問題、その他の部分点、それらを確実に取る。それだけを考えていた。

【手順1】準備（～1分）

　指差ししながらの受験番号記入もこれで最後だ。焦らないようにゆっくりと。

【手順2】与件文読解＆問題確認（～8分）

　与件文を通読して、少し焦り始めた。まずい、経営分析のヒントになりそうな記述が全然ない。自分の見落としか？　再度読んでもほとんどない。かろうじて人件費がかかりそうな業態ということくらいだろうか。さらに、D社の全容がいまいちよくわからないのも困った。第5、6段落が記述に使えそうなことは把握して、与件文は切り上げた。

【手順3】経営分析（～15分）

第1問　与件文にヒントが少ないので、Ｐ／ＬとＢ／Ｓから読み取るしかない。まずは安全性、効率性、収益性の3つで書けないか検討する。収益性を見ると、D社は売上総利益額で勝るが、営業利益額で逆転されている。効率性を見ると、同業他社が持っていない土地を保有しており、これが有形固定資産額の差に表れている。安全性を見ると、同業他社より資本剰余金が極端に多いな。意外と早く指標が決まったぞ。

【手順4】第2問以降の計算および答案作成（～80分）

第4問　（～25分）

　今回も最後は記述問題で、いつもの自分のルーティーンどおりの解答順序を実行でき

　予備校の2次試験解説講座に参加して自己採点し、口述試験対策想定問答集もゲットしました。

る。配点15点か。もうちょっと配点が高いとありがたかったんだが。字数が少なくまとめるのが難しいが、第5、6段落の言葉を使って短時間で解答しよう。

第3問　（～60分）

　次に点数が取りやすそうなＣＶＰだ。配点30点か。ここをしっかり取り切れば目標点に届く。時間をかけて確実に取り組もう。

（設問1）　まずは手堅く、と思ったが設問文の条件をどう判断していいかわからない。混乱して頭の芯がしびれたまま解くと、ものすごい利益が出る計算となった。これで、いいのか……？

（設問2）　設問文の意味はわかるが、どう答えていいかわからない。ＣＶＰ分析をさせているということは固定費、変動費、営業レバレッジあたりをキーワードに解答するか。

（設問3）　当面の影響と将来的な見通しか。まずはこの2つの切り口で解答するのはマストだな。そして、このような聞き方をするのは、当面の状況が将来的には変わるからだろう。その視点から逆算して考えてみよう。

第2問　（～80分）

　第3問で思いのほか時間を食ったうえに、しっかり点数が取れている感覚がない。ただ、ここで焦っても仕方ない。とにかく取れる問題で点数を少しずつ上積みするしかない。こういったときこそ、むしろゆっくり落ち着いて解くべきだ。

（設問1）　いきなりよくわからない。いくら落ち着けと言い聞かせてもやはり焦るのか、設問文がなかなか頭に入ってこない。なんとか把握して解くが、正解している自信はゼロ。

（設問2）　ＣＦの計算はかなり簡単だが、簡単すぎて不安になる。何度か条件の見落としがないか確認する。（設問1）に自信がないため、記述でどう書くか判断に迷うところだが、暫定的に出ている計算結果と、（設問3）でＣＦの成長による企業価値の上昇が話題になっているため、「企業価値の向上につながらなかった」と解答するべきと確信した。

（設問3）　もう残り3分程度しかない。諦め悪くなんとか解こうとするが、解答らしきものを埋めることもできず試験終了。せめて計算過程だけでも書ければよかったのだが……。

3．終了時の手ごたえ・感想

　計算は正直まったく合っている気がしない。でも、それは他の受験生の大多数がそうなのではないか。そう考えると、今回の事例Ⅳは経営分析と記述の出来が肝になる。2つともまずまずの手ごたえだ。なんとか部分点をかき集めて55点程度取れれば合格できるはず。合格の目は十分にあるのではないか。元クラスメートに挨拶し、妻とともに家路につく頃には、1日の後悔や不安を充実感が覆い隠しつつあった。

～2次試験後、魔の1ヵ月の過ごし方～

予備校や受験生からの情報を一切シャットアウト。完全に忘れ去ることにした。

合格者再現答案＊（そうちゃん 編）　　　　　　事例Ⅳ

第 1 問（配点24点）

（設問 1 ）

	（a）	（b）
①	自己資本比率[2]	35.59（%）[2]
②	有形固定資産回転率[2]	17.08（回）[2]
③	売上高営業利益率[2]	1.20（%）[2]

（設問 2 ）　　50字

D	社	は	、	内	部	留	保	が	十
分[2]	で	長	期	安	全	性	に	優	れ[1]、
土	地	が	過	大[3]	で	投	資	効	率
が	悪	く[1]、	販	管	費	が	嵩	み[3]	
収	益	性	が	低	い[1]。				

【メモ・浮かんだキーワード】　長期安全性・投資効率・収益性

【当日の感触等】　課題を解答すべきところ、問題点の指摘をしてしまった。

【ふぞろい流採点結果】（設問 1 ）12/12点　　（設問 2 ）11/12点

第 2 問（配点31点）

（設問 1 ）

	（a）	（b）
①	2.70　　%	加重平均資本コスト（ＷＡＣＣ）＝138（負債）／190（総資本）×1[1]（負債コスト）×（1−0.7[1]（税率））＋52（自己資本）／190（総資本）×8（株主資本コスト）＝2.697…
②	5.12　百万円	190[2]（増加資産額）＝Ｘ（要求ＣＦ）／0.02697（ＷＡＣＣ） Ｘ＝5.1243

（設問 2 ）　　　　　　（c）70字

（a）	3.80[5]　百万円	（b）	（400（収入）−395（支出）−1（非資金費用[3]）） ×0.7[2]（税率）＋1（非資金費用）＝3.80

（c）	企	業	価	値	の	向	上	に	は	繋	が	ら	な	か	っ	た[3]。	理	由	は、
	吸	収	合	併	に	際	し	て	要	求	さ	れ	る	増	加	Ｃ	Ｆ	が	5.12
	百	万	円	に	対	し	、	実	際	に	増	加	し	た	Ｃ	Ｆ	は	3.80 百
	万	円[1]	と	小	さ	い	か	ら	。									

（設問 3 ）

（a）		（b）	

【メモ・浮かんだキーワード】　（設問 2 ）の記述は、（設問 3 ）の構成からも「繋がらなかった」
　　のはず。

【当日の感触等】　時間がなく焦りもあり適切に処理できなかったが、記述で食い下がれた。

【ふぞろい流採点結果】（設問 1 ）4/10点　　（設問 2 ）14/15点　　（設問 3 ）0/6点

～ 2 次試験後、魔の 1 ヵ月の過ごし方～

感謝を伝えるために、応援してくれた家族、友人、先輩、受験仲間にたくさん会った。

第3問（配点30点）

（設問1）

	（a）	（b）
①	53.66 ％	変動費率＝（836.74（外注費）＋232（その他）＋33（販管費））／2053（売上高）×100[1]＝53.66%
②	479 百万円	営業利益＝2053（売上高）－1101.74（変動費）－472（固定費）[1]＝479.26（百万円）

（設問2） 60字

特	徴	は	、	変	動	費	の	増	加	が	固	定	費	の	増	加	よ	り	多
い[4]	費	用	構	造	で	、	営	業	レ	バ	レ	ッ	ジ	は	比	較	的	小	さ
く	、	固	定	資	産	へ	の	投	資	規	模	は	小	さ	い[5]	。			

（設問3） 60字

当	面	の	影	響	は	、	売	上	高	、	利	益	と	も	に	向	上[3]	し	て
い	く	。	将	来	的	な	見	通	し	は	、	人	件	費	の	高	騰	に	よ
り	固	定	費	が	増	加	し	成	長	性	は	次	第	に	低	下[3]	す	る	。

【メモ・浮かんだキーワード】 ＣＶＰは絶対にとりたいが……。

【当日の感触等】 こんなに利益が出ていいんだろうか……。

【ふぞろい流採点結果】 （設問1）2/10点　　（設問2）9/10点　　（設問3）6/10点

第4問（配点15点） 70字

悪	影	響	が	あ	る	の	は	、	人	材	確	保	が	で	き	な	い	場	合
で	あ	る	。	方	策	は	、	①	人	材	採	用	や	社	員	教	育	の	強
化[4]	、	②	協	力	個	人	事	業	主	へ	の	マ	ニ	ュ	ア	ル	提	供[3]	や
連	携	強	化[3]	で	あ	る	。												

【メモ・浮かんだキーワード】 人材確保、採用、社員教育、マニュアル、連携強化

【当日の感触等】 与件文のヒントを拾って的確に解答できたはず。

【ふぞろい流採点結果】 10/15点

【ふぞろい評価】 68/100点　　【実際の得点】 61/100点

　多くの受験生を惑わせた第3問（設問1）で失点したものの、記述問題で粘り合格ラインを確保するといったお手本のような答案となりました。特に第1問（設問2）は字数が少ないなかで要素がほぼ完璧に入っており完成度が高いです。結果的に合格ラインを確保しています。

事例
IV

いくみん 編（勉強方法と解答プロセス：p.18）

1．休み時間の行動と取り組み方針

　最後の休み時間はレモン味のゼリー飲料を飲んでビタミン補給とリフレッシュを図る。廊下で出くわした勉強仲間は「事例Ⅰと事例Ⅲはできたけれど、事例Ⅱがまったくダメだった」と言っていた。優秀な彼が同じ感想だったことに少し安心しつつ、終わったことは忘れて気持ちを切り替えようと思う。

　ファイナルペーパーを見て解答プロセスを確認する。とりあえず、第1問の経営分析で配点のうち3分の2以上は得点できるように慎重に解こう。あとは、疲れている状態なので、最終解答の単位、税率、小数点以下の四捨五入、電卓からメモやメモから答案用紙への転記でのミスを防止しよう。あと、枠外の注記、なお書き、ただし書きなどの制約条件を使い漏らさないように注意しよう。簿記の改正論点である税効果会計、圧縮記帳、リース取引も簿記2級の問題集を読んで確認してきたし、きっとどうにかなるはずだ。

2．80分間のドキュメント

【手順1】準備（～1分）

　事例Ⅳだけは計算用紙を確保するためホッチキスを外す。「倉庫・輸送および不動産関連のサービス業」というのがどういう業種なのか想像つかないな。

【手順2】経営分析（～20分）

[第1問] 優れている財務指標を1つ、課題を示す財務指標を2つ問われていることを設問で確認し、財務諸表の検討に入る。

（設問1）　まずはP／Lを見る。同業他社のほうが売上が高いのに売上総利益はD社のほうが多いので、売上高総利益率を優れている指標として指摘する可能性がある一方で、D社の販管費が同業他社の3倍近くあるので、売上高営業利益率を課題を示す指標として指摘する可能性もある。収益性の指標はこの時点では決められなさそうなので、効率性、安全性の指標とのバランスでいずれを指摘するか決定しよう。

　次にB／Sを見る。同業他社の資産規模がD社の1.2倍にもかかわらず、たな卸資産はD社のほうが多く10倍もあるのと、有形固定資産も2倍あるので、このいずれかの回転率を「課題を示す効率性の指標」として指摘することになるだろうか。

　最後に安全性の指標を確認する。短期安全性の流動比率は計算するまでもなく100％を超えているので候補から外す。長期安全性も自己資本比率、負債比率ともにD社のほうが優れているため、優れている指標は安全性にし、自己資本比率を指摘しようと決める。

　すると、収益性は課題がある指標のほうを指摘する必要があるので、売上高営業利益率に決まった。あとは、与件文を読んで根拠を探し、棚卸資産回転率と有形固定資産回転率のいずれを指摘するかを決定しよう。

~2次試験後、魔の1ヵ月の過ごし方~ ─────────
　ダメだったと思って登録養成課程の説明会に出席（笑）。

　与件文を読む。サービス業ということもあり、たな卸資産に関する記述が見当たらないので、消去法で有形固定資産回転率を課題を示す指標として選択する。

（設問２）　（設問１）で検討した内容を50字以内で文章化する。書きたいことの分量に対して制限字数が足りず思いのほか時間がかかってしまった。

【手順３】第２問以降の計算および答案作成（～80分）

第3問　（～40分）

　第２問をちらっと見て難しいと判断し、第３問から先に着手する。

（設問１）　感度分析。販売単価×数量−変動費単価×数量−固定費＝営業利益の式に当てはめて計算すれば解けるだろう。

（設問２）　「固定資産への投資規模と費用構造の特徴」という問いの意味がわからなくて焦る。投資した場合のＰ／Ｌへの影響と解釈して記述する。

（設問３）　利益向上につながるので営業拠点は開設すべきと解答したいが「当面の影響」ということは、開設による利益向上がいずれはなくなることを指摘させたいのか。

第4問　（～50分）

　まず真っ先に思い浮かんだのは評判リスクだが、財務・会計の事例で指摘したり助言したりするのに適切だろうか。ただ、確か過去問でも経営上の一般論を問われた事例があったと記憶しているし、与件文の第５段落、第６段落の内容とも整合性が取れるので思い切って評判リスクの話を軸にすると判断する。

第2問　（～80分）

　前年に引き続き子会社がいる設定だ。予備校の演習や模試で連結財務諸表の処理は何度か練習したが、まさか２年連続で出題されるとは思わず油断していたことが悔やまれる。

（設問１）　Ｆ社の資産および負債の情報の処理の仕方がわからない。記憶を頼りにいろいろと計算し、設問を何度も読み返したが、まったくわからない。一番記憶に近い計算を採用した。

（設問２）　（設問１）と独立して計算できる問題で安心する。第２問は（設問２）で確実に得点し、（設問１）は部分点が取れれば御の字と考えることにしよう。企業価値の向上につながったという結果を予想して計算したにもかかわらず、企業価値の向上につながっていない数値が出て（設問１）の計算間違いの確信が高まった。（設問１）を直したいが、考えてもどう直していいかわからないし、もう正直に出た数字のことを書くしかないので書く。

（設問３）　式を立ててみたものの、時間もないのにもかかわらず複雑な計算が必要な式になってしまったので、計算過程のところに式だけを書いて試験終了時刻を迎える。

3．終了時の手ごたえ・感想

　事例Ⅱに引き続き、これは得点できていそうという設問が１つもない。自信がまったくないにもかかわらず、判断しなくてはならない場面が多すぎた１日でへとへとになったよ。

～２次試験後、魔の１ヵ月の過ごし方～

　予備校の分析会に出席し、情報収集。家族と楽しむイベントを企画、実施。

合格者再現答案＊（いくみん 編）　　　　事例Ⅳ

第1問（配点24点）
（設問1）

	（a）	（b）
①	自己資本比率[2]	35.59（％）[2]
②	有形固定資産回転率[2]	17.08（回）[2]
③	売上高営業利益率[2]	1.20（％）[2]

（設問2）　　50字

内	部	留	保	が	多	く[2]	安	全	性
が	高	い[1]	一	方	、	有	形	固	定
資	産	の	規	模[2]	や	販	管	費	に
見	合	う	売	上	が	な	い[3]	た	め
効	率	性[1]	・	収	益	性	が	低	い[1]。

【メモ・浮かんだキーワード】　収益性・効率性・安全性
【当日の感触等】　有形固定資産回転率の数値を課題とする明確な根拠が与件文に見当たらなかったが、制限字数が短いためなんとなくまとまった。
【ふぞろい流採点結果】　（設問1）12/12点　　　（設問2）10/12点

第2問（配点31点）
（設問1）

	（a）	（b）
①	3.77　　　　％	$0.01^1 \times (1-0.3^1) \times 324 / 555 + 0.08 \times 231 / 555 = 0.03738\cdots$
②	5.126　百万円	$138 \times 0.0377 = 5.126$

（設問2）　　　　　　（c）70字

（a）	3.8[5]　百万円	（b）	$(400-395-1^3) \times (1-0.3^2) + 1 = 3.8$

（c）	吸	収	合	併	に	よ	り	増	加	し	た	資	産	に	対	し	て	要	求	さ
	れ	る	Ｃ	Ｆ	の	方	が	吸	収	合	併	に	よ	り	増	加	し	た	Ｃ	Ｆ
	の	3.	8	百	万	円[1]	よ	り	額	が	大	き	い	為	、	企	業	価	値	は
	向	上	に	繋	が	っ	て	い	な	い。[3]										

（設問3）

（a）		（b）	成長率をxとする。 $3.8^1 \times (1+x) / 0.0377 - x^1$

【メモ・浮かんだキーワード】　連結財務諸表、ＷＡＣＣ、資本コスト、ＦＣＦ
【当日の感触等】　連結財務諸表の処理の仕方がわからず、（設問1）が一か八かになってしまった。
【ふぞろい流採点結果】　（設問1）2/10点　　　（設問2）14/15点　　　（設問3）2/6点

〜2次試験後、魔の1ヵ月の過ごし方〜
結婚したいと思っていた彼女にどうやってプロポーズしようか考える。

第3問（配点30点）

（設問1）

	（a）	（b）
①	73.30[4]　　　%	変動費　782×1.07＋232＋33＝1,101.74[1] 変動費率　1,101.74÷1,503＝0.73302[1]…
②	514[0]　百万円	売上高　1,503＋550＝2,053 営業利益　2,053－2,053×0.733－34＝514.151

（設問2）　　　　　60字

構	造	は	営	業	拠	点	の	開	設	に	よ	り	**固**	**定**	**費**	**が**	**増**	**加**[2]	す
る	一	方	、	売	上	高	の	増	加	に	伴	う	限	界	利	益	の	増	加
額	の	方	が	大	き	い	。	結	果	、	営	業	利	益	が	増	加	す	る 。

（設問3）　　　　　60字

当	面	の	影	響	は	営	業	拠	点	開	設	に	よ	り	**営**	**業**	**利**	**益**	**が**
増	**加**[3]	す	る	。	**営**	**業**	**利**	**益**	**が**	**増**	**加**	か	ど	う	か	で	営	業	拠
点	開	設[3]	と	業	務	委	託	の	組	み	合	わ	せ	を	決	定	す	る	。

【メモ・浮かんだキーワード】　感度分析、限界利益

【当日の感触等】　（設問1）は得点できそうだ。（設問2）と（設問3）はぼんやりした内容になってしまった。

【ふぞろい流採点結果】　（設問1）5/10点　　　（設問2）2/10点　　　（設問3）6/10点

第4問（配点15点）　　　70字

業	務	委	託	先	の	サ	ー	ビ	ス	水	準	が	低	い[4]	事	で	顧	客	満
足	度	が	低	下	し[3]	顧	客	離	れ	が	発	生	す	る	可	能	性	が	あ
る	。	防	止	策	は	、	**個**	**人**	**事**	**業**	**主**	**の**	**育**	**成**[4]	に	よ	り	サ	ー
ビ	ス	水	準	の	維	持	で	あ	る	。									

【メモ・浮かんだキーワード】　評判リスク、サービス水準の均一化

【当日の感触等】　事例Ⅳらしい解答ではないが、与件文にも沿っているし間違いではないはずだ。

【ふぞろい流採点結果】　11/15点

【ふぞろい評価】　64/100点　　　【実際の得点】　53/100点

　第3問（設問1）で営業利益を計算する際、固定費を飛ばしてしまったのは惜しかったです。第2問（設問1）の計算問題でも失点しましたが、計算過程での加点がありました。また、第4問の与件文に沿って解答することで得点を積み上げ、ふぞろい採点では60点を確保しています。

~あなたの周りのやりすぎさん~
　2次試験の休憩時間、隣の席の方の机に片っ端からコピーした某受験生支援団体の記事が積み上がっていたこと。

第3節　きっと見つかる！ふぞろいなスッキリお悩み解決法

先生：2人とも、各事例の分析は十分にできましたか？

応泉：与件文を素直に読むことの大事さが身に染みてわかりましたよ。

水戸：私も、知識をもっと活用しなければと痛感しました。

先生：それぞれ、自分に足りないところがわかったようですね！　では、もう次は合格間違いなしですね！

2人：……。（無言でうつむく）

先生：どうしたんですか？

水戸：事例ごとの考え方はわかってきたんですけれど……。実際の問題を解くときに、どんなやり方がいいのかわからないんですよね……。

応泉：僕も受験歴が長いですが、80分で解くにはどうするべきか、いまだに悩んじゃいますよ。

先生：なるほど、2人が浮かない顔なのもわかる気がします。そういう場合は、ほかの人のやり方を参考にするのも1つの手です。そのあたりは試験の記憶がフレッシュな直近の合格者に聞いてみてはどうでしょうか？

応泉：なるほど、前回（平成30年度）受かった人なら一番新鮮な話が聞けますね！

水戸：私たちの悩みもスッキリ！　しそう！

与件文の内容や設問文の要求の把握に時間がかかり、いつも80分をオーバーするんだよね。どうすれば効率的に読めるんだろう？

そうちゃん：**設問文を先に読む**といい感じだね。設問文を読んだ段階で思いつく1次知識や切り口、フレームワークから仮説を立てて与件文を読むと、**大事なポイントに気づきやすい**んだよ。

もってぃ：自分は**まず第1段落を読んで**いたよ。第1段落を読んで**事例企業の概要を把握してから設問文を読む**と、想起できる内容がさらに膨らむからね。

かずま：僕も同じだ。**業種や規模を把握してから設問文を読んで**いくと、イメージの広がりが全然違ってくるんだよね。

たっつん：**最終段落を読んで事例企業の方向性を把握すること**も有効だよね。与件文を読むときは、**段落分けして番号を振る**となにかと便利だったよ。

いくみん：最終段落を読むのは私も賛成！　**事例企業のゴールを把握することで、助言の効果が予測できて楽になる**から、設問解釈の精度も向上して与件文の内容

　　　　　　把握も効率化するよ。

かわとも：私もだいたいみんなと同じかな。先に設問文の解釈に5分かけることで**効率的に与件文が読め、与件文を通読するまでを15分で完了**するようにしていたよ。解答骨子の作成に時間を使いたかったしね。

そうちゃん：ほかに何か変わった工夫をしていた人はいない？

たっつん：俺は事例Ⅰ〜Ⅲそれぞれのレイヤー図を描いて「事例アタマ」をセットしていたよ。

もってぃ：「事例アタマ」って？

たっつん：**各事例ごとの考え方に頭を切り替える**んだよ。各事例に適した**レイヤー図をこんな風に描いて、念頭に置いて読む**と、理解度がかなり違ってくるからね。

■たっつんのレイヤー図（事例Ⅰ）

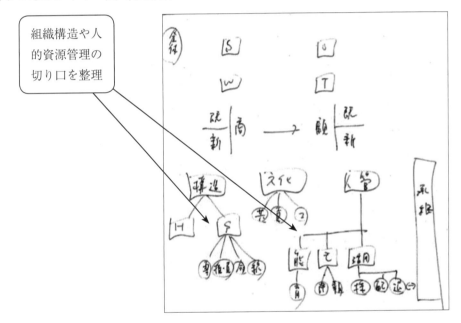

かわとも：事例アタマかぁ。レイヤーを意識すると事例のことがハッキリわかるかも。

たっつん：**与件文と設問文を同時に読めるように定規で切り取る**のもいいよ。頭で考えるより、実際に設問文を見ながら与件文を読むと、**出題者の意図がわかりやすくなる**から。

全　　員：なるほどなぁ。

> ・第1段落→最終段落→設問文の順に読むと、事例の概要やゴールが把握できる。
> ・事例ごとのレイヤーを想起して読むと、理解度が向上する。

〜あなたの周りのやりすぎさん〜
　中小企業白書を読み込んで、中小で94点。

> 問題は最初から解いたほうがいいんでしょうか？

か ず ま：自分は事例Ⅰ〜Ⅳまで、**基本的に第1問から解いていた**よ。ただし、難しい問題は悩まず飛ばしていたけれどね。

い く み ん：私も同じ。**難しい問題は後から解けばいい**って考えていた。

も っ て ぃ：このあたりは同じ人が多いみたいだね。自分も瞬間的に「難しい」と思ったら、すぐに次の問題に移ることにしていたよ。**どれだけ考えて判断するかは、人それぞれ**だね。

そうちゃん：俺は基本的に「飛ばす」ということはしないことにしていたな。過去問を分析すると、**前の設問が後の設問のヒントや前提となっている構成が多い**んだよ。**事例のストーリーを把握するため**に可能な限り最初から解くって決めていたね。

た っ つ ん：俺は第1問から解くことにこだわっていなかったよ。与件文の抜き書きや編集で解答できる**難易度の低い問題から解き、取れる問題は確実に取る、取れない問題は部分点を稼ぐ方針**だったよ。

か わ と も：私もなんだかんだで、あまりにも難しすぎる問題は飛ばすことにしていたな。**取れる問題で確実に取る、難しい問題は部分点狙いで逃げる**というのは大事だよね。

- ・難しい問題は後回しにし、部分点狙いで逃げる。易しい問題を確実に取る。
- ・前から順番に解く場合は、事例のストーリーを把握できるメリットがある。

> 設問文を読むとき、どのようにメモを取り、マーカーを引けばいいでしょうか？

そうちゃん：設問メモは多種多様だよね！　みんなはどのようにメモしていた？

い く み ん：私は、**レイヤーや時制をメモ**していたよ。**レイヤーは事例Ⅰなら戦略・組織・人事、事例Ⅲなら戦略・マネジメント・オペレーション、時制は過去・現在・未来**だよ。事例Ⅱの場合は、**ターゲットが新規顧客なのか既存顧客なのかをメモ**していたよ！

〜あなたの周りのやりすぎさん〜
　　解答キーワードをたくさん入れるためにキーワードを短縮しすぎた結果、中国語の暗号みたいな文章に。

か　ず　ま：いくみんのメモだと、与件文を読む際に同じレイヤー・時制・ターゲットを
　　　　　　　対応づければいいので、対応づけのエラーが減りそうでいいね！

■設問メモの仕方　いくみんの例（事例Ⅲ）

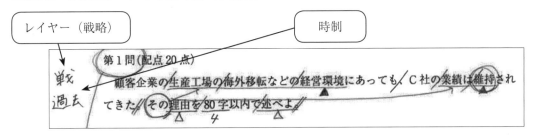

た　っ　つ　ん：俺は、**ＳＷＯＴ、制約条件、注意点（強）、注意点（弱）を色分け**していたね。
　　　　　　　設問別に色分けしているときもあったけれど、対応箇所を間違えて違う色で
　　　　　　　引いたりして使いこなせなかったので、今のマーキングに落ち着いたよ。**与**
　　　　　　　件文も同じ使い分けをしているね。

そ　う　ち　ゃ　ん：俺は、**重要な制約条件や、解答の書き出し、切り口は設問文を読んだ段階で**
　　　　　　　解答欄にメモしていたね。解答欄には、解答の型や要素の数も予め記入し、
　　　　　　　要素ごとの字数の偏りを少なくすることで、リズムある文章を書くための意
　　　　　　　識づけをしていたよ。

■解答欄メモの仕方　そうちゃんの例（事例Ⅲ）

もっ　て　ぃ：これがあれば、スムーズに解答に移れそう！

> ・設問解釈時にレイヤーと時制をメモすることで、与件文を効率的に読む。
> ・重要な制約条件や注意点を強調することで、単純ミスを減らす。

> 自分の解答と、ふぞろいを比較すると、キーワード漏れが多いんだよ
> ね。キーワード漏れを減らすにはどうすればいいかな？

か　わ　と　も：私は設問文を読むときに、**思いつく１次知識と解答構成をメモ**していたよ。

〜あなたの周りのやりすぎさん〜
　　その日に使わないテキストも全て机に出しておくやりすぎさん。

かずま：僕も同じだね。**キーワードの漏れをなくすために設問文を読んだ時点でキーワードを並べてみることは重要**だと思うんだ。

たっつん：解答構成メモがあれば解答骨子の作成もスムーズそうだね。

■設問メモの仕方　かわともの例（事例Ⅰ）

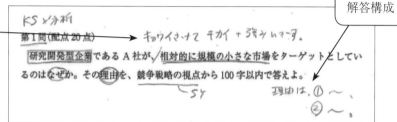

1次知識
脅威を避けて
機会を捉え、
強みを生かす

解答構成

もってぃ：自分は**出題者が注目してほしいと思われるキーワードにマーカーを引いて**いたね。こうすることで、意識の切り分けをしながら与件文を読むことができた。**2次試験は心理戦**の一面があるので！

いくみん：私は、**複数解釈をすることで、思い込み防止にも注意**していたよ。

かずま：思いついたキーワードが出題者の想定と違うと、0点になる可能性があるもんね……。

いくみん：そうなの……。それに、出題者の考えと合っていないと、与件文を読んでも解答がさっぱり見つからないこともあるの。

■複数解釈の仕方　いくみんの例（事例Ⅰ）

設問文のキーワード	複数解釈の例	与件文から抽出するべきポイント
成果主義を取り入れていない理由	成果主義よりも向いている人事制度が存在する。	長期的な視点のため、年功序列が向いている。
	成果主義を取り入れたかったが、できない。	事業特性から公正な評価が不可能。

そうちゃん：すごいね！　これなら確かに漏れがなくなりそう！

> ・設問文を読んだ時点でキーワードを並べることで、キーワードの漏れを減らす。
> ・キーワードは複数解釈を行うことで、思い込みを防止する。

与件文を読んでいても、大事なキーワードを読み飛ばしてしまいます。読み飛ばさないためのいい方法はありませんか？

もってぃ：わかる！　キーワードの読み飛ばしは過去問をしていたときもよくあったけれど、みんなはどうやって対策をしていた？

そうちゃん：俺は時短のためにマーカーは使用せずにシャーペンだけを使っていた。与件文の**重要な要素をメモ用紙に集約して**、どの要素をどの問題に使うか検討していたから、与件文での色分けは必要なかったんだよね（258ページ参照）。

か　ず　ま：僕もシャーペンだけ。複数のマーカーを使いこなせないかなと思って。ペンの持ち替えに意識を向けたくなかったし。あとはキーワードを意識するため、**SWOTは「S、W、O、T」、課題は「K」**とか書いていた。

いくみん：私はマーカー２色とシャーペン。事例Ⅰ〜Ⅲそれぞれに設定したルールでマークしていたよ。詳しく話すと長くなるけれど、**事例Ⅰでは「強み」と「外部環境」、事例Ⅱは「ターゲット・ニーズ」と「競合他社」、事例Ⅲは「解決すべき問題点」と「外部環境」にマーカーを引いて**、結構ざっくりとしたルールにして思い込みを防止していた。

もってぃ：自分も２色とシャーペン。キーワードのマーキングは２色と引く線の太さ細さで切り替えていた。SWOTに対応して、**赤太はS、赤細はW、緑太はO、緑細はT**に対応していた。これはうまくいったかな。

たっつん：俺は設問メモと同じマーカーとペンの使い方だったけれど、設問文を読むときに与件文から読み落とさないように**「文章から考えられるポイント」を赤ペンでメモ書き**した。

かわとも：私は与件文の１回目の通読の際、「強み・課題・社長の思い」「わざわざ表現」をマークしていたよ。「わざわざ表現」は、「なお、とはいえ、もっとも」のような接続詞のことで、この直後にある文章は答案に使うことが多いから、マークするようにしていた。重要キーワードの見逃し防止には、答案作成時に**「強みは生かす」「課題は解決する」「社長の思いは尊重する」**ことを忘れないようにし、最後の見直しの際に抜け漏れがないかチェックしていた。

・与件文を読み飛ばさないため、マーカーを多色使い、それぞれに意味を持たせたり、シャーペンを使い分けたりして、自分に合った方法・ルールで対応づけを行う。

う〜ん…

与件文の内容の整理がうまくできないんだよなぁ。どうしたらいいんだろう？

〜自分的、試験の心得〜

「２割しか受からない試験」なんて考えない。「半数の人が書く答えを書ければ受かる試験」と考える。

そうちゃん：これもよくある問題だね。内容を整理する方法は何をしていた？　俺は**組織構成などの整理が必要な要素は必ず図を描いて**まとめていたし、ＳＷＯＴやＰＥＳＴの要素、過去の成功・失敗体験、A社の方向性や社長の思いなどの要素に着目していた。

たっつん：俺は**売上構成や人員構成、組織図をイメージ化するために白紙にメモ**した。

かわとも：私も与件文と設問との対応づけをしていて、設問文に書かれているキーワードを与件文でもマークしていた。たとえば、事例Ⅲで**設問文に「生産計画」と書かれていたら、与件文の「生産計画」をすべてマーク**し、その周辺から解答キーワードを拾うようにしていた。あと、キーワードをどの設問に使うのか、パッと見でわかりやすくするために**設問ごとに色を決め**、それに**対応する色で与件文のキーワードに線を引いていた**。これは答案作成の効率化になったかな。

かずま：僕は与件文に対応する番号を記入していて、使用した与件文は**消し込みをしていた**。これで与件文を探す時間を短縮できたよ。

そうちゃん：そういえば、いくみんは問題用紙への書き込みが緻密だけれど、何かプラスアルファでやっていたの？

■設問への対応づけ　いくみんの例

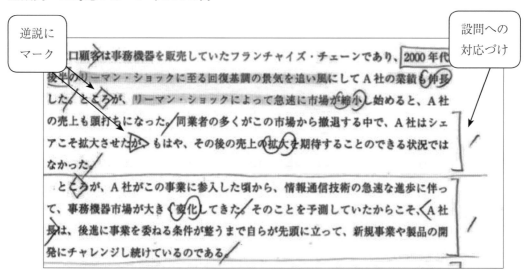

いくみん：私も**与件文を読みながら設問への対応づけをしていた**よ。設問文を読んだときに想定したキーワードや知識にリンクするところに設問番号を書いたの。

全　　員：丁寧だなあ……！

いくみん：過去問を分析しても、**与件文には無駄なところがない**と思う。こうすれば、出題者の伝えたいことを漏らさなくなるよ。段落ごとではなく、**センテンスごとに紐づけている**から、段落内に要素が複数あってもＯＫ♪

かず ま：僕も対応づけはしていたけれど、まさか、センテンスごととは……。

いくみん：あと、出題者が言いたいことを与件文で正確に捉えるため、かわとももわざわざ表現で言っていたけれど、私も**「接続詞」**と**「強調表現」はマーク**して、注意深く出題者の意図を解釈するようにしていたよ。**順接の接続詞はすべて並列**だから、解答キーワードを選択するときにすべて使う。**逆接の接続詞は前のセンテンスに書いてあることに対して出題者が考えてほしいことが書いてある。**「なお」書きは付け足してでも言いたいことである。**「もっとも」「〜さえ」などの強調表現は特に聞いてほしいこと**なんだよ。段落ごとの最終センテンスは、その段落の結論であり、言いたかったことがまとまっているよね。

そうちゃん：お、同じ試験を受けた人のものとは思えない……。俺の意味なく線が引いてあるだけの問題用紙とは天地の差だわ（笑）。

もっ てぃ：みんなすごいなぁ、自分は**短時間処理を心掛ける**くらいかなぁ。２色ペンも両端が別の色になっているペンにして、持ち替えの時間を短縮したし、あとは文章だけではわかりにくい、**組織図や地理環境は図や絵にした**かな。

- 組織図、立地環境は図にしてイメージする。キーワードの消し込みや色分けをする。
- 接続詞のあとは出題者が注目してほしいキーワードが記述されている。

解答の下書きは必要でしょうか？　うまくまとめられずに、消しゴムで何度も消してしまいます。

かわとも：解答の下書きは、する派としない派に分かれるよね。私、そうちゃん、たっつんは下書きする派で、いくみん、かずま、もっていは下書きしない派。

かず ま：僕は骨子を頭のなかで作っていたけれど、答案がまとまらずに消しゴムで何回も消すこともあったよ。いい方法があれば知りたいな。

たっ つん：俺は、**与件文のキーワードに付番**しておき、その番号を使って骨子を作成することで、**下書きを時短**したよ。また、**設問文のすぐ下に下書きする**ことで、制約条件を忘れないように意識し、方向性を間違えないように気をつけた。

そうちゃん：俺は、**与件文整理のメモ上でキーワードを丸で囲み、矢印でつなげる**ことで、各設問に入れる解答要素をグルーピングしていたよ。ちょっとした工夫で視覚的に骨子がわかり、スムーズに解答を作ることができたよ。

〜自分的、試験の心得〜

　　実力以上は発揮できないが、実力を発揮するのもまた難しい。自分ができることを丁寧に。

■そうちゃんの下書き（事例Ⅱ）

1つの設問で使う要素を囲ってグルーピングし、ターゲットへ矢印でつなぐ

強み・競合・ターゲット・弱みにカテゴリー分け

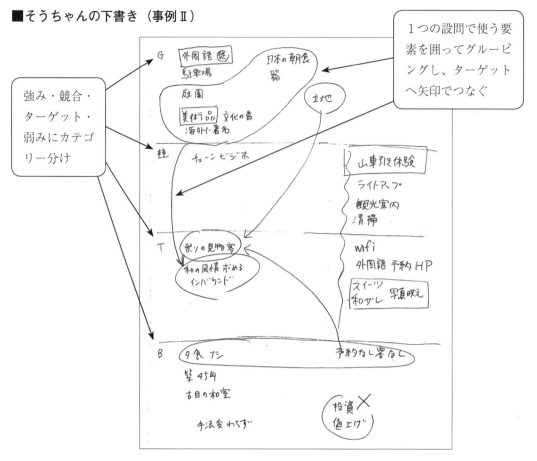

もってぃ：なるほどね！　ところで消しゴムで何度も消すのって、制限文字数をオーバーしてしまうときに多いよ……。

いくみん：いいテクニックがあるよ！　**与件文の横 1 行が38字で、その半分は約20字（＝解答用紙の 1 行）**だから、キーワードの文字数をざっくり把握できるよ。キーワードは**得点可能性の高いものから優先的に盛り込む**ようにした。

か ず ま：得点可能性の高いものって、どうやって判断するの？

いくみん：①過去問分析から導いた 1 次知識に基づいているか、②受験生の多数派が書く「ふぞろい」流に当てはまるかどうか、という基準で判断したよ。それでもキーワードを外すことが怖かったので、**解答を圧縮してできるだけ多くのキーワードを盛り込んだ**。句点と読点はあまり使わない、①②などの箇条書きを使うなどの工夫で、できるだけコンパクトに答案を書いていったよ。

・与件文のキーワードに付番するなどの工夫で、解答骨子作成を時短する。
・文字数把握テクニックとキーワードの優先順位付けで、文字数オーバーを防ぐ。

～自分的、試験の心得～
　　試験本番で安心して力を出し切れるよう、最後まで気を緩めずに突き進む。

人に解答を読んでもらったとき、「因果関係がちぐはぐ」「わかりづらい」と言われるんだよなぁ。

もっつぃ：この悩みは、いかに明確な解答構成を作れるかがポイントだね！

たっつん：俺は、**設問文と字数から解答のフレームを作っていた**よ。たとえば、今回の事例Ⅲの第3問は、「策定方法」「図1」の2つを分析する問題だったから、問題点は2つ、それに対応する改善策も2つで、計4要素が必要と判断し**120÷4で、それぞれ30字程度で書く意識で解答枠をイメージ**した。字数は実際に答案を書くときに変動することはあるけれど、柔軟に対応していたよ。

■たっつんの解答フレームと実際の答案のイメージ（事例Ⅲ第3問）

	生産計画策定方法	製品在庫数量の推移（図1）
問題点	① （約30字）	② （約30字）
改善策	③ （約30字）	④ （約30字）

問題点は、

① 段取り時間を基準に生産計画を立てており、生産量が過剰で在庫も過大になっている、

② 週次の生産時期が定まっておらず生産量や在庫量にバラツキがある。

改善策は、

③ 受注量に基づいた生産計画を立て、

④ 生産量と在庫量を適正化し、管理とコストを省く。

かわとも：私も、予め解答構成の骨組みを作り、そこに与件文のキーワードを当てはめていった。解答構成を穴埋めするイメージで答案を作成できるんだ。あと、下書きは基本的にキーワードをベースに作成し、**キーワードとキーワードの因果関係や書く順番を矢印で結んで表現**していた。キーワード同士の関係性を視覚的に把握できるから、スムーズに答案を清書できるよ。

■かわともの下書き

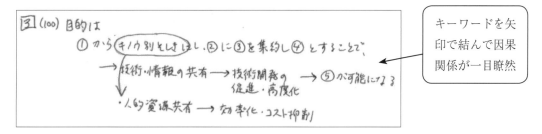

キーワードを矢印で結んで因果関係が一目瞭然

そうちゃん：わかりやすい答案づくりという面では、俺は**答案の切り口の数を、100字なら原則3つ程度**として、必要以上に切り口を詰め込みすぎないように心掛けたよ。

～自分的、試験の心得～
他人に対しても、自分に対しても見栄を張らない。240点取ればそれ以上はオマケでしかない。

> ・キーワード同士を矢印で結び、因果関係を視覚的に把握する。
> ・制限文字数から切り口の数を逆算することで、わかりやすい解答作成が可能。

本試験で平常心が保てず、いつもの力が発揮できません。

そうちゃん：俺は結構、本番でメンタルで失敗するタイプだと自覚しているから、メンタル対策は日頃からかなり考えていたよ。

全　　員：わかる！　そうちゃんらしい〜（笑）！

そうちゃん：特に、試験直前期は、当日にベストな状態で臨むことに神経質になりすぎると、2次試験に気持ちが入れ込んでしまうから、**週末のちょっとした予定の1つぐらいの気軽さで当日を迎えるようにすることをとにかく考えていたよ**。試験当日も休憩時間にスマホのアプリで遊んだりして、なるべく試験を意識しないようにしていたよ。

たっつん：俺も同じ！　**自分のなかで試験を特別なものにしない**ように、気持ちをコントロールすることを考えていたよ。**本番1ヵ月前と1週間前にセルフ模試**をして、当日はセルフ模試と同じ、普通の1日として過ごせるように練習しておいた。

もってぃ：やっぱり、試験当日にどうやって平常心に近い状態に自分を持っていくかが大事だよな。自分も**試験会場で新しいことは絶対にしない**ことに決めていて、**いつもの勉強でやってきたことだけしかしない**ことに決めていた。これは、心の余裕にかなりつながっていたと思う。

かわとも：**試験当日のタイムマネジメント**はどう？　考えるのに時間をかけすぎて、解答を書く時間が足りなくなるのって怖くなかった？　私は、**残り時間40分になったら、下書きができていなくても強制的に答案作成に取り掛かる**ルールにしていたよ。

もってぃ：自分は予め、**設問ごとに解答にかける時間を決める**ことにしていて、**トータル60分で最後の設問まで解く**ように練習していた。万が一何かトラブルがあっても、**20分残っていれば大抵のことはどうにかなる**からね。

たっつん：俺も、**解く手順と目安時間は決めていた**かな。**残り30分を切ったら、書けるところから答案を書き始める**ことにしていた。時間切れになって空欄のある解答用紙を提出することは避けたいからね。

~自分的、試験の心得~ ─────────
難しいことは聞かれていない。みんなができることを私もやるだけ。

いくみん：私は、いつから書き始めるとか、時間で区切ってはいなかったかな。でも、**「解答が思い浮かばなくて制限字数が余るときは余ってもいいことにして他の設問に時間を充てる」**とか、**「対応づけがうまくいかなくて切り分けに悩んだときは切り分けない」**とか、**予めルールを決めていた**かな。0点じゃなければきっと大丈夫と思って。

か　ず　ま：わからない問題が出たときは、僕も同じだね。**「満点を狙う必要はない。6割で受かる試験だ」**と自分に言い聞かせて、**落ち着く**ようにしていたよ。あとは、「落ちても来年また受けるだけ」と思うことで気を楽にするよう意識していたかな。

そうちゃん：ほんとそれ！　「落ちても別に死ぬわけではない」「今年受かっても来年受かっても人生あと40年あることを考えれば大差ない」と考えて、**自分に重圧をかけすぎない**ようにしていた。

全　　　員：そうちゃん、すごく考えているね〜！　（笑）

そうちゃん：まとめると、みんな**自分がどういうところでパニックを起こすかを把握して、予め対策を立てていた**ってことだね。

> ・試験当日を特別な日と思わないようにすることで、普段どおりの実力を発揮する。
> ・試験時間中にパニックになったときにどうするか、予めルールを決めておく。

え〜と…

> 計算問題を解いているといつの間にか80分経ってしまい、時間が足りなくなります。

そうちゃん：事例Ⅳの過去問を解き始めた頃は悩んだよ。どうすりゃいいの！　って。事例Ⅰ〜Ⅲと比べて与件文は短いし、財務諸表から読み取る時間も必要だし。時間配分がわからず調子が狂っちゃうんだよね。

かわとも：計算問題は年度によって難易度が違うし、分野の得意不得意でも時間が変わってくるしね。みんなはどうやってタイムマネジメントをしていたの？

もっ　て　ぃ：自分は**第1問から順番に解いていた**よ。**難しい問題が出たらすぐに飛ばして、とにかく早く解く**ことを意識したなぁ。

か　ず　ま：僕も同じで第1問から解いたよ。難しい問題かどうかを見極めるのにも時間は必要だし、その時間を解くほうに使いたかったからね。ただ、もってぃと同じように**難しいと思ったら躊躇せずに次の問題に移って**いたよ。

いくみん：私も第 1 問の経営分析から始めて、第 2 問からは難しいと感じたら飛ばしたよ。特に「解き方が想像つかない問題」とか「解き方はわかるけれど計算が複雑になりそうで間違えてしまいそうな問題」とか。

たっつん：俺も計算問題は解けそうかどうか、チラ見して心構えしていたなぁ。みんなと違うのは、計算問題は必ず後回しにしていたところかな。経営分析と記述問題を優先的に解いて、計算問題は残った時間で対応するよう割り切ったよ。

かわとも：私は最初にすべての問題の解く順番と各問題にかける時間を決めていたよ。経営分析に15分、その他は配点÷ 2 を基準にざっくりとだけれど。難しい問題に時間をかけすぎることがないようにしたかったんだ。順番はたっつんと同じで、経営分析→記述→計算問題の順番だったよ。

か ず ま：みんなの話を聞いていると、解き始める順番は違うけれど、解きやすい問題から解いていくってところは一緒じゃない？

もってぃ：確かに。そういえば「事例Ⅳは問題の取捨選択が大事！」って聞いたよ。

いくみん：そうだね。難易度が低い問題を先に解いてしまえば解答欄が埋まっていって安心できるし、ペースがつかみやすかったかな。

そうちゃん：本番は初見の問題を解くわけだから、自分なりの順番は決めておいたとしても、難しいと感じたらこだわりすぎずに解けそうな問題から解いたほうがよさそうだね。得点できるはずの問題を落とすのはモッタイナイよ！

> ・簡単な問題や費やした時間に応じて得点できる問題から解いて、ペースをつかむ。
> ・自分なりの時間配分を決めて、難しい問題に遭遇したときの対処法も考えておく。

うーん…

計算ミスが多くて、解き方がわかっている問題でも間違えてしまうんだよなぁ。みんなはどうやって計算ミスを防いでいるのだろう？

もってぃ：自分は違和感があったらすぐに検算していたよ。ちなみに経営分析だったら主要な14指標は全部計算しても数分でできるようになったし、数字の根拠も確認できるし、一石二鳥。

全　　　員：（もってぃすげー……）

そうちゃん：俺は経営分析だったら、計算に使わない財務諸表、今回だと同業他社の欄は×印を付けて間違えて計算しないようにしていたよ。

かずま：僕も同業他社の欄は×印を付けたよ！　**経営分析の指標は収益性・効率性・安全性の3つから選ぶ**ことにしていたけれど、そのなかでも**安全性は「自己資本比率」にほぼ決めていた**よ。答えとして外す心配が少ないし、**使う指標をある程度絞ったほうが計算ミスが減る**と思ってこうしているよ。

かわとも：私は逆に計算に使うD社の財務諸表に赤〇を付けてたな。あと**数字の単位とか四捨五入の条件には蛍光マーカーで印を付けて見落とさないように注意**していたよ。

たっつん：似たようなところだけれど、俺は設問文で出てきた数字を使ったらレ点を入れてチェックしていた。数字を使い忘れることがよくあったから、**使った数字、使ってない数字を目視で確認**できるようにしていたよ。

いくみん：私は検算の仕方にも注意していたよ。**同じ解き方で2回チェックしても結局間違いに気づかないことがある**んだよね。だから解き方が複数ある場合は**別の解き方で検算**していたんだ。今回の事例だと第2問（設問2）で「営業利益ベースで計算」して、検算は「ＣＦベースで計算」して**クロスチェック**したよ。

■いくみんクロスチェック法（正味ＣＦ計算※法人税あり）

①営業利益ベースで計算する方法

$$(\underset{400}{CIF} - \underset{395}{COF} - \underset{1}{減価償却費}) \times (1 - \underset{0.3}{税率}) + \underset{1}{減価償却費}$$
$$= 3.8$$

②ＣＦベースで計算する方法

$$(\underset{400}{CIF} - \underset{395}{COF}) \times (1 - \underset{0.3}{税率}) + \underset{1}{減価償却費} \times \underset{0.3}{税率}$$
$$= 3.8$$

ほかにも安全余裕率だったら「損益分岐点比率から計算する方法」と「営業レバレッジから計算する方法（営業レバレッジの逆数＝営業利益／限界利益）を使ったりしていたよ。

そうちゃん：いくみんの引き出しの多さにびっくり！　でもこれって、**これまでミスしたことにちゃんと対策していた**ってことだよね。自分もＣＶＰの計算では売上、変動費、限界利益、固定費、営業利益（経常利益）の**項目別に表**を作っていたよ。これまでの経験から表内で計算することもあったから、計算余白も十分に取っていたよ。今回は出なかったけれど、ＮＰＶだったら営業利益からキャッシュフロー計算をする表を作っていた。

■そうちゃんのＣＶＰ計算表

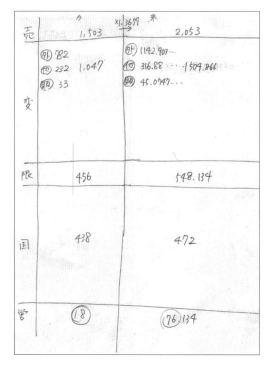

かわとも：**自分が間違えやすいところを把握して、きちんと対策しておく**ことが大事なんだね！

> ・計算のスピードと正確さを保つことができる方法を決め、解き方を安定させる。
> ・過去に起こした計算ミスは、原因を掘り下げ、繰り返さないよう対策する。

先生：どうでした？　共通点がありつつも、いろいろな解答プロセスがありましたね。

応泉：いやぁ〜本当に多種多様で、正直どれが正しいのか、ぼかぁ迷いますよ。

水戸：私はいくつか、「自分に向いてそうだな」と思うものがありました！

先生：みとちゃん、それでいいんです。一口に受験生といっても、みんな得意不得意が違います。自分の個性に合った解答プロセスを、まずは真似してみることです。

応泉：なるほど、「正しいか正しくないか」じゃなく、「自分に合ってるかどうか」か。

水戸：やっているうちに、さらに自分向きにカスタマイズできそうですよね。

先生：そうですね！　きっと合格者たちも、最初は真似から入り、自分に合うようにカスタマイズしたんだと思います。私もそうだったなあ（遠い目）。なかには、特別なことは一切何もしないという「解答プロセス」の方もいらっしゃいますけれどね。
　　　2人も自分なりの解答プロセスを作り上げて、次は必ず合格しましょう！

2人：はい!!

〜受験生に一言エール〜

受かるまで何度挑戦しても恥ずかしいことではありません。受かり方は人それぞれドラマがあります。

平成29年度試験 再現答案
（2018年版）

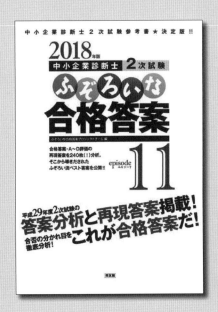

第２章のトリセツ

　第２章は、平成29年度２次試験合格者のうち６名を取り上げ、各人の再現答案・「80分間のドキュメント」をはじめとした一人ひとりにフォーカスを当てた特集となっています。６名のプロフィールも載せていますので、ご自身と属性の近い合格者を探し、気づきの材料としていただければ幸いです。

第１節　合格者６名の勉強方法と解答プロセス

　　ふぞろいな合格者６名の紹介に続き、各メンバーの勉強への取り組み方、合格のために重視していたこと、勉強スケジュールなどを詳細なコメント付きで紹介します。

第２節　合格者の80分間のドキュメントと再現答案

　　各合格者の再現答案と、２次試験当日をどのように過ごしたかをドキュメント形式でお伝えします。試験開始から終了までの80分という試験時間のなかで、合格者がどのように考えてその答案に至ったのか、さまざまな感情も含めて臨場感たっぷりに再現しています。

第３節　合格者の解答プロセス大公開

　　事例問題を解く際、「読む」「考える」「書く」の各段階において、合格者はどのようなプロセスを踏んでいたのか。合格者６名の解答プロセスのビフォー・アフターを、失敗経験や試行錯誤した経緯もふまえて大公開します。ご自身の解答プロセスの参考にしてみてください。

第４節　不測の事態と現場対応力

　　どれほど入念に準備をして臨んでも、年に一度しかない２次試験本番では、予想外のことが起こります。平成29年度の事例ⅢとⅣでは、出題傾向が例年と異なっていたことで、合格者のなかでも不測の事態に陥った人が多数いたようです。混乱しつつも、なんとか解答を絞り出して合格を勝ち取った経緯を、座談会形式で語ってもらいました。

～平日の勉強方法～

　昼は近くのカフェ、夜は会社近くの自習室にこもってひたすら過去問を解き進める。

第1節　合格者６名の勉強方法と解答プロセス

１．ふぞろいな合格者６名のご紹介

再現答案を活用するために、自分と似たタイプの合格者を一覧表から見つけてね！

	mcky	シンゴ	たくじ	ちょく	とよでぃ	まき
年齢	33歳	31歳	26歳	36歳	30歳	30歳
性別	男	男	男	男	男	女
業種	製造業	専門職	金融	IT	製造業（医薬品）	団体職員
職種	経営企画	弁護士	融資事務・管理	SE	営業（MR）	事務など
２次受験回数	1回	1回	1回	2回	2回	3回
２次勉強時間	300時間	270時間	150時間	320時間	700時間	600時間
学習形態	独学	独学	1年目：予備校通学 2年目：予備校通信	独学	1年目：予備校通学 2年目：予備校通信＋通学	1、2年目：予備校通信 3年目：予備校通学
模試回数	0回	0回	2回	1回	7回	1回
模試成績	未受験	未受験	上位10％以内	上位50％以内	上位10％以内	上位1.4％以内
得意事例	事例Ⅳ	特になし	事例Ⅱ・Ⅲ	事例Ⅱ	事例Ⅲ	事例Ⅰ・Ⅲ
苦手事例	事例Ⅱ	事例Ⅳ	事例Ⅰ	事例Ⅰ・Ⅲ	事例Ⅰ・Ⅳ	事例Ⅱ
文系／理系	理系	文系	文系	理系	文系	文系
過去問演習で何を重視したか	質と量をバランスよく	分析優先	質とアウトプットを重視	質を重視	量を重視	質を重視
取り組み事例数	91事例	40事例	54事例	68事例	191事例	45事例
得点開示結果／ふぞろい予想点　Ⅰ	50/57	83/68	62/57	62/65	58/56	74/71
Ⅱ	60/63	66/67	69/65	62/68	58/65	59/68
Ⅲ	64/72	65/64	54/60	65/71	78/76	67/68
Ⅳ	74/80	57/64	73/63	62/61	64/73	56/53
２次試験攻略法	過去問で反省と検証を重ねながら解答プロセスを確立	キーワード・切り口の習得	事例別の視点を学習 演習を通じて知識習得	過去問を通して自分のクセを知る	反省と修正の繰り返し 文章の編集力	過去問重視・事例ごとの特徴をつかむ
事例を解くのに有利な経験や資格	―	―	日商簿記２級	―	―	―

通勤中（インプット）、昼休み（インプット）、仕事後（アウトプット）。

2．勉強方法と合格年度の過ごし方

勉強方法と解答プロセス ✳━━━━━━━━━━━━━━ ■mcky 編

（再現答案掲載ページ：事例Ⅰ p.172　事例Ⅱ p.200　事例Ⅲ p.228　事例Ⅳ p.258）

私の属性

【年　　齢】 33歳	【性　　別】 男
【業　　種】 製造業	【職　　種】 経営企画
【得意事例】 事例Ⅳ	【苦手事例】 事例Ⅱ
【受験回数】 1次：1回　2次：1回	
【合格年度の学習時間】 1次：800時間　2次：300時間	
【総学習時間】 1次：800時間　2次：300時間	
【学習形態】 独学	
【直近の模試の成績】 未受験　【合格年度の模試受験回数】 0回	

私のSWOT

S（強み）：決めた目標に対し手段がブレない　　W（弱み）：眠気耐性がない

O（機会）：独立＆地元へ帰ること、家族の理解　　T（脅威）：地方＆独学で情報量少ない

効果のあった勉強方法

①ゴール設定と手段設定

　1次試験が終了するまで2次試験に何も手をつけていませんでしたが、予備校に行かず、勉強会やセミナーにも行かず、書籍とネットの情報だけで2次試験に臨みました。ネットで評価の良い対策本をいくつか購入し、合格へ向けて必要なエッセンスを取り入れるなかで、何がゴールで、どうすればそのゴールに最短で辿り着けるのかを常に自分で考えることで、目標に対し最適な手段を実行できたと思います。

②過去問演習のPDCAを高速で回す

　実際に過去問を使い、解いていくなかで、必ず反省点が見つかります。なぜうまくできなかったのか、どうすれば二度と同じミスを繰り返さないのか仮説を立て、また次の過去問でその仮説を検証＆修正しながらまた反省をし、仮説を立て…というサイクルを回すことで、自分の納得のいく解答プロセスを確立できたと思います。

③定番キーワードの暗記

　過去問を年度ごとだけではなく、事例ごとでも解くことで、事例ごとの定番ともいえる、毎年ほぼ変わらないキーワードがあることがわかりました。それらのキーワードを暗記し、試験当日、必要に応じていつでも引き出せるようにしました。

私の合格の決め手

　実際の2次試験の現場で、何があっても諦めなかったことだと思います。試験に予期せぬサプライズはつきものです。まったく歯が立たない問題も出ますし、絶望的な状況で諦めてしまいたい気持ちも出てきます。しかし、それでも必死になってかじりついて解答することが、239点と240点を分けるのではないでしょうか。

仕事のお昼時間に事例Ⅳ向けの計算問題を解く。

合格年度の過ごし方～初年度受験生～

情報収集の結果、ふぞろい＋意思決定会計講義ノートだけで合格できると確信したので、ひたすら過去問を解いてはふぞろいで反省していました。隅から隅までふぞろいを熟読し、実際に合格した人の考え方や手法を知り、自分にとって必要な考え方や作法、エッセンスを取り入れていきました。

6月～翌年1月	課題：必要な知識を取り入れること		2次試験勉強時間
	学習内容	1次試験用の市販のテキストを購入し、大変そうな科目からインプット重視で学習を始めました。予定では翌年1月から2次試験の勉強を始める予定だったのですが、まさかの県外異動で、それは実現できませんでした。	取り組み事例数：0事例
			平均学習時間 平日：0時間 休日：0時間
2月～8月1週	課題：勉強時間の確保		2次試験勉強時間
	学習内容	仕事の都合で引っ越しせざるを得ず、住環境の変化と仕事内容の変化への対応でバタバタするなかで、いかに試験勉強の時間を確保するかに腐心しました。1次試験で精いっぱいで2次試験にまで手が回りませんでした。	取り組み事例数：0事例
			平均学習時間 平日：0時間 休日：0時間

1次試験！

8月2週～10月1週	課題：2次試験についての情報収集＆解答プロセスの確立		2次試験勉強時間
	学習内容	1次試験翌日に2次試験の情報収集を行い、どんな道のりでゴールに辿り着くかをまず考えました。そのうえで、事例Ⅰ～Ⅲは過去問を解き、ふぞろいで照合しながら1事例ごとに過去問演習のPDCAをひたすら回し、自己の解答プロセスを確立させていきました。事例Ⅳは意思決定会計講義ノートを何周も回し、問題を見ただけで解法がパッと思い浮かぶレベルにまでもっていったうえで、過去問に手をつけ始めました。事例Ⅳは過去問を何度も繰り返し解き、感覚を鈍らせないように努めました。	取り組み事例数：70事例
			平均学習時間 平日：2時間 休日：6.5時間
10月2週	課題：エラー時の対応確認		2次試験勉強時間
	学習内容	与件文読解、設問解釈、解答などの各フェーズおよびタイムマネジメントで失敗した場合にどうするかを考え、予め対処法を決めておきました。	取り組み事例数：12事例
			平均学習時間 平日：2時間 休日：6.5時間
直前1週間	課題：暗記項目の確認＆最終調整		2次試験勉強時間
	学習内容	各施策のメリット・デメリット、キーワード、解答プロセスの各フェーズで行うこと、エラー時の対応方法などを確認しつつ、体調を試験当日に向け整えました。	取り組み事例数：9事例
			平均学習時間 平日：3時間 休日：6.5時間

2次試験！

学習以外の生活

私は自分の子どもが大好きなので、ほぼ毎日子どもと接する時間を確保していました。特に1月までは土日は完全に子どもと遊んでいたため、平日しか勉強しませんでした。試験前でも1～2時間は子どもとの時間に費やしていました。そのおかげで家族との仲も崩れなかったと思います。

仕事と勉強の両立

頑張れば納期調整できる業務だったため、その分勉強時間を確保できました。仕事が終わると図書館に移動して勉強していましたが、子どもと一緒にいたかったため、最終的に家族全員で図書館に行き皆で一緒に勉強していました（笑）

～平日の勉強方法～

朝は喫茶店で問題を解き、夜は授業 or 復習。

勉強方法と解答プロセス　＊ ■━━━━━━━━━━━━━━━━━━━▶ シンゴ 編

（再現答案掲載ページ：事例Ⅰ p.176　事例Ⅱ p.204　事例Ⅲ p.232　事例Ⅳ p.262）

【 私の属性 】

【年　　齢】	31歳	【性　　別】	男
【業　　種】	専門職	【職　　種】	弁護士
【得意事例】	特になし	【苦手事例】	事例Ⅳ
【受験回数】	1次：1回　　　2次：1回		
【合格年度の学習時間】	1次：700時間　　　2次：270時間		
【総学習時間】	1次：700時間　　　2次：270時間		
【学習形態】	独学		
【直近の模試の成績】	未受験	【合格年度の模試受験回数】	0回

【 私のSWOT 】

S （強み）：文章読解・作成に慣れている　　　W （弱み）：独学につき情報量が不足

O （機会）：家族の全面的支援、自由な職場環境　　　T （脅威）：なし

【 効果のあった勉強方法 】

①ふぞろいによる過去問分析

　2次試験の対策を始めたのが1次試験終了後からであり、かつ私生活でも第1子が生まれたばかりで勉強に長時間を充てることができなかったため、とにかく過去問に狙いを絞って勉強しました。そのための教材としてふぞろいを用い、合格者レベルで抽出するべきキーワードや切り口を自分のなかにも揃えていきました。最初は実際に80分をかけて解いていましたが、より多くの事例をこなすために途中からは答案構成のみ作成していました。最終的には平成28年度から平成19年度まで遡って、10年分の過去問を解きました。

②ブログからの情報収集

　独学であったため、試験に関する情報・テクニックなどを手に入れるために複数の受験生支援ブログを読みました。特に過去の合格者が作成したゴロ合わせやファイナルペーパーは大変参考になりました。

③事例Ⅳ対策

　事例Ⅳに苦手意識を感じていたので、ＣＦ計算、ＣＶＰ分析、取替投資といった頻出論点については基礎的な問題を繰り返し解きました。実際の試験ではなんとか食らいつき、足切りを回避できるぐらいの解答が書ければよいと考えていました。

【 私の合格の決め手 】

　学習時間が限られたなかで、とにかくふぞろいの分析を信じ、合格者の書くべき答案の構成・切り口・キーワードを自分のなかに取り入れるよう過去問の分析を行ったことです。

〜平日の勉強方法〜
静かな早朝5時〜7時に勉強することで集中できた！

合格年度の過ごし方～初年度受験生～
1次試験終了後、2次試験までの時間が短いこと、また1次試験のように隙間時間での勉強がしづらいことから、いかに学習時間を確保するかが課題でした。最終的には、過去問を解くのは答案構成までにし、キーワードや切り口の分析を優先するなどの工夫を行いました。

			2次試験勉強時間
1月下旬～ 5月初旬	課題：1次試験突破		
	学習内容	1月下旬から5月のGWまでで、ひととおり学習範囲を終わらせました。2次試験対策はまったく行っていません。	取り組み事例数： 0事例
			平均学習時間 平日：0時間 休日：0時間
5月中旬～ 8月初旬	課題：1次試験突破		2次試験勉強時間
	学習内容	この時期も2次試験対策は行わず、1次試験の勉強のみを行っていました。経済学・経済政策、財務・会計は問題集を繰り返し解きました。	取り組み事例数： 0事例
			平均学習時間 平日：0時間 休日：0時間
1次試験！			
8月初旬～ 8月中旬	課題：2次試験情報の収集		2次試験勉強時間
	学習内容	1次試験終了後、まず受験生支援ブログなどで2次試験の情報収集を行いました。	取り組み事例数： 0事例
			平均学習時間 平日：0時間 休日：0時間
8月中旬～ 9月	課題：合格者答案の型の習得		2次試験勉強時間
	学習内容	当初自己流で作成した答案がふぞろい流の採点ではまったく点数の入らないものだったため、まずは合格者答案を参考に、①設問と答案をリンクさせる、②多面的に書く、といった型を習得するよう意識しました。また、最初に過去問を2年分解いた後は事例ごとに年度を遡り、事例特有の感覚をつかみました。	取り組み事例数： 20事例
			平均学習時間 平日：3時間 休日：5時間
10月	課題：過去問分析によるキーワード、切り口の習得		2次試験勉強時間
	学習内容	10月に入った頃からは80分かけて解くのではなく、答案構成のみを行い、キーワードや切り口の分析を優先して行うようにしました。	取り組み事例数： 20事例
			平均学習時間 平日：3時間 休日：5時間
2次試験！			

学習以外の生活

6月に一人娘が誕生したばかりであり、育児も全力で行いたかったため、育児よりも勉強を優先させるようなことはありませんでした（それでも妻には負担をかけていたと思います）。育児に伴い、いざという時のために飲酒を控えるようになり、副次的に勉強も捗る効果がありました。

仕事と勉強の両立

仕事は幸い多忙な時期ではなかったため、残業せずに夜に勉強時間を取れる日も多くありました。加えて、1次試験学習時から行っていた朝の時間帯の勉強も継続していました。また、仕事中の長距離移動が比較的多いため、移動時間を勉強時間に充てることもできました。

～ふぞろいを読んで衝撃を受けたこと～
　自分ではまったく思いつかなかったキーワードを書いた人がこんなにいるのか!!

勉強方法と解答プロセス　＊　━━━━━━━━━━━━━ ▪たくじ 編

（再現答案掲載ページ：事例Ⅰ p.180　事例Ⅱ p.208　事例Ⅲ p.236　事例Ⅳ p.266）

【 私の属性 】

【年　　齢】 26歳		【性　　別】 男	
【業　　種】 金融		【職　　種】 融資事務・管理	
【得意事例】 事例Ⅱ・Ⅲ		【苦手事例】 事例Ⅰ	
【受験回数】 1次：2回（1年目6科目合格）　2次：1回			
【合格年度の学習時間】 1次： 10時間　2次： 50時間			
【総学習時間】 1次： 460時間　2次： 150時間			
【学習形態】 1年目：予備校通学　2年目：予備校通信（ほとんど利用せず）			
【直近の模試の成績】 上位10％以内		【合格年度の模試受験回数】 2回	

【 私のSWOT 】

S（強み）：短期間で習得できる集中力　　W（弱み）：つい油断しがちな弱い自分

O（機会）：仕事以外の自由時間が多い　　T（脅威）：突然現れる耐え難い睡魔

【 効果のあった勉強方法 】

①質重視の勉強計画

　私は、効率的に学習することを意識していました。特に、2次試験に関しては、知識の詰め込みというよりは、与件文の読解力、設問文から解答を想定する力、解答を編集する力、それらを時間内にこなす力といったものが必要であると考えています。そのため、予備校の講義や過去問演習から各事例の基本的なテーマを理解し、1つ1つの事例問題に丁寧に取り組むことで、1つの事例から多くの学びを得られるようにしました。

②模試・演習結果に基づく現状分析と対応策の検討

　合格に向けた効率の良い勉強を行うため、常に現状と合格水準との差を意識していました。合格するために必要な力を予め理解しておき、模試・演習の結果から「何が足りなかったか（知識か視点かなど）」、「模範解答のような思考プロセスに至るには何が必要か」などを分析し、他の問題においても通用する解法を習得しました。

③勉強会での討論

　1年目は通学していたため、講義後の勉強会に参加し、過去問を中心に受講生同士で設問文から考えたことや解答に至るプロセスを討論しました。そのため、解答を多角的に検討することができるようになりました。一人で勉強していると、つい視野が狭くなってしまうため、ほかの人の意見を聴くことは非常に有意義でした。

【 私の合格の決め手 】

　比較的少ない学習時間で合格することができた大きな決め手は、合格に必要な力を認識し、そのなかで自分に足りない力を重点的に強化・克服できたことと、余裕のある勉強計画を立てたことで焦ることなく勉強できたことだと思います。

〜ふぞろいを読んで衝撃を受けたこと〜

　こんな凄い解答書かなきゃいけないの…？（実際には、そこまで書けなくても受かる）

> **合格年度の過ごし方～2年目受験生（2次受験資格なし）～**
> 1年目の1次試験の不合格の後は、9月の模試を最後に、勉強を完全に中断していました。1年目の段階で2次試験の対策もしていたため、合格年度はまず1次試験に合格することを目指しました。1次試験後に、2次試験の解法や解くうえでの視点を確認した後に演習を行いました。

	課題：モチベーションの向上・維持と確実に合格するための方法の確立		2次試験勉強時間
1月～3月	学習内容	前年度の1次試験後に2次試験対策講義を受講するも、9月の模試を最後に学習中断。模試の判定がA判定であったことから学習過程は間違っていなかったことを確認し、また来年に備えようと決意。翌年度は1次試験の受験を予定していたが、まだ時間があると思い、まったく勉強せず。	取り組み事例数：0事例 平均学習時間 平日：0時間 休日：0時間
4月～	学習内容	友人に誘われ参加した4月のふぞろいセミナーを契機に学習再開。2次試験の模試を受験した後は1次試験の学習をしようと思っていたが情報の勉強になかなか向かえず。結局、直前まで学習せず、ポイントのみを復習したうえで1次試験へ。	取り組み事例数：4事例 平均学習時間 平日：0～1時間 休日：0時間
1次試験！			
	課題：事例ごとのテーマの把握と解答プロセスの確立		2次試験勉強時間
8月中旬～ 9月上旬	学習内容	悲願の1次試験合格を果たすもなかなか2次試験の勉強に取り組めず。模試を受験して、今のままだと合格できないと危機感を覚え、勉強再開。まず、過去問の出題内容をもとに知識整理から始めた。	取り組み事例数：12事例 平均学習時間 平日：0～1時間 休日：0時間
9月中旬～ 直前	学習内容	学習期間が短かったため、ポイントを絞った学習を意識。合格するために必要な力、得点戦略などを把握。事例（設問）ごとの視点の理解→事例ごとの過去問演習により、事例ごとの対策を実施。解答作成練習はほとんど行わず、時間配分を考えるための予行演習の際にのみ実施。直前期は設問文から解答要素を考える訓練を行い効率的に学習。	取り組み事例数：38事例 平均学習時間 平日：1時間 休日：1時間
2次試験！			

学習以外の生活

> 趣味のマラソンやテニスをする時間、恋人と過ごす時間も確保しつつ、勉強と遊びのバランスの取れた生活ができたと思います。気分転換しながら勉強することでメリハリがついて良かったと思います。試験前は「もっと勉強しておけばよかった」と焦ることもありますが（笑）

仕事と勉強の両立

> 残業はほとんど無く、平日でも勉強時間を確保しやすく、4～5時間勉強することも可能でした。家に帰ってしまうと、集中力が切れることも多かったので、仕事帰りに喫茶店に籠ることもありました。それでも、勉強時間が不足することがあったため、音声講義の視聴や歩いている時の頭のなかでの知識整理などにより、机の上以外でも勉強するようにしました。

~ふぞろいを読んで衝撃を受けたこと～
　予備校の模範解答のような完璧な解答でなくても、問われたことをきちんとわかりやすく書くことで合格できるのか！

勉強方法と解答プロセス ＊ ━━━━━━━━━ ちょく 編

（再現答案掲載ページ：事例Ⅰ p.184　事例Ⅱ p.212　事例Ⅲ p.240　事例Ⅳ p.270）

私の属性

【年　　齢】 36歳	【性　　別】 男
【業　　種】 IT	【職　　種】 SE
【得意事例】 事例Ⅱ	【苦手事例】 事例Ⅰ・Ⅲ

【受験回数】　1次：1回　　2次：2回（平成28年度 C49A79B58B53→B）
【合格年度の学習時間】　1次：50時間　　2次：200時間
【総学習時間】　　　　　1次：330時間　　2次：320時間
【学習形態】　独学
【直近の模試の成績】　上位50％以内　　【合格年度の模試受験回数】　1回

私のSWOT

S（強み）：直感的、勘が良い　　　　　W（弱み）：注意力がない、凡ミスが多い
O（機会）：妻の理解、長い通勤時間　　T（脅威）：独学で士気を高め合う仲間がいない

効果のあった勉強方法

①神さま仏さまふぞろいさま

　千差万別な勉強法や解答プロセス、各予備校の多様な模範解答が乱立するなか、唯一「この本の作り方なら大外れはない」と拠り所となったのがふぞろいでした。過去問を解く→ふぞろいで確認→失点部分の分析→対策、のサイクルを回して、ふぞろい流採点で合格点をコンスタントに出せることを目標としました。

②己を知る

　過去問を解いた後に失点した箇所を抽出・分析して、与件から論点を拾い漏らしたのか、1次知識が足りなかったのか、などをエクセルシートでまとめて自分の傾向を把握しました。与件から論点を拾い漏らすのは設問の読み込みが甘いのか、ならば設問読みの時間を延ばすか、など、具体的な対策を立てるまでしつこく考えました。「注意しよう」だけでは、注意力のない自分は同じ過ちを繰り返すためです。

③変えるところと変えないところ

　前年、残り1点で散ったため、勉強方法についての基本的な方向性は間違っていなかったと踏んで、前年とはあまり変えませんでした。ただし前年、悔やまれる失点要因となった、「設問の制約見落とし」と、「事例Ⅳの解く順番」に関しては、解答プロセスを変えることで対策しました。

私の合格の決め手

　通勤時間が長く、往復で1.5時間程度座って勉強できる時間が確保できたことと、また、家族の理解を得られ、土日のどちらかは一日中図書館にこもって勉強できたことです。自分は自宅だとお酒やテレビなどさまざまな誘惑に負けて長時間勉強できない分、外で集中して学習するルーティーンを確立できたのはとても大きかったです。

～ファイナルペーパーに書いた一言～
　プロセス絶対死守。絶対に途中で諦めるな。

> **合格年度の過ごし方～2年目受験生（2次受験資格あり）～**
> 前年と同じく、過去問を解いてふぞろいのキーワードがコンスタントに出てくるか、に主眼を置いて学習を進めました。前年、比較的短期間で1次試験に合格できた分、定着が甘く、忘れつつある1次知識の補完を兼ねて1次試験を保険受験しました。

4月～6月	**課題：敗因分析、戦略構築**		**2次試験勉強時間**
	学習内容	過去問も少し解くが前年の敗因分析と今後の戦略構築がメイン。あまりエンジンはかかっていないので緩めに勉強。試験委員の先生の執筆本なども読んでみる。	取り組み事例数：14事例
			平均学習時間 平日：1時間 休日：1時間
7月～8月上旬	**課題：解答プロセスのPDCA**		**2次試験勉強時間**
	学習内容	時間的には1次試験と2次試験の勉強を半分ずつくらい。前年の失敗や現状の自分のミスの傾向から解答プロセスをいろいろと試し始める。1次試験はなんとか受かったので、これでリラックスして2次試験を受けることができる。	取り組み事例数：4事例
			平均学習時間 平日：1時間 休日：1時間
1次試験！			
8月中旬～10月中旬	**課題：解答プロセスの定着化とタイムマネジメント力の向上**		**2次試験勉強時間**
	学習内容	ふぞろい秋セミナーに参加。前年、同じ受験生として一緒にグループワークを行った方が、合格してセミナーの運営側に回られており、良い刺激を受ける。今年こそは、なんとしても自分も合格したい。 ある程度、解答プロセスも定着化してきたので解答骨子作成までを時間を計りながら実施。平日は電車のなかで事例Ⅳを解き、自宅に帰ってから事例Ⅰ～Ⅲの解答骨子まで作成＆振り返り。週末は図書館で本試験と同じようなタイムスケジュールで勉強して身体を慣らし、眠くなりにくい昼食、糖分の摂り方などを試す。	取り組み事例数：40事例
			平均学習時間 平日：2.5時間 休日：7時間 （土日どちらか）
直前1週間	**課題：健康維持**		**2次試験勉強時間**
	学習内容	特にこれまでと生活リズムを変えずに、引き続き淡々と過去問をこなす。ただし、通勤電車内はもちろんのこと、寝る時にもマスクをするなど、本番前に体調だけは崩さないように心掛ける。	取り組み事例数：10事例
			平均学習時間 平日：2.5時間 休日：7時間 （土日どちらか）
2次試験！			

学習以外の生活

> 平日に最低限の勉強時間は確保できていたので、土日のどちらかは完全オフにして家族サービスに充てていました。平日もたまに飲みに行っていたので、無理なく受験生活が送れました。ただし、夜勉強する前に晩酌する場合はビール1本までと制限を設けていました。

仕事と勉強の両立

> 会社のボスの理解もあり、特に直前期は、できる限り残業を抑えることができたので、平日は通勤中と帰宅後の時間を活用でき、勉強時間を確保できました。

～ファイナルペーパーに書いた一言～
　強みSを機会Oにぶつける、これ鉄板。

勉強方法と解答プロセス ＊ とよでい 編

（再現答案掲載ページ：事例Ⅰ p.188　事例Ⅱ p.216　事例Ⅲ p.244　事例Ⅳ p.274）

【 私の属性 】

【年　　齢】	30歳	【性　　別】	男
【業　　種】	製造業（医薬品）	【職　　種】	営業（MR）
【得意事例】	事例Ⅲ	【苦手事例】	事例Ⅰ・Ⅳ

【受験回数】　1次：2回　　2次：2回（平成28年度 C47B56C41C47→C）

【合格年度の学習時間】　1次：80時間　　2次：560時間

【総学習時間】　　　　　1次：800時間　　2次：700時間

【学習形態】　1年目：予備校通学　2年目：予備校通信＋通学（直前期）

【直近の模試の成績】　上位10％以内　　【合格年度の模試受験回数】　7回

【 私のSWOT 】

S （強み）：体育会気質の根性、体力　　　W （弱み）：事例Ⅳでの計算ミス

O （機会）：残業が少なく、勉強時間確保が容易　　T （脅威）：飲み会の誘惑、睡魔

【 効果のあった勉強方法 】

①反省ノートを作成し、事例を解くごとに毎回振り返り

過去問や予備校の演習問題を解いた際、気づきや見落としたポイント、反省点をノートに毎回記録して、自分ができていないことや次回解く際に意識すべきことを視覚的に整理しました。それによって、自分が忘れがちな観点や陥りやすいミスを把握でき、試験前に確認するポイントが明確になりました。

②日本経済新聞の「春秋」を毎日要約

日本経済新聞の「春秋」を毎日要約する講座を受講し、筆者の主張とその因果関係を短い文章で表現する訓練を日々行っていました。要約の訓練を通じ、単に解答要素を盛り込むのではなく、短い文章で因果関係を明確にした解答作成ができるようになりました。また、言葉の使い方への意識が向上したと思います。

【 私の合格の決め手 】

①ふぞろいで自分の答案を定量的に評価し、到達すべきレベルが明確となったことです。1年目は予備校の過去問題集のみで勉強をしており、何が得点につながるかがわかっていませんでした。しかし2年目はふぞろいでの勉強を通じて、何が試験で求められているか、どう答案を作成していくべきか、をつかむことができました。

②予備校通学により、切磋琢磨できる受験仲間ができたことです。勉強開始当初、勉強の習慣がついていない段階で独学は厳しいと思い、予備校通学を決意しました。そこで出会ったさまざまな年齢、職業の受験仲間との交流によって、勉強のモチベーションが維持できたと考えています。情報交換や議論、時には飲み会をしつつ、お互いに励まし合いながら、常に負けられないなと思い、勉強に注力できました。

～２次試験勉強を始める前に戻れるなら～

もっと早く過去問に手をつけろ、そればっかりやっとけ。

合格年度の過ごし方〜2年目受験生（2次受験資格あり）〜
1年目は何を書けば得点できるかのイメージができていなかったため、『ふぞろい』を活用して合格者がどのような答案を書いていたのかを見て、イメージをつけることから始めました。事例は必ず80分で解いて延長はせず、時間内で実力を出し切ることを意識して取り組んでいました。

1月〜 7月初旬	課題：ふぞろいな合格答案の考え方を注入！		2次試験勉強時間
	学習内容	『ふぞろいな合格答案』を入手できる分だけ入手し、過去問を解く（事例Ⅰ〜Ⅲのみ）。1年目に気づかなかった考え方や、切り口で過去問に向き合う。予備校通信の演習問題を活用し、自分の解答プロセスを模索する。	取り組み事例数： 80事例 平均学習時間 平日：3時間 休日：5時間
7月初旬〜 8月初旬	課題：1次試験の保険受験の勉強		2次試験勉強時間
	学習内容	保険で再度1次試験を受けるため、暗記系の科目である経営法務、経営情報システム、中小企業経営・政策を中心に1次試験の勉強を行う。平成27・28年度の過去問と、前年の予備校の1次試験対策の問題を解く。その合間に2次試験の過去問や予備校の演習問題をこなしていく。	取り組み事例数： 7事例 平均学習時間 平日：4時間 休日：8時間

1次試験！

8月中旬〜 10月中旬	課題：ひたすら事例を解いて、反省と修正→解答精度の向上		2次試験勉強時間
	学習内容	・1次試験に無事合格したため、2次試験の勉強に集中。量をこなし、反省と解答プロセス修正の繰り返し。 ・約10か月振りに事例Ⅳの勉強を再開。予備校のテキストを活用して、計算のやり方を思い出す。ふぞろいを見ながら、文章の解答をどう作成していくかをイメージしていく。 ・80分×4事例の長丁場への耐性をつけること、どのような問題に対しても得点できる対応力をつけること、を目的に各予備校の模試を受験する。 ・予備校に通学し、演習問題を通じて講師から1年目の自分との違いをフィードバックしてもらう。 ・ふぞろい秋セミナーに参加し、ふぞろいメンバーや受験生との交流で、モチベーション維持を図る。	取り組み事例数： 100事例 平均学習時間 平日：4時間 休日：8時間
直前1週間	課題：事例Ⅳ対策と体調管理、最近の傾向把握		2次試験勉強時間
	学習内容	計算ミスが多い事例Ⅳの対策として、基本的な計算問題を総復習する。体調を整えるため過度に勉強時間を割くことはせず、平成28年度の事例を1週間かけて分析して、最近の傾向をつかむことを意識する。	取り組み事例数： 4事例 平均学習時間 平日：4時間 休日：6時間

2次試験！

学習以外の生活

ジム通いは欠かさず、趣味であるランニングのトレーニングも継続していました。結果的に気分転換や体調管理に役立っていたと思います。飲み会翌日は勉強のパフォーマンスが圧倒的に落ちるので、飲み会自体は十分に楽しんだうえで、休日の午前中は体調回復に充て、午後から夜まで勉強を行うスタイルにしていました。模試直前や試験直前でない限りは、旅行や飲み会などは通常どおり楽しむようにし、適度に気分転換を図っていました。

仕事と勉強の両立

残業は少なく、業務量も自分で調整可能な職種のため、仕事と勉強の両立は比較的容易でした。
受験期間中、異動がなかったので、常に同じ環境の下で仕事と勉強を両立できました。

〜2次試験勉強を始める前に戻れるなら〜
　『ふぞろい』買っておけ。いいことあるぞ。

勉強方法と解答プロセス ＊ ━━━━━━━━ まき 編

（再現答案掲載ページ：事例Ⅰ p.192　事例Ⅱ p.220　事例Ⅲ p.248　事例Ⅳ p.278）

私の属性

【年　　齢】	30歳	【性　　別】	女
【業　　種】	団体職員	【職　　種】	事務など
【得意事例】	事例Ⅰ・Ⅲ	【苦手事例】	事例Ⅱ
【受験回数】	1次：4回　2次：3回（平成27年度　A77 C48 A68 C45→B）		
	（平成28年度　A68 B56 B56 B51→B）		
【合格年度の学習時間】	1次：　 80時間　　2次：200時間		
【総学習時間】	1次：1,000時間　　2次：600時間		
【学習形態】	1、2年目：予備校通信　3年目：予備校通学		
【直近の模試の成績】	上位1.4％以内　　【合格年度の模試受験回数】　1回		

私のSWOT

S（強み）：フットワークの軽さ、ポジティブ思考　　W（弱み）：自己資本の少なさ
O（機会）：勉強仲間と議論できる環境　　　　　　　T（脅威）：転職活動

効果のあった勉強方法

①ふぞろいな合格答案「解答ランキング」「再現答案」の活用

　合格＋A答案の分析を行い自分の解答と比較していました。足りない観点を補い多面的に考えることができるようになりました。数年分の分析でおおよその採点基準がわかるようになり、解答の構成要素に対する意識が強まりました。

②80分のプロセスと独自のフレームワークの確立

　1年に1回の80分という短い時間のなかで、練習時と同様のパフォーマンスを発揮するには、予めエラーを防ぐための「読む・考える・書く」の一連のプロセスの手順を決めておき、定着させることが有効でした。また、汎用的な予備校のフレームワークを活用し、過去問を解き独自にカスタマイズすることで、論理的・MECEに考えることができるようになり、さらに点数アップを図ることができました。

③苦手意識のある事例Ⅱの克服

　試験委員の先生の書籍を読み込み、中小企業のマーケティング戦略についての根本的な理解を深めました。また、予備校に通うことで「STPのプロセスを正確に行う」という2次試験における私の最大の課題を解決しました。

私の合格の決め手

　私の合格の決め手は、①過去の本試験を通し、自分ととことん向き合い、不合格であった真因を分析し、自分に足りないものを1つずつ補填してきたこと、②模試の事例Ⅲで全国1位、総合上位1.4％の成績を収め、その小さな成功体験が自信につながったこと、③志を持つたくさんの仲間に出会え、刺激を受け、また、周りの人も私を信じ、支えてくれたことです。

~2次試験の敗因~
　解答に盛り込む論点不足。

合格年度の過ごし方〜多年度受験生（2次受験資格なし）〜

春から転職活動をしていました。今回の1次試験は、必須だった運営管理と2日目の全科目を受験しました。本試験の2週間前から勉強を開始したので、受かっているとは思わず、10月まで転職活動の予定を入れてしまい、2次試験の直前期までプレゼンの準備や課題に追われていました。

			2次試験勉強時間
1月〜 5月中旬		課題：事例Ⅱの克服	
	学習内容	予備校の授業の復習をメインに学習を進めていました。事例Ⅱに関しては、出題の意図を理解するために試験委員の先生が書いた書籍を読んでいました。	取り組み事例数： 8事例 平均学習時間 平日：1時間 休日：4時間
5月下旬〜 8月初旬		課題：事例Ⅳの間違えパターンの把握・学習時間の確保	2次試験勉強時間
	学習内容	『中小企業診断士2次試験 事例Ⅳの全知識＆全ノウハウ』を毎日1題ずつ解き、間違えたポイントを分野ごとの間違えノートにまとめていました。7月中旬から1次試験の過去問を解きました。	取り組み事例数： 8事例 平均学習時間 平日：0.5時間 休日：2時間
1次試験！			
8月中旬〜 9月下旬		課題：モチベーションの向上・学習時間の確保	2次試験勉強時間
	学習内容	転職活動のため学習時間が取れず、かなり焦りましたが、隙間時間に予備校の解法を確認していました。	取り組み事例数： 4事例 平均学習時間 平日：0時間 休日：2時間
10月上旬〜		課題：本試験に照準を合わせる	2次試験勉強時間
	学習内容	過去問をひたすら解いていました。まず、優先順位の高い事例Ⅱを6年分、次に事例Ⅲを4年分、事例Ⅰを5年分解き、各事例の特徴を思い出すようにしました。各設問をノートに写経し、ふぞろいの採点項目をメモしました。事例Ⅳについては、時間がなく今回は80分通して過去問を解けず、不安が残ってしまいました。	取り組み事例数： 25事例 平均学習時間 平日：4時間 休日：4時間
2次試験！			

学習以外の生活

私は地方在住ですが、都心で転職活動を行っていたため体力的・精神的負担が大きかったです。また、都心の予備校に通っていたので、移動の飛行機のなかでは勉強しようと心掛けてはいましたが、疲れて爆睡していました。気持ちにゆとりがある時は友達や家族と出かけ、リフレッシュしていました。

仕事と勉強の両立

4月〜5月は、仕事の繁忙期でなかなか勉強時間を確保できませんでしたが、幸い6月〜10月の間は残業することは少なかったです。1次試験の勉強は、通勤の時間を使って間違えた問題の復習を行い、2次試験の勉強はまとまった時間が取れる休日に行っていました。

〜2次試験の敗因〜

苦手科目を得意科目で誤魔化化して受かろうとしたこと。財務が苦手なままではまず受からない。

第２節　合格者の80分間のドキュメントと再現答案

▶事例Ⅰ（組織・人事）────────────────────◀

平成29年度　中小企業の診断及び助言に関する実務の事例Ⅰ
（組織・人事）

　A社は、資本金1,000万円、年間売上高約８億円の菓子製造業である。A社の主力商品は、地元での認知度が高く、贈答品や土産物として利用される高級菓子である。A社の人員構成は、すべての株式を保有し創業メンバーの社長と専務の２名、そして正規社員18名、パートタイマー中心の非正規社員約70名をあわせた約90名である。A社は、2000年の創業以来、毎年数千万円単位の規模で売り上げを伸長させてきた。近年では、全国市場に展開することを模索して、創業時から取り扱ってきた３種類の主力商品に加えて、新しい菓子の開発に取り組んでいる。同社のビジョンは、売上高30億円の中堅菓子メーカーになることである。

　現在、A社の組織は、製造部門、営業部門、総務部門の３部門からなる機能別組織である。部門長と９名の正規社員が所属する製造部門は、餡づくり、生地づくり、成型加工、そして生産管理を担当している。また、自社店舗による直接販売は行っていないため、創業以来営業を担当してきた専務をトップに６名からなる営業部門は、県内外の取引先との折衝や販売ルートの開拓のほか、出荷地域別にくくられた取引先への配送管理と在庫管理が主な業務である。非正規社員70名のうち毎日出社するのは30名程度で、残りの40名は交代勤務である。非正規社員の主な仕事は、製造ラインの最終工程である箱詰めや包装、倉庫管理などの補助業務である。人事・経理などの業務は、３名の正規社員から成る総務部門が社長の下で担当している。

　長期的な景気低迷期の激しい企業間競争の中で順調に売上規模を拡大することができたのは、A社が事業を引き継ぐ以前のX社時代から、現在の主力商品の認知度が地元で高かったからである。A社の前身ともいえるX社は、70年近い歴史を誇る菓子製造販売業の老舗であり、1990年代後半までは地元の有力企業として知られていた。創業当初、小さな店構えにすぎなかったX社は、その後直営店をはじめ様々な販売ルートを通じて、和・洋の生菓子、和洋折衷焼菓子など100品目以上の菓子を扱うようになり、年間売上高は10億円を超えるまでになった。しかしながら、1990年代後半バブル経済崩壊後の長期景気低迷の中で販路拡大・生産力増強のための過剰投資によって巨額の負債を抱え、事業の継続を断念せざるを得なくなった。それに対して、当時、県を代表する銘菓として人気を博していた商品が売り場から消えてしまうことを惜しみ、菓子工業組合に贔屓筋がその復活を嘆

願するといった動きもみられた。さらに、県内外の同業メーカーからその商標権を求める声も相次いだ。

　その商標権を地元の菓子工業組合長がＸ社社長から取得していたこともあって、Ａ社に譲渡することが短期間で決まった。もちろん、Ａ社社長がＸ社の社員であったということは重要な点であった。1970年代半ばから長年にわたって営業の最前線でキャリアを積んだＡ社社長は、経営破綻時に営業課長の職にあった。一連の破綻処理業務で主要取引先を訪れていた折に、販売支援の継続を条件に商品の存続を強く求められたことで一念発起し、事業の再興に立ち上がったのである。

　企業経営者としての経験がないといった不安を抱えながらも、周囲の後押しを受けてＡ社社長が過半数を出資し、Ｘ社で共に働いていた仲間７名もわずかな手持ち資金を出資して事業再建の道をスタートさせた。主力商品だけに絞って、商品名を冠にした新会社設立の準備を急ピッチで進めた。資金の不足分については、県の支援で低利融資で賄った。とはいえ、かつてと同じ品質や食感を出すために必要な機器を購入するためには多額の資金が必要であり、昔ながらの味を復活させるには、その後数年の年月がかかっている。餡づくりはもとより、旧式の窯を使用した焼き上げ工程を含めて菓子づくりのほとんどが、人手による作業であった製造工程を大幅に変更し、自動化によって効率性を高められるようになったのは、現在の工場が完成する2005年であった。

　製造設備面の課題こそあったものの、商品アイテムを主力商品だけに限定してスタートしたＡ社は、創業直後から一定水準の売り上げを確保することができただけでなく、年を重ねるにつれ売り上げを伸ばし続け、今日の規模にまで成長したのである。2000年代半ばには増資して、手狭になった工場を、そこから離れた郊外の、主に地元の企業を誘致対象とした工業団地に移転させた。また、その新工場は、食品製造の国際標準規格であるＨＡＣＣＰ（ハサップ）に準拠するとともに、銘菓といわれたかつての商品に勝るとも劣らない品質や食感を確保し、現在の３種類のラインアップの焼菓子を日産50,000個体制にまで整備した。

　しかし、創業からおよそ17年の時を過ぎたとはいえＡ社の主力商品は、前身であるＸ社が築きあげてきた主力商品に依存しており、Ａ社が独自で創りあげたものではないことは事実である。かねてより目標として掲げてきた全国市場への進出の要件ともいうべき首都圏出店の夢もいまだにかなっているわけではない。売上高30億円というビジョンを達成するためには、全国の市場で戦うことのできる新商品の開発が不可避であるし、それを実現していくための人材の確保や育成も不可欠である。

　17年の時を経て、共に苦労を乗り越えてきた戦友の多くが定年退職したＡ社は、正に「第三の創業期」に直面しようとしているのである。

~受験時代によく食べたもの~
　　糖分を意識してチョコ系のお菓子（受験終了後は一切食べていない）。

第1問 (配点20点)

　景気低迷の中で、一度市場から消えた主力商品をＡ社が再び人気商品にさせた最大の要因は、どのような点にあると考えられるか。100字以内で答えよ。

第2問 (配点20点)

　Ａ社の正規社員数は、事業規模が同じ同業他社と比して少人数である。少人数の正規社員での運営を可能にしているＡ社の経営体制には、どのような特徴があるのか。100字以内で答えよ。

第3問 (配点20点)

　Ａ社が工業団地に移転し操業したことによって、どのような戦略的メリットを生み出したと考えられるか。100字以内で答えよ。

第4問 (配点20点)

　Ａ社は、全国市場に拡大することでビジョンの達成を模索しているが、それを進めていく上で障害となるリスクの可能性について、中小企業診断士の立場で助言せよ。100字以内で答えよ。

第5問 (配点20点)

　「第三の創業期」ともいうべき段階を目前にして、Ａ社の存続にとって懸念すべき組織的課題を、中小企業診断士として、どのように分析するか。150字以内で答えよ。

Column

情報収集は大事！　ただし自分のスタイルにカスタムしよう

　この情報社会、2次試験の情報やその対策についてもさまざまなものがあふれています。ネットやセミナー、ふぞろいもそうですね。でもこれらはあくまで参考情報。そのとおりにやったからといって成果が出るかは人それぞれです。だからこそ、自分で自分のやり方を早期に見つけ、取り組んでいく必要があります。そのためには情報収集して得た情報を、試し、組み合わせ、カスタムして自分のスタイルに調整していく他ありません。私の場合、1次試験後に2次試験の情報を広く収集したうえで、自身のマルチタスクな処理が苦手な部分を考慮し、1週間単位で事例Ⅰ～Ⅲを回すスタイルで勉強を行いました。事例Ⅳは問題の特性で分離し、頭を使う事例Ⅰ～Ⅲの周回中、合間合間に手を使う演習として組み込みました。個人的にはこれが上手くハマり、効率的に成果を出せたと思っています。自分のことは自分が一番わかっています。だからこそ、自分の力が最大限発揮できる勉強方法を見つけましょう！

（たーる）

Column

本試験では、ほぼ必ずといってよいほど想定外な事態に出くわす

　多くの人が、一生懸命過去問を解き、自分なりの解答プロセスを作り上げ、タイムマネジメントを確立し、事例ごとの頻出キーワードや要点を覚え、体調管理にも気をつけ、不安を抱えつつも気合を入れて本試験を迎えるものと思います。しかし、本番でも、過去問を解いた時のようにいくかというと、そうは問屋がおろしません。まったくお手上げな状況に出くわすものと想定しておいたほうが心構えとしてはよいと思います。時間や点数といったプレッシャーがあるなかで、フリーズしてしまったときのことを考え、事前に何らかの対策をしておきべきだと思います。私の場合は、ズバリ「何があっても絶対あきらめずに最後まであがく」と事前に決めておきました。精神論かもしれませんが、最後の拠り所として機能してくれたと思っています。皆さんも何か最後の砦を持たれてはいかがでしょうか。

（mcky）

～事例Ⅰのポイント・攻略法～
「事例Ⅰは組織・人事！」と思う。Ⅱっぽくならないように気をつける。

80分間のドキュメント 事例Ⅰ

mcky 編（勉強方法と解答プロセス：p.154）

1．当日朝の行動と取り組み方針

朝6時に目を覚まし、そわそわしながら準備し、7時前に家族皆で車に乗り込む。車内でごはんを食べながら暗記項目をチェックしていたら、あっという間に試験会場へ着く。「お父さん頑張ってね！」と子どもからエールをもらい、気合を入れ直す。

2．80分間のドキュメント

【手順0】開始前（～0分）

とりあえず栄養ドリンクを1本飲んでリラックスする。そうこうしているうちに注意事項が読み上げられ、意識を試験モードに切り替えていく。どんな問題であろうと、いつもどおりにやるだけだと自分に言い聞かせる。

【手順1】準備（～30秒）

受験番号を記入し、いつもの手順どおり段落に番号を振る。

【手順2】設問解釈（～5分）

※S：強み、W：弱み、O：機会、T：脅威、K：課題

与件文 まず1段落目だけ読む。「地元での認知度が高く、贈答品や土産物として利用される高級菓子」に下線、余白に「S」と記入。「すべての株式を保有し」に下線。「非正規社員約70名」に下線、余白に「非正規多い」と記入。「毎年数千万円単位の規模で売り上げを伸長させてきた」に下線、余白に「S」と記入。「同社のビジョンは、売上高30億円の中堅菓子メーカーになることである」に下線、余白に「K」と記入。

第1問 問われていることは、「一度市場から消えた主力商品をA社が再び人気商品にさせた"要因"」ね。「要因は、①～」で書こう。多分強みをもっともらしい順に書けばいいかな。

第2問 「少人数の正規社員での運営を可能にしている"特徴"」ね。「特徴は、①～」で書こう。これ過去問で出た論点だね。ラッキーと思っていいのかな？

第3問 「工業団地に移転し操業した"メリット"」ね。とりあえず「メリットは、①～」で書くけど、これは与件文読まないとわからないだろうな。

第4問 「全国市場に拡大することでビジョンを達成する際のリスクの可能性を"助言"」ね。とりあえず「助言は、①～」で書くけど、効果も書ければなお良しだな。これも与件文読まないとわからないだろうな。

第5問 「A社の存続にとって懸念すべき"組織的課題"」ね。「課題は、①～」と書くことにして、おそらく能力向上や士気向上についてA社の状況に合わせて書けばいいのかな。

~2次試験の敗因~

情報収集不足。合格者のレベル感の把握不足。それにより自分が足りないものの把握不足。

【手順3】与件文読解（～20分）

2段落目　「機能別組織」に下線。メリット・デメリットは何だったっけな。「自社店舗による直接販売は行っていない」に下線。余白に「Ｗ」と記入。ニーズを吸い上げにくい状況にあるな。非正規社員の主な仕事の説明箇所に下線。第2問に対応付けだな。

3段落目　「Ａ社が事業を引き継ぐ以前のＸ社時代から、現在の主力商品の認知度が地元で高かった」に下線。明らかに強み。余白に「Ｓ」と記入。過剰投資の説明箇所に下線、さらに復活を嘆願や商標権の説明箇所も下線、余白に「Ｓ」と記入。

4段落目　「Ａ社社長がＸ社の社員であったということは重要な点であった」に下線。重要って書いてあるんだから重要なんだろう。解答に使うのかな。

5段落目　自動化の説明箇所に下線。明らかに強み。余白に「Ｓ」と記入。

6段落目　「主に地元の企業を誘致対象とした工業団地に移転させた」に下線。第3問に対応付けだな。ＨＡＣＣＰの説明箇所に下線。強み。余白に「Ｓ」と記入。

7段落目　「売上高30億円というビジョンを達成」に下線。これは実現しないといけないな。余白に「Ｋ」と記入。さらに「全国の市場で戦うことのできる新商品の開発が不可避である」「それを実現していくための人材の確保や育成も不可欠である」に下線。これも実現しないと。余白に「Ｋ」と記入。第5問に対応付けかな？

8段落目　「戦友」に下線。怪しすぎるワードだが…使うの？

【手順4】解答作成（～75分）

第1問　与件文にちりばめられている強みを、優先順位をつけて検討し、文字数を調整しながら解答用紙に書いていく。

第2問　与件文からは、「すべての株式を保有」していることと、非正規社員の主な仕事の説明箇所が使えるな。あとはこれと過去問の解答キーワードを組み合わせれば問題ないだろう。

第3問　工業団地への移転なんだから、とりあえず税制優遇は受けられるよね。過去問でもあった気がするし。あとは与件文から拾いつつ、Ａ社にとってのメリットを書いていこう。

第4問　与件文にちりばめられている弱みを、優先順位をつけて検討し、文字数を調整しながら解答用紙に書いていく。

第5問　使うキーワードは「ノウハウ承継」「組織活性化」「部門間連携」、それからＡ社の課題である「人材確保」「人材育成」あたりが入っていれば問題ないかな。あとは非正規が多いから「表彰制度」「正社員登用」も入れておこう。効果は「士気向上」「能力向上」、それと新商品開発も入れないといけないな。このあたりでうまくまとめよう。

【手順5】見直し（～80分）

文章構成や誤字、脱字の確認。

3．終了時の手ごたえ・感想

　ＨＡＣＣＰのところはよくわからなかったが、正直、全体的には割とできた気がした。でも多分難易度は高くないから事例Ⅰではあまり差がつかないだろうな。まあ出だしとしては順調だな、この調子で事例Ⅱも頑張ろう。

〜2次試験に役立った本〜

　『ザ・ゴール』。生産現場を知らない人にお薦めしたい伝説の一冊。

合格者再現答案＊（mcky 編） ━━ 事例 I

第1問（配点20点）　100字

要	因	は	、	①	人	手	の	作	業	の	製	造	工	程	を	大	幅	に	変
更	し	自	動	化	で	効	率	性	を	高	め	ら	れ	る	よ	う	に	な	っ
た	為	②	新	工	場	は	ハ	サ	ッ	プ	に	準	拠	し	、	か	つ	て	の
商	品	に	勝	る	と	も	劣	ら	な	い	品	質	や	食	感	を	確	保[3]	し
た	為	③	主	力	商	品	の	認	知	度	が	地	元	で	高	か	っ	た[7]	為。

【メモ・浮かんだキーワード】　特になし
【当日の感触等】　特に問題ないだろう。
【ふぞろい流採点結果】　10/20点

第2問（配点20点）　100字

特	徴	は	、	①	全	て	の	株	式	を	保	有	す	る	こ	と	で	士	気
向	上	及	び	迅	速	な	意	思	決	定	を	可	能	に	し	②	製	造	ラ
イ	ン	の	最	終	工	程	で	あ	る	箱	詰	め	、	包	装	、	倉	庫	管
理	等[1]	の	ノ	ン	コ	ア	業	務[2]	は	非	正	規	に	任	せ[4]	、	正	社	員
は	営	業	、	製	造	、	総	務[1]	の	コ	ア	業	務	を	行	う[4]	。		

【メモ・浮かんだキーワード】　非正規のメリット、コアに集中
【当日の感触等】　過去問ではコアとノンコアを見極める、みたいなことを書いてた人が高得点だったが…今回はどうだろうか。
【ふぞろい流採点結果】　12/20点

第3問（配点20点）　100字

メ	リ	ッ	ト	は	、	①	工	業	団	地	に	移	転	す	る	こ	と	で	税
制	優	遇	等	を	享	受[3]	で	き	る	②	ハ	サ	ッ	プ	に	準	拠[4]	す	る
こ	と	で	品	質	向	上[4]	、	③	3	種	類	の	ラ	イ	ン	ア	ッ	プ	の
焼	菓	子	を	日	産	5	万	個	体	制	に	ま	で	整	備[4]	で	き	た	④
地	元	と	の	関	係	性	強	化	。										

【メモ・浮かんだキーワード】　戦略⇒誰に、何を、どのように
【当日の感触等】　工業団地のメリットなんて知識としては持っていないため、与件文から関係ありそうな箇所を抜き出したが、多面性を確保できたか…？
【ふぞろい流採点結果】　15/20点

第4問（配点20点）　100字

助	言	は	、	①	景	気	悪	化	の	場	合	、	販	路	拡	大	・	生	産
力	増	強	の	為	の	過	剰	投	資	に	よ	り	巨	額	の	負	債	を	抱
え	、	事	業	継	続	断	念	の	リ	ス	ク⁴	②	地	元	と	異	な	り	首
都	圏	で	は	認	知	度	が	低	い	為³	、	売	上	低	下	の	リ	ス	ク
③	新	商	品	の	開	発	が	進	ま	な	い	リ	ス	ク⁴	。				

【メモ・浮かんだキーワード】　全国市場に拡大できなくなるリスク要因
【当日の感触等】　すべて与件文を根拠に抜き出せたから、そんなに間違ってはないとは思うけど、多分何かの視点が抜けてるな…。
【ふぞろい流採点結果】　11/20点

第5問（配点20点）　150字

課	題	は	、	①	多	く	の	人	材	が	定	年	退	職³	す	る	中	で	、
部	門	間	連	携	を	強	化	し	ノ	ウ	ハ	ウ	承	継³	、	情	報	共	有
を	促	進	し	、	組	織	活	性	化	を	図	る²	こ	と	②	優	秀	な	非
正	規	社	員	の	表	彰	制	度	や	正	社	員	登	用	制	度¹	、	O	J
T	等	の	教	育	で	士	気	向	上	及	び	能	力	向	上	を	図	り	、
人	材	の	確	保	や	育	成	を	行	う	こ	と	で	、	新	商	品	の	開
発	体	制	整	備	を	図	る	こ	と	。									

【メモ・浮かんだキーワード】　ノウハウ承継、人材確保、体制整備、組織活性化、部門間交流、優秀な非正規社員の表彰
【当日の感触等】　言いたいことはすべて言い切った。
【ふぞろい流採点結果】　9/20点

【ふぞろい評価】　57/100点　　　【実際の得点】　50/100点
　与件文に忠実にキーワードを抽出して解答に盛り込むことができており、大崩れすることなく、すべての設問で着実に得点を積み上げることができています。

Column

重要なのは試験攻略ではない

　独学の私は1次試験終了直後、モチベーション維持のために中小企業診断士の方と直でお会いできるという診断士養成課程の説明会に参加しました。最終的に私は2次試験を通過して診断士になることを選びましたが、そこでの先生の言葉がとても印象深く、勉強の励みにもなりました。その内容は、「試験対策に追われると、試験攻略ばかりがうまくなってしまうが、それ自体は重要ではない。苦手分野があってもいい。必要なのは、診断士になった後に実務を遂行する能力を身につけること、そして個人の強みを活かすことだ」。
　2次試験の勉強をしている時から今に至るまで、私はこの言葉を反芻し続けています。相変わらず財務・会計は苦手ですが、それでも自信を失わずに中小企業診断士としてやっていこうと思えるのは、この言葉があったからだと思います。　　　　　　　　（なかじー）

～2次試験に役立った本～
『ふぞろい』、『中小企業診断士2次試験 事例Ⅳの全知識＆全ノウハウ』。

シンゴ 編 （勉強方法と解答プロセス：p.156）

１．前日〜当日朝の行動と取り組み方針

　福岡受験で県外から飛行機での行き帰りを予定していたため、１次試験に引き続いての台風接近に「またか…」と思う。行きは飛行機が飛んだため、１次試験と同じホテルに前日入り。ファイナルペーパーを軽く見つつ、大浴場にゆっくりと浸かり早めの就寝。

　当日は６時に起き、ホテルの朝食バイキングで朝カレーを食べた。８時前に出発し、徒歩で30分ほどかけて会場へ向かう。受験会場発表前に予約したホテルだったため、少し遠めになってしまったが、逆によい運動になり頭が冴えた。途中のコンビニで昼食と飲み物を購入し、試験会場到着。

２．80分間のドキュメント

【手順０】開始前（〜０分）

　自分の席に着き、筆記用具などを準備した後、アナウンスぎりぎりまでファイナルペーパーを確認。適度な緊張感はあったが、落ち着いていた。

【手順１】準備（〜１分）

　受験番号を記入し、乱丁・落丁がないことを確認。問題冊子の与件文・設問部分をホチキスから取り外し、それ以外をメモ用紙にする。

【手順２】設問解釈（〜５分）

　与件文の最初の部分のみを読み、A社の業種・規模を把握。すぐに設問へ移動し、内容・配点・文字数を確認。

[第１問]　「最大の要因は」とあるから理由は１つに絞ろう。書き方は、「最大の要因は〜点にある。」としよう。

[第２問]　少人数の正規社員での運営を可能にしている特徴、ということは業務省力化や非正規社員の活用などをしているのだろう。ここは皆書けるだろうからできるだけ多面的に書くようにしよう。書き出しは「特徴は〜」かな。

[第３問]　「戦略的メリット」って、どういうことを書けばよいのだろうか…。書き出しは「戦略的メリットは〜」にすればよいのだろうけれど…。

[第４問]　リスクを答えさせる問題は過去問かどこかで見たぞ。あれは確か事例Ⅳだったから、今回はどういうリスクが考えられるか組織・人事面からいろいろとイメージしてみよう。書き方は「リスクとして、〜が考えられる。」にしよう。

[第５問]　「組織的課題」の「分析」か。書き方が難しいけれど、課題の設定と対応策が書ければよさそう。最後の設問で文字数が多いから時間配分に気をつけよう。

【手順３】与件文通読（〜15分）

　与件文をざっと通読。情報を整理するため、簡単な組織図と時系列表を作成しながら読む。また、自分なりに見やすくするため、段落の変わり目で横線を引いておく。

〜２次試験とは○○である〜

　上位２割が合格する相対評価だが、本質的には自分との戦い。

　A社の創業の経緯がかなり特徴的で、単純に面白い。設問に関連づけられそうな部分もたくさんあるし、書くことがなくて困るということは無さそうだ。

【手順4】解答作成（〜78分）

　設問ごとに蛍光ペンの色を変え、使えそうな部分に線を引いていく。設問と与件文は必ずしも1対1で対応させるわけではなく、重複して使う部分もあるし、使わない部分もあるので、あまり悩みすぎないように。ひととおり与件文全体から要素を拾ったら、設問解釈で考えた書き方に合うように答案構成し、記述する。これを各設問で繰り返す。

[第1問]　第3段落から、X社から承継した主力商品はもともと地元での認知度が高く、復活を嘆願されるほどの人気商品だったことがわかる。第5段落から、A社はその主力商品に経営資源を集中させていることがわかり、そのため人気商品の復活が叶ったのだろうと考えた。そのほかに、昔ながらの味を復活させることができたことなども考えられたが、「最大の要因」ということでそのあたりの周辺的な記述は一切書かないことにした。

[第2問]　業務の絞り込み・省力化に関する記載が第5段落に、非正規社員の活用に関する記載が第2段落にあるため、要素の抜けがないように答案を構成した。

[第3問]　工業団地に関する記載は第6段落にあるものの、戦略的メリットにつながるような記載は見つからない。誘致対象が地元企業であったため、地元企業同士の協働のことと、1次知識を想起して、工場集積による他社のノウハウ獲得が可能なことを捻り出すが内容が薄い気がする…。答案構成で悩んでいたところ、A社の目標が全国進出であることに目が留まり、「戦略的メリット」という言葉の表現に合うことに気がつく。他社ノウハウ獲得が全国進出への足掛かりになる、と構成することでなんとか「戦略的」な答案の形になった。

[第4問]　全国市場進出に関する記載は第7段落にあり、首都圏出店が要件とされている。それに伴う組織・人事的なリスクを考えたが、あまり具体的なことは考えつかず、組織拡大の際の混乱や良質な人材確保ができないことといった抽象的なものになってしまった。ほかに何かないかと与件文を探し、A社の主力商品の知名度が高いのはあくまでも地元だけであることが使えるのではないかと考えた。

[第5問]　時間配分を意識していたのに、結局残り時間に余裕がなくなってしまった。とりあえず、A社の課題は第7段落から新商品開発だろうと当たりをつける。「組織的課題」の対応策という形にするため、部門設置や採用・教育といったお決まりの切り口から答案を構成し、急いで記述した。そのため、「第三の創業期」や「戦友の定年退職」といった、いかにも使ってほしそうなキーワードを使うことはできなかった。

【手順5】誤字脱字の確認（〜80分）

受験番号に誤りがないかを再確認し、終了の合図があるまでは誤字脱字の確認を行った。

3．終了時の手ごたえ・感想

　すべての設問についてそれなりに記載することができたので満足な滑り出し。事例Ⅱからは時間配分をさらに意識しよう（と思っていたが…）。

〜2次試験とは○○である〜

（『ふぞろい』メンバーが言うことではないかもしれませんが）半分、運である。去年ダメでも今年はいけるよ‼

合格者再現答案＊（シンゴ 編）　　　　　　　　　事例 I

第 1 問（配点20点）　100字

最	大	の	要	因	は	、	も	と	も	と	地	元	で	の	認	知	度	が	高
い	主	力	商	品	に	取	扱	い	商	品	を	絞	り	込	み	、	新	会	社
名	に	も	冠	す	る	こ	と	で	そ	の	点	を	明	確	に	し	、	限	ら
れ	た	経	営	資	源	を	主	力	商	品	に	集	中	さ	せ	た	点	に	あ
る	。																		

【メモ・浮かんだキーワード】 認知度の高い主力商品、経営資源の集中

【当日の感触等】 「最大の要因」なので要素を絞ったことが吉と出るか凶と出るか。

【ふぞろい流採点結果】 13/20点

第 2 問（配点20点）　100字

特	徴	は	、	①	取	扱	商	品	数	を	絞	り	込	み	②	自	社	店	舗
に	よ	る	直	接	販	売	を	行	わ	な	い	こ	と	で	販	路	も	絞	り
込	み	③	菓	子	製	造	工	程	の	自	動	化	で	業	務	省	力	化	を
図	り	、	か	つ	補	助	業	務	を	非	正	規	社	員	に	任	せ	る	こ
と	で	正	社	員	の	コ	ア	業	務	へ	の	集	中	を	可	能	と	し	た 。

【メモ・浮かんだキーワード】 業務省力化、コア業務・ノンコア業務、非正規社員の活用

【当日の感触等】 多面的によく書けたと思う。

【ふぞろい流採点結果】 20/20点

第 3 問（配点20点）　100字

戦	略	的	メ	リ	ッ	ト	は	、	①	地	元	の	企	業	が	集	積	し	て
い	る	こ	と	に	よ	り	地	元	企	業	と	の	協	働	が	容	易	と	な
っ	た	こ	と	、	②	製	造	業	の	集	積	に	伴	い	他	社	の	ノ	ウ
ハ	ウ	を	吸	収	す	る	こ	と	に	よ	っ	て	全	国	進	出	へ	の	足
が	か	り	と	す	る	こ	と	が	で	き	る	こ	と	。					

【メモ・浮かんだキーワード】 企業集積による協働、ノウハウ吸収

【当日の感触等】 なんとか戦略的メリットのようなことを書けた気がするが内容的には薄い気がする。

【ふぞろい流採点結果】 7/20点

短時間で企業にヒアリングして経営支援する、模擬コンサル業務。

第4問（配点20点）　100字

リ	ス	ク	と	し	て	は	①	主	力	商	品	の	知	名	度	が	地	元	に
限	ら	れ	て	お	り³	全	国	市	場	で	売	上	を	伸	ば	す	こ	と	が
で	き	な	い	こ	と²	②	全	国	市	場	進	出	の	要	件	と	な	る	首
都	圏	出	店	が	未	実	現⁴	で	あ	り	出	店	に	伴	う	組	織	拡	大
の	際	の	混	乱³	や	良	質	な	人	材	を	確	保	で	き	な	い	こ	と。⁴

【メモ・浮かんだキーワード】　首都圏出店が全国市場進出の要件

【当日の感触等】　やや抽象的な記載になってしまった。

【ふぞろい流採点結果】　16/20点

第5問（配点20点）　150字

課	題	は	、	主	力	商	品	が	X	社	の	商	品	に	依	存	し	A	社
独	自	で	創	り	あ	げ	た	も	の	で	は	な	い	た	め	、	全	国	市
場	に	通	用³	す	る	新	商	品	の	開	発	を	行	う	能	力	を	向	上
さ	せ	る³	こ	と	で	あ	る	。	そ	の	た	め	、	開	発	を	担	当	す
る	専	門	部	門	や	担	当	者	の	設	置²	、	開	発	担	当	者	の	中
途	採	用	に	よ	る	人	材	確	保²	、	教	育²	等	を	行	う	こ	と	に
よ	る	A	社	の	製	品	開	発	力	の	向	上	が	必	要	と	な	る	。

【メモ・浮かんだキーワード】　茶化（採用・配置・報酬・育成［委譲］・評価）

【当日の感触等】　あまり時間がなく、答案を十分練ることができなかった。

【ふぞろい流採点結果】　12/20点

【ふぞろい評価】　68/100点　　　【実際の得点】　83/100点

　第3問では他の受験生があまり書いていないキーワードを柱に解答を組み立てているため、得点が低くなっていますが、全体的に因果がしっかりと書かれており、合格点を大きく上回っています。

Column

独学者の勉強スタイルはどのように決めていくか

　独学、ましてストレートの受験生にとって、2次試験に向けてどのような勉強方法をとるかは悩ましい点だと思います。私の場合、1次試験が終わるまで2次試験のことはまったく考えていませんでしたので、1次試験後まずは3〜4日かけてとにかく情報を集めまくりました。その間、勉強はほとんどしていません（休みたかったというのもあります（笑））。調べていくなかで良さそうだなと思った参考書は書店で確認し、判断に迷えばとりあえず買ってみました。良かったと思うのは、コレと決めた勉強法あるいは参考書からブレなかったことです。悩むのは勉強法選びまでで、決めた後は一直線にやっていかなければ成長は確認できないし、得られないものと割り切っていました。1次試験後から2次試験の勉強を始めて遅いことはないと思いますが、余裕があるわけでもありません。ただそれでも、自分なりに自信をもってやり遂げられる勉強方法を探すことに時間をかけてかけすぎることはないと思います。

（さっきー）

　〜2次試験で学んだ人生哲学〜

　忙しいと言ってる時は実は忙しくない（多忙な時期でも頑張れば時間は確保できる）。

たくじ 編 （勉強方法と解答プロセス：p.158）

1．当日朝の行動と取り組み方針

　前日までの追い込みで当日の疲労が心配だったが、目覚めはよく、いい感じに頭が働いてくれそうだと感じた。それより気掛かりだったのは天候で、台風の影響で前日から雨が降っていた。朝は問題なさそうだったが、夕方頃に台風が直撃する予報で心配になった。前日に購入した水・チョコを持ち、電車に揺られて1時間半。電車のなかで過去問を最終確認。予定どおり集合時間の30分前に試験会場に到着し、手洗いなど試験前の準備を済ませた。これまで意識してきたことを本番でもできるようにすることを目標とした。

2．80分間のドキュメント

【手順0】開始前（～0分）

　試験開始が近づくにしたがって唇が乾燥するほどまで緊張していき、自分がこの試験に対して真剣に向き合っていることがわかり、高揚感を覚えた状態で試験開始の合図がかかった。

【手順1】準備（～30秒）

　解答用紙が配られ、100字の設問が4問、150字の設問が1問であることを認識。少し分量が多いと思ったため、時間配分に注意しようと思った。ゆっくり確実に受験番号を記入し、深呼吸。また、乱丁・落丁がないことを確認。

【手順2】設問解釈（～8分）

与件文 　1段落目を読み、規模、業種、従業員数を確認。

第1問 　「人気商品に『させた』」という設問要求なので、単に「なった、できた」とは違う見方で考えないといけないのか。また、解答のメインは「最大の要因」なので、要因を1つに絞らないといけないのか。想定される解答要素は、主力商品のPR、高品質の実現などかな。あまり思い浮かばなかった。強みを意識してもう一度考えよう。

第2問 　問われているのは、「A社の経営体制の特徴」で、そのなかで少人数の正社員での運営を可能にしていると考えられる特徴だな。与件文から、A社の経営体制に関する記述があるはずだ。想定される解答としては、管理の負担が軽いこと、権限委譲か。

第3問 　「戦略的メリット」というのがいまいち理解できなかったが、「メリット」として広く解答候補を考えよう。また、要求が「考えられるか」だから、類推が必要だな。想定される解答要素として、生産性の向上、他社との連携・協力、情報収集があるかな。

第4問 　要求解釈が難しい。「障害となるリスクの可能性について」ってどのような解答構成にすればいいのだろう。「ビジョン達成のため」とあるため、まずは、ビジョン達成の要件を考えよう。「障害となるリスク」はハード面・ソフト面から考えよう。

第5問 　問われているのは、「A社の組織的課題の分析」であるため、A社の課題を根拠とともに記述しようと思った。「組織的」という視点で考える必要があるため、人事・組織面から考えよう。また、「第三の創業期」という時制にも注意しようと思った。

【手順3】与件文読解（要約、ＳＷＯＴ、問題・課題の観点から）（〜22分）

1段落目　主力商品がA社の強みで、地元での知名度が高い。全国市場への進出を目指している。新商品の開発が必要。

2段落目　機能別組織であることと、各部門の説明。非正規社員の人数と担当業務について。第2問の根拠になりそう。

3段落目　A社が売上を拡大することができた理由、A社の前身ともいえるX社についてか。主力商品に対する復活を求める声があったのか。ここは第1問の根拠になりそう。

4段落目　商標権の譲渡、主要取引先から存続を求められて一念発起したとの記述があった。ここも第1問の根拠かな。どれが最大の要因かはまだ決められないな。

5段落目　A社の創業から軌道に乗るまでの流れかな。X社の仲間がA社へ来たこと、主力商品に絞ったことが当初の成功要因かな。この時点では、品質・効率化の面では課題があったが、工場の完成により解決された。ここは、第3問に関係ありそう。

6段落目　製造設備面に課題があったなかで成長を続けた。工業団地への工場の移転により、高い品質・食感、量産体制の整備を実現した。ここは確実に第3問の根拠になるはず。

7段落目　ビジョン達成のためのA社の課題に関する記述。第4、5問に関係するかな。後半の段落でもあるし。ビジョン達成のための要件がいくつか示されている。

8段落目　A社を支えてきた社員の多くが定年退職か、組織力の低下はあるだろう。ここも第5問につながるかな。

【手順4】ポイント整理・対応付け（〜40分）、解答作成（〜80分）

第2問　A社の経営体制として特徴的なのは、正社員と非正規社員の業務の違い。非正規社員の管理の必要性が低いことも特徴かな。

第3問　やはり「戦略的」という視点が難しかったが、A社の製造設備面の課題解決のための移転と考え、移転によるメリットを解答とすることに。キーワードとしては、自動化、量産体制。地元の企業のみの工業団地のため、「地元」という視点も盛り込む。

第5問　A社の課題としては、新商品の開発とそれを担う人材の確保・育成である。また、定年退職による組織力の低下を防止することである。人事・組織の観点から考えると、専門部署の設置、人事体制の構築が課題かな。

第1問　要因を1つに絞るとなると、事業再興につながった社長の一念発起かな？　あまり解答としてはないパターンだと思うが、与件文に忠実にいこう。あとは、取引先の要望などかな。

第4問　解答構成（特に文末）に最後まで迷うも、文末は「〜となる可能性がある。」と可もなく不可もない形式で記述することに。「障害となるリスク」については、全国市場への進出に必要な、新商品の開発や直営店の経営ができないことと考えた。

3．終了時の手ごたえ・感想

　苦手意識のある事例Ⅰだったので、予想どおりという感じ。足切りはないと思うが、他の事例で挽回しないといけないだろう。設問要求で戸惑うことが多く、対応が難しかった。最低限の点数は取れた感触があったので、特に気にせず次の事例に取り組めそうだ。

〜2次試験で学んだ人生哲学〜

　強みを活かすのは当たり前だが、苦手が克服できると仕事が広がる。

合格者再現答案＊（たくじ 編）　　　　事例Ⅰ

第1問（配点20点）　　100字

主	力	商	品	の	復	活	を	贔	屓	筋	が	嘆	願	し	た	こ	と	、	破
綻	処	理	業	務	で	主	要	取	引	先	を	訪	れ	て	い	た	時	に	販
売	支	援	の	継	続	を	条	件	に	商	品	の	存	続	を	強	く	求	め
ら	れ	た	こ	と	で	A	社	社	長	が	一	念	発	起	し	、	知	名	度
の	高	い	、	主	力	商	品	の	復	活	を	強	く	決	意	し	た	点	。

【メモ・浮かんだキーワード】　取引先からの要望と期待、それを受けたうえでの社長の一念
　　発起

【当日の感触等】　社長の思いを要因として挙げたのはどうなのだろう、と不安に。

【ふぞろい流採点結果】　11/20点

第2問（配点20点）　　100字

機	能	別	組	織	に	お	い	て	、	正	社	員	の	数	に	対	し	て	パ
ー	ト	の	人	数	が	多	い	が	、	交	代	勤	務	制	の	採	用	に	よ
り	現	場	で	管	理	が	必	要	な	人	数	を	減	ら	し	て	い	る	こ
と	、	ま	た	、	パ	ー	ト	従	業	員	に	は	補	助	業	務	を	任	せ
る	こ	と	で	管	理	の	負	担	と	コ	ス	ト	を	減	ら	し	て	い	る	。

【メモ・浮かんだキーワード】　機能別組織、交代勤務制、補助業務、管理コスト

【当日の感触等】　経営レベルの視点が弱いかもしれない。こちらも少し不安。

【ふぞろい流採点結果】　10/20点

第3問（配点20点）　　100字

工	場	の	設	備	レ	ベ	ル	の	向	上	に	よ	り	、	商	品	品	質	の
再	現	性	を	高	め	、	製	造	工	程	の	変	更	に	よ	る	自	動	化
に	よ	っ	て	効	率	化	を	図	り	量	産	体	制	を	構	築	で	き	た	。
さ	ら	に	、	地	域	の	工	業	団	地	で	あ	る	た	め	地	元	企	業
と	の	連	携	・	協	力	が	図	れ	る	よ	う	に	な	っ	た	。		

【メモ・浮かんだキーワード】　工場の設備の向上→量産体制の構築、商品品質の再現性の向
　　上、自動化、地元企業との連携

【当日の感触等】　「戦略的」というのがうまく表現できなかったが、メリットはよく書けて
　　いるだろう。

【ふぞろい流採点結果】　14/20点

第4問（配点20点）　100字

新	商	品	の	開	発	、	全	国	市	場	の	ニ	ー	ズ	に	合	う	**商**	**品**
の	**開**	**発**⁴	、	**販**	**売**	ル	ー	ト	の	**確**	**保**⁴	、	自	社	店	舗	に	よ	る
直	接	販	売	は	行	っ	て	い	な	か	っ	た	た	め	直	営	店	経	営
を	行	う	場	合	経	営	ノ	ウ	ハ	ウ	が	**必**	**要**	**で**	**あ**	**る**	が	、	こ
れ	ら	を	満	た	せ	な	い	可	能	性	が	あ	る²	。					

【メモ・浮かんだキーワード】　ビジョン達成の要件、首都圏進出、新商品開発、障害

【当日の感触等】　設問要求が難しかったため、解答の仕方に苦労した。点数取れているのだろうか。

【ふぞろい流採点結果】　10/20点

第5問（配点20点）　150字

Ａ	社	の	存	続	に	は	、	事	業	の	新	た	な	柱	と	な	る	**新**	**商**
品	**の**	**開**	**発**³	、	**創**	**業**	**期**	**か**	**ら**	**支**	**え**	**て**	**き**	**た**	**人**	**材**	**の**	**退**	**職**³
に	よ	る	組	織	の	弱	体	化	の	防	止	が	必	要	で	あ	る	。	そ
の	た	め	、	**商**	**品**	**開**	**発**	**部**	**署**	**の**	**設**	**置**²	と	総	務	部	に	よ	る
人	事	部	の	設	置	に	よ	り	、	新	商	品	開	発	に	専	念	で	き
る	よ	う	に	す	る	と	共	に	そ	れ	ら	を	担	う	人	材	を	**採**	**用**²
育	**成**²	す	る	こ	と	が	課	題	で	あ	る	。							

【メモ・浮かんだキーワード】　新商品開発、人材の確保・育成、組織の弱体化、人事部の設置

【当日の感触等】　A社の組織的課題は与件文中にわかりやすい記述があったため大丈夫だろう。この設問は自信あり。

【ふぞろい流採点結果】　12/20点

【ふぞろい評価】　57/100点　　　【実際の得点】　62/100点

　第1問では解答の柱になる「商品の知名度」について触れることができており、最低限の点数を確保できています。第2問では「正社員」や「自動化」といったキーワードを盛り込むことができていないため、点数が伸びていませんが、他の設問では題意に沿った解答ができているため、大崩れを回避しています。

ちょく 編 （勉強方法と解答プロセス：p.160）

1．当日朝の行動と取り組み方針

　6時半起床。前日布団に入ったのが夜中の1時過ぎだから睡眠時間は5時間くらいか。うん、いつもどおり。以前、1次試験の時かな？　張り切っていつもより早く寝ようとしたら逆にまったく眠れなくなってしまった苦い経験があるから、ほんとは7時間くらい寝たいけど直前は下手にリズムを変えないほうが無難だ。朝食は和食で軽めに。これで試験会場へ向かう電車のなかで血糖値が下がってウトウトして、試験会場に着く頃には頭スッキリの予定。テレビで台風情報が流れている。試験終わりくらいに関東直撃か。良かった、試験自体には影響無さそうだ。子どもたちに「パパ頑張ってくるぞ！」と気合を入れて宣言して家を出る。子どもたちはわけがわからずキョトンとしていたけど…。

2．80分間のドキュメント

【手順0】開始前（～0分）

　試験会場に来る途中、風はまだそれほど強くないが雨は結構降っていた。数時間後には台風直撃か。季節柄当然だが、試験の時期をズラすことはできないのだろうか？　そんなことを意外と冷静に考えながらも開始時刻を迎える。さあ、去年のリベンジをするぞ！

【手順1】準備（～1分）

　意識的にゆっくりとホチキスを外していく。急いでも数秒～数十秒しか変わらないし、なかなか外れない時に自分が緊張しているという錯覚に陥るのを防ぐためだ。まずは配点と文字数を確認。5問すべて20点か。よくある見慣れた構成だ。

【手順2】設問解釈（～7分）

第1問　「一度市場から消えた主力商品」「再び人気商品」「要因」に下線を引いておく。市場から消えた商品が再び人気商品になるのは容易じゃないはずだ。なぜ消えたのか？どうやって復活させたのか？　書き出しを「要因は～」と書いておく。

第2問　「経営体制」の「特徴」か。「組織体制」とはあえて書いてはいないが、おそらく組織面でのA社の特徴と捉えて間違いは無さそうだ。「少人数の正規社員」ということは、コア業務に正規社員を集中して非正規社員を活用する、というようなことか？　「コア業務、非正規」とメモ書きし、書き出しを「特徴は～」と書いておく。

第3問　「工業団地に移転し操業」したことが生み出した「戦略的メリット」か。「戦略的メリット」ってあまり聞かない言葉だな。

第4問　「全国市場に拡大することでビジョンの達成」「障害となるリスクの可能性」について中小企業診断士の立場で助言か。難問っぽい匂いがプンプンする。設問番号の横に「×」マークを付け優先順位を下げる。

第5問　「第三の創業期」「存続」「懸念」「組織的課題」か。ここは定番の切り口を使えそうだな。「茶化（採用・配置・報酬・育成［委譲］・評価）」と端っこに書いておく。

【手順３】与件文読解（〜15分）

1段落目　主力商品の地元での認知度は強み。やはり非正規社員が多い。売上を８億から30億か。たしかに全国展開でもしない限りは４倍近く売上を伸ばすのは難しそう。

2段落目　「出荷地域別にくくられた取引先」なんだか怪しいワードだな。営業が６名しかいないのに、やることが多過ぎないか？　やはり非正規は補助業務。交代勤務で人件費の効率性が良いか。

3段落目　和洋折衷で100品目。Ｘ社は随分手広く取り扱ったな。でもその結果、過剰投資で事業が立ち行かなくなったのか。これは繰り返さないようにしなければ。「贔屓筋がその復活を嘆願」よっぽど地元での人気が高かったのだろう。

5段落目　必要な機器購入の多額の資金と数年の年月が掛かったが、かつての品質や食感、味を再現できたと。これは復活の要因だな。さらにその資金を賄えたのは県の支援での低利融資が受けられたおかげか。自動化での効率性向上は強み。

6段落目　「ＨＡＣＣＰ」って何だ？　１次試験の勉強で覚えたっけ？　わざわざこんなものをぶち込んでくるからにはどこかで使わせたいのだろう。強みとしてマーカー。

7段落目　「しかし」おっと、課題が来たかな？　「主力商品に依存」「首都圏出店の夢もいまだにかなっているわけではない」「新商品の開発が不可避」「人材の確保や育成も不可避」立て続けに課題、問題が列挙された。とにかく全部マーカーしておこう。

8段落目　「戦友」「定年退職」か。世代交代の時期なのだろう。

【手順４】解答骨子メモ作成（〜40分）

第1問　最大の要因は元々商品の知名度が高かったことだろう。とはいえ資金的な支援や味の再現も復活に必要不可欠な要因だ。うーん。100文字あるから全部書くか。

第2問　論点は間違いなくコア・ノンコア業務を区別し非正規社員をうまく活用していることだろう。皆ここは落とさない問題だろうから確実に、丁寧な解答を心掛けよう。

第5問　第３問・第４問は難しい。一般知識で書けそうな第５問から。課題は全国展開できる体制と世代交代だから、組織的な観点から無難にまとめよう。

第3問　戦略的メリットって何だ？　戦略でもなくメリットでもない。とにかく工業団地での操業におけるメリットと、露骨に怪しいＨＡＣＣＰについて触れるか。

第4問　これは難しい。現在は起きていないが起こり得る障害か。可能性を挙げればキリがない。過去の、いろんな商品に手を広げ過ぎての失敗を繰り返さないことと「出荷地域別にくくられた取引先への配送管理」という意味深な記述をヒントに書いてみるか。

【手順５】解答作成・見直し（〜80分）

　第４問のメモ作成が曖昧な状態までしかできなかったため、解答作成に手間取ってしまい、結局時間ギリギリとなってしまった。最後にざっと誤字脱字を確認。

３．終了時の手ごたえ・感想

　高得点までの手ごたえはないものの、全設問で大事故は避けられたのではないかな。少なくとも昨年のような完全に制約を見落とすようなことはないよう注意したし、極力リスクヘッジして多面的に書いたから、合格点近くは取れただろう。

〜電車の中での２次試験の勉強方法〜
　頭のなかで直近に解いた問題を思い浮かべ、ぶつぶつ！

合格者再現答案＊（ちょく 編） ━━━━━ 事例Ⅰ

第1問（配点20点）　　100字

要	因	は	①	元	々	認	知	度	が	高	く	贔	屓	筋	か	ら	復	活	を	
嘆	願	さ	れ	て	い	た	事	②	県	の	資	金	支	援	に	よ	り	必	要	
な	機	器	を	購	入	で	き	た	事	③	数	年	か	け	て	昔	な	が	ら	
の	味	を	復	活	さ	せ	た	事	、	に	よ	り	か	つ	て	と	同	じ	品	
質	や	食	感	を	再	現	し	地	元	顧	客	の	期	待	に	応	え	た	。	

【メモ・浮かんだキーワード】　元々認知度高い、資金を県が支援

【当日の感触等】　設問に「最大の」とあるので1つに絞ったほうが良かったのか？　でもこの3つのどれが欠けても復活は叶わなかっただろうし、大外しはしていないだろう。

【ふぞろい流採点結果】　7/20点

第2問（配点20点）　　100字

特	徴	は	、	箱	詰	め	等	の	ノ	ン	コ	ア	業	務	を	非	正	規	社	
員	に	任	せ	る	事	で	正	規	社	員	を	コ	ア	業	務	に	集	中	さ	
せ	て	い	る	事	で	あ	る	。	具	体	的	に	は	、	正	規	社	員	は	
機	能	別	組	織	で	担	当	業	務	に	注	力	し	、	非	正	規	社	員	
は	必	要	に	応	じ	て	交	代	勤	務	に	よ	り	増	減	さ	せ	る	。	

【メモ・浮かんだキーワード】　非正規、コア業務、機能別組織

【当日の感触等】　論点が結局、正規と非正規のコア・ノンコアの棲み分けだけになってしまった。商品面での特徴なんかも入れられたかな？　半分くらい得点できれば御の字か。

【ふぞろい流採点結果】　15/20点

第3問（配点20点）　　100字

メ	リ	ッ	ト	は	①	Ｈ	Ａ	Ｃ	Ｃ	Ｐ	に	準	拠	し	て	い	る	事	で	
一	定	以	上	の	品	質	を	確	保	で	き	る	事	②	自	治	体	か	ら	
補	助	金	等	、	有	利	な	条	件	で	操	業	で	き	る	事	③	地	元	
企	業	と	の	関	係	性	を	強	化	し	て	更	に	認	知	度	、	顧	客	
愛	顧	を	向	上	さ	せ	、	安	定	受	注	を	確	保	す	る	事	。		

【メモ・浮かんだキーワード】　ＨＡＣＣＰ、補助金、地元企業との関係性

【当日の感触等】　ＨＡＣＣＰは工業団地に移転しなくても準拠することは可能だと思うから、無理矢理だったかな？　ただ、ほかで使えるところがないんだよな。とはいえ7～8割くらい得点できただろう。

【ふぞろい流採点結果】　14/20点

第4問（配点20点）　100字

①	商	品	・	販	路	を	拡	大	し	過	ぎ	る	事	で	営	業	力	・	生
産	力	増	強	の	為²	の	過	剰	投	資	で	負	債	を	抱	え	る⁴	②	全
国	市	場	へ	の	拡	大	で	出	荷	地	域	別	の	取	引	先	へ	の	配
送	管	理	・	在	庫	管	理	で	営	業	部	門	へ	の	負	担	が	増	大
し	、	販	売	ル	ー	ト	開	拓	が	滞	る	等	の	可	能	性⁴	が	あ	る。

【メモ・浮かんだキーワード】　商品を増やし過ぎ（過去の失敗）、過剰投資、営業部の負担

【当日の感触等】　難しい。外したかな？　リスクの可能性なんて幅が広すぎるよ…。

【ふぞろい流採点結果】　10/20点

第5問（配点20点）　150字

ベ	テ	ラ	ン	社	員	が	定	年	退	職³	し	た	事	に	よ	り	、	主	力
商	品	の	品	質	や	食	感	を	引	き	継	ぐ	為	に	製	造	技	術	を
承	継	、	権	限	委	譲³	で	き	る	体	制	づ	く	り	、	経	営	幹	部
の	育	成²	が	課	題	で	あ	る	。	ま	た	、	新	商	品	開	発	に	注
力³	で	き	る	部	署	の	新	設	や	担	当	の	配	置²	、	全	国	へ	の
営	業	体	制	の	為	の	営	業	部	門	の	強	化³	や	配	送	・	在	庫
管	理	の	担	当	を	設	置	す	る	事	に	よ	り	、	全	国	市	場	に
展	開	、	存	続	を	目	指	す³	。										

【メモ・浮かんだキーワード】　茶化（採用・配置・報酬・育成［委譲］・評価）、承継、若手への権限委譲、開発体制

【当日の感触等】　多面的に書いたことで、少々外したとしても半分は得点できただろう。

【ふぞろい流採点結果】　19/20点

【ふぞろい評価】　65/100点　　**【実際の得点】**　62/100点

　第1問では解答の柱になる「商品の知名度」について触れることができていませんが、第5問では解答要素をしっかりと盛り込み、わかりやすい文章で記述ができています。また、そのほかの設問も設問要求に沿った解答をしているため合格点を超えています。

Column

置時計に頼るのは止めましょう

　タイムマネジメントは本試験においてとても重要な要素です。確実なタイムマネジメントを行うためにも、日頃の演習や模試でも本番と同じ時計を使用することをお勧めします。時計にもさまざまなものがありますが、置時計については注意が必要です。私は本試験で至ってノーマルな置時計を机に置いていたところ、試験監督から「これは使用できません。鞄にしまってください」と言い渡されました。幸いにもバックアップとして腕時計を所持していたため大事には至りませんでしたが、もし置時計しか持っていなかったらと思うと背筋が凍る思いでした。もちろん部屋に時計はありませんでした。試験後に他の受験生に確認してみると、なんと私の部屋だけが置時計を禁止されていたことが判明！　そんなこともあるんですね。

（おくむー）

　座れたら事例IVの問題を解く。立ってる時は1次知識をスマホの単語帳アプリで復習。

とよでぃ 編（勉強方法と解答プロセス：p.162）

1. 当日朝の行動と取り組み方針

　前日夜9時に就寝したおかげで目覚めはスッキリ。朝7時から会場近くのファストフード店で朝食を食べながらノートやファイナルペーパーを熟読。会場入り口でお世話になった予備校の先生方に激励を受け、いざ、教室へ！　「今年こそは、受かってやる！」

2. 80分間のドキュメント

【手順0】開始前（～0分）

　トイレも行ったし、準備万端。開始まで瞑想して精神統一を図る。

【手順1】準備（～30秒）

　受験番号をしっかり記入。「設問が5問もあるな」と思いつつ、設問文が載っているページを切り離す。

【手順2】設問解釈（～8分）

[与件文]　1段落目冒頭を読む。地元で認知度高い菓子製造業か。最終段落を読む。現在「第三の創業期」か。

[第1問]　主力商品を再び人気商品にさせた最大の要因か。「最大」というからには1個に絞るべきなのか。100字って多いな。「要因は」で始めて、箇条書きでリスク回避もアリだな。「考えられるか」だからはっきり書いていないのだろう。

[第2問]　少人数の正規社員で運営を可能にしている、ということは非正規社員か外部委託を活用している可能性があるな。なんか平成27年度の事例みたいだな。

[第3問]　戦略的メリットということは、意図的なのか。工場移転の時制はチェックしよう。工業団地に移転した段階で得た何かしらのメリットを抽出すればよいのかな。

[第4問]　全国市場への拡大にあたって障害になること、と捉えてよいのか。「障害となるリスクの可能性」って表現は曖昧だな。与件文で判断するしかないだろう。助言となると、そのリスクを回避するための対策まで書くべきなのか。

[第5問]　「第三の創業期」ということは、第二があったわけだ。どのように分析するか、か。ということは、課題を書くだけじゃダメなのか？　課題を考えるうえでの考え方とも捉えられる。組織がどういった状況なのかを気をつけて見ていこう。創業というくらいだから、組織活性化とか一体感は必要そう。

【手順3】与件文読解（～18分）

[1段落目]　ビジョンは「売上高30億円」とある。復活した主力製品は地元で認知度が高いとあるが、これが最大の要因…？

[2段落目]　直接販売は行っていないというのは弱みっぽいな。リスクにもつながりそう。やっぱり出たか非正規社員。70名って多いな、そして交代勤務が多い。

~使ったペンの種類・本数~
男はだまってシャーペンのみ！

事例Ⅰ

3段落目　事業承継か、今年の中小企業白書のテーマだ。こういった形で出るのか。事業承継の留意点とか白書を読んで勉強してきたのに設問に絡んでこないなんて…。ここは第1問とリンクするな。また出た認知度の高さ。

4段落目　親族外承継の従業員に承継するパターンか。なるほど、これが第二の創業期か。

5、6段落目　「品質」「食感」「昔ながらの味を復活」「製造工程の自動化」このあたりは、第1問に使えそうだけれど要因を1つに絞れない…。工業団地の記載もある。

7段落目　「地元で認知度が高い」という記載ってことは、全国では知名度低いっていえるかも。直接販売経験ないのに首都圏に出店しようとしている！　リスク高いなぁ。新商品開発の経験もないし。人材確保と育成、いかにも組織的課題っぽいのが出てきた。

8段落目　なぜ「戦友」に印が。創業メンバーがいなくなってしまったようだ。組織の一体感が低下していると考えれば、一体感の醸成が課題といえるかも。

【手順4】解答要素抽出・各設問との対応付け（〜40分）

　各設問に対応する解答要素を広い余白に書き、関連しそうなものを線で結んで整理。

第1問　「最大の」とあるが、やはり1つに絞れない。箇条書きになるが盛り込む方式でいこう。「認知度」「品質」「食感」は必須。

第2問　業務を区切って正規社員と非正規社員を配置しているから、組織が肥大化していないという流れで書こう。あとは何かな…あっ！　製造工程が自動化されているから、熟練が要らず、非正規社員を配置できるとも考えられる！

第3問　現在の工場に移ってのメリットは、国際標準規格準拠によるブランド力向上、生産の効率化、大量生産体制かな。プラスで地元との関係強化を入れてみるか。

第4問　ビジョン達成のためには、「全国市場への進出」と「首都圏出店」が必要。それらの障害になるといえるのは、「地元だけの認知度」と「直接販売経験がない」ことだ。助言なので、障害への対策まで書くのか…。アンテナショップしか思いつかない。

第5問　一体感の醸成と書いて、その手段としては社内コミュニケーションだ。あとは与件文に書いてあった、新商品開発ができる人材の確保と育成、全国市場を開拓していくわけだから、営業力強化を書く。残りで、非正規社員の適正配置を書く。

【手順5】解答作成（〜75分）

　各設問でまとめた要素を文章化し、下書きせずに直接解答用紙に書き込む。

【手順6】見直し・答案の書き写し（〜80分）

　全体を俯瞰して見直し。誤字や脱字がないかをチェック。受験番号も大丈夫！

3．終了時の手ごたえ・感想

　大枠で与件文の要素を使った解答をしているので、大きく点を落とすことはないだろう。ところどころ設問文の解釈が難しかったが、合格ラインは望めそうだ。

〜使ったペンの種類・本数〜

シャーペン2本（クルトガ）、フリクションライトソフトカラー5色分。

合格者再現答案＊（とよでぃ 編）　　　　　　　事例Ⅰ

第 1 問（配点20点）　　100字

要	因	は	、	①	主	力	商	品	が	地	元	で	認	知	度	が	高	く	人
気	で	、	県	を	代	表	す	る	銘	菓	だ	っ	た	事	、	②	贈	答	品
や	土	産	物	と	し	て	利	用	す	る	固	定	客	の	存	在	、	③	製
造	機	器	を	導	入	し	て	、	品	質	や	食	感	、	昔	な	が	ら	の
味	を	実	現	し	、	顧	客	離	れ	が	生	じ	な	か	っ	た	事	。	

【メモ・浮かんだキーワード】 認知度、贈答品需要、固定客
【当日の感触等】 結局 1 つに絞れなかった。ただ、どれかしらは正解として当たっているだろう。
【ふぞろい流採点結果】 10/20点

第 2 問（配点20点）　　100字

特	徴	は	、	①	コ	ア	業	務	と	非	コ	ア	業	務	を	明	確	化	し
コ	ア	業	務	に	正	社	員	、	非	コ	ア	業	務	に	非	正	規	社	員
を	配	置	し	、	組	織	の	肥	大	化	を	防	止	し	て	い	る	事	、
②	株	式	を	社	長	と	従	業	員	で	保	有	し	、	意	思	決	定	が
迅	速	な	事	、	③	製	造	工	程	の	自	動	化	さ	れ	て	い	る	事。

【メモ・浮かんだキーワード】 コア・非コア業務、組織肥大化、意思決定迅速化
【当日の感触等】 平成27年度の事例っぽい解答だな。意思決定は無理やり感があるな。
【ふぞろい流採点結果】 15/20点

第 3 問（配点20点）　　100字

メ	リ	ッ	ト	は	、	①	地	元	住	民	を	雇	用	し	、	地	元	と	の
関	係	性	が	強	化	さ	れ	た	事	、	②	国	際	標	準	規	格	準	拠
に	よ	り	、	ブ	ラ	ン	ド	力	が	向	上	し	た	事	、	③	製	造	工
程	が	自	動	化	さ	れ	、	生	産	が 効	率	化	し	た	事	、	④	大
量	生	産	体	制	を	構	築	で	き	た	事	、	で	あ	る	。			

【メモ・浮かんだキーワード】 関係性強化、ブランド力、生産効率化
【当日の感触等】 あまり戦略的といえるような書き方になっていないなあ。単なるメリットだ。
【ふぞろい流採点結果】 11/20点

〜使ったペンの種類・本数〜
勉強中はフリクションの蛍光ペン 6 色を、試験ではフリクションボール 4 を 1 本とスマッシュ（シャーペン）。

第4問（配点20点）　100字

主	力	商	品	が	全	国	的	な	知	名	度	が	な	い³	事	と	自	社	店
舗	で	の	直	接	販	売	経	験	が	な	い	事	が	障	害	に	な	る	可
能	性	が	あ	る²	。	地	元	菓	子	工	業	組	合	と	協	力	し	て	首
都	圏	で	ア	ン	テ	ナ	シ	ョ	ッ	プ	を	出	店	し	、	市	場	ニ	ー
ズ	の	収	集	と	主	力	商	品	の	発	信	を	行	う	。				

【メモ・浮かんだキーワード】　知名度、アンテナショップ、ニーズ収集、情報発信

【当日の感触等】　事例Ⅱのマーケティングのような内容を書いてしまった。よいのかな。

【ふぞろい流採点結果】　5/20点

第5問（配点20点）　150字

組	織	的	課	題	は	、	①	創	業	メ	ン	バ	ー	が	定	年	退	職³	に
な	っ	て	い	る	為	、	社	内	コ	ミ	ュ	ニ	ケ	ー	シ	ョ	ン	を	促
進	し	て	一	体	感	を	醸	成²	す	る	事	、	②	新	商	品	開	発	を
行	う	人	材	の	確	保²	と	育	成²	を	進	め	、	商	品	開	発	体	制
を	構	築³	す	る	事	、	③	営	業	部	員	増	員	と	教	育	に	よ	り
営	業	力	を	強	化³	し	、	全	国	市	場	で	販	路	開	拓	を	行	う
事	、	④	非	正	規	社	員	を	適	正	配	置	す	る	事	、	で	あ	る	。

【メモ・浮かんだキーワード】　一体感、人材採用・育成、営業力強化、非正規社員管理

【当日の感触等】　「どう分析するか」の解釈が難しく、結局課題を箇条書きにすることにした。
　　せっかく記載があるのだから、「ビジョンの共有化」を書くべきだったな…。

【ふぞろい流採点結果】　15/20点

【ふぞろい評価】　56/100点　　　【実際の得点】　58/100点

　第4問で設問要求から少し離れた解答になっていますが、与件文のキーワードが盛り込まれています。他の設問も解答要素がしっかりと組み込まれており、大崩れを防いでいます。

Column

5年目合格のジンクス？

　2次試験合格者はストレート生も多いですが、受験生のなかには多年度受験生が結構多いのではないでしょうか。私は5度目の受験で合格しましたが、友人にも5年目で合格した人がいます。これは偶然だと思うでしょうか。考えて気づくのは、2次試験は上位2割が合格する相対評価であるというシンプルな事実です。上位2割は毎年卒業（合格）していくので、5年間受験を続けて少しずつでも成長していけば、仮に下位2割でスタートしても5年で上位2割に入れる可能性があります。5年も勉強したくないという声が聞こえてきそうですが、そういう方は覚悟を決めて、学習時間を確保いただくほかありません。1,000時間の勉強は1年でやるほうが、5年かけるよりもよっぽど効率的に学べます。そんなに学習時間を確保できないという方も諦めないでください。5年間2次試験にエントリーし続けることができれば、勝利の女神がきっと貴方に微笑みます。　　　　（りえぞ）

まき 編 （勉強方法と解答プロセス：p.164）

1．当日朝の行動と取り組み方針

　ホテルのバイキングで美味しい朝食を堪能し、最寄り駅のコンビニでお茶・おにぎり・チョコを購入。7時半にロビーで待ち合わせていた勉強仲間のタクシーに便乗し、30分ほど雑談を楽しみ、8時に会場に到着。台風の影響で天候があまりよくないなか、濡れずに坂を登らなくてよかったので体力を温存できた。タクシーに乗せてくれた勉強仲間に心から感謝。同じタイミングで他の勉強仲間も現地入り、まさかの偶然に嬉しくなり、緊張が一気に和らぐ。

2．80分間のドキュメント

【手順0】開始前（～0分）

　透けて見える解答用紙の字数・配点を確認した後に時間配分を考える。例年どおり5問、第5問が150字なので助言が多いのかなと想像する。他の受験生の顔色をうかがい、私はそこまで緊張していない、と自分を客観視することで落ち着く。

【手順1】準備（～1分）

　受験番号を記入し、2、3回受験票と突合せる。問題用紙に乱丁・落丁がないことを確認。設問文のページを定規で破る。与件文に段落番号を振り、段落の間に線を引く。

【手順2】設問解釈（～10分）

`与件文` 1段落目を読む。非正規社員が多い。過去問で非正規社員と正規社員の分業が問われていたな。全国展開？　昨年と似ているな。それに新商品開発ね。いけそう。設問ごとに色分けし、全設問の気になる「キーワード」に蛍光ペンで線を引く。

`第1問` 「景気低迷の中」とあるため、時系列を意識しよう。「再び人気商品にさせた最大の要因」にチェックする。環境分析だ。「最大の」ということは、100字で要因は1つだけ？　どうやって書こう。

`第2問` 今度は「少人数の正規社員での運営を可能にしているA社の経営体制」の特徴か。経営体制は組織体制のことを指すのか？　わざわざ経営という言葉を使っているから、機能戦略より上のレイヤーで答えるのかなと考えながら経営体制と特徴をチェック。

`第3問` 「工業団地に移転したことによる戦略的メリット」が問われている。成長戦略だ。これまでの流れでいくと、市場浸透戦略と新市場開拓 or 新商品開発戦略かな。

`第4問` 「全国市場に拡大することで障害となるリスクの可能性」に対する助言が問われている。1段落目に「全国市場に展開することを模索して…新しい菓子の開発に取り組んでいる。」と書かれているので、新商品開発に関するリスクがありそう。

`第5問` 「第三の創業期」の組織的課題が問われている。今後のこと？　だとしたら第4問の全国市場開拓のリスクをふまえて、今後の戦略に沿った組織・人的資源管理の観点か

～ちょっと変わった勉強法～

　解いた問題のポイントだったところや、自分が間違えたところを口に出して説明（耳からも入れる）。

ら解答しようとメモを書く。

【手順３】与件文通読（～15分）

　接続詞：逆接（しかし、が 等）を△、並列（また、や 等）とその他（なお、さらに 等）を○で囲む。時系列の表現（近年、創業当初、○○年 等）を□で囲む。キーワード（解答に使う表現）、わざわざ表現、Ａ社のビジョン・社長の想い、業界、組織構造、課題、協業企業などをチェックしながら読む。特に事例Ⅰなので組織・人事を意識する。

【手順４】与件文と設問の対応付け、思考（～40分）、解答作成（～80分）

第３問　「工業団地に移転」から第６段落に対応付けする。「だけでなく…売り上げを伸ばし続け、今日の規模にまで成長した」との記述から市場浸透戦略を想起した。「３種類の焼菓子を日産50,000個体制にまで整備した。」との記述から、第１段落の「全国市場に展開することを模索して…３種類の主力商品…同社のビジョンは売上高30億円の中堅菓子メーカーになること」とリンクしたので新市場展開を想起した。また、工業団地では、地元企業を誘致対象としているため、企業間連携も考えられたが、地元企業に関する具体的な記述がなかったため、出題者の求める解答ではないかもしれない、と思い解答候補から外した。

第４問　「全国市場」から第１段落、第７段落に対応付けする。全国市場に展開することを模索し、Ａ社は新しい菓子の開発に取り組み、首都圏へ出店しようとしている。これらを進めていくうえでＡ社の組織体制では不都合になることを因（本文の記述）→果（リスク）関係で記述する。また、第２問「Ａ社の経営体制の特徴」を考慮し、生かす方向で解答を作成した。

第５問　「第三の創業期」から第８段落に対応付けする。また、「第三の創業期」の戦略（ビジョン）は全国市場展開・新商品開発である。それを実行・実現するための組織を構築する（組織は戦略に従う）ことを前提に第４問のリスク（問題）を解決する助言でなければならないと考えた。そのため、因（第４問）⇒果（助言）で解答を作成した。

第２問　「経営体制の特徴」から経営資源（人＝非正規社員・モノ＝商品・カネ＝低利融資）をどのように配分し、体制を構築しているかの観点から考えたため、第２段落、第５段落に対応付けする。

第１問　最大の要因を問われており、１つに絞り込むのに時間がかかりそうだったので最後に解答を作成した。第３段落に「景気低迷期の…売上規模を拡大することができたのは…主力商品の認知度が地元で高かったから」という記述があるため対応付けする。事業を引き継いだＸ社の記述と贔屓筋・同業メーカーの外部環境について述べられている。

３．終了時の手ごたえ・感想

　過去問とよく似たストーリーだった。毎年聞かれることは、環境分析、事業特性、全体戦略、組織・人事戦略に関することであり、今年も同じだった。第１問と第２問の設問解釈が正しいという自信はあまりないけれど、40点を下回ることはないだろう。

~ちょっと変わった勉強法~

　朝の通勤中はＲＳＳ登録したブログをチェック、ストックしたい記事は「Evernote」に転送。

合格者再現答案＊（まき 編） ———————————— 事例 I

第1問（配点20点） 100字

要	因	は	事	業	を	引	き	継	い	だ	X	社	が	地	元	の	老	舗	で、
商	品	認	知	度	が	高	か	っ	た	為	。	よ	っ	て	①	贔	屓	筋	か
ら	県	の	銘	菓	を	惜	し	み	復	活	を	嘆	願	す	る	動	き	が	あ
っ	た	②	主	要	取	引	先	か	ら	販	売	支	援	の	継	続	を	条	件
に	存	続	を	求	め	ら	れ	一	体	感	を	強	め	再	興	し	た	。	

【メモ・浮かんだキーワード】 事業を引き継ぐ以前のX社時代、贔屓筋、商標権

【当日の感触等】 時間が足りずにうまくまとめきれなかった。外部環境を中心に書いてしまった。

【ふぞろい流採点結果】 11/20点

第2問（配点20点） 100字

特	徴	は	①	商	品	名	を	冠	に	主	力	商	品	に	経	営	資	源	を
集	中	投	入	し	た	経	営	体	制	、	②	県	支	援	の	低	利	融	資
金	で	人	手	作	業	か	ら	自	動	化	す	る	製	造	設	備	に	投	資
し	生	産	効	率	を	高	め	る	、	③	倉	庫	管	理	、	製	造	ラ	イ
ン	の	包	装	等	の	補	助	事	業	を	非	正	規	社	員	が	行	う	事。

【メモ・浮かんだキーワード】 経営体制、非正規社員、工場効率化

【当日の感触等】 内部環境が問われている。ただ、組織レベルで書ききったほうがよかったのかな。

【ふぞろい流採点結果】 16/20点

第3問（配点20点） 100字

メ	リ	ッ	ト	は	①	Ｈ	Ａ	Ｃ	Ｃ	Ｐ	に	準	拠	し	か	つ	て	の	銘
菓	の	品	質	と	食	感	を	確	保	、	3	種	類	の	焼	菓	子	の	日
産	5	万	個	体	制	を	構	築	し	全	国	市	場	開	拓	を	行	え	る、
②	人	手	作	業	か	ら	自	動	化	で	効	率	を	高	め	、	売	上	規
模	増	加	に	対	応	で	き	る	生	産	体	制	を	確	立	し	た	事	。

【メモ・浮かんだキーワード】 自動化、効率性向上、ＨＡＣＣＰ・品質・食感、日産5万→全国市場

【当日の感触等】 この設問は書きたいことは書けた。

【ふぞろい流採点結果】 19/20点

第4問（配点20点）　100字

助	言	は	①	直	接	販	売	を	行	っ	て	お	ら	ず	新	製	品	開	発
を	行	う	為	の	ニ	ー	ズ	収	集	が	難	し	い[4]	、	②	6	名	の	営
業	部	が	配	送	・	在	庫	管	理	を	行	っ	て	お	り	新	規	顧	客
開	拓	体	制	が	整	わ	な	い[3]	、	③	再	興	か	ら	の	戦	友	の	定
年	退	職	で	主	力	人	材	・	ノ	ウ	ハ	ウ	が	流	出	す	る[4]	、	事。

【メモ・浮かんだキーワード】　新商品開発←ニーズ収集←直営店、補助業務＝営業部←体制の特徴×、戦友退職←残りの人材と同時にノウハウも流出

【当日の感触等】　解きやすかった。6割は取れていると思う。

【ふぞろい流採点結果】　11/20点

第5問（配点20点）　150字

課	題	は	、	①	直	接	販	売	を	行	い	、	ニ	ー	ズ	を	収	集	し
新	製	品	開	発	を	行	う[3]	部	署	を	設	立[2]	す	る	、	②	営	業	部
の	配	送	・	在	庫	管	理	業	務	の	権	限	を	非	正	規	社	員	に
委	譲	し	、	新	規	顧	客	開	拓	体	制	を	構	築[3]	す	る	、	③	新
卒	採	用[2]	を	行	い	、	A	社	の	経	営	理	念	・	ビ	ジ	ョ	ン	を
浸	透[2]	さ	せ	、	O	J	T	で	教	育	し	、	将	来	の	幹	部	候	補
生	を	育	成[2]	す	る	、	こ	と。											

【メモ・浮かんだキーワード】　営業体制強化、権限委譲（業務移管）、ビジョン引き継ぐ、育成、確保

【当日の感触等】　時間が足りず、人材確保の面でモラール向上のための人事施策が書けなかった。

【ふぞろい流採点結果】　14/20点

【ふぞろい評価】　71/100点　　　【実際の得点】　74/100点

　特に第3問において、与件文からキーワードを拾いながら、わかりやすい文章で解答することができています。そのほかの設問も与件文に基づいてわかりやすくまとめられており、高得点につながっています。

Column

雨にも負けず、風にも負けず

　平成29年度の中小企業診断士試験は、8月の1次試験も、10月の2次試験もどちらも台風が接近するなかでの実施となりました。特に2次試験の当日は台風が直撃こそしなかったものの、一日中大雨で受験するだけでも一苦労でした。強烈な雨男（女）がいるに違いない！　と人のせいにしていましたが、試験当日の天候はどうなるか読めません。受験案内には試験会場の下見は禁止とありますが、少なくとも事前に試験会場までのルートを把握しておき、早めに試験会場に到着するようにすることをオススメします。　（まーくん）

〜ちょっと変わった勉強法〜

与件文の文言すべてを、「手段」と「目的」「効果」に分類してすべての因果関係を把握する。

▶事例Ⅱ（マーケティング・流通）◀

平成29年度 中小企業の診断及び助言に関する実務の事例Ⅱ（マーケティング・流通）

　B社は資本金1,000万円、社員３名、パート３名の寝具小売業である。創業以来、地方都市Ｘ市の商店街に１階と２階を合わせて300㎡強の売場の１店舗を構えている。B社は1955年に現社長の父親が創業し、1970年に現社長とその夫人である副社長が事業を継承した。品揃えは、布団、ベッド、マットレス、ベビー布団、ベビーベッド、介護ベッド、布団カバー、枕、パジャマなどである。B社は寝具類のボランタリー・チェーンに加盟し、商品は同本部から仕入れている。B社のこだわりは接客にある。睡眠状況を聞きながら商品を薦めるという、現社長が始めた接客は、多くの顧客の信頼を得ている。また趣味の裁縫、刺繍の技術を生かして、副社長が作った小物入れやトートバッグなどのノベルティも人気があり、それを目当てに来店する顧客がいるほどである。

　現在のＸ市の人口は緩やかな減少傾向にある。そして、年齢分布は図のようになっている。Ｘ市の主要産業は農業とガラス製品生産である。市内にはガラス製品の大小工場が林立し、多くの雇用を創出している。2000年に大規模工場の一部が海外移転し、市内経済の衰退が見られたが、近年は中小工場の若手経営者の努力により、市内経済は回復傾向にある。2000年頃の一時期は若年層の住民が県庁所在地に転居することが多かった。これに対してＸ市役所は若年層の環流を図り、子育てに関する行政サービスを充実させた。また、ここ数年は建築業も好調である。２世帯同居が減少し、核家族世帯のための建築需要が増えている。加えて、介護のための改装も増加している。

　今日まで商店街の小売店は収益悪化と経営者の高齢化による閉店が続いている。収益悪化の主要因は1980年に出店した幹線道路沿いにある大型スーパーである。しかし、商店街の飲食店の多くは工場関係者による外食、出前需要があり繁盛している。

　現在は飲食店を除くと閑散としている商店街も、高度成長期には大変なにぎわいであった。B社も日々多くの来店客を集めた。しかし、丁寧な接客のため来店客に待ち時間が生じるという問題が起きた。そこで、店舗の一角に椅子とテーブルを置き、無料で飲み物を提供する休憩コーナーを設置した。これにより、接客中であることを見て来店客が帰ってしまうケースが減り、売り上げは増加した。

　2000年代以降、若年層住民の大半が大型スーパーで買い物をするようになり、B社の来店客数も大幅に減った。時間を持て余した副社長は、手のあいた飲食店経営者を集め、休憩コーナーで井戸端会議をし始めた。次第に人の輪が広がり、午前は引退した小売店経営者、昼過ぎは飲食店の経営者やスタッフ、夕方は工場関係者が集うようになった。定休日には一緒にバス旅行や映画に出かけ、交流を深めた。当然、日々集まる井戸端会議メンバーがそれほど頻繁に寝具を買うわけではないが、寝具の買い替えがあればほぼB社で購入し

ている。また、他の小売店が閉店した2000年代以降に、化粧品、せっけん等のこだわりの日用品販売を引き継いだ。これらが店内にあるのを見て、井戸端会議メンバーが購入し、リピートする例も多い。寝具は購買間隔が長く、顧客との接点が切れやすいが、日用品は購買間隔が短いので、B社が顧客との継続的な接点を作りやすくなった。

　井戸端会議はB社が潜在的な顧客ニーズを収集する場でもあった。2010年のある日、井戸端会議で「買い物のために県庁所在地の百貨店まで出かけたのに、欲しいものがなかったときは体力的、精神的につらい」ということが話題になり、多くのメンバーがその意見に賛同した。その頃、B社には、ボランタリー・チェーン本部から外出用を主とする婦人服の予約会（注）を実施しないか、という打診があった。同チェーンは近年、加盟店活性化のために、寝具に加えて婦人服、婦人用ハンドバッグ、宝飾品の仕入および販売を強化していた。開催には登録料を払う必要があり、長年寝具一筋でやってきた現社長は婦人服が売れるイメージが湧かず、当初は断る予定であった。しかし、井戸端会議の話を聞き、打診を受け入れた。期間中は店舗2階の売場を整理し、試着室を設け、臨時イベントスペースとした。ただし、スペースはそれほど広くないため、日頃の交流を通じて、顧客の好みをよく把握している副社長が品揃えを厳選した。予約会には井戸端会議のメンバーが多数来店し、時間によっては顧客が会場に入れないほどであった。好評を得た予約会は、継続を望む声があり、開始から既に数年が経過している現在もシーズンごとの予約会の売り上げは落ちずにいる。現在の年間売り上げに占める割合はおおよそ寝具70％、婦人服25％、日用品5％となっている。

　予約会が始まった頃、子育てにめどが付いた現社長の娘が店を手伝うようになった。既に現社長は70歳近くとなり、一時は廃業を検討したが井戸端会議メンバーが存続を強く希望し、数年内に現社長の娘が次期社長となり、事業を継承することになった。

　次期社長は保育士の勤務経験があり、保育園ごとの昼寝用布団、手作りで用意する手さげカバンのサイズなどに関するルールを詳しく知っていた。ある日、井戸端会議メンバーの世代（以下、「シルバー世代」という）の顧客に、孫の入園準備のアドバイスをし、感謝されたことがあった。それをきっかけに、シルバー世代の子供世代（以下、「子育て世代」という）の顧客が入園準備のアドバイスと商品を求め、来店するようになった。

　現在も休憩コーナーに人が集うが、シルバー世代の顧客の多くはやがて介護をされる側の立場となり、確実に減少する。今後の対応を考えるべく次期社長は、大型スーパーの寝具売場を視察した。視察を通じて、高品質な商品が少ないこと、従業員がほとんどおらず、十分な説明もできないことが分かった。そこで、次期社長は保育園の入園準備を通じて知り合った子育て世代向けに「親と子の快眠教室」という月1回のイベントを開催し、親の快眠と子供を寝かしつける工夫についての教室を開始した。教室の参加者は、後日顧客として来店するようになりつつある。

　B社にとってシルバー世代に関する店内の顧客台帳や現社長達の頭の中にある情報は貴重な無形資産である。次期社長はこれらの情報に容易にアクセスすることができるように

〜試験開始直後にすること〜

　問題の表紙を破ること。でも、いつもうまく破れなくて困る…。

情報のデータベース化を実施した。現社長が配達時に記録した住所、副社長が記録した寝具や婦人服の購買履歴と記憶した好みを、可能な限り文字と画像にして、簡易型データベースに登録した。データベースはリピーターである重要顧客からなる100件強の小規模なものであるが、1件の情報は非常に詳細なものとなった。しかし、活用方法は見いだせずにおり、課題となっている。

　B社は、地域とその顧客に支えられて存続してきた。そのため、次期社長は事業継続のためには、地域の繁栄が必要だと考えている。次期社長は取り組むべき施策について、中小企業診断士に助言を求めることとした。

（注）主にアパレル業界で行われるイベント。顧客が会場でサンプルを確認、試着し、気に入ったものがあれば商品を予約できる。商品の引き渡しと支払いは後日行う。

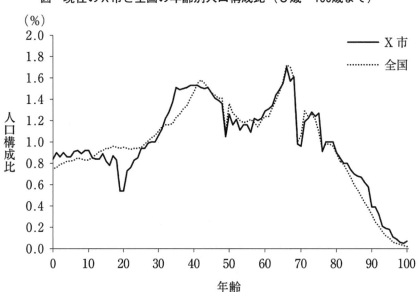

図　現在のX市と全国の年齢別人口構成比　（0歳〜100歳まで）

第1問（配点20点）

　B社について、現在の（a）自社の強みと（b）競合の状況をそれぞれ60字以内で説明せよ。

第2問（配点25点）

　B社はボランタリー・チェーン本部から新たに婦人用ハンドバッグの予約会の開催を打診された。B社は現在のデータベースを活用しながら、この予約会を成功させようと考えている。そのためには、どのような施策を行うべきか。120字以内で助言せよ。

第3問（配点30点）

　地域内の中小建築業と連携しながら、シルバー世代の顧客生涯価値を高めるための施策について、120字以内で助言せよ。

第4問（配点25点）

　B社は今後、シルバー世代以外のどのセグメントをメイン・ターゲットにし、どのような施策を行うべきか。図を参考に、120字以内で助言せよ。

〜試験開始直後にすること〜

　ひととおりページを最後までめくって、与件文と設問をパラパラと見る（フォトリーディング）。

80分間のドキュメント　事例Ⅱ

mcky 編（勉強方法と解答プロセス：p.154）

1．休み時間の行動と取り組み方針

　脳を休めるため、外で10分くらいぼーっとし、開始20分前にトイレの長蛇の列に並ぶ。自席に戻り、栄養ドリンクを飲み、板チョコを3切れ食べる。そして、子供がくれたエールを思い出し、絶対に受かって広島に帰るという想いを再認識し、気合を入れる。

2．80分間のドキュメント

【手順0】開始前（～0分）

　事例Ⅰで緊張感はだいぶ軽減されたが、闘志は静かに燃やしておく。解答用紙は透けて見えるが、文字数がわかっても、自分のプロセスどおりやるだけなので、あえて見ない。

【手順1】準備（～30秒）

　受験番号を記入し、やはりいつもどおり段落に番号を振っていく。

【手順2】設問解釈（～5分）

|与件文| 1段落目を読む。ボランタリー・チェーンかあ…やばいな、あまり覚えてない…致命傷にならなければいいが…。B社のこだわりの説明箇所以降に下線、余白に「S」。

|第1問| あれっ。自社の弱みじゃなくて競合の状況か。まあいいや、なんとかなるよね。

（a）素直に強みを抽出して書こう。

（b）弱みじゃなくて競合の状況なのはめずらしいけど、与件文から探そう。

|第2問| 問われているのは「婦人用ハンドバッグの予約会成功のための施策を"助言"」することね。制約は「データベースを活用」することね。「助言は、①～」で書こう。

|第3問| 問われていることは「シルバー世代の顧客生涯価値を高める施策を"助言"」することね。制約は「地域内の中小建築業と連携しながら」かあ。寝具店と建築業がどうコラボするのかちょっと見えないなあ。とりあえず「助言は、①～」で書こう。

|第4問| 図かー。読み違えたらやばいな。気をつけないと。制約条件は「シルバー世代以外」ね。問われていることは「ターゲットを明確にしたうえで施策を助言しなさい」だから、誰に・何を・どのように、だな。「助言は、～をターゲットに、①～」で書こう。

【手順3】与件文読解（～25分）

|2段落目| 「X市の人口は緩やかな減少傾向」に下線、余白に「T」と記入。「X市の主要産業は農業とガラス製品生産」に下線、余白に「連携？」と記入。若年層の還流の説明箇所に下線。第4問のヒントか。建築業の説明箇所に下線、第3問に対応付け。

|3段落目| 幹線道路沿いにある大型スーパーの説明箇所に下線、第1問に対応付け。

|4段落目| 休憩コーナー設置で売上増加の説明箇所に下線、余白に「成功体験」と記入。

|5段落目| 「若年層住民の大半が大型スーパーで買い物するようになり」に下線、第1問

に対応付け。「寝具の買い替えがあればほぼB社で購入している」に下線、余白に「関係性強化」と記入。「こだわりの」に下線、余白に「高単価」と記入。「リピートする」に下線。日用品は購買間隔が短い説明箇所に下線、余白に「弱点補う」と記入。

6段落目　「井戸端会議はB社が潜在的な顧客ニーズを収集する場」に下線、余白に「S」と記入。買い物に出かけても欲しいものがなかった説明箇所に下線、余白に「ニーズ」と記入。副社長が品揃えを厳選し、多数の顧客で会場に入れない説明箇所に下線、第2問に対応付け。予約会が好評で売上が落ちていない説明箇所に下線、余白に「S」と記入。

7段落目　特に何もなし。

8段落目　次期社長の保育士の勤務経験でカバンのサイズなどのルールの説明箇所に下線、余白に「S」と記入。第4問に対応付け。「シルバー世代の子供世代の顧客が入園準備のアドバイスと商品を求め、来店するようになった」に下線、第4問に対応付け。

9段落目　シルバー世代がやがて介護される立場になる説明箇所に下線、第3問に対応付け。大型スーパーの視察の説明箇所に下線、余白に「O」と記入。第1問に対応付け。親と子の快眠教室の説明箇所に下線。余白に「S」と記入。第4問に対応付け。

10段落目　データベース化の説明箇所に下線、余白に「S」と記入。第2問に対応付け。「活用方法は見いだせずにおり、課題となっている」に下線、余白に「K」と記入。

11段落目　「地域の繁栄が必要」に下線、余白に「K」と記入。第3問に対応付け。

【手順4】解答作成（～78分）

第1問

（a）顧客から信頼を得ているところは絶対に入れよう。あとはシルバー世代との強い関係性の説明箇所だな。文字数厳しいなあ。

（b）大型スーパーのことだな。第5段落と第9段落から抜き出して書こう。

第2問　課題となっているデータベースの活用方法はここで解決か。対応付けした第6段落と第10段落を読む。あるのは住所と購買履歴と好みか…これらをいかに第6段落の成功体験を活用しつつ「認知度向上」や「顧客満足度向上」につなげるかだな。

第3問　課題となっている地域の繁栄はここで解決かなー。連携しながらの施策は…だめだ、思いつかない。先に第4問を解こう。パス。

第4問　図を見る。30～40代が全国より多い。0～10代も多い。そうか、子育て世代がターゲットだな。逆に10～25歳が少ない。若年層の県庁所在地への転居のためだな。施策は思いつかないが、するべきは「関係性強化」「愛顧向上」「固定客化」あたりか。保育士の勤務経験を活かした施策を思いつきたかったが、思いつけなかったため、未使用の強みや弱みをちりばめつつ、既に成功している「親と子の快眠教室」を使おう。

【手順5】未解答問題の解答記述（～80分）

第3問　建築業とどうコラボしろと？　だめだ、どうしても思いつかない。過去問にあった、チラシを置くとかインセンティブを与えるとかしか思いつかない。

3．終了時の手ごたえ・感想

　そこそこできたといえばできたが、事例Ⅰよりはできなかった。特に第3問と第4問の施策が思い浮かばず、微妙な感じに…。でも最悪というわけではないし、まあいいか。

事例Ⅱ

合格者再現答案＊（mcky 編） ──── 事例Ⅱ

第1問 （配点20点）

（a） 60字

睡	眠	状	況	を	聞	き	な	が	ら	商	品	を	薦	め	る	こ	だ	わ	り
の	接	客²	、	小	物	入	れ	や	ト	ー	ト	バ	ッ	グ	な	ど	の	ノ	ベ
ル	テ	ィ	の	人	気²	、	シ	ル	バ	ー	世	代	と	の	強	い	関	係	性²。

【メモ・浮かんだキーワード】 特になし

【当日の感触等】 大事であろう順に３つの観点を入れているから大丈夫だろう。

【ふぞろい流採点結果】 6/10点

（b） 60字

若	年	層	住	民	の	大	半²	が	大	型	ス	ー	パ	ー²	で	買	い	物	を
す	る	が	、	高	品	質	な	商	品	が	少	な	く²	、	従	業	員	も	ほ
と	ん	ど	お	ら	ず	十	分	な	説	明	も	で	き	な	い²	。			

【メモ・浮かんだキーワード】 特になし

【当日の感触等】 「幹線道路沿いにある」という説明箇所は入れられなかったが、優先度は
　　低いだろう。

【ふぞろい流採点結果】 8/10点

第2問 （配点25点） 120字

助	言	は	、	①	配	達	時	に	記	録	し	た	住	所	を	活	用	し	D
M	を	送	付⁶	す	る	こ	と	で	認	知	度	向	上	を	図	る	②	井	戸
端	会	議	に	よ	り	ニ	ー	ズ	を	収	集	す	る²	こ	と	や	、	婦	人
服	の	購	買	履	歴	と	記	録	し	た	好	み	に	合	う	ハ	ン	ド	バ
ッ	グ	を	厳	選⁶	し	顧	客	満	足	度	向	上	を	図	る²	。	以	上	に
よ	り	デ	ー	タ	ベ	ー	ス	を	活	用	す	る	。						

【メモ・浮かんだキーワード】 ４Ｐ、横展開、ＤＢ活用、効果

【当日の感触等】 大外しはしていないはずだけど、うまく日本語書けなかったな…

【ふぞろい流採点結果】 16/25点

~知識以外に自分に身についたこと~
とてつもない集中力。勉強に対するエネルギー。

事例Ⅱ

第3問（配点30点） 120字

助	言	は	、	介	護	さ	れ	る	こ	と	に	な	る	シ	ル	バ	ー	世	代
に	対	し	、	**介**	**護**	**の**	**為**	**の**	**改**	**装**⁴	を	行	う	**建**	**築**	**業**	**者**	と	提
携	し⁴	、	**井**	**戸**	**端**	**会**	**議**	で	ニ	ー	ズ	を	**汲**	**取**	**る**²	と	共	に	、
建	築	業	者	の	チ	ラ	シ	を	休	憩	コ	ー	ナ	ー	に	設	置	し	、
成	約	者	に	は	**介**	**護**	**ベ**	**ッ**	**ド**	**等**	の	**割**	**引**	**ク**	**ー**	**ポ**	**ン**	を	付
与⁴	し	、	地	域	の	繁	栄	に	**貢**	**献**¹	し	、	Ｌ	Ｔ	Ｖ	を	高	め	る。²

【メモ・浮かんだキーワード】 誰に、何を、どのように、効果、地域の繁栄

【当日の感触等】 全然思い浮かばなかった。配点30点でこれはまずいな…

【ふぞろい流採点結果】 17/30点

第4問（配点25点） 120字

助	言	は	、	**30**²	～	40	歳	代	の	**子**	**育**	**て**	**世**	**代**³	を	タ	ー	ゲ	ッ
ト	に	、	親	と	子	の	快	眠	教	室	を	通	し	て	関	係	性	を	強
化³	し	つ	つ	、	ノ	ベ	ル	テ	ィ	を	プ	レ	ゼ	ン	ト	し	**愛**	**顧**	を
向	**上**³	さ	せ	、	**高**	**品**	**質**	**な**	**親**	**用**	**と**	**子**	**用**	**の**	**寝**	**具**	**の**	**十**	**分**
な	説	明	を	行	う³	こ	と	で	購	入	に	納	得	感	を	強	め	、	固
定	客	化³	を	図	る	。													

【メモ・浮かんだキーワード】 関係性強化、愛顧向上、ブランド力向上、認知度向上、固定客化、何を、どのように

【当日の感触等】 キーワードとしては盛り込めた気がするが、施策がこれでいいのかなー。

【ふぞろい流採点結果】 16/25点

【ふぞろい評価】 63/100点 　　【実際の得点】 60/100点

　全体的に大崩れした設問はなく、バランスよく得点できています。ただ、第4問で解答している施策は、現状実施しているものの延長線上のものばかりであるため、得点率が低くなっています。もう少し新規性のある施策（品揃え強化、他業種・地域連携など）が書ければ、より高い得点になったでしょう。

Column

経営情報システム地獄

　私は多年度生で、4年近く勉強してようやく合格したのですが、内容は1次試験4回受験、2次試験1回で合格、というものでした。2年目の1次試験では経営情報システムの難易度が極めて高く、他の科目がすべて科目合格となったにもかかわらず（財務・会計は自己採点で92点でした）、経営情報システムで足切りとなり、1次試験敗退。今までの傾向から、翌年度の経営情報システムは簡単になるだろうという予想から1科目受験でチャレンジするも、まさか、前年よりも難易度が上昇し、あれだけ勉強しまくったにもかかわらず自己採点36点という結果に！　4年目で3科目受験し、当該科目の難易度も下がりなんとか1次試験を突破し、2次試験もそのまま合格することができました。何度もめげそうになりましたが、1次試験がダメだった時にも、諦めずに2次試験の勉強を継続していたことはよかったと思っています。

（ひらたす）

〜知識以外に自分に身についたこと〜

諦めないこと。ふぞろいメンバーでも多年度生が多いですよ。

シンゴ 編（勉強方法と解答プロセス：p.156）

1．休み時間の行動と取り組み方針

　事例Ⅰ終了後、トイレへ。並んではいるものの、会場の受験者数が少ないこともあり、すぐに済んだ。席に戻り、一口羊羹を2つ食べて糖分補給。ファイナルペーパーを時間ギリギリまで読みつつ試験開始を待つ。

2．80分間のドキュメント

【手順1】準備（〜1分）

　事例Ⅰ同様、受験番号を記入し、乱丁・落丁がないことを確認。問題冊子の与件文・設問部分をホチキスから取り外し、それ以外をメモ用紙にする。メモ用紙の上部真ん中に「ＤＮＤＫ」（「誰に」「何を」「どのように」「効果」の略）、「売上＝客単価（単価×買上点数）×延べ客数（客数×来店回数）」と書く。

【手順2】設問解釈（〜5分）

　与件文の最初の部分のみを読み、Ｂ社の業種・規模を把握。中小企業というより小規模企業だな。すぐに設問へ移動。

第1問　ＳＷＯＴの問題か。「自社の強み」はよいとして、「競合の状況」は「競合」が何を指すのかを具体化したほうがよさそう。書き方は、「強みは〜」と「競合の○○は〜な状況」としよう。

第2問　ボランタリー・チェーンって何だっけ…。「予約会」「現在のデータベース」など与件文を適切に読み取らなければならない要素が多そうだ。「施策」だから効果を書くことも忘れないようにしよう。書き方は「施策は〜。これにより（効果）。」としよう。

第3問　また施策の問題だ。「顧客生涯価値を高めるため」だから、何かしら長いスパンで実行できるような施策を考えよう。配点も一番高いし、これも効果を忘れないようにしよう。書き方は第2問と同じ。

第4問　「図を参考に」とあるので、図を軽く分析。全国平均と比べて、明らかに20代が少なく、30代後半が多い。10歳までの子供世代と80代後半以降も少し多い。「シルバー世代」以外でメイン・ターゲットとするセグメントを選べということだから、30代後半の層だろう。子供世代とセットで家族をターゲットとするのかも。今年の図はシンプルでよかった。書き方は、「ターゲットは人口構成比の多い〜である。施策は、〜。これにより（効果）。」にしようと思うけれど、字数が足りないかも。

【手順3】与件文読解（〜15分）

　段落の変わり目で横線を引きながら与件文をざっと通読。組織図と時系列表を書く必要は特になさそうだ。

　Ｂ社は井戸端会議メンバーを主要顧客としているみたいだけれど、そんな狭い範囲の客で利益が出るんだろうか。小規模企業だからこそやっていけているのかもしれない…。

〜知識以外に自分に身についたこと〜

　大学受験以来の勉強癖。知的好奇心が高まった。

【手順4】解答作成（～70分）

　事例Ⅰと同様、設問ごとに違う色の蛍光ペンを使い、使えそうな部分に線を引き、答案構成。

第1問

　（a）第1段落から接客、第5段落から顧客との密接な関係性、第6、8段落から顧客の好みをよく把握していること、あたりが強みといえそう。ほかにもノベルティとかこだわりの日用品とかあるけれど、60字に入れるのは無理そうだ。大型スーパーの状況と対比になりそうな上の3つに絞って書こう。

　（b）第3段落から競合は大型スーパーだろう。状況は第9段落に書いてあるのでそのまま抜き出そう。

第2問　第6段落に過去の成功体験の記載があるのでこれを参考にしよう。データベースの内容は「住所」と「購買履歴・好み」とのことだから、それぞれに対応した施策を考えよう。「好み」に関しては過去の予約会と同様の用い方をすればよいのだろうけれど、「住所」はどう使うか…。効果は予約会の成功、すなわち多くの予約を獲得することだから、売上の方程式にしたがって…あ、顧客住所宛てにDMを送れば来店客数の増加につながって、「住所」を有効活用しつつ施策と効果を結び付けられるな。「好み」に関しても品揃えの厳選で買上点数の増加につなげればよさそうだ。これはうまく書けそう。

第3問　建築業の記載は第2段落にある。シルバー世代に関わるのは「介護のための改装」だから、これに対してB社がどう連携していけるか。B社の品揃えに「介護ベッド」があるから、改装計画に介護ベッドも入れてもらえれば、建築業・B社双方にとってメリットがありそうだ。これで1つ書ける。ただ、改装はそう何度もするものじゃないし顧客生涯価値の向上と直接結び付くものじゃないな…。シルバー世代の今後に関する記載を探すと、第9段落にあった。介護される側になって休憩コーナーに集えなくなる、ということは逆にこちらから御用聞きをすればいいんじゃないかな？　長いスパンで実行すれば、購入してもらう機会も増えて顧客生涯価値が向上しそうだ。

第4問　第2問、第3問で時間を使いすぎてしまい、またもや時間不足に。設問解釈で図の分析は済んでいたため、すぐに子育て世代への施策の検討に入る。第9段落の「快眠教室」はぜひ継続してもらうとして、第8段落の入園準備のアドバイスも口コミ発生の成功体験だから、いっそ「入園準備講座」のような形にすればよいのではないか。ほかに何か書けないか…と思い与件文を読み直すと、X市が子育てに力を入れていること、次期社長が地域の繁栄が必要だと考えていることを発見。行政と連携すべき旨を記載したが、時間がなく具体的な施策までは思いつかなかった。

【手順5】誤字脱字の確認（～80分）

　受験番号の再確認をし、終了まで誤字脱字の確認をした。

3．終了時の手ごたえ・感想

　第3問まではかなり手ごたえあり。第4問もある程度の点数は入るだろう。後半戦も頑張ろう。

～ストレート受験生あるある～

　2か月で合格できるのか、漠然と不安になる。

合格者再現答案＊（シンゴ 編）　　　　　　　　　　事例Ⅱ

第1問（配点20点）

（a）　　　　　　60字

強	み	は	①	提	案	営	業	に	よ	る	こ	だ	わ	り	の	接	客²	②	地
域	顧	客	と	の	密	接	な	関	係	性²	③	シ	ル	バ	ー	・	子	育	て
世	代¹	双	方	の	ニ	ー	ズ	を	十	分	に	把	握	し	て	い	る²	こ	と。

【メモ・浮かんだキーワード】　こだわりの接客、顧客との密接な関係、ニーズの把握
【当日の感触等】　多面的によく記載できた。
【ふぞろい流採点結果】　7/10点

（b）　　　　　　60字

競	合	で	あ	る	大	型	ス	ー	パ	ー²	は	、	高	品	質	な	商	品	が
少	な	く²	、	接	客	人	員	・	内	容	と	も	に	不	十	分²	な	状	況
で	あ	る。																	

【メモ・浮かんだキーワード】　品揃え・接客不十分
【当日の感触等】　与件文から抜き出したが、文字数が若干少なくなってしまった。
【ふぞろい流採点結果】　6/10点

第2問（配点25点）　　120字

施	策	は	、	①	デ	ー	タ	ベ	ー	ス	に	記	録	さ	れ	た	顧	客	の
好	み	を	も	と	に	婦	人	用	ハ	ン	ド	バ	ッ	グ	の	品	揃	え	を
厳	選⁶	す	る	こ	と	、	②	予	約	会	の	パ	ン	フ	レ	ッ	ト	を	作
成	し	Ｄ	Ｍ	に	同	封⁶	し	て	顧	客	住	所	宛	て	に	送	付	す	る
こ	と。	こ	れ	に	よ	り	予	約	会	へ	の	来	店	客	数	及	び	買
上	点	数	を	増	加	さ	せ	予	約	数	を	向	上	さ	せ	る⁵	。		

【メモ・浮かんだキーワード】　好みをもとに品揃え厳選、来店客数および買上点数の向上
【当日の感触等】　過去の成功体験とＤＢの活用方法、施策の期待効果をうまく結び付けることができた。
【ふぞろい流採点結果】　17/25点

〜ストレート受験生あるある〜

　一気に覚えたので、試験が終わった後に忘れるのも早い…ちゃんと復習しましょう。

第3問 （配点30点）　　120字

施	策	は	、	①	中	小	建	築	業	と	連	携⁴	し	介	護	用	の	改	装
計	画⁴	に	Ｂ	社	取	扱	い	の	介	護	ベ	ッ	ド	及	び	関	連	寝	具
類	を	含	み	同	時	購	入	し	て	も	ら	う⁴	こ	と	、	②	外	出	困
難	と	な	る	た	め	更	な	る	改	装	や	介	護	用	寝	具	類	の	御
用	聞	き	サ	ー	ビ	ス	を	行	う³	こ	と	。	よ	っ	て	顧	客	生	涯
価	値	を	高	め	る²	。													

【メモ・浮かんだキーワード】　双方にメリットのある連携、顧客生涯価値、御用聞きサービス

【当日の感触等】　これも、考えられる施策と顧客生涯価値の向上をきちんと結び付けることができた。

【ふぞろい流採点結果】　17/30点

第4問 （配点25点）　　120字

タ	ー	ゲ	ッ	ト	は	人	口	構	成	比	の	多	い¹	子	育	て	世	代³	で
あ	る	。	施	策	は	、	①	快	眠	教	室	の	継	続	と	と	も	に	入
園	準	備	講	座	を	開	催⁶	し	、	口	コ	ミ	を	促	し	関	連	購	買
を	図	る³	こ	と	、	②	行	政	と	連	携²	し	睡	眠	に	関	す	る	サ
ー	ビ	ス	を	提	供¹	す	る	こ	と	で	地	域	の	繁	栄³	に	つ	な	げ
る	こ	と	。																

【メモ・浮かんだキーワード】　口コミ、「地域の繁栄」という次期社長の想い

【当日の感触等】　ターゲットは間違いない。時間がなかったため、行政連携に関しては具体的な施策が書けなかった。

【ふぞろい流採点結果】　20/25点

【ふぞろい評価】　67/100点　　　【実際の得点】　66/100点

　第1問（ｂ）においては、競合の説明が不十分であったため、得点が伸びていません。しかし、他の設問では、設問の要求に沿ってキーワードがバランスよく書けており、論述の文脈・因果もわかりやすく、施策とその効果までしっかりと明記しているため、高い得点が取れています。

たくじ 編 （勉強方法と解答プロセス：p.158）

1．休み時間の行動と取り組み方針

　無事に最初の事例を解き切ったことで一安心する。少し部屋で過ごした後、お手洗いへ。待ちながら事例Ⅱのポイントを最終確認。部屋に戻ると、間もなく着席時間となり、説明が始まった。読み方・解き方、売上向上の視点に注意して取り組むことを意識。

2．80分間のドキュメント

【手順0】開始前（〜0分）

　解答用紙が配られ、合計字数が480字であることが透けてみえ、全体的な記述量は少ないため、解答に時間が割けそうだと戦略を立てる。ただ、120字の設問が3問あるため、解答要素の検討に時間をかけ、確実に点数を取ることを意識。

【手順1】準備（〜15秒）

　受験番号を記入し、深呼吸。乱丁・落丁がないことを確認。この時点で与件文の量が多いこと、図があることを確認。与件文の読解にも時間がかかりそうだ。

【手順2】設問解釈（〜5分）

与件文　1段落目を読み、規模、業種、従業員数を確認。

第1問　「現在」の「自社の強み」と「競合の状況」か。オーソドックスな設問だ。ここは時制に注意しつつ、本文から探すようにしよう。競合が何かは示されていないため、与件文に記述があるだろう。「状況」ということなので、B社の強みが、強みといえる理由を示せる要素を解答に盛り込もう。B社と競合を比較する視点で解答しよう。

第2問　予約会の成功の定義は何だろう。売上の向上、顧客との関係構築かな。データベースを活用するのであれば、データベースの情報からの重要顧客の選定、顧客のニーズと商品のマッチかな。予約会の仕組みがよくわからないな。

第3問　「中小建築業と連携しながら」という記述からはまったく解答を想定できないな。「顧客生涯価値の向上」という記述から、顧客単価・購買回数・年数の向上、顧客との継続的な関係の構築を想定。本文に中小建築業に関する記述があるだろう。

第4問　今後のメイン・ターゲットの選定か。今の時点ではまったくわからないな。図と本文を参考にターゲットになりそうな世代を考えよう。施策の要件がないため、与件文をもとに解答の視点を考えよう。

【手順3】与件文読解（〜24分）

1段落目　ボランタリー・チェーンというのがよくわからなかったが、気にせずにいこう。早速B社の強みが書いてある。接客に対する顧客の信頼、副社長のノベルティが強み。

2段落目　X市についての記述。事例ⅡではCSRの観点から解答を考えることもあるため、注意して読もう。農業とガラス製品生産が主要産業で、子育てサービスを充実させた。さらに建築需要が増えている。ここは第3問につながりそう。

3段落目　商店街の状況と収益悪化の要因である大型スーパーについてか、ここは第1問

の競合の部分に使用できそうだ。

4段落目　休憩コーナーの設置と売上増加についてか。関連があるのは第2問かな。

5段落目　副社長の井戸端会議の開催によって井戸端会議メンバーが顧客となり、寝具販売に加え、購買間隔の短い日用品を販売して顧客との関係を築いた。ここは第1問の強み、第2問、第3問の顧客生涯価値につながりそうだな。

6段落目　予約会の記述を発見。注意書きで説明もしてあり、予約会について理解できた。井戸端会議が顧客ニーズ収集の場になっている。予約会が成功した要因を分析して第2問の解答に使用しよう。年間売上の7割が寝具販売なのは問題かもしれない。

7段落目　現社長の娘が登場。事業継続を井戸端会議メンバーに希望されたって。事例Ⅰと似たような展開だな。娘には経営に関する知識や経験はないだろう。

8段落目　次期社長（現社長の娘）の保育士経験は強み。入園準備のアドバイスもできる。

9段落目　シルバー世代がやがて介護される側になるということは、介護のための改築需要も増えるのか。第3問関連かな。大型スーパーに関する記述がある。高品質商品が少なく、従業員がほとんどおらず、十分な説明もできないことはB社との決定的な違いだ。

10段落目　データベースを十分に活用できていないことが課題である、と明確に記述されている。データベースの内容が詳細に記述されており、第2問に使用するに違いない。

11段落目　B社の社長は地域の繁栄に貢献することが必要であると考えている。やはりCSRの視点で考える必要があるみたいだ。第3・4問で必要な箇所かな。

【手順4】ポイント整理・対応付け（〜45分）、解答作成（〜80分）

第1問　B社の強みを与件文から絞ることができなかったため、まずは競合の状況から考えよう。競合に関する記述は少ないので絞り込みやすいな。説明力、高品質商品、従業員などを解答要素にしよう。ターゲットの違いなど、B社と比較できる点も含めよう。

第2問　予約会の成功のためには、競合との差別化のために高品質商品を仕入れることと、それらが顧客のニーズに合っていることが必要だな。継続的な関係の構築のために、顧客とのコミュニケーションを十分に取れるようにすることも必要だろう。現状では不十分な場合もあるため、それを解決する施策も必要だな。

第3問　中小建築業に関わりのありそうな「介護のための改築」などの建築ニーズが増加しているため、これは解答要素になりそう。B社が扱っているのは寝具・日用品であるため、建築ニーズがあった時に寝具・日用品の販売をすることが考えられる。

第4問　図で全国の人口構成比率と比較してX市のほうが構成比率の高い30代、10代がターゲットかな。与件文に子育て世代に対するアプローチもあったため、ターゲットは子育て世代でいこう。施策は、B社社長の「地域の繁栄」への思いにつながる施策を解答としよう。事例Ⅱの視点としてもCSRの視点があるため問題ないだろう。

3．終了時の手ごたえ・感想

　事例Ⅰの出遅れを取り戻したいと思ったが、第3・4問は自信がない。それでも得意事例で失敗するという最悪の事態は回避できた。特に動揺せずに昼休みを過ごせそうだ。

合格者再現答案＊（たくじ 編） ──────── 事例Ⅱ

第1問（配点20点）

（a） 60字

B	社	の	強	み	は	顧	客	の	信	頼	を	得	て	い	る²	接	客	や	説
明	、	井	戸	端	会	議²	メ	ン	バ	ー	と	の	密	接	な	関	係²	、	顧
客	情	報	を	持	つ	デ	ー	タ	ベ	ー	ス¹	を	有	し	て	い	る	こ	と	。

【メモ・浮かんだキーワード】 信頼を得ている顧客、説明力、井戸端会議メンバー、データベース

【当日の感触等】 多様な要素を盛り込めただろう。詰込み感は否めないが…。

【ふぞろい流採点結果】 7/10点

（b） 60字

競	合	は	若	者	の	多	く	が	利	用	す	る²	幹	線	道	路	沿	い	の
大	型	ス	ー	パ	ー²	で	あ	り	、	高	品	質	商	品	・	従	業	員	が
少	な	く²	、	十	分	な	説	明	を	で	き	る	従	業	員	も	少	な	い²

【メモ・浮かんだキーワード】 大型スーパー、若者の利用、高品質商品がない、従業員が少ない、説明も不十分

【当日の感触等】 B社の強みの要素と比較して、解答を構成。きれいにまとめられた。

【ふぞろい流採点結果】 8/10点

第2問（配点25点） 120字

主	に	重	要	顧	客	を	タ	ー	ゲ	ッ	ト⁴	に	、	デ	ー	タ	ベ	ー	ス
の	情	報	か	ら	顧	客	の	好	み	に	合	う	高	品	質	商	品	の	選
別	・	仕	入	れ	を	行	い⁶	、	大	型	ス	ー	パ	ー	と	の	差	別	化
を	図	る	。	ま	た	、	休	憩	ス	ペ	ー	ス	の	活	用	や	入	場	整
理	に	よ	り	顧	客	一	人	一	人	と	の	コ	ミ	ュ	ニ	ケ	ー	シ	ョ
ン	の	時	間	を	確	保²	し	、	顧	客	の	満	足	度²	を	高	め	る	。

【メモ・浮かんだキーワード】 予約会の成功とは？ 顧客情報、商品選別、休憩スペースの活用

【当日の感触等】 予約会の成功への流れをうまく記述することができたかな。

【ふぞろい流採点結果】 14/25点

~2年目受験生あるある~

1年目に受からなかったことによるメリットをとにかく列挙して自分を納得させる。

第3問（配点30点）　120字

核	家	族	世	帯	の	た	め	の	建	築	需	要	の	増	加¹	、	介	護	の
た	め	の	改	装	の	増	加⁴	と	い	う	背	景	を	生	か	し	て	、	建
築	・	改	装	の	案	件	が	あ	る	時	に	地	域	の	中	小	建	築	業
か	ら	顧	客	を	紹	介	し	て	も	ら	う⁴	。	そ	の	際	に	、	新	た
な	居	住	空	間	に	お	け	る	寝	具⁴	・	日	用	品	の	提	案	販	売³
を	行	い	、	継	続	的	に	提	案²	で	き	る	関	係	を	構	築²	す	る。

【メモ・浮かんだキーワード】　建築関係のニーズ、核家族化、介護、顧客単価、購買回数、顧客との関係

【当日の感触等】　本文中に根拠があまりなくて困ったけど、理由付けはできたかな。

【ふぞろい流採点結果】　19/30点

第4問（配点25点）　120字

図	の	中	で	も	全	国	よ	り	X	市	の	人	口	構	成	比	率	が	高
い¹	30	代²	か	ら	40	代	の	子	育	て	世	代³	を	メ	イ	ン	タ	ー	ゲ
ッ	ト	に	、	地	域	の	繁	栄³	、	地	域	の	顧	客	の	満	足	度	の
向	上	の	た	め³	に	地	元	産	業	で	あ	る	農	業	業	者	、	ガ	ラ
ス	製	品	生	産	業	者	と	協	力²	し	て	農	業	体	験	イ	ベ	ン	ト
や	ガ	ラ	ス	製	品	生	産	体	験	イ	ベ	ン	ト³	を	行	う	。		

【メモ・浮かんだキーワード】　人口構成比率、子育て世代、社長の思い、地域の繁栄、地元産業

【当日の感触等】　設問要求から解答要素を考えるのが難しかったが、事例Ⅱの視点で解答できた。

【ふぞろい流採点結果】　17/25点

【ふぞろい評価】　65/100点　　【実際の得点】　69/100点

　各設問とも、解答に必要なキーワードが適切に書けており、結果として合格点を取れています。ただし、第3問では、顧客生涯価値において重要な「継続性の観点」だけではなく、最終的な購入や売上向上につながる記載があれば、もっと得点は伸びたでしょう。

ちょく 編 （勉強方法と解答プロセス：p.160）

1．休み時間の行動と取り組み方針

鬼門だった事例Ⅰをどうにか乗り越えた感があったので、少しリラックスしてコーヒーを飲む。次は得点源としたい事例Ⅱだ。そう考えると急にプレッシャーに襲われた。事例Ⅱは去年の本試験で79点を獲得、模試でも上位5％を叩き出し、「結果的に」得点源となっているのだが、正直なところあまりその要因がわかっていない。いわば直感的に素直に解いた結果が高得点になっているだけなので、もし直感がうまく働かなかったら…？ 事例Ⅰでアドバンテージができたとも思えないし、あとは浮き沈みのある事例ⅢとⅣだ。とにかく無心になろうとファイナルペーパーを読み、開始時刻が来るまでは念仏のように心で唱える。誰に何をどのように…誰に何を…。

2．80分間のドキュメント

【手順0】開始前（〜0分）

まだ少しプレッシャーで心がざわついているが、下手に高得点を狙おうなどと考えるのはやめよう。大丈夫、俺は事例Ⅱの申し子だ。いつもどおり、素直に感じたまま丁寧に、を心掛けて解けば自然と結果はついてくるはず。

【手順1】準備（〜1分）

例のごとくゆっくりとホチキスを外す。事例Ⅰの時より外すコツをつかみスムーズに外れる。大丈夫、落ち着いている。そして配点と文字数を確認。うん、オーソドックスな感じ。得意科目は特に、傾向を変えられないほうがよいのでひと安心。

【手順2】設問解釈（〜6分）

第1問 自社の強みと競合の状況か。与件文から抜き出すだけかな。しっかり与件文と紐付けて得点したいところ。60字以内だから要点をかいつまむ編集力も問われるな。「強み」「競合」と、解答骨子のメモスペースをそれぞれ分けて用意。

第2問 ボランタリー・チェーンって何だっけ？ 予約会成功の施策か。「データベースを活用しながら」これは施策に絶対入れなきゃいけない、制約だな。ピンクで目立つようにマーカーを引く。

第3問 「地域内の中小建築業と連携しながら」「シルバー世代の顧客生涯価値を高める」連携のところを絶対に落とさないように、ピンクマーカーに加えて解答骨子をメモするスペースへ矢印で引っ張っておく。こうすることで解答骨子を考える時に嫌でも目に入るので落とさない。昨年制約を見落として大失敗した教訓を活かし改善した点だ。

第4問 問われていることは、「セグメント」と「施策」の2点だ。解答骨子のメモスペースをそれぞれ分けて用意。さらに制約としてセグメントは「シルバー世代以外」だ。

【手順3】与件文読解（〜15分）

1段落目 こだわりの接客が一番の強みかな。副社長の趣味の裁縫も活かせそうだ。

2段落目 建築業と連携すると問題にあったな。「介護のための改装」これは使える。

5段落目　日用品の販売で「顧客との継続的な接点を作りやすくなった」。戦略的にではなかったとしても顧客との継続的な接点を結果的には作れたのか。これは活かさないと。

6段落目　前回の予約会では「時間によっては顧客が会場に入れない」ほど来店があったという嬉しい悲鳴だったのか。しかし次回はなんらかの対策を打たねば。

8段落目　保育士の勤務経験。これは今後強みとして活かせるな。

9段落目　競合の状況。接客レベルが低く、高品質な商品が少ない。これは事例Ⅱの典型的な形である「こだわりの高品質な商品」を「B社が顧客との関係性を強化しながら」販売していくという方向性にピッタリの状況だな。親子イベントで関係性を継続的に維持して強化する。なんとなく方向性は定まってきた。

10段落目　好みまでデータベースに登録しているのか。たしかに「貴重な無形資産」だ。

11段落目　事業継続には「地域の繁栄が必要」か。最終的に目指すのはここか。

【手順4】解答骨子メモ作成（〜40分）

第1問

（a）一番の強みは「こだわりの接客」であることは間違いないが、もう少し入れたいな。副社長の裁縫の趣味も入れるか。ニーズ収集できる機会があるのも差別化できる点だな。

（b）大型スーパーの寝具売場は一番の競合だな。しかもこだわりの接客がウリのB社と対照的な接客状況だ。県庁所在地の百貨店は？　一応入れとくか。

第2問　とにかくデータベースを活用しなければならないから、住所をDMに使っておこう。あとは購買履歴と好み。ということは好みに合わせてお薦めするしかないよな。統計ソフトか何かで分析して購買傾向の統計情報を出して…いや、それは自分の職種がSEだから思いつくことであって、飛躍し過ぎている。あくまでも「一般的な施策」を助言しないと。あとは満員時の対策も何か入れないとな。

第3問　顧客生涯価値って何だっけ？　顧客との生涯の取引？　曖昧だけど価値を高めるには単価か個数を増やさないと。ということは顧客満足度を高めるのは必須。建築業との連携、介護のための改装増、寝具店、のあたりのヒントから導き出せるのは…。

第4問　えーと、図を参考にすると70歳くらいと30〜40代の人口が多いと。ただ、シルバー世代「以外」なのでターゲットセグメントは30〜40代。で、次期社長の保育士経験を活かすとすると、子育て世代に絞ったほうがよいか。そうすると、施策はおのずと育児イベントなど育児関連になるかな。誰に、何を、どのように、効果。最終的な効果として地域の繁栄につながるようにまとめよう。

【手順5】解答作成・見直し（〜80分）

解答骨子メモの時点でほぼ解答イメージも出来上がっていたため、時間も余裕あり。誤字脱字の見直しもしっかりとできた。

3．終了時の手ごたえ・感想

いつもの事例Ⅱを解いた後の感触と変わらない。素直に与件文に沿って無理のない施策を提案できた。いつもどおりの感覚、ということは、高得点も期待できるかも…？

〜診断士の魅力〜

多面的な視点で経営を見て、社長と向き合えること。

合格者再現答案＊（ちょく 編） ━━━━━━━━ 事例Ⅱ

第 1 問 （配点20点）

（a） 60字

①	こ	だ	わ	り	の	接	客²	に	よ	り	顧	客	の	信	頼	を	得	て	い
る	事	②	副	社	長	が	作	っ	た	ノ	ベ	ル	テ	ィ²	目	当	て	の	顧
客	が	い	る	事	③	井	戸	端	会	議²	で	ニ	ー	ズ	拾	え	る²	事	。

【メモ・浮かんだキーワード】 差別化、顧客との関係性

【当日の感触等】 盛り込み過ぎたか？ 具体的な接客のこだわり方などを書いたほうが良かった？

【ふぞろい流採点結果】 10/10点

（b） 60字

①	大	型	ス	ー	パ	ー	寝	具	売	場²	で	は	高	品	質	な	商	品	少
な	く²	従	業	員	の	説	明	が	不	十	分²	②	県	庁	所	在	地	百	貨
店¹	で	は	ニ	ー	ズ	把	握	し	て	お	ら	ず¹	品	揃	え	が	悪	い	。

【メモ・浮かんだキーワード】 ニーズ非対応、接客悪い

【当日の感触等】 現段階で百貨店は競合とはいえないか…。でも今後婦人服やハンドバッグなどの販売量を増やすなら競合になるともいえる。まあ余分な分にはそこまで減点にはならないだろう。

【ふぞろい流採点結果】 8/10点

第 2 問 （配点25点） 120字

施	策	は	、	デ	ー	タ	ベ	ー	ス	を	活	用	し	て	配	達	時	に	記
録	し	た	住	所	に	D	M	を	送	付⁶	す	る	。	そ	の	際	、	婦	人
服	の	購	買	履	歴	と	好	み	に	よ	り	、	顧	客	ご	と	の	お	す
す	め	商	品	の	チ	ラ	シ	を	同	封⁴	し	、	更	に	友	人	紹	介	制
度	も	導	入²	し	て	集	客	率	を	向	上³	す	る	。	予	約	会	当	日
は	休	憩	コ	ー	ナ	ー	を	設	置	し	て	満	員	時	に	対	応	す	る²

【メモ・浮かんだキーワード】 DM、友人紹介制度

【当日の感触等】 お決まりのDMと友人紹介制度で固く得点できただろう。ただ、最後の休憩コーナーは苦し紛れだったな。とはいえ、それ以外の部分で7割程度は得点できたはず。

【ふぞろい流採点結果】 17/25点

第3問（配点30点）　120字

施	策	は	、	地	域	内	の	**中**	**小**	**建**	**築**	**業**	**と**	**連**	**携**	し	て	シ	ル
バ	ー	世	代	向	け	に	介	護	住	宅	と	**介**	**護**	**用**	**寝**	**具**	の	組	み
合	わ	せ	を	提	供	す	る	。	具	体	的	に	は	、	**井**	**戸**	**端**	**会**	**議**
で	**得**	た	ニ	ー	ズ	を	基	に	建	築	業	者	と	相	談	し	バ	リ	ア
フ	リ	ー	**等**	の	**顧**	**客**	**満**	**足**	**度**	**の**	**高**	**い**	住	宅	構	造	と	寝	具
を	合	わ	せ	て	販	売	し	充	実	の	介	護	生	活	を	提	案	す	る	。

【メモ・浮かんだキーワード】　バリアフリー、改装、提携、ニーズ収集
【当日の感触等】　顧客生涯価値の定義が曖昧だったが、顧客満足度を上げるのは間違いない
　だろうから、連携の施策とニーズに触れていれば大けがはないはず。
【ふぞろい流採点結果】　16/30点

第4問（配点25点）　120字

タ	ー	ゲ	ッ	ト	は	**30**	～	**40**	**代**	の	**子**	**育**	**て**	**世**	**代**	で	、	施	策
は	、	次	期	社	長	の	保	育	士	経	験	を	活	か	し	①	**昼**	**寝**	**用**
布	**団**	**の**	**販**	**売**	②	育	児	イ	ベ	ン	ト	の	強	化	③	手	作	り	手
さ	げ	カ	バ	ン	の	生	地	等	の	材	料	を	販	売	し	、	顧	客	と
の	継	続	的	な	接	点	を	作	り	**顧**	**客**	**愛**	**顧**	**向**	**上**	、	子	育	て
世	代	の	住	み	易	さ	を	向	上	、	**地**	**域**	**の**	**繁**	**栄**	を	目	指	す	。

【メモ・浮かんだキーワード】　誰に→何を→どのように→効果、継続接点、顧客愛顧
【当日の感触等】　与件文のヒントをしっかりと使えたし、因果関係もおかしくないはず。高
　得点取れたかな？
【ふぞろい流採点結果】　17/25点

【ふぞろい評価】　68/100点　　【実際の得点】　62/100点
　各設問ともバランスよくキーワードが書けているため、十分な得点が取れており、合格点
を維持しています。特に、第1問（a）（b）では必要なキーワードがほぼ網羅できており、
ふぞろい流採点においては、高得点が取れています。

Column
試験前日の過ごし方について

　1次、2次試験ともに何があっても会場に遅刻なくたどり着けるように、と近くのホテルに宿泊（特に平成29年度の2次試験は台風直撃・電車遅延しまくりの悪天候だったので）。好きな音楽を聴きながら、アロマディフューザーでリラックスする香りをかぎ、時間を見つけてマッサージに行き、早い時間から軽く飲んで、と久々に独身時代のようなのんびりした時間を過ごしました。仕事が忙しいなか、なんとか送り出してくれた旦那様には心から感謝！　試験当日に体調を崩してしまっては、今までの努力も完全に水の泡。勉強は論点の整理くらいに留めておき、勝負の時に自分がフルパフォーマンスを出せるようセルフメンテナンスをするのも一手ですよ。　　　　　　　　　　　　　　　（かずさ）

~診断士の魅力~
　みんなエネルギッシュ。独占業務がないけど、何でもできると考えりゃいいんじゃないかなと思う今日この頃。

とよでぃ 編 （勉強方法と解答プロセス：p.162）

1．休み時間の行動と取り組み方針

　まずは、トイレに直行。案の定、男子トイレは混むけれども、仙台会場は人数も多くないのでそれほど長い列にはならない。トイレへの往復の間で受験仲間と遭遇して、お互いに励まし合う。席に戻って、ファイナルペーパーでマーケティングの４Ｐを再確認。問題・解答用紙の配布直前にもう一度トイレへ行って、万全の態勢で次の事例に臨む。

2．80分間のドキュメント

【手順0】開始前（〜0分）

　解答用紙のマス目が透けて見えるが、特に大きな驚きはない。大丈夫だ。

【手順1】準備（〜30秒）

　受験番号を記入し、設問文が載っているページを切り離す。設問は４問、標準的な事例だ。

【手順2】設問解釈（〜8分）

与件文　第１段落冒頭を読む。寝具小売業で、息子夫婦に事業承継した企業だ。最終段落を読む。地域の繁栄が課題と書いてある。よくあるパターンだ。

第１問　自社の強みと競合の状況か、ＳＷＯＴ分析なのだろう。競合がどこか要チェックだ。自社の強みと競合の強みで問わないなら、競合の状況を踏まえてのＢ社の強みだろう。

第２問　予約会とは何だろう。与件文で確認するしかない。そして「成功」の定義は何か。集客か売上拡大か。顧客データベース活用は、分析とＤＭ送付だろう。

第３問　顧客生涯価値向上とあれば、ロイヤリティ向上と関係性強化だろう。建築業と寝具店での連携というのは、ピンとこないな。与件文を読むしかない。

第４問　今後のメイン・ターゲットの設定か。「図を参考に」なので、図を見る。全国との比較で人口構成比が高い世代がターゲットになるな。30代の構成比が割と高い。

【手順3】与件文読解（〜18分）

1段落目　顧客の睡眠状況を聞きながら商品を薦める接客は、間違いなく差別化要因だ。ノベルティの集客力もどこかの設問に使える要素だ。

2段落目　子育てに関する行政サービス充実で、30代が多くなったのか！　第４問のターゲットは、30代の子育て世代で間違いないな。建築需要や介護のための改装は第３問に使えそうだ。

3段落目　競合とは大型スーパーのことのようだ。ありがちなパターンだな。

4段落目　丁寧な接客で弊害が起きたが、休憩コーナー設置で機会損失を回避したようだ。

5段落目　競合の大型スーパーに客を奪われていたが、井戸端会議で顧客との関係性が強化されたという流れを確認。日用品販売を引き継いだことも伴って、顧客との継続的な接

〜診断士の勉強が仕事に活かせた瞬間〜

　資料作成の時に、ロジカルに資料をまとめるのに役立った。

点ができた。これは強みとして使えそう。

[6段落目]　ここで予約会が出てきた。脚注も確認。顧客の好みから品揃えを厳選したことによって、好評を得たとある。今回の施策も品揃えの厳選で成功する可能性は高い。

[7、8段落目]　今度は親族内承継のパターンか。そして次期社長は保育士勤務経験がある模様。子育て世代をターゲットした施策と合致する。使えるな。

[9段落目]　競合の大型スーパーの状況がまとまっている。そのまま書けそうだ。B社は、イベントを開催することで顧客の来店につながっている。今後の施策としても使えそう。

[10段落目]　情報などの無形資産のデータベース化で、可視化と共有化を図った模様。次期社長やるなぁ。品揃えの厳選など、予約会の施策に活用できそうだ。

【手順4】解答要素抽出・各設問との対応付け（〜40分）

　各設問に対応する解答要素を広い余白に書き、関連しそうなものを線で結んで整理。

[第1問]　まず、9段落目にまとまっていた競合の状況を（b）欄に書き込む。そのうえで、競合の大型スーパーの状況をふまえたB社の強みを1つ1つ記載していく。余った字数で、顧客データベースの保有を盛り込む。

[第2問]　来店客と売上の増加が予約会の成功と考えよう。品揃え厳選、DM送付、ノベルティによる集客、を軸に書いていこう。

[第3問]　介護のための改装需要に、中小建築業との連携で対応できるな。相談会を実施して、接客力を生かして介護ベッドを販売すればよい。顧客生涯価値向上の長期的な施策が思いつかない…。定期開催でよいのか…。

[第4問]　メイン・ターゲットは30代の子育て世代で、選定理由の記載も忘れずに盛り込む。次期社長の保育士勤務経験を活用したイベントを実施して、効果は来店客増加と売上増加で決まりだ。

【手順5】解答記入（〜75分）

　各設問でまとめた要素を文章化し、下書きせずに直接解答用紙に書き込む。

【手順6】見直し（〜80分）

　答案全体を俯瞰。論理がおかしい所や誤字・脱字がないかをチェックする。

3．終了時の手ごたえ・感想

　第3問の顧客生涯価値向上のための施策がいまひとつ論理的ではないが、ほかの設問に関しては十分に要素を論理的に盛り込むことができたと思う。しかし、易しい印象だったので、受験生のなかであまり差はつかないと感じた。残り2つの事例が勝負だな。

〜診断士の勉強が仕事に活かせた瞬間〜
　今後の事業の進め方について現場の分析をもとにした持論を展開し、上司の反論なくまとめられた時。

合格者再現答案＊（とよでぃ 編） ━━━━━━━━━━ 事例Ⅱ

第1問（配点20点）

（a）　　　　　　　　60字

顧	客	の	睡	眠	状	況	を	聞	き	な	が	ら	商	品	提	案	を	行	う
接	客	力²	。	休	憩	コ	ー	ナ	ー¹	で	の	交	流	で	顧	客	と	継	続
的	な	接	点	が	築	か	れ	て	い	る²	事	。	顧	客	Ｄ	Ｂ	の	保	有¹

【メモ・浮かんだキーワード】　接客力、顧客関係性、無形資産、顧客ＤＢ
【当日の感触等】　与件文の言葉で複数要素を盛り込んでおり、十分得点は得られているだろう。
【ふぞろい流採点結果】　6/10点

（b）　　　　　　　　60字

高	品	質	な	商	品	が	少	な	い²	。	従	業	員	が	少	な	く	、	顧
客	に	商	品	説	明	が	出	来	て	い	な	い²	。	顧	客	と	の	継	続
的	接	点	が	な	く	、	固	定	客	が	存	在	し	て	い	な	い	。	

【メモ・浮かんだキーワード】　高品質な商品がない、従業員が少ない、固定客が不在
【当日の感触等】　9段落目の内容をほぼそのまま盛り込んだ。
【ふぞろい流採点結果】　4/10点

第2問（配点25点）　　120字

施	策	は	、	①	顧	客	Ｄ	Ｂ	の	購	買	履	歴	を	分	析	し	、	顧
客	の	好	み	に	応	じ	た	品	揃	え	を	厳	選⁶	す	る	、	②	副	社
長	の	裁	縫	・	刺	繍	技	術	を	生	か	し	て	小	物	入	れ	等	の
ノ	ベ	ル	テ	ィ	を	用	意	し	、	来	店	客	へ	配	布²	す	る	、	③
顧	客	台	帳	や	登	録	住	所	を	活	用	し	て	予	約	会	開	催	の
Ｄ	Ｍ	を	送	付⁶	し	、	予	約	会	来	店	を	促	す³	、	で	あ	る	。

【メモ・浮かんだキーワード】　顧客ＤＢの購買履歴、ノベルティ、ＤＭ送付、品揃え厳選
【当日の感触等】　これまでの成功事例の活用に併せて、ノベルティとＤＭ送付を盛り込めた。
【ふぞろい流採点結果】　17/25点

第3問（配点30点）　120字

施	策	は	、	建	築	業	者	と	連	携	し	て	介	護	の	た	め	の	改
装	の	相	談	会	イ	ベ	ン	ト	を	実	施	す	る	事	で	あ	る	。	顧
客	の	睡	眠	状	況	を	聞	き	な	が	ら	商	品	提	案	を	行	う	接
客	力	を	生	か	し	て	、	最	適	な	介	護	用	ベ	ッ	ド	を	提	案
し	販	売	す	る	。	定	期	的	に	相	談	会	を	開	催	す	る	事	で
関	係	性	を	強	化	し	、	ロ	イ	ヤ	リ	テ	ィ	向	上	を	図	る	。

【メモ・浮かんだキーワード】 介護ベッド、介護のための改装需要、接客力、ロイヤリティ向上

【当日の感触等】 施策自体は問題ないと思うが、長期的に顧客生涯価値向上を図る具体的施策が思いつかなかった。

【ふぞろい流採点結果】 21/30点

第4問（配点25点）　120字

全	国	よ	り	人	口	構	成	比	が	高	い	30	代	の	子	育	て	世	代
を	タ	ー	ゲ	ッ	ト	に	す	る	べ	き	で	あ	る	。	施	策	は	、	次
期	社	長	の	保	育	士	勤	務	経	験	を	生	か	し	て	①	保	育	園
で	快	眠	教	室	の	実	施	、	②	店	舗	ス	ペ	ー	ス	で	保	育	園
入	園	準	備	の	相	談	イ	ベ	ン	ト	の	実	施	、	で	あ	る	。	以
上	に	よ	り	来	店	客	数	増	加	と	売	上	増	加	を	図	る	。	

【メモ・浮かんだキーワード】 ターゲット選定の理由→人口構成比を全国と比較、次期社長の保育士勤務経験活用、客数増加、売上増加

【当日の感触等】 ターゲットの選定理由を盛り込み、説得力のある解答を作ることができたと思う。できれば、イベント実施による口コミ促進を書くべきだった。

【ふぞろい流採点結果】 17/25点

【ふぞろい評価】 65/100点　　**【実際の得点】** 58/100点

　第1問（a）（b）では、与件文の一部をほぼそのまま抜き出しただけで、必要なキーワードをうまく要約できていないため、得点が伸びていません。一方、他の設問では、必要なキーワードや施策と効果をしっかりと記載できており、ふぞろい流採点では高い得点を取れています。

~診断士の勉強が仕事に活かせた瞬間~

論理的な文章が書けるようになり、人の書いた文章をレビューできるようになった。

事例Ⅱ

まき 編（勉強方法と解答プロセス：p.164）

1．休み時間の行動と取り組み方針

　お昼にご飯を食べると眠たくなるので、睡魔に襲われないように、おにぎりを1つ食べ、ブドウ糖を摂取しながらファイナルペーパーを眺める。その後お手洗いを済ませ、教室の外でストレッチを行い、残り10分は寝て待つ。

2．80分間のドキュメント

【手順0】開始前（～0分）

　透けている解答用紙の字数・配点を確認した後に時間配分を考える。4問しかないうえにやけに字数が多い。う～ん、と心のなかでうなりながらもお茶を飲み、気持ちを落ち着かせる。

【手順1】準備（～1分）

　受験番号を記入し、2、3回受験票と突合せる。問題用紙に乱丁・落丁がないことを確認。設問文のページを定規で破る。与件文に段落番号を付番し、段落の間に線を引く。

【手順2】設問解釈（～10分）

　与件文　1段落目と最後の段落を読み概要を把握する。設問ごとに色分けし、全設問の「キーワード」に蛍光ペンで線を引く。

　第1問　「自社の強み」と「競合の状況」が問われている。オーソドックスな環境分析だ。でも字数が少ないから優先順位をつけ、コアコンピタンスを答えなきゃ。

　第2問　「ボランタリー・チェーン」って何だっけ、ド忘れした。与件文に書かれているかもしれないからとばそう。そして、「現在のデータベースを活用し予約会を成功するための施策」の助言か。データベース活用ということは、RFM分析でもするのかな。B社長は何をもって成功とするのか疑問が残る。「施策」の範囲が広いが、ターゲット＋マーケティングの4Pで解答する方向でいこう。

　第3問　「中小建築業との連携」に該当する箇所については与件文から探そう。「シルバー世代の顧客生涯価値を高める」施策の助言か。接触頻度を高めて関係性を強化するプロモーション戦略を答えよう。それに加えて、シルバー世代に与える影響（効果）も盛り込もう。

　第4問　「シルバー世代以外のメイン・ターゲット」に対する施策の助言だ。ターゲット設定は定量（機能）・定性（情緒）で書こう。図を参考にすると全国より多い30～40代で0～10歳の子どもを持つ子育て世代だろう。この世代のニーズを与件文から読み取ろう。そして、第1問の環境分析との一貫性を意識してマーケティング戦略（4P）を考えよう。

【手順3】与件文読解（～15分）

　接続詞：逆接（しかし、が 等）を△、並列（また 等）とその他（ただし、さら

に 等）を○で囲む。時系列の表現（○○年 等）を□で囲む。キーワード（解答に使う表現）、ターゲットに関する記述（顕在・潜在ニーズを含む）、競合・協業企業、B社・地域の課題などをチェックしながら読む。

【手順４】与件文と設問の対応付け、思考（〜40分）、解答作成（〜80分）

　情報の整理が不完全なままだが、各設問で確実に点数を取れる要素から記述していく。

　第1問 （強み）たくさんある。でも、競合と対比して書くべきだから先に競合を考えよう。第1段落と対応付けする。ほかにも候補があるが、確実な箇所から記述する。

　（競合の状況）第4問も意識して大型スーパーは外せないな。第9段落に対応付けする。

　第2問 「データベース」の記述のある第10段落と対応付けする。ＤＢは、シルバー世代、婦人服の購買履歴などに関する情報で、ターゲットは、この世代の婦人で井戸端会議メンバーだ。「配達時に記録した住所」はＤＭ送付に使おう。「婦人服の購入履歴と好み」は分けて考えるべきか…Ｂ社こだわりの接客とコーディネートに使おう。第6段落では婦人服の予約会について記述されている。井戸端会議メンバーの欲しいものを近場で買いたいという潜在的ニーズを読み取り、好みに合わせ厳選した品揃えが好評を得た結果、婦人服は年間売上の約25％を占めている。婦人服の予約会と同様に、Ｂ社にとってハンドバッグの予約会の成功とは、品揃えを厳選し好評を得ることで継続し、Ｂ社の売上に寄与することだ、と予測を立てる。しかし、残り時間が少なくなって、焦ってしまい、品揃えについて触れられなかった。

　第3問 「建設業」の記述がある第2段落に対応付けする。建築ニーズは「核家族世帯のための建築」と「介護のための改装」であり、それらは増加している。「シルバー世代の顧客生涯価値…」だから、前者は対象にならないのかな。改装に合わせて介護ベッドを提案し、接触頻度を高めるために日用品を配達して関係性を強化しよう。その効果として、与件文を読んで引っかかった「体力的・精神的につらい」という負担を軽減しよう。

　第4問 グラフから定量的に絞り込むとターゲットは子育て世代であり、それらの記述がある第2、第8段落を対応付けする。第2段落には、X市の農業とガラス製品工場についての地域産業の記述があり、「地域の繁栄が必要」と記載がある第11段落と併せて対応付けする。地域繁栄の課題をこの設問で解決するのだろうな、と思いながらもなかなか地域産業との連携が思いつかず、時間が刻々と過ぎ焦る。

３．終了時の手ごたえ・感想

　思考する時間が長くなってしまったため、書く時間が少なくなり、自分の考えのすべてを答案に残すことができなかった。悔しい…。方向性は間違っていないと思うので60点は確保できたかな。今年は、なんとかほかの事例の足を引っ張らずにすみそう。

　〜診断士の勉強が仕事に活かせた瞬間〜

　即興で新規事業アイデアの提案を求められた時に、瞬時にシナジーを考慮した提案ができ、顧客に喜ばれたこと。

合格者再現答案＊（まき 編） ━━━━━━━━━━ 事例Ⅱ

第1問（配点20点）

（a） 60字

強	み	は	、	①	ベ	ビ	ー	布	団	、	介	護	ベ	ッ	ド	等	幅	広	い
年	代	向	け	の	寝	具	、	こ	だ	わ	り	の	日	用	品	の	品	揃	え²
②	睡	眠	状	況	を	聞	き	提	案	す	る	こ	だ	わ	り	の	接	客²	。

【メモ・浮かんだキーワード】 第4問を意識しつつ、（b）と対比で書く

【当日の感触等】 これらの強みだけでよかったのだろうか。

【ふぞろい流採点結果】 4/10点

（b） 60字

大	型	ス	ー	パ	ー²	の	寝	具	売	り	場	は	、	①	高	品	質	な	商
品	が	少	な	い²	品	揃	え	②	従	業	員	が	ほ	と	ん	ど	お	ら	ず
十	分	な	説	明	の	な	い	接	客²	③	若	年	層	の	大	半	が	買	う²

【メモ・浮かんだキーワード】 こだわりの接客×、高品質×、若年層

【当日の感触等】 百貨店、ターゲットを記述するか悩む。

【ふぞろい流採点結果】 8/10点

第2問（配点25点） 120字

施	策	は	、	欲	し	い	も	の	を	近	場	で	買	い	た	い	シ	ル	バ
ー	世	代	の	婦	人⁴	に	対	し	①	婦	人	服	の	購	買	履	歴	と	好
み	の	情	報	を	活	用	し	服	に	合	う	バ	ッ	グ	を	提	案⁴	す	る
写	真	入	り	の	Ｄ	Ｍ	を	送	付⁶	す	る	、	②	副	社	長	の	裁	縫
技	術	を	活	か	し	小	物	入	れ	の	ノ	ベ	ル	テ	ィ	を	作	成	し
来	店	客	に	配	布²	す	る	こ	と	で	新	規	顧	客	獲	得³	を	行	う	。

【メモ・浮かんだキーワード】 住所、ＤＭ、好み、購入履歴、成功＝継続＝売上向上

【当日の感触等】 時間がない。好みを品揃えに、購入履歴をこだわりの接客に分けて活用すべきだった。

【ふぞろい流採点結果】 19/25点

~診断士試験を受験してよかったこと~

論理的な考え方と仮説検証型の分析スキームが身についた。

第3問（配点30点）　120字

助	言	は	、	①	**介**	**護**	の	**為**	改	装⁴	を	行	う	シ	ル	バ	ー	世	代
に	中	小	建	築	業	者	と	改	装	に	合	せ	た	**介**	**護**	ベ	ッ	ド	を
提	**案**⁴	し	、	介	護	者	の	体	力	的	負	担	を	軽	減	す	る	②	こ
だ	わ	り	を	持	つ	シ	ル	バ	ー	世	代	に	**中**	**小**	**建**	**築**	**業**	**者**	と
情	**報**	**共**	**有**⁴	し	協	同	で	**御**	**用**	**聞**	**き**³	を	行	い	こ	だ	わ	り	の
日	**用**	**品**³	の	**提**	**供**³	・	配	達	で	関	係	性	を	**強**	**化**²	す	る	、	事。

【メモ・浮かんだキーワード】　接触頻度向上、関係性強化、御用聞き、こだわりの日用品、体力・精神的

【当日の感触等】　6割以上は点数取れてるかも。

【ふぞろい流採点結果】　23/30点

第4問（配点25点）　120字

タ	ー	ゲ	ッ	ト	は	、	30²	～	40	代	で	0	～	10	歳	の	子	供	を
持	ち³	、	高	品	質	を	好	み	、	子	育	て	に	悩	み	を	持	つ	婦
人	で	あ	る	。	施	策	は	、	①	**子**	**育**	**て**	**に**	**関**	**す**	**る**	**相**	**談**	**会**³
を	休	憩	コ	ー	ナ	ー	で	行	い	、	来	店	を	促	進	す	る³	、	②
子	育	段	階	・	生	活	に	応	じ	た	こ	だ	わ	り	の	接	客	を	行
い	、	高	品	質	な	寝	具	を	提	供	す	る³	こ	と	で	あ	る	。	

【メモ・浮かんだキーワード】　第1問との一貫性、子育ての悩み、地域繁栄

【当日の感触等】　地域の繁栄について触れられなかった。

【ふぞろい流採点結果】　14/25点

【ふぞろい評価】　68/100点　　　【実際の得点】　59/100点

　第1問（a）では、強みの記載に多面性がないこと、第4問では、施策が現状施策の延長線上であり新規性がなく、また効果の記載がないことから、得点が伸びていません。しかし、残りの設問では、必要なキーワードが網羅されており高い得点が取れていることから、全体で一定の点数を確保できています。

Column

午後の試験に向けた最高の準備？

　ご存知かと思いますが、2次試験は午前、午後と分けて試験が行われます。お昼休みは試験会場の外で気分転換しながら過ごしたいと決めていた私は、朝早めに会場に向かい昼食の場所を3か所ほどリストアップしました。午前の試験が終わったらすぐに午前の試験のことは忘れ、リストアップしていたお店に向かいます。実は午前の試験に不安な内容もありましたが、午後の試験にリフレッシュして臨むことが重要だと考えていました。美味しい昼食を食べて心を整えて、合格をつかみ取る!?　　　　　　　　　　　　　（のり）

~診断士試験を受験してよかったこと~

会社の部門を横断した知識を得ることができたこと。

▶事例Ⅲ（生産・技術）◀

平成29年度　中小企業の診断及び助言に関する実務の事例Ⅲ（生産・技術）

【C社の概要】

　C社は、1947年の創業で、産業機械やプラント機器のメーカーを顧客とし、金属部品の加工を行ってきた社長以下24名の中小企業である。受注のほとんどが顧客企業から材料や部品の支給を受けて加工を担う賃加工型の下請製造業で、年間売上高は約2億円である。

　現在の社長は、創業者である先代社長から経営を引き継いだ。10年前、CAD等のITの技能を備えた社長の長男（現在常務）が入社し、設計のCAD化や老朽化した設備の更新など、生産性向上に向けた活動を推進してきた。この常務は、高齢の現社長の後継者として社内で期待されている。

　C社の組織は、社長、常務の他、経理担当1名、設計担当1名、製造部20名で構成されている。顧客への営業は社長と常務が担当している。

　近年、売り上げの中心となっている産業機械・プラント機器の部品加工では、受注量が減少し、加えて受注単価の値引き要請も厳しい状況が続いている。その対応として、現在C社では新規製品の事業化を進めている。

【生産概要】

　製造部は機械加工班と製缶板金班で構成され、それぞれ10名の作業者が加工に従事している。機械加工班はNC旋盤、汎用旋盤、フライス盤などの加工機械を保有し、製缶板金班はレーザー加工機、シャーリング機、プレス機、ベンダー機、溶接機などの鋼板加工機械を保有している。

　C社では創業以来、顧客の要求する加工精度を保つため機械の専任担当制をとっており、そのため担当している機械の他は操作ができない作業者が多い。また、各機械の操作方法や加工方法に関する技術情報は各専任作業者それぞれが保有し、標準化やマニュアル化は進められていない。

　加工内容については、機械加工班はコンベアなどの搬送設備、食品加工機械、農業機械などに組み込まれる部品加工、鋳物部品の仕上げ加工など比較的小物でロットサイズが大きい機械加工であり、製缶板金班は農業機械のフレーム、建設用機械のバケット、各種産業機械の本体カバーなど大型で多品種少量の鋼材や鋼板の加工が中心である。

　顧客から注文が入ると、受注窓口である社長と常務から、担当する製造部の作業者に直接生産指示が行われる。顧客は古くから取引関係がある企業が多く、受注品の多くは各顧客から繰り返し発注される部品である。そのため受注後の加工内容などの具体的な打ち合わせは、各機械を担当する作業者が顧客と直接行っている。

【新規事業の概要】

　新規事業は、3次元CADで作成した3次元データを用いて、3次元形状の加工ができる小型・精密木工加工機「CNC木工加工機」の事業化である。この新規事業は、異業種交流の場で常務が耳にした木材加工企業の話がヒントになり進められた。「木工加工機は大型化、NC化が進み、加工機導入の際には多額の投資を必要とするようになった。以前使っていたならい旋盤のような汎用性があり操作性が良い加工機が欲しいが、見つからない」との情報であった。ならい旋盤とは、模型をなぞって刃物が移動し、模型と同じ形状の加工品を容易に再現できる旋盤である。

　常務と設計担当者が中心となり加工機の設計、開発を進め、外部のCNC制御装置製作企業も加えて、試作機そして1号機の実現にこぎつけた。

　しかし、それまで木工加工関連企業とのつながりも情報もないC社にとって、この新規事業の販路開拓をどのように進めるのか、製品開発当初から社内で大きな問題となっている。C社は、特に新規顧客獲得のための営業活動を積極的に行った経験がない。また、販売やマーケティングに関するノウハウもなく、機械商社などの販売チャネルもない。

　そこで常務が中心となって、木工機械の展示会に出展することから始めた。展示会では、特徴である精密加工の内容を来展者に理解してもらうため、複雑な形状の加工を容易に行うCNC木工加工機の実演を行ったが、それによって多くの来展者の注目を集めることができた。特に、NC機械を使用した経験のない家具や工芸品などの木工加工関係者から、プログラムの作成方法、プログラムの提供の可能性、駆動部や刃物のメンテナンス方法、加工可能な材質などに関する質問が多くあり、それに答えることで、CNC木工加工機の加工精度や操作性、メンテナンスの容易性が来展者から評価され、C社内では大きな手応えを感じた。そして展示会後、来展者2社から注文が入り、本格的に生産がスタートしている。このCNC木工加工機については、各方面から注目されており、今後改良や新機種の開発を進めていく予定である。

　この展示会での成功を参考に、現在は会社案内程度の掲載内容となっているホームページを活用して、インターネットで広くPRすることを検討している。

　CNC木工加工機の生産は、内部部品加工を機械加工班で、制御装置収納ケースなどの鋼板加工と本体塗装を製缶板金班でそれぞれ行い、それに外部調達したCNC制御装置を含めて組み立てる。これまで製造部では専任担当制で作業者間の連携が少なかったが、この新規事業では、機械加工班と製缶板金班が同じCNC木工加工機の部品加工、組み立てに関わることとなる。なお、最終検査は設計担当者が行う。

　これまで加工賃収入が中心であったC社にとって、付加価値の高い最終製品に育つものとしてCNC木工加工機は今後が期待されている。

第1問（配点30点）

　ＣＮＣ木工加工機の生産販売を進めるために検討すべき生産管理上の課題とその対応策を140字以内で述べよ。

第2問（配点20点）

　Ｃ社社長は、現在の生産業務を整備して生産能力を向上させ、それによって生じる余力をＣＮＣ木工加工機の生産に充てたいと考えている。それを実現するための課題とその対応策について120字以内で述べよ。

第3問（配点20点）

　Ｃ社では、ホームページを活用したＣＮＣ木工加工機の受注拡大を考えている。展示会での成功を参考に、潜在顧客を獲得するためのホームページの活用方法、潜在顧客を受注に結び付けるための社内対応策を160字以内で述べよ。

第4問（配点30点）

　Ｃ社社長は、今後大きな設備投資や人員増をせずに、高付加価値なＣＮＣ木工加工機事業を進めたいと思っている。これを実現するためには、製品やサービスについてどのような方策が考えられるか、140字以内で述べよ。

Column　ガリ勉が最短ルート？

　試験勉強を進めるにあたり、勉強時間の確保が重要と感じ、日々の行動を棚卸しをしてみました。すると、大好きなビールを飲んだ日は就寝時間が遅く、次の日は早起きできていない。つまり、晩酌が勉強時間確保と負の相関が…。当たり前ですね。そこでECRS、排除できないか、代替えできないか…。そこで決めたことは合格するまで（２次試験が終了するまで）晩酌NG‼　飲みたいときは、炭酸水に代替え‼　ストイックに時間確保のための方針を決め実行した結果、朝型の学習スタイルが定着、健康診断も良好そのものに…。合格に向けた行動の改善が、結果に結び付き、健康維持の相乗効果のおまけ付きに。変えようと思えば変えられるんです。皆さんも日々の行動のECRS試してみませんか？

（ほっしー）

Column　勉強と筋トレの意外でもない共通点

　私の趣味は筋トレです！　突然すみません。試験勉強をしている間は、ほぼといっていいほど、筋トレはしていませんでした。その反動で、合格後は蓄えた脂肪を燃焼するために１か月で体脂肪を６％くらい落としました。さて、なにをしたかというと、炭水化物を９割落とし、筋トレをめっちゃしました。話が逸れました。勉強ってしんどいですよね。わかります。私もそうでした。けど、勉強って続けていると、どんどんしんどくなくなりますよね。いずれ、勉強しないとそわそわしてしまいます。そう、どんどんストイックになってきます。さて、筋トレもそうです。筋トレしんどいです。けど、次にやるときは、できなかったことができるようになります。勉強も、しんどくても続ければ、できなかったことができるようになります。効率よく勉強をすることができれば、その効果はさらに上がります。ストイックに続ければ、その効果はいずれ表面に出てきます。勉強も筋トレも成長曲線は初めは大きく、半ばは少なく、後半は大きくなります。半ばの壁を破れるかどうかは自分次第です。ちなみにストレス解消にも筋トレはいいですよ。

（もってぃ）

〜私のストレス解消法〜
新作のフラペチーノを飲む♪

80分間のドキュメント　事例Ⅲ

mcky 編（勉強方法と解答プロセス：p.154）

1．昼休みの行動と取り組み方針

　外に出て、妻手づくりの弁当を食べようとふたを開けると、正月かな？　と言わざるを得ないほど豪勢な弁当で感謝する。なんとか期待に応えたいと気合を入れながら食す。その後は10分くらいぼーっとしてから自席に戻り、ホットアイマスクで休憩。また、栄養ドリンクを飲み、板チョコを 5 切れ食べる。長蛇のトイレの列にも並び、事例Ⅲに備える。

2．80分間のドキュメント

【手順0】開始前（〜0分）

　少し疲れが出てきたが、絶対受かってやるという想いを再認識し、気合を入れ直す。静かに試験開始の時を待つ。

【手順1】準備（〜15秒）

　受験番号を記入し、ルーティーンどおり段落に番号を振っていく。

【手順2】設問解釈（〜5分）

与件文　1 段落目を読む。支給品の加工かあ。利益率低そう。

第1問　ＣＮＣ木工加工機の生産販売を進めるための「生産管理上の"課題とその対応策"」ね。「課題は、①〜、対応策は、①〜」で書こう。

第2問　「現在の生産業務を整備して生産能力を向上」か。つまり生産性向上ね。その"課題"と"対応策"か。「課題は、①〜、対応策は、①〜」で書こう。

第3問　え?!　潜在顧客を獲得するためのホームページの活用方法!?　受注に結び付けるための社内対応策!?　事例Ⅲだよね…?　戸惑いながらも、「ホームページの活用方法は、①〜、社内対応策は、①〜」で書こうと決める。

第4問　制約は「大きな設備投資や人員増をせずに高付加価値な」か。そのため「製品やサービスについての方策」か。「方策は、製品面で①〜、サービス面で①〜」と書こう。

【手順3】与件文読解（〜15分）

2段落目　「設計のＣＡＤ化や老朽化した設備の更新など、生産性向上に向けた活動を推進してきた」に下線、余白に「Ｓ」と記入。第2問に対応付け。

3段落目　「設計担当1名」に下線、余白に「Ｗ」と記入。営業担当がいないのはまずい。

4段落目　受注量減と値引き要請の説明箇所に下線、余白に「Ｔ」と記入。

5段落目　特になし。

6段落目　現機械の専任担当制の説明箇所に下線、余白に「Ｗ」、「多能工化すべき」と記入。各機械の操作方法や加工方法の説明箇所に下線、余白に「Ｗ」、「標準化すべき」と記入。第2問に対応付け。

7段落目　機械加工班：比較的小物でロットサイズ大⇔製缶板金班：大型で多品種少量か。

8段落目　直接生産指示の説明箇所に下線、余白に「W」、「生産計画の立案要」と記入、顧客と個別打合せの説明箇所に下線、余白に「W」、「全員で共有化推進」と記入。

9段落目　「異業種交流の場」に下線。何かに使うのか…？

10段落目　特になし。

11段落目　すべて下線、販路開拓の説明箇所は「K」、販売やマーケティングの説明箇所は「W」、と記入。

12段落目　ＣＮＣ木工加工機の実演をして手応えを感じたとの説明箇所に下線、余白に「成功体験」と記入。第3問に対応付け。「来展者から評価」に下線、「S」と記入。今後改良や新機種の開発を進めていく説明箇所に下線、第3問に対応付け。

13段落目　特になし。

14段落目　連携が少ない説明箇所に下線、余白に「W」、「要連携」と記入。「最終検査は設計担当者が行う」に下線、余白に「おかしい」と記入。第1問に対応付け。

15段落目　特になし。

【手順4】解答作成（〜75分）

第1問　生産管理上の課題だから、計画立てて、進捗、余力、現品管理を行う旨は書きたい。それと14段落目を使って作業者間の連携強化と最終検査工程の強化は書こう。あとはどの段落を使うべきか…次の第2問との切り分けが難しいな…どう分けよう？

第2問　第1問との切り分けができないが、そういう場合はダブって書くことに決めてるから、生産性向上につながることを与件文から拾い、書ける要素を書けるだけ書く。ＣＡＤ、設備の更新、多能工化、標準化、生産管理あたりかな。

第3問　ホームページの活用方法を、事例Ⅱの知識を思い出しながら考える。うーん、ＢＢＳを設置して双方向コミュニケーションを行うくらいしか思いつかない。ただ、「展示会での成功を参考に」と書かれてあるから12段落目は使えるな。実演の様子の動画をアップしたり、質問コーナーを設けたり、くらいか。「潜在顧客を獲得するため」とあるから、「誰に」は書こう…「ＮＣ機械使用未経験の木工加工関係者」だな。社内対応策は…考えるもののよくわからない。しょうがない、パスしよう。

第4問　製品面については改良や新機種の開発で付加価値を高めるんだろう。サービス面…たとえばアフターサービスとかかな？　そうすると無料見積りサービスとか無料修理サービスとかしか思いつかないな。考えてもほかは特に思い浮かばない。時間がないため下書きレベルで解答用紙に殴り書く。第1問と第3問で時間配分を間違えた！

【手順5】未解答問題の解答記述（〜80分）

第3問　社内対応策がまったく何も思い浮かばない。時間がもう4〜5分しかない。信じられないくらい焦りながら与件文を再度高速で読み、何も書かないよりはマシ、とばかりに、ＩＴ技能を備えた常務が体制を整える旨を直接解答用紙に殴り書く。

３．終了時の手ごたえ・感想

　まったくできなかった。字が汚い、書いたことが適当、字数が足りない。足切りを食らったかもしれない。なんのためにここまでやってきたのか、自分が情けなくなった。

〜診断士試験を受験してよかったこと〜

　向上心の強い、共に学べる仲間と知り合えたこと。

合格者再現答案＊（mcky 編）　事例Ⅲ

第1問（配点30点）　140字

課	題	は	、	①	作	業	者	間	の	連	携	強	化	②	検	査	工	程	の
強	化	③	リ	ー	ド	タ	イ	ム	短	縮	。	対	応	策	は	、	①	社	長
と	常	務	が	作	業	者	に	直	接	生	産	指	示	を	行	う	の	で	は
な	く	、	生	産	計	画	を	立	て	る	部	署	を	設	立	し	、	進	捗
・	余	力	・	現	品	管	理	を	行	い	生	産	管	理	を	行	う	②	検
査	を	行	う	部	署	を	設	立	す	る	。								

【メモ・浮かんだキーワード】　生産管理⇒計画立てて、進捗、余力、現品管理
【当日の感触等】　課題と対応策の区別がつかず、かなりででたらめな解答になってしまった。
【ふぞろい流採点結果】　25/30点

第2問（配点20点）　120字

課	題	は	、	①	Ｃ	Ａ	Ｄ	の	導	入	②	設	備	の	更	新	③	機	械
加	工	班	と	製	缶	板	金	班	を	ま	た	い	だ	生	産	計	画	の	立
案	。	対	応	策	は	、	①	ラ	イ	ブ	ラ	リ	化	等	で	設	計	の	効
率	化	②	作	業	者	の	多	能	工	化	③	各	機	械	の	操	作	方	法
等	の	標	準	化	④	進	捗	管	理	等	の	生	産	管	理	。			

【メモ・浮かんだキーワード】　多能工化、標準化
【当日の感触等】　第1問との切り分けが難しかったが、生産管理についてリスクヘッジして
るし要素も書けてるはずだから大外しはしていないだろう。
【ふぞろい流採点結果】　12/20点

Column

受験案内（試験のルール）を事前にしっかり確認しておこう！

　試験を受けるにあたって受験案内に記載された注意事項は事前にしっかり確認しておきましょう。私の場合、電卓のサイズ制限に直前で気づき、苦労した経緯があります。仕事柄、普段から利用している使い慣れた電卓で試験に臨もうと思っていましたが…。なんとサイズ制限（縦180ミリ、横100ミリ、高さ30ミリ以内程度）に引っかかることが判明。急いで一回りサイズの小さな電卓を購入しましたが、電卓はメーカーごとに入力仕様が異なるため、同じ仕様の電卓は同じメーカーでしか買い直せず、電卓変更に伴うキー配列の変化に非常に苦労しました。たどたどしい電卓操作で本試験を乗り切るも、やはり計算ミスがチラホラと。何ごともしっかり事前に確認するという当たり前のことを当たり前にやりましょう！

（たーる）

第3問（配点20点）　160字

活	用	方	法	は	、	Ｎ	Ｃ	機	械	使	用	未	経	験	の	木	工	加	工
関	係	者	向	け	に	、	①	Ｃ	Ｎ	Ｃ	木	工	加	工	機	の	実	演	の
様	子	を	ホ	ー	ム	ペ	ー	ジ	上	に	掲	載⁴	す	る	②	Ｂ	Ｂ	Ｓ	を
設	置³	し	改	良	を	推	進	す	る	③	Ｑ	＆	Ａ	コ	ー	ナ	ー	の	設
置³	を	す	る	。	そ	の	た	め	、	社	内	で	常	務	が	中	心	に	な
り	オ	ン	ラ	イ	ン	対	応	可	能	な	社	内	体	制	を	整	備²	す	る。

【メモ・浮かんだキーワード】　ＢＢＳ立ててニーズ吸い上げ

【当日の感触等】　ホームページの活用法は事例Ⅱみたいになったし、社内対応策はまったくわからず適当になってしまったし、全然字数埋められてないから半分（10点）行ってるかどうかだな…。

【ふぞろい流採点結果】　9/20点

事例Ⅲ

第4問（配点30点）　140字

方	策	は	、	製	品	面	で	①	異	業	種	交	流	の	場	や	展	示	会
等	で²	、	木	工	加	工	関	係	者	等	か	ら	ニ	ー	ズ	を	吸	い	上
げ⁶	、	Ｃ	Ｎ	Ｃ	木	工	加	工	機	の	改	良	や	新	機	種	の	開	発
を	進	め	る⁸	。	サ	ー	ビ	ス	面	で	①	無	料	見	積	サ	ー	ビ	ス
②	無	料	修	理	サ	ー	ビ	ス⁸	を	行	う	。	以	上	に	よ	り	、	高
付	加	価	値	化²	を	実	現	し	収	益	向	上¹	を	図	る	。			

【メモ・浮かんだキーワード】　無料見積サービス、無料修理サービス

【当日の感触等】　製品面では1つしか思いつかないし、サービス面でも適当なことしか思いつかない。字数も余ってるし全然ダメだな。

【ふぞろい流採点結果】　26/30点

【ふぞろい評価】　72/100点　　【実際の得点】　64/100点

　第3問で強みの訴求や社内対応策に関する解答要素を盛り込めていないため、失点しています。第2問では課題と対応策の区別ができずに、課題に関するキーワードが盛り込めていません。しかし、第1問と第4問では多くの解答要素を盛り込むことができており、全体をカバーして高得点につながっています。

~診断士試験を受験してよかったこと~
　アラフォーになってもまだまだ脳ミソを鍛えられる！　と知れたこと。

シンゴ 編 （勉強方法と解答プロセス：p.156）

1．昼休みの行動と取り組み方針

　休み時間に入りトイレを済ませ、席に戻る。行きのコンビニで買った総菜パンとコーヒーでお昼ご飯。食べながら事例Ⅳのファイナルペーパーを読む。食べ終わり、事例Ⅳのファイナルペーパーを読み終わった後、事例Ⅲのファイナルペーパーへ。開始15分前あたりでもう一度トイレに行き、席に戻り、一口羊羹を2つ食べる。ファイナルペーパーをギリギリまで読みつつ試験開始を待つ。

2．80分間のドキュメント

【手順1】準備（〜1分）

　これまで同様、受験番号を記入し、乱丁・落丁がないことを確認。問題冊子の与件文・設問部分をホチキスから取り外し、それ以外をメモ用紙にする。

【手順2】設問解釈（〜5分）

与件文　与件文の最初の部分のみを読み、C社の業種・規模を把握。例年どおり小見出しのある形式だったため設問へ移動する途中に小見出しも確認する。新規事業を行うのか。

第1問　「ＣＮＣ木工加工機」が新規事業なのかな。「生産管理上の課題とその対応策」ということだから、まずはどうやって生産するのかをしっかりと整理しよう。そうしたら事例Ⅲらしくたくさん課題が見つかるだろうから、できるだけたくさん盛り込むようにしよう。書き方は、「課題は〜。対応策は〜。」だな。

第2問　今度は新規事業じゃなくて、現在の生産業務の課題と対応策か。余力が生じる見込みということは作業に無駄が多いのだろう。これもできるだけ要素を盛り込むようにしたい。書き方は第1問と同じ。

第3問　事例Ⅱみたいな問題だな。「展示会での成功を参考に」とあるから、与件文に沿ってアレンジすればよさそう。書き方は「活用方法は〜。対応策は〜。」かな。

第4問　設問だけでは何のことかよくわからないな…。書き方は「方策は〜。」にして、製品面やサービス面であまり費用のかからない改善策を考えればよいのかな。

【手順3】与件文読解（〜15分）

　段落の変わり目で横線を引きながら与件文を通読。同時に、C社の簡単な組織図を作成。また、ＣＮＣ木工加工機の生産方法についても簡単にフローを作成。

　やはり事例Ⅲの企業らしく、わかりやすい課題が多い。しかし、これまで部品加工が中心で木工加工関連企業との関わりもなかったのに、異業種交流会で聞いた話だけで木工加工機の自社開発に踏み切るとは、だいぶ思い切ったな常務。

【手順4】解答作成（〜70分）

　これまでと同様、設問ごとに違う色の蛍光ペンを使い、使えそうな部分に線を引き、答案構成。

第1問　第14段落にあるＣＮＣ木工加工機の生産方法からすると、作業者間の連携が課題

だろう。C社のわかりやすい問題点として各自の有する情報が共有されていないこと（第6段落）があるから、これを裏返せば課題になる。それに、連携をとるために大事なのはきちんと生産計画を作成することだろう。ほかの課題は…わかりやすいのはないな。今後改良や新機種開発を進める予定と書いてあるから（第12段落）、そのことと、誰がCNC木工加工機の顧客対応をするかは決められていないようだからそれかな。うーん、なんか作業者間の連携以外は抽象的な記述になってしまったな。

第2問　既存の業務は部品加工の賃加工業務か。既存業務でも第1問同様わかりやすい課題（第6段落）に対応することは有効だろうから、重複するけれどそれは書いておきたい。ほかには…あ、受注品の多くは繰り返し発注される部品（第8段落）なのか。繰り返し＝CADによるデータの再利用だ！　常務使えるなー。それに、そもそも受注量が減っている（第4段落）ということは、既存業務に充てる人員は減らしても大丈夫なんじゃないか？　そうか、そのために情報共有を進めて一人で複数の工程を担当できるようになればよいのか。これで余力発生につながったぞ。

第3問　うーん、第2問までで結構時間を使ってしまった。急がなければ。
展示会での成功要因は、CNC木工加工機を実演して見せたことと、さまざまな質問に答えたことで来展者の理解を得たことだ（第12段落）。これをホームページに応用するとしたら、まずは実演動画を載せることだろう。それに、展示会で出たような質問をFAQとして載せることも必要だろう。活用方法はこれでよいとして、ここから受注に結び付けるための対応策はどうすれば…。あまり考えている時間はない、FAQと重なるけれど掲示板やメールフォームの設置を行うことにして、顧客との接点を作ろう。

第4問　だいぶ時間がないぞ。しかも改めて考えたけれど、この問題に対する答えが第3問までで既に書いてきていることしか思いつかない。白紙にするわけにはいかないからとりあえずそれを書いて、残り時間で何か考えよう。何かないか…。そういえば、「製品面」「サービス面」で考えるんだった。でも製品面のことは既に書いている以上のことは思いつかない。サービス面？　CNC木工加工機のサービスって何だろう。機械だしメンテナンスとかかな。（与件文を読み返す）あ、展示会で「プログラムの作成方法、プログラムの提供の可能性」について質問されているぞ。木工加工関係者はNC機械を使用した経験がないとあるし、プログラムの作成、提供はサービスになるんじゃないだろうか。そうすると外部のCNC制御装置製作企業と連携しないといけないけれど、大規模投資や人員増をしないという方針にも合致するしよいだろう。マス目が結構余ってしまったけれどしょうがない。

【手順5】誤字脱字の確認（〜80分）
　受験番号の再確認をし、終了まで誤字脱字の確認をした。

3．終了時の手ごたえ・感想
　第2問はよく書けたけれどほかは微妙だな。要素は多めに書けたので点数が入ってくれることを祈ろう。

〜診断士試験と家族サービス〜
家族サービスほぼゼロで妻は耐えてくれました。本当に本当に感謝。でも合格後も忙しくて恩返しできてない。

事例Ⅲ

合格者再現答案＊（シンゴ 編） ━━━━━ 事例Ⅲ

第1問（配点30点）　140字

課	題	は	、	①	作	業	者	間	の	連	携	を	図	る	こ	と	②	改	良
や	新	機	種	開	発	に	取	り	組	む	こ	と	③	顧	客	対	応	を	行
う	こ	と	で	あ	る	。	対	応	策	は	、	①	各	自	の	有	す	る	情
報	を	共	有	し	班	を	横	断	し	た	生	産	計	画	を	策	定	す	る
こ	と	②	設	計	担	当	を	改	良	・	開	発	担	当	者	に	任	命	す
る	こ	と	③	担	当	者	を	決	め	加	工	内	容	等	を	具	体	的	に
打	ち	合	わ	せ	さ	せ	る	こ	と	。									

【メモ・浮かんだキーワード】　班を横断した生産計画の策定

【当日の感触等】　多面的に記載しようとしたが①以外は抽象的になってしまった。

【ふぞろい流採点結果】　19/30点

第2問（配点20点）　120字

課	題	は	賃	加	工	業	務	に	お	け	る	①	受	注	量	減	②	繰	り
返	し	の	多	い	受	注	内	容	に	対	応	し	た	生	産	業	務	と	す
る	こ	と	。	対	応	策	は	①	機	械	操	作	方	法	や	加	工	技	術
情	報	の	標	準	化	、	マ	ニ	ュ	ア	ル	化	を	行	い	共	有	し	、
多	工	程	持	ち	を	進	め	人	員	配	置	の	最	適	化	②	Ｃ	Ａ	Ｄ
に	よ	る	デ	ー	タ	再	利	用	を	進	め	業	務	省	力	化	を	図	る	。

【メモ・浮かんだキーワード】　標準化・マニュアル化→共有→多工程持ち→人員配置最適化、
　　ＣＡＤによるデータ再利用

【当日の感触等】　全体最適の観点から、生産業務の整備という設問要求にうまく答えられた
　　と思う。

【ふぞろい流採点結果】　13/20点

　台所に暗記用ルーズリーフを貼って、勉強しながら皿洗い。あと平謝り。

第 3 問（配点20点）　160字

活	用	方	法	は	、	①	ホ	ー	ム	ペ	ー	ジ	に	Ｃ	Ｎ	Ｃ	木	工	加
工	機	の	動	作	映	像	を	掲	載⁴	し	特	徴	で	あ	る	精	密	加	工
の	内	容	を	潜	在	顧	客	に	理	解	し	て	も	ら	い	、	②	Ｆ	Ａ
Ｑ	を	掲	載³	し	加	工	精	度	や	操	作	性	、	メ	ン	テ	ナ	ン	ス
容	易	性	を	理	解	し	て	も	ら	う³	こ	と	。	対	応	策	は	、	掲
示	板	や	メ	ー	ル	フ	ォ	ー	ム	を	設	置³	し	質	問	に	常	務	や
設	計	担	当²	が	答	え⁴	、	受	注	を	獲	得	す	る	。				

【メモ・浮かんだキーワード】　動画、ＦＡＱ、掲示板、メールフォーム
【当日の感触等】　活用方法は書けたが、対応策が微妙になってしまった。
【ふぞろい流採点結果】　19/20点

第 4 問（配点30点）　140字

方	策	は	、	①	賃	加	工	業	務	の	更	な	る	省	力	化	、	保	有
設	備	の	有	効	活	用¹	を	進	め	余	力	を	新	事	業	に	充	て	る²
こ	と	、	②	Ｈ	Ｐ	を	用	い	た	効	率	的	な	営	業	を	進	め	る
こ	と	、	③	外	部	の	Ｃ	Ｎ	Ｃ	制	御	装	置	製	作	企	業	と	連
携	し	メ	ン	テ	ナ	ン	ス	サ	ー	ビ	ス⁸	や	プ	ロ	グ	ラ	ム	作	成 、
提	供	サ	ー	ビ	ス³	を	行	う	こ	と	。								

【メモ・浮かんだキーワード】　外部企業の有効活用（連携）、メンテナンスサービス、プログラム作成・提供サービス
【当日の感触等】　「サービスについての方策」という設問要求には答えられたが、ほかが微妙。時間がなかったため字数も少ない。
【ふぞろい流採点結果】　13/30点

【ふぞろい評価】　64/100点　　　【実際の得点】　65/100点
　第 4 問で「改良や新機種の開発」という、製品面での重要なキーワードを盛り込むことができていません。また、第 1 問で「生産管理上の」という制約条件を外した解答をしていることで失点しています。しかしながら、第 2 問と第 3 問で手堅く得点を積み上げたことで合格点を維持しています。

~診断士試験と家族サービス~
オンとオフの切り替え。丸一日でも数時間でも、その瞬間は完全に試験を忘れて家族サービスする。

たくじ 編 （勉強方法と解答プロセス：p.158）

1．昼休みの行動と取り組み方針

　半分が終了し、ひとまず休憩。試験会場に向かう際に購入したおにぎりを食べた。梅のクエン酸で少し疲労回復。席で仮眠を取り、体力回復。着席時間前にお手洗いに行き、準備万端。空いた時間は事例Ⅳに向けて知識部分を確認。チョコを口に含み、解答用紙が配られるのを待つ。Ｃ社の強みと弱み、ＱＣＤの観点から解答を考えることを意識。

2．80分間のドキュメント

【手順0】開始前（～0分）

　解答用紙が配られ、合計字数が560字であることが透けて見えた。設問も4問しかなく、設問ごとの配点が高いため、解答作成に時間がかかりそうだと想定。これまでの事例Ⅲと少し違うぞ、と少し不安を抱えて試験開始を待つ。

【手順1】準備（～30秒）

　再び確実に受験番号を記入し、深呼吸。また、乱丁・落丁がないことを確認。与件文の量は例年どおりで、図はないことを確認。

【手順2】設問解釈（～8分）

与件文　1段落目を読み、規模、業種、従業員人数を確認。

第1問　現状の生産体制では新規事業ができないのだろう。そのギャップ、原因・問題を分析して、それを埋める方法を解答にしよう。

第2問　こっちは生産業務か、設問の制約から解答を絞りやすいかな。人員を木工加工機に回すか、生産性の向上、一人一人の処理能力を上げる。現状で問題点があるはずだ。

第3問　展示会の成功要因の分析、与件文中にあるかな。ホームページの活用方法と受注につなげる社内対応策が解答の骨子か。展示会とホームページを両方でアピールできることかな、社内っていうことは事例Ⅰ的な視点で考える必要があるかな。

第4問　新規事業を成功させるための方法か。製品とサービスに関してというのは、事例Ⅱっぽいな。製品は改良、新商品、顧客ニーズ、サービスは継続的関係、顧客満足度という点からアフターフォローや説明とかかな。

【手順3】与件文読解（～20分）

1段落目　Ｃ社は受注のほとんどを顧客企業に依存している下請製造業か。顧客企業の影響を大きく受けるのは弱みだな。

2段落目　社長の長男がＩＴの技能を有しているのは強みかな。

3段落目　Ｃ社は製造部の人数が多く、ほかは少ない。設計、営業担当が少ないのは弱みか。

4段落目　やはり顧客企業の交渉力が強く、単価が下がっているのか。それを補うため新規製品の事業化を進めている。この事業の成否が今後のＣ社に大きな影響を与えるな。

~事例の効果的な復習方法~

ディスカッションあるのみ！

5段落目 C社の生産体制について。生産工程を整理する前提となるだろう。

6段落目 C社は専任担当制を採用していて、担当以外の機械をあまり操作できない。操作方法や技術情報は各専任作業者が保有している。標準化やマニュアル化も進められていない。ここは明らかに問題点・課題点だな。第2問の解答にそのまま使えそう。

7段落目 機械加工班と製缶板金班の加工内容か。これはどの設問の根拠になるのだろう。

8段落目 受注品の多くは繰り返し発注される部品であるため、データに残せば設計業務を軽減できるな。具体的な打ち合わせは各機械担当者と行っているため、打ち合わせに関してもマニュアル化できるかな。

9段落目 新規事業においては汎用性・操作性が必要なのか。第4問に関連するかな。

10、11段落目 販路開拓における問題点があるのか。C社には手段がなさそうだな。外部企業の力を借りるか。第3問のホームページの活用と関連があるかな。

12段落目 展示会に関する記述を発見。来店者の注目を集めた実演や手応えを感じた質問応対は第3問の解答にできそうだ。ここをまとめることができれば第3問は大丈夫だろう。今後の方向性としては改良と新機種の開発があり、第4問の解答要素になるかな。

13段落目 ホームページをPRのために活用する方向性らしい。

14段落目 現在の生産体制では機械加工班と製缶板金班の連携が少ないが、新規事業においては連携が必要。ここは現状で不足していることだ。第1問の解答に含めよう。

15段落目 CNC木工加工機の付加価値を高める方向であれば、顧客ニーズに合う製品の開発が必要不可欠かな。第4問に関係するかな。

【手順4】ポイント整理・対応付け（～40分）、解答作成（～80分）

第2問 与件文の属人的な業務の改善、標準化、マニュアル化、多能工化を軸に解答構成。設問文の内容を具体化できたかな。

第3問 展示会成功の要因は、メリットを実演によって示せたこと、質問受付により扱いやすさを訴求できたことだと分析。これをホームページ上で実現するとなると、動画の掲載と質問受付コーナーの開設かな。これに基づく対応策となると、質問受付に迅速に対応できる人員の育成、人員配置の変更とかかな。対応策はあまり思い浮かばないな。

第4問 製品とサービスの2つの面から解答を検討。与件文からも必要なことは読み取れた。要求解釈の時の解答要素でいけそうかな。差別化のための施策の視点を加えて完了。

第1問 字数を埋めるだけの解答要素が思い浮かばない。要求解釈の段階で想定していた現状で不足していることとして、機械加工班と製缶板金班との連携は必要だな。あとは納期の管理について書くか。第1問はもやもやしたまま解答し、時間終了。

3．終了時の手ごたえ・感想

設問要求のパターンが例年と異なっていて戸惑った。配点が高く、ミスをできないというプレッシャーもあった。第1・2問の切り分けを間違えていたらピンチだろう。第3・4問はそれなりに解答できたためそこだけが心配。設問文を何度も読んで解答要素を検討したから大丈夫だと信じよう。

~事例の効果的な復習方法~

要点をまとめたファイルを見る。しつこいぐらい何回も見る。

合格者再現答案＊（たくじ 編） ―――――― 事例Ⅲ

第1問（配点30点） 140字

課	題	は	、	機	械	加	工	班	と	製	缶	板	金	班	が	同	じ		C	N
C	木	工	加	工	機	の	部	品	加	工	、	組	み	立	て⁵	を	協	力⁷	し	
て	行	い	、	計	画	通	り	に	生	産	で	き	る	よ	う	に	す	る⁴	こ	
と	で	あ	る	。	対	応	策	は	、	製	造	部	に	お	け	る	作	業	者	
間	の	連	携	を	強	化	す	る	た	め	に	、	改	善	チ	ー	ム	の	設	
置⁵	な	ど	で	作	業	者	同	士	が	意	思	疎	通	を	行	い	、	業	務	
改	善	に	取	り	組	め	る	機	会	を	創	出	す	る	こ	と	で	あ	る	。

【メモ・浮かんだキーワード】 ＣＮＣ木工加工機の生産に必要なことで、現状でできていないこと、ＱＣＤ（特にＤ）、連携強化、改善チーム、コミュニケーション

【当日の感触等】 押さえておかないといけない要素は盛り込めたと思うが、要素不足のため高得点は望めないかな。

【ふぞろい流採点結果】 17/30点

第2問（配点20点） 120字

課	題	は	、	生	産	性	を	向	上²	さ	せ	、	少	な	い	人	員	で	現	
在	の	業	務	を	こ	な	し	て	人	的	余	力	を	生	み	、	そ	の	人	
材	を	Ｃ	Ｎ	Ｃ	加	工	機	の	生	産	に	充	て	る	こ	と	で	あ	る	。
対	応	策	は	各	機	械	の	操	作	方	法	や	加	工	方	法	に	関	す	
る	技	術	情	報	等	の	業	務	内	容	の	共	有	、	マ	ニ	ュ	ア	ル	
化	、	標	準	化⁵	に	よ	り	多	能	工	化⁴	を	進	め	る	こ	と	。		

【メモ・浮かんだキーワード】 少ない人員で現在の業務をこなす、人的余力を生み出せるように業務内容の共有、マニュアル化、標準化を行う

【当日の感触等】 解答要素を多く盛り込むことができたため、かなりの好感触。

【ふぞろい流採点結果】 11/20点

第3問（配点20点）　160字

展	示	会	の	成	功	要	因	で	あ	る	加	工	の	実	演	動	画⁴	や	展
示	会	で	の	来	店	者	か	ら	の	質	問	、	そ	の	回	答	の	ホ	ー
ム	ペ	ー	ジ	上	で	の	掲	載³	や	、	質	問	受	付	コ	ー	ナ	ー	の
設	置³	に	よ	り	、	商	品	内	容	、	活	用	方	法	を	ア	ピ	ー	ル
し	、	潜	在	顧	客	を	獲	得	す	る	。	潜	在	顧	客	を	受	注	に
結	び	付	け	る	た	め	に	、	商	品	情	報	の	共	有²	や	部	署	間
の	人	員	配	置	の	変	更	等	に	よ	り	潜	在	顧	客	か	ら	の	質
問	に	対	応	で	き	る	人	材	を	育	成	す	る	。					

【メモ・浮かんだキーワード】　展示会成功の要因、ホームページへの掲載、組織的対応、商品情報、人材育成

【当日の感触等】　ホームページの活用方法は十分に書けたはず。社内対応策は要素不足かもしれないが、及第点は取れているだろう。

【ふぞろい流採点結果】　9/20点

第4問（配点30点）　140字

製	品	に	関	し	て	は	、	加	工	技	術	の	向	上²	や	現	行	製	品
の	改	良	に	よ	る	新	商	品	開	発⁸	に	よ	り	、	高	付	加	価	値
化²	を	図	り	、	各	方	面	の	顧	客	の	要	望	に	合	う	製	品	を
提	供⁶	す	る	方	策	が	考	え	ら	れ	る	。	サ	ー	ビ	ス	に	つ	い
て	は	、	ア	フ	タ	ー	フ	ォ	ロ	ー⁵	を	行	う	こ	と	で	顧	客	と
の	接	触	機	会	や	顧	客	満	足	度	の	向	上¹	を	図	り	、	リ	ピ
ー	ト	率	の	向	上	を	図	る	方	策	が	考	え	ら	れ	る	。		

【メモ・浮かんだキーワード】　製品→高付加価値化、顧客の要望に合うもの、技術向上、新製品開発、改良、サービス→アフターフォロー、商品の使い方などの説明、継続的な関係

【当日の感触等】　マーケティングの視点で解答したけど、設問要求上仕方ないだろう。サービス面での方策は効果を多く書いてしまい、方策という点では不十分かも。

【ふぞろい流採点結果】　23/30点

【ふぞろい評価】　60/100点　　　【実際の得点】　54/100点

　全体としてところどころキーワードの抜けがあり、特に第3問では強みの訴求や社内対応策に関する解答要素が盛り込めていないため、失点しています。第4問で製品とサービス両面の方策を盛り込めたことで得点が積み上がり、結果として合格点を維持しています。

～受験時代によくやったこと～
　予備校の自習室に丸一日籠りっきり。

ちょく 編（勉強方法と解答プロセス：p.160）

1．昼休みの行動と取り組み方針

　順調だ。午前中の感触では、事例Ⅰが60点で事例Ⅱが70点。あとは事例ⅢとⅣで食らいついて55点ずつ取れば合格が見える。昨年よりも手ごたえのあった午前中を終え、晴れ晴れしい思いで昼食をとる。昼食は某バランス栄養食とパラチノース使用のチョコバーだ。普段、図書館でシミュレーションを兼ねて、本試験とほぼ同じスケジュールで勉強していた時と同じ。パラチノースは血糖値の上昇を緩やかにしてくれる（らしい）ので下降も緩やかになり、空腹感も満たされ午後の眠気も抑えられる。本当かどうかわからないが、もっともらしい理屈を信じやすい自分には結構効果があるように思える。

2．80分間のドキュメント

【手順0】開始前（〜0分）

　事例Ⅲはとにかく1問目の環境分析での強みを最終問題の提案に活かす。あとは入り組んだ問題の整理で解答の時間が無くなりがちなので、危険を感じたら深追いせず後回しにして取れる問題を取る。先ほどファイナルペーパーで頭に叩き込んだ戦略を頭のなかでおさらいする。

【手順1】準備（〜1分）

　ルーティーンのゆっくりホチキス外しを終え、配点と文字数を確認。1問目は30点？140文字？　あれ、なんだか1問目にしては配点も文字数も多くないか。

【手順2】設問解釈（〜5分）

第1問　やはりいつもと違う。本来1問目はC社の強みなどの環境分析であることが多いはずだが、いきなり生産管理上の課題と対応策を問われている。ファイナルペーパーにも1問目の分析を最終問題の提案に活かすと書いているくらいなので若干動揺するも、「課題」と「対応策」の2点を解答するのを忘れないように解答骨子スペースを作成。

第2問　これも課題と対応策か。自分が事例Ⅲを苦手としている理由の1つに、解答の論点をどちらの（どの）設問の解答に使うか迷うという点がある。第1問の「生産管理上」と第2問の「生産業務を整備して生産能力を向上」するための課題と対応策。うまく切り分けられるといいな。「生産能力を向上」にグリグリ強めに下線を引く。

第3問　「ホームページの活用方法」か。なんだか事例Ⅱっぽいな。「展示会での成功を参考に」を強調するようにピンクでマーカー。「潜在顧客を獲得する」ための「ホームページの活用方法」と、「潜在顧客を受注に結び付ける」ための「社内対応策」。これはちゃんと切り分けて解答する必要がありそうだ。

第4問　「製品やサービスについて」の方策？　これもなんだか事例Ⅱっぽい。事例Ⅲは今年から出題傾向が変わったのかな。とにかく「今後大きな設備投資や人員増をせずに」という制約は落とさないようピンクでマーカー。

【手順3】与件文読解（～15分）

2段落目　常務がＩＴ技能を備えているのか。既にＣＡＤ化は推進しているようだがほかにもこの強みを活かせそうだな。

6段落目　「担当している機械の他は操作ができない」「標準化やマニュアル化は進められていない」このあたりは改善の余地がありそうだ。

7段落目　班でロットサイズの違いが大きいと同期を取るのに工夫が必要になりそうだ。

8段落目　社長・常務から直接生産指示が入ったり顧客との打合せも作業者が個別に行ったりしているようなので、このあたりはデータベースで共有化したいところだが…。

11段落目　「マーケティング」「販路」など、出てくる単語が事例Ⅱのようだ。

12・13段落目　プロモーションの施策か。展示会の成功をもとにして、インターネットでＰＲしていくと。やはり事例Ⅱのようで違和感が漂う。

14段落目　やはり班ごとにそれぞれ行う生産を、組立て時に同期する必要がありそうだ。

15段落目　「付加価値の高い最終製品」これを強みとして提案を進めればよいのかな。

【手順4】解答骨子メモ作成（～45分）

第1問　この問題は「生産管理上の」課題と対応策なので、生産計画や生産統制の論点、機械加工班と製缶板金班での連携が少ないことを主眼に解答を組み立てればよいだろう。

第2問　こっちは「生産業務」の整備と「生産能力」を向上させて、生じた余力を「ＣＮＣ木工加工機の生産」に充てたいわけなので、オペレーションレベルでの課題と対応策かな。作業の繁閑によって人材を流動化できるようにすることと、C社の強みである常務のＩＴ技能を使ってＣＡＤをもっと活用して効率化するか。

第3問　ちょっと事例Ⅱっぽくて揺さぶられ気味だが、裏を返せば事例Ⅱっぽい分、自分は好きな問題かも。展示会での成功を素直に参考にすれば、比較的書きやすいかな。ホームページの活用方法と社内対応策を、それぞれ「潜在顧客獲得」と「潜在顧客からの受注」に丁寧に仕分けて解答しよう。

第4問　これはまったく手が出ない。新しい提案を求められているのだろうか。それだと完全に事例Ⅱだし。見当がつかない。「製品」面では「ならい旋盤」のようなものを目指しているのだろうが。「サービス」面って何だ？　まずい、一旦とばそう。

【手順5】解答作成・見直し（～80分）

第3問　160文字と多めの文字数なのだが、ここでキッチリ得点しておきたい、と丁寧に書こうとし過ぎて何度も消し直してしまう。時間が無くなる。あと5分。

第4問　解答骨子のメモも全然まとまっていないのに時間もない。崖っぷちだ。何か書かなければと、終了の合図ギリギリまで思いついたものを書き殴る。どうにか埋めるだけは埋めたが…。

３．終了時の手ごたえ・感想

　最終問題での大けがが痛すぎる。ほかの問題はかろうじて食らいついた感触だが、台無しだ。周りの人はどうなのだろう。一見、周りでショックをあらわにしている人はいないが、出題傾向が少し変わったことで動揺した人も多いのでは？　そうであってくれ。

~試験の休憩時間の過ごし方~

　まずトイレに行き、あとは試験開始までひたすらファイナルペーパーの見直し。

合格者再現答案＊（ちょく 編） ━━━━━━━━━━ 事例Ⅲ

第1問 （配点30点）　140字

課	題	は	、	機	械	加	工	班	と	製	缶	板	金	班	で	そ	れ	ぞ	れ
行	っ	て	い	る	C	N	C	木	工	加	工	機	の	生	産	を	、	連	携
し	て	計	画	的	な	生	産	を	行	う	事	で	あ	る	。	対	応	策	は、
全	体	で	の	生	産	計	画	を	作	成	し	、	進	度	管	理	や	余	力
管	理	に	よ	り	生	産	統	制	を	行	い	、	2	班	で	同	期	を	取
っ	て	組	立	ま	で	行	う	事	に	よ	り	、	仕	掛	品	を	削	減	し
て	在	庫	を	適	正	化	す	る	。										

【メモ・浮かんだキーワード】　生産計画、全体の生産統制、同期化

【当日の感触等】　方向性は悪くない気がするが、仕掛品や在庫が多くて問題、などとは与件には記述されていないので少し暴走してしまったか。配点大きいし、半分程度は得点できていてほしい。

【ふぞろい流採点結果】　23/30点

第2問 （配点20点）　120字

課	題	は	①	担	当	以	外	の	機	械	を	操	作	可	能	に	し	て	人
材	を	流	動	化	す	る	②	繰	り	返	し	発	注	さ	れ	る	部	品	の
生	産	を	効	率	化	す	る	こ	と	で	、	対	応	策	は	①	各	機	械
の	操	作	や	加	工	方	法	を	マ	ニ	ュ	ア	ル	化	す	る	②	C	A
D	設	計	情	報	を	デ	ー	タ	ベ	ー	ス	化	し	過	去	の	設	計	情
報	を	流	用	し	リ	ー	ド	タ	イ	ム	を	短	縮	、	余	力	を	作	る。

【メモ・浮かんだキーワード】　マニュアル化、人材の流動化

【当日の感触等】　多能工化、が出てこなかった。が、一応多面的にも書けたし、課題と対応策の因果もおかしくないので6割程度は取れているのでは。

【ふぞろい流採点結果】　16/20点

第3問（配点20点）　160字

ホ	ー	ム	ペ	ー	ジ	に	①	複	雑	な	形	状	の	加	工	を	容	易	に
行	う	C	N	C	木	工	加	工	機	の	**実**	**演**	**動**	**画**	を	**配**	**置**4	し	精
密	加	工	の	内	容	を	紹	介	②	**プ**	**ロ**	**グ**	**ラ**	**ム**	の	**作**	**成**	**方**	**法**
や	**メ**	**ン**	**テ**	**ナ**	**ン**	**ス**	**方**	**法**	**等**	**を**	**載**	**せ**3	て	N	C	機	械	を	使
用	し	た	経	験	の	な	い	木	工	加	工	関	係	者	等	の	潜	在	顧
客	を	獲	得	。	社	内	対	応	策	は	ホ	ー	ム	ペ	ー	ジ	か	ら	の
問	**合**	**せ**3	や	**引**	**合**	**い**	**に**	**対**	**し**	**て**	**迅**	**速**	**に**	**対**	**応**	**す**	**る**	**担**	**当**
を	**配**	**置**4	し	潜	在	顧	客	を	受	注	に	結	び	付	け	る	。		

【メモ・浮かんだキーワード】　潜在顧客獲得、動画

【当日の感触等】　頭のなかではもう少しきれいにまとまっていたはずだが、アウトプットがあまりうまくいかなかった。得点は半分程度か。

【ふぞろい流採点結果】　14/20点

第4問（配点30点）　140字

製	品	面	で	は	、	な	ら	い	旋	盤	の	よ	う	な	**汎**	**用**	**性**	**が**	**あ**
り	**操**	**作**	**性**	**が**	**良**	**い**2	**加**	**工**	**機**	**を**	**開**	**発**8	し	、	ニ	ー	ズ	に	応
え	**て**6	**高**	**付**	**加**	**価**	**値**2	な	製	品	開	発	を	目	指	す	。	サ	ー	ビ
ス	面	で	は	、	複	雑	な	形	状	を	容	易	に	再	現	で	き	る	点
を	活	か	し	て	イ	ン	タ	ー	ネ	ッ	ト	で	加	工	品	を	受	注	、
販	売	し	て	高	付	加	価	値	を	ア	ピ	ー	ル	し	受	注	を	増	や
す	。																		

【メモ・浮かんだキーワード】　なし

【当日の感触等】　まったくできなかった。配点の大きい問題でこの出来は痛すぎる。3分の1程度得点できればいいくらいか…

【ふぞろい流採点結果】　18/30点

【ふぞろい評価】　71/100点　　【実際の得点】　65/100点

　第4問は、具体的なサービスの方策を書けていないために得点が伸びていません。しかしながら、他の設問は全体的にしっかりと解答要素が盛り込まれており、各設問で十分に得点を積み上げられているので、ふぞろい流採点では高得点につながっています。

～試験の休憩時間の過ごし方～

休憩時間の度に、家で待つ夫＆娘とテレビ電話してました。

とよでぃ 編 （勉強方法と解答プロセス：p.162）

1．昼休みの行動と取り組み方針

午前中の2事例の出来は良かったと思う。ファイナルペーパーを眺めながら、おにぎりを頬張ってエネルギーを補給する。午後は比較的得意な事例Ⅲだし、今年はなんとか合格できるかもしれない。ただ、今年はどの事例が爆弾なんだろうか…。

2．80分間のドキュメント

【手順0】開始前（～0分）

解答用紙が透けて見え、そこで違和感が。え！　マス目が多い！

【手順1】準備（～30秒）

受験番号をしっかり記入。どの問題も字数多いぞ。不安を抱えながら、設問文が載っているページを切り離す。

【手順2】設問解釈（～8分）

与件文 1段落目を読む。賃加工型の下請製造業、今までにない製造業だな。加工のみを請け負う会社か。最終段落を読む。ＣＮＣ木工加工機が何かはわからないが、高付加価値化することが課題ということはわかる。

第1問 え！　ＳＷＯＴ分析がない！　しかもいきなり課題と対応策が求められている…。そもそもＣＮＣ木工加工機って何？　どういうものか与件文で把握しなくては…。

第2問 ええっ！　また課題と対応策？　例年と全然傾向が違う…。現状の生産工程で無駄が生じていて、それを改善することで余力確保という流れか。ただ、課題と対応策をどう切り分けて表記するかも難しそうだ。勘弁してよ…。

第3問 ホームページ活用ってなんだか事例Ⅱみたいだ。展示会での成功体験が今後も成功する要因になるだろうから、そこは要チェックだな。

第4問 ちょっとちょっと！　設備投資もしたくないし人員増もしたくないのかい。ええぇ、どうすればいいんだよ。うーん、どうやったら高付加価値化できるかな…。

【手順3】与件文読解（～17分）

2段落目 設計のＣＡＤ化と設備更新による生産性向上は強みになるな。

3段落目 社員が24名、営業も社長と常務2名で少ない。営業力が課題ともいえるかも。

4段落目 受注単価引き下げ要請、これは脅威だ。受注量減少で売上も減っているし。だからこその新規事業でリスク分散か。

5段落目 製造部は2つの班に分かれているのか。それぞれ何をやっているのか。

6段落目 「機械の専任担当制」「担当以外の機械を操作できない作業者」「標準化やマニュアル化未整備」など、問題らしいことがたくさん出てきた。間違いなく解答に使う要素だ。

7段落目 製造部の2つの班はそれぞれ生産形態が違うようだ。

8段落目　専任担当制だから、受注してから各担当者に行くのか。余力を生み出すことにどう関係してくるかがわからないな。

9段落目　来た来た新規事業の話！　木材加工企業の話はニーズに該当しそうだ。ならい施盤ってどのようなものだろうか。

10段落目　あれ、そんなにあっさりＣＮＣ木工加工機を作れてしまうのか。

11段落目　下請け企業なので新規顧客獲得のための営業活動はやっていないわけね。マーケティングのノウハウもないし。営業力が課題といえるが、どの設問で書くべきか…。該当する設問が検討もつかない。

12段落目　展示会で受けた質問事項をホームページに記載したらよいのではないかな。評価を受けた「加工精度」「操作性」「メンテナンスの容易性」はＣＮＣ木工加工機の強みだな。これらを潜在顧客に訴求すべきだ。

13段落目　現在のホームページはほとんど何も載っていないに等しいな。12段落目の内容を記載するというだけでも解答を埋められそうだ。

14段落目　新規事業では製造部の２つの班、どちらも関わるのか。連携が少ないってことは問題だな。新たに組み立てという工程が必要になるな。

【手順４】解答要素抽出・各設問との対応付け（〜40分）

　各設問に対応する解答要素を広い余白に書き、関連しそうなものを線で結んで整理。

【手順５】解答作成（〜80分）

第3問　はっきり何を書けばよいかわかるのは第３問だ。ここから解こう。12段落目で木工加工関係者から受けた質問をホームページに掲載、注目を集めたＣＮＣ木工加工機の実演動画を掲載する方向で書こう。質問対応で受注につながっているから、方向性は合っているはず。ただ、どうやって顧客を獲得するかな…。問い合わせ窓口設置とかか。

第1問　課題は「ＣＮＣ木工加工機の生産体制の構築」、少し細分化して「工程管理体制構築」とも書いておこう。それぞれに対する対応策として書くのは難しいな。

第2問　専任担当制廃止と標準化・マニュアル化は、第１問・第２問どちらにも書いておこう。正直切り分けできないし、作業員のことは新規事業と既存事業の両方に関わるはずだから、問題はないだろう。

第4問　製品ではニーズを収集して新機種開発や改良に生かすしか思いつかない…。どう高付加価値化につながるか論理的に書けない。サービスはアフターサービス、メンテナンスサービスしか思いつかない…。時間がなくて手が震える…。やばい、時間だ。

３．終了時の手ごたえ・感想

　一度、第２問をすべて消して書き直してしまったことによって、時間を大きくロスしてしまった。最後の第４問は残り時間３分で殴り書きしたので、手も字も震えていた。出題傾向が変わったことで焦り、最後まで動揺したままだった。手ごたえはない。

〜試験の朝の過ごし方〜

　ビジネスホテルの朝食バイキングでリラックスしながら朝ごはんを食べた。

合格者再現答案＊（とよでぃ 編） 事例Ⅲ

第1問（配点30点） 140字

課	題	は	、	①	Ｃ	Ｎ	Ｃ	木	工	加	工	機	の	生	産	体	制	の	構
築	、	②	工	程	管	理	体	制	構	築	で	あ	る	。	対	応	策	は	、
①	機	械	加	工	班	と	製	缶	板	金	班	と	の	連	携	体	制	の	構
築⁵	、	②	全	工	程	を	含	め	た	生	産	計	画	を	作	成⁷	し	、	生
産	統	制	を	行	う⁵	、	③	組	立	て	工	程	組	込	み	、	④	各	機
械	の	操	作	方	法	・	技	術	情	報	の	標	準	化	・	マ	ニ	ュ	ア
ル	化	、	⑤	専	任	制	を	廃	止⁵	し	作	業	員	配	置	を	適	正	化。

【メモ・浮かんだキーワード】 生産体制構築、生産計画、標準化・マニュアル化、生産統制
【当日の感触等】 生産計画や生産統制など、現状として実施されていない内容を盛り込んだ。
標準化・マニュアル化は第1問、第2問の両方に書いてリスクを分散した。
【ふぞろい流採点結果】 18/30点

第2問（配点20点） 120字

課	題	は	、	①	作	業	員	の	多	能	工	化²	・	業	務	の	効	率	化²
②	既	存	製	品	の	見	込	み	生	産	体	制	構	築	、	で	あ	る	。
対	応	策	は	、	①	各	機	械	の	操	作	方	法	・	技	術	情	報	を
標	準	化	・	マ	ニ	ュ	ア	ル	化⁵	、	②	作	業	員	教	育⁴	実	施	で
多	能	工	化⁴	し	、	専	任	制	を	廃	止	、	③	設	計	デ	ー	タ	共
有	化⁴	、	④	繰	り	返	し	発	注	の	既	存	製	品	の	需	要	予	測。

【メモ・浮かんだキーワード】 多能工化、標準化・マニュアル化、見込み生産体制、需要予測
【当日の感触等】 試験後、材料まで取引先から提供されているので、見込み生産は不可能であることに気づいて深く後悔。ほかの要素で得点できていることを祈るのみ。
【ふぞろい流採点結果】 16/20点

第3問（配点20点）　　160字

H	P	に	C	N	C	木	工	加	工	機	の	実	演	動	画	を	掲	載⁴	し、
プ	ロ	グ	ラ	ム	の	作	成	方	法	や	プ	ロ	グ	ラ	ム	の	提	供	の
可	能	性	、	駆	動	部	や	刃	物	の	メ	ン	テ	ナ	ン	ス	方	法	、
加	工	可	能	な	材	質	な	ど	を	紹	介	す	る	項	目	を	設	け	る³。
以	上	に	よ	り	加	工	精	度	や	操	作	性	、	メ	ン	テ	ナ	ン	ス
の	容	易	性	を	訴	求	す	る³	。	対	応	策	は	、	①	営	業	部	門²
や	問	い	合	わ	せ	窓	口	の	設	置⁴	、	②	異	業	種	交	流	会	で
の	顧	客	獲	得	、	で	あ	る	。										

【メモ・浮かんだキーワード】　実演動画、プログラム作成方法、プログラムの提供可能性、メンテナンス方法、加工可能な材質、加工精度、操作性

【当日の感触等】　潜在顧客を獲得するための対応策の自信はない。ホームページ活用に関しては、ほとんどの要素を書くことができた。

【ふぞろい流採点結果】　16/20点

第4問（配点30点）　　140字

方	策	は	、	①	顧	客	か	ら	改	良	ニ	ー	ズ	を	収	集⁶	し	、	新
製	品	開	発	や	製	品	改	良⁸	に	活	用	す	る	、	②	メ	ン	テ	ナ
ン	ス³	な	ど	の	ア	フ	タ	ー	サ	ー	ビ	ス⁵	を	設	け	る	、	③	メ
ン	テ	ナ	ン	ス	方	法	の	指	導	サ	ー	ビ	ス³	を	実	施	す	る	、
④	プ	ロ	グ	ラ	ム	作	成	方	法	の	指	導	サ	ー	ビ	ス³	を	行	う、
で	あ	る	。	以	上	に	よ	り	、	事	業	の	高	付	加	価	値	化²	を
図	る	。																	

【メモ・浮かんだキーワード】　改良ニーズ収集、アフターサービス、メンテナンス指導、プログラム作成指導

【当日の感触等】　何を書けばよいのか見当もつかなかったので、後回しにしていた。試験時間残り3分で殴り書いたため、まったく自信はない。

【ふぞろい流採点結果】　26/30点

【ふぞろい評価】　76/100点　　　【実際の得点】　78/100点

　第1問と第2問で加点にならない内容が書かれているものの、全体としては因果を意識した短い文章で、多くの解答要素を盛り込むことができています。それにより各設問でバランスよく得点でき、高得点につながっています。

~試験の朝の過ごし方~
　　時間に余裕を持つ、朝食をちゃんと食べる、開き直る。

まき 編（勉強方法と解答プロセス：p.164）

1．昼休みの行動と取り組み方針

　先ほどと同様におにぎりを1つ食べ、ブドウ糖を摂取しながらファイナルペーパーを眺める。事例Ⅱは、自分の考えをすべて書けなかったので少し後悔しつつも、これまでの本試験のなかでは一番具体的にターゲットを記述することができたので一安心する。お手洗いを済ませて気持ちを切り替える。顔見知りに挨拶をして、教室の外でストレッチを行い、残り20分は寝て待つ。

2．80分間のドキュメント

【手順0】開始前（〜0分）

　解答用紙から透けて見える字数・配点を確認した後に時間配分を考える。事例Ⅱ同様、4問しかないうえにやけに字数が多い。配点も第1問と第4問は30点？　助言問題ならわかるけれど、第1問は、強み・弱みの分析問題なのに点数が高すぎると疑問を抱く。これらの設問が勝負の分かれ目になるだろう。

【手順1】準備（〜1分）

　受験番号を記入し、2、3回受験票と突合せる。問題用紙に乱丁・落丁がないことを確認。設問文のページを定規で破る。与件文に段落番号を付番し、段落の間に線を引く。

【手順2】設問解釈（〜5分）

与件文　1段落目を読む。C社は「材料や部品を受けて加工を担う賃加工型の下請製造業」ということは、おそらく今後の展開で取引のメッシュ化を行うことになるから、材料・部品の調達や在庫管理を行う生産体制を整備することが課題になるだろう。そして最終段落には、やはり賃加工型下請製造業脱却のカギとなる高付加価値製品への期待が述べられており、CNC木工加工機？　の開発？　育成が課題なのか。

第1問　「生産販売」とは、生産面と営業面のことかな？　「生産管理上の課題」といえばQCDだな。えっ、環境分析じゃない‼　だけど、成長戦略の問題で強み（S）・機会（O）を活かし、機能戦略の問題で弱みを克服する改善案の助言が求められるはずだから、SWOTをチェックしながら与件文を読もう。

第2問　「現在の生産業務を整備」か、必ず与件文の【生産概要】の箇所に問題点の記述があるはずだからチェックしよう。

第3問　「展示会での成功を参考に」とあるので、与件文から展示会で誰に対し、何を、どのように、したのかを確認する必要がある。そして設問を素直に読むと、ホームページの活用で潜在顧客を獲得することと、社内対応策を行うことで潜在顧客を受注に結び付けることを切り分けて考えるのか。

第4問　「設備投資や人員増をせずに」と制約がある。「高付加価値なCNC木工加工機事

〜試験に持って行ってよかったもの〜
　　厚手のウインドブレーカー（1次は冷房の寒さ対策、2次は台風で雨除け）。

業」について、製品面とサービス面を切り口にして答えよう。

【手順3】与件文読解（〜15分）

　接続詞：逆接（しかし、が　等）を△、並列（また　等）とその他（特に、なお　等）を○で囲む。時系列の表現（○○年　等）を□で囲む。キーワード（解答に使う表現）、【C社の概要】からＳＷＯＴ、【生産概要】から問題点（○○していない、できない　等）、【新規事業の概要】から課題をチェックし、与件文右側の余白にメモを書く。

【手順4】与件文と設問の対応付け、思考（〜40分）、解答作成（〜80分）

[第3問]　展示会のことだから、第12、第13段落に対応付けする。「誰に・何を・どのように」行ったのかを参考にし、そのまま解答作成に用いる。

[第2問]　現在の生産業務に発生している問題だから、第6段落と対応付けする。「また、」と並列で問題点が述べられているので、この2つを解決しよう。

[第4問]　第4、第15段落より、C社は主力事業の受注減少、受注単価の値引き要請により売上の減少に直面していることがわかる。そのため、今後は、高付加価値製品の販売で収益性を向上させようとしていることが読み取れる。新規事業のＣＮＣ木工加工機事業の方向性、すなわち、成長戦略が問われているので、Ｓ（強み）をＯ（機会）に投入、活用すると考える。C社の強みが述べられている第2段落と、ニーズ（機会）について触れられている第9段落を対応付けする。設問の制約条件をふまえつつ、商品とサービスを切り口に解答を作成する。「人員を増やさず」という制約を考慮し、ネットワークの経済性の外部との連携で事業の高付加価値化を図る観点から、ＣＮＣ制御装置を取り扱う企業などと連携する、と解答できなかった。

[第1問]　ＣＮＣ木工加工機の生産の記述がある第14、第15段落と対応付けする。別の班で作業を終えたものを組み立てるということは、連携を強化し生産を同期させ、生産リードタイムを短縮する必用がある。そのために生産計画の立案・生産統制を行う。「なお、最終検査は設計担当者が行う」とあるが、その必要はないだろう。

3．終了時の手ごたえ・感想

　問われる本質は変わらず、難易度は例年どおりと感じた。設問数が少なく、配点が高いため、与件文の対応付けを間違えると大事故を起こす可能性があった。慎重に読んで考えていたら、時間が足りなくなってしまってかなり焦った。残り時間5分で第8段落を活用していないことに気づいたが、必死に第1問の解答を書いていたのでそのまま放置。第1問で強みを問われなかったから、ほかの受験生は焦っていただろうなと思うと、少し気持ちに余裕を持てた。

合格者再現答案＊（まき 編） 事例Ⅲ

第1問（配点30点） 140字

課	題	は	、	Ｃ	Ｎ	Ｃ	木	工	加	工	機	は	、	内	部	部	品	と	制
御	装	置	収	納	ケ	ー	ス	等	を	組	み	立	て	る	為	、	機	械	加
工	班	と	製	缶	板	金	班	の	連	携	を	強	化	し	、	生	産	を	同
期	さ	せ	、	短	納	期	・	低	コ	ス	ト	化	を	図	る	こ	と	。	対
応	策	は	①	機	械	加	工	班	と	製	缶	板	金	班	一	体	の	生	産
計	画	を	立	案	し	、	統	制	す	る	、	②	Ｃ	Ｎ	Ｃ	制	御	装	置
の	在	庫	管	理	を	徹	底	す	る	こ	と	。							

【メモ・浮かんだキーワード】 生産＝設計・調達・作業、生産管理＝ＱＣＤ

【当日の感触等】 他にも最終検査、ＣＮＣ制御装置の外注管理を書きたかったけれど時間切れだった。

【ふぞろい流採点結果】 24/30点

第2問（配点20点） 120字

課	題	は	、	各	班	で	各	作	業	者	が	ど	の	機	械	で	も	操	作
で	き	る	よ	う	に	し	余	力	を	作	る	事	。	対	応	策	は	、	①
担	当	以	外	の	機	械	を	操	作	で	き	る	よ	う	Ｏ	Ｊ	Ｔ	で	教
育	す	る	、	②	各	機	械	の	操	作	方	法	や	加	工	方	法	の	技
術	情	報	を	共	有	し	、	標	準	化	・	マ	ニ	ュ	ア	ル	化	す	る
こ	と	で	あ	る	。														

【メモ・浮かんだキーワード】 多能工、ジョブローテーション、ＯＪＴ、標準化・マニュアル化

【当日の感触等】 多能工、ジョブローテーションのワードを入れたほうがよかったのだろうけど、なぜかピンポイントで絞り込まないほうがいいと思い、曖昧に書いてしまった。

【ふぞろい流採点結果】 13/20点

~試験に持って行ってよかったもの~

ポケットティッシュ、セロハンテープ（受験票を固定するため）。

第3問（配点20点）　160字

活	用	方	法	は	、	木	材	加	工	企	業	に	対	し	複	雑	な	形	状
の	加	工	を	容	易	に	行	う	Ｃ	Ｎ	Ｃ	木	工	加	工	機	の	**実**	**演**
の	**動**	**画**	**を**	**ホ**	ー	**ム**	**ペ**	ー	**ジ**	に	**載**	せ⁴	、	特	徴	で	あ	る	精
密	加	工	の	内	容	の	理	解	を	得	て	注	目	度	向	上	を	図	る。
社	内	対	応	策	は	、	プ	ロ	グ	ラ	ム	の	作	成	・	メ	ン	テ	ナ
ン	ス	方	法	等	を	標	準	化	、	**Ｑ**	**＆**	**Ａ**	**マ**	**ニ**	**ュ**	**ア**	**ル**	**を**	**作**
成²	し	、	Ｎ	Ｃ	機	械	未	使	用	・	未	経	験	者	の	質	問	に	答
え	る	為	の	**営**	**業**	**力**	**を**	**強**	**化**²	す	る	こ	と	で	受	注	を	得	る。

【メモ・浮かんだキーワード】　ＨＰ→Ｃ社の特徴を訴求する

【当日の感触等】　全体的に与件文と設問のリンク付けに時間がかかり、整理し終わらないまま、書き出した。ほぼ、与件文を写してしまった。

【ふぞろい流採点結果】　8/20点

第4問（配点30点）　140字

方	策	は	、	①	常	務	の	Ｉ	Ｔ	技	能	を	活	か	し	**汎**	**用**	**性**	が
あ	り	、	**操**	**作**	**性**	**の**	**よ**	**い**²	**Ｃ**	**Ｎ**	**Ｃ**	**木**	**工**	**加**	**工**	**機**	を	Ｃ	Ａ
Ｄ	を	用	い	て	**設**	**計**	**開**	**発**	し	、	**製**	**造**	**・**	**提**	**供**⁸	す	る	、	②
老	朽	化	し	た	**設**	**備**	**更**	**新**¹	に	よ	る	**生**	**産**	**性**	**向**	**上**	力	を	活
か	し²	、	**メ**	**ン**	**テ**	**ナ**	**ン**	**ス**⁸	、	設	備	更	新	支	援	サ	ー	ビ	ス
を	提	供	す	る	、	こ	と	で	**他**	**社**	**と**	**差**	**別**	**化**¹	、	**高**	**付**	**加**	**価**
値	**化**²	を	図	り	**売**	**上**	**を**	**拡**	**大**¹	す	る	、	こ	と	。				

【メモ・浮かんだキーワード】　改良・開発、製品・サービス、設備投資×、人員×、Ｓ→Ｏ　他社と差別化を図る

【当日の感触等】　半分くらい点数取れてたらいいな。

【ふぞろい流採点結果】　23/30点

【ふぞろい評価】　68/100点　　【実際の得点】　67/100点

　第3問では与件文のキーワードを盛り込めておらず、大きく失点しています。しかしながら、第1問でしっかり得点するなど、そのほかの設問では解答要素をしっかり拾って、因果を意識した解答を書くことができており、ふぞろい流採点では高得点につながっています。

~試験に持って行ってよかったもの~

ストール。ひざ掛けや肩掛けにして温度調整ができるので快適に受験できた。

▶事例Ⅳ（財務・会計）◀

平成29年度　中小企業の診断及び助言に関する実務の事例Ⅳ
（財務・会計）

　　D社は、所在地域における10社の染色業者の合併によって70年前に設立され、それ以来、染色関連事業を主力事業としている。現在、同社は、80％の株式を保有する子会社であるD-a社とともに、同事業を展開している。D社の資本金は2億円で、従業員はD社単体（親会社）が150名、子会社であるD-a社が30名である。

　　親会社であるD社は織物の染色加工を主たる業務とし、子会社であるD-a社がその仕立て、包装荷造業務、保管業務を行っている。先端技術を有するD社の主力工場においてはポリエステル複合織物を中心に加工作業を行っているが、他方で、人工皮革分野やマイクロファイバーにおいても国内のみならず海外でも一定の評価を得ている。またコーティング加工、起毛加工などの多様な染色加工に対応した仕上げ、後処理技術を保有し、高品質の製品を提供している。

　　現状におけるD社の課題をあげると、営業面において、得意先、素材の変化に対応した製品のタイムリーな開発と提案を行い、量・質・効率を加味した安定受注を確保すること、得意先との交渉による適正料金の設定によって採算を改善すること、生産面においては、生産プロセスの見直し、省エネルギー診断にもとづく設備更新、原材料のVAおよび物流の合理化による加工コスト削減があげられている。

　　D社は新規事業として発電事業に着手している。D社の所在地域は森林が多く、間伐等で伐採されながら利用されずに森林内に放置されてきた小径木や根元材などの未利用木材が存在しており、D社はこれを燃料にして発電を行う木質バイオマス発電事業を来年度より開始する予定である。同社所在の地方自治体は国の基金を活用するなどして木質バイオマス発電プラントの整備等を支援しており、同社もこれを利用することにしている（会計上、補助金はプラントを対象に直接減額方式の圧縮記帳を行う予定である）。この事業については、来年度にD社の関連会社としてD-b社を設立し、D社からの出資2千万円および他主体からの出資4千万円、銀行からの融資12億円を事業資金として、木質バイオマス燃料の製造とこれを利用した発電事業、さらに電力販売業務を行う。なお、来年度上半期にはプラント建設、試運転が終了し、下半期において商業運転を開始する予定である。

　　以下は、当年度のD社と同業他社の実績財務諸表である。D社は連結財務諸表である一方、同業他社は子会社を有していないため個別財務諸表であるが、同社の事業内容はD社と類似している。

貸借対照表

(単位：百万円)

	D社	同業他社		D社	同業他社
＜資産の部＞			＜負債の部＞		
流動資産	954	798	流動負債	636	505
現金及び預金	395	250	仕入債務	226	180
売上債権	383	350	短期借入金	199	200
棚卸資産	166	190	その他	211	125
その他	10	8	固定負債	1,807	602
固定資産	2,095	1,510	長期借入金	1,231	420
有形固定資産	1,969	1,470	社債	374	－
建物	282	150	リース債務	38	42
機械設備	271	260	退職給付引当金	164	140
リース資産	46	55	負債合計	2,443	1,107
土地	1,350	1,000	＜純資産の部＞		
その他	20	5	資本金	200	250
投資その他の資産	126	40	資本剰余金	100	250
投資有価証券	111	28	利益剰余金	126	701
その他	15	12	非支配株主持分	180	－
			純資産合計	606	1,201
資産合計	3,049	2,308	負債・純資産合計	3,049	2,308

損益計算書

(単位：百万円)

	D社	同業他社
売上高	3,810	2,670
売上原価	3,326	2,130
売上総利益	484	540
販売費及び一般管理費	270	340
営業利益	214	200
営業外収益	32	33
営業外費用	70	27
経常利益	176	206
特別損失	120	－
税金等調整前当期純利益	56	206
法人税等	13	75
非支配株主損益	16	－
当期純利益	27	131

注　営業外収益は受取利息・配当金、営業外費用は支払利息、特別損失は減損損失およ
　　び工場閉鎖関連損失である。また、法人税等には法人税等調整額が含まれている。

コンビニで買ったカップのコーヒーを足元に置いて試験を受けている受験生。

第1問（配点25点）

（設問1）

　D社と同業他社のそれぞれの当年度の財務諸表を用いて経営分析を行い比較した場合、D社の課題を示すと考えられる財務指標を2つ、D社が優れていると思われる財務指標を1つ取り上げ、それぞれについて、名称を(a)欄に、財務指標の値を(b)欄に記入せよ。なお、解答にあたっては、①、②の欄にD社の課題を示す指標を記入し、③の欄にD社が優れていると思われる指標を記入すること。また、(b)欄の値については、小数点第3位を四捨五入し、カッコ内に単位を明記すること。

（設問2）

　D社の財政状態および経営成績について、同業他社と比較した場合の特徴を40字以内で述べよ。

第2問（配点18点）

（設問1）

　以下の来年度の予測資料にもとづいて、染色関連事業の予測損益計算書を完成させよ。なお、端数が生じる場合には、最終的な解答の単位未満を四捨五入すること。

〈予測資料〉

　当年度の損益計算書における売上原価のうち1,650百万円、販売費及び一般管理費のうち120百万円が固定費である。当年度に一部の工場を閉鎖したため、来期には売上原価に含まれる固定費が100百万円削減されると予測される。また、当年度の売上高の60％を占める大口取引先との取引については、交渉によって納入価格が3％引き上げられること、さらに、材料価格の高騰によって変動製造費用が5％上昇することが見込まれる。なお、その他の事項に関しては、当年度と同様であるとする。

予測損益計算書
（単位：百万円）

売上高	（　　　　　）
売上原価	（　　　　　）
売上総利益	（　　　　　）
販売費及び一般管理費	（　　　　　）
営業利益	（　　　　　）

（設問2）

　発電事業における来年度の損益は以下のように予測される。発電事業における予想営業利益（損失の場合には△を付すこと）を計算せよ。

〈来年度の発電事業に関する予測資料〉

　試運転から商業運転に切り替えた後の売電単価は1kWh あたり33円、売電量は12百万kWh である。試運転および商業運転に関する費用は以下のとおりである。

（単位：百万円）

	試運転	商業運転
年間変動費	60	210
年間固定費	370	

（設問3）

　再来年度以降、発電事業の年間売電量が40百万 kWh であった場合の発電事業における年間予想営業利益を計算せよ。また、売電単価が1kWh あたり何円を下回ると損失に陥るか。設問2の予測資料にもとづいて計算せよ。なお、売電単価は1円単位で設定されるものとする。

事例
Ⅳ

第３問 （配点29点）

（設問１）

　染色関連事業の収益性を改善するために、設備更新案を検討中である。以下に示す設備更新案にもとづいて、第Ｘ１年度末の差額キャッシュフロー（キャッシュフローの改善額）を解答欄に従って計算したうえで、各年度の差額キャッシュフローを示せ。なお、利益に対する税率は30%、更新設備の利用期間においては十分な利益が得られるものとする。また、マイナスの場合には△を付し、最終的な解答において百万円未満を四捨五入すること。

〈設備更新案〉

　第Ｘ１年度初めに旧機械設備に代えて汎用機械設備を導入する。これによって、従来の染色加工を高速に行えることに加えて、余裕時間を利用して新技術による染色加工を行うことができる。

　旧機械設備を新機械設備（初期投資額200百万円、耐用年数５年、定額法償却、残存価額０円）に取り換える場合、旧機械設備（帳簿価額50百万円、残存耐用年数５年、定額法償却、残存価額０円）の処分のために10百万円の支出が必要となる（初期投資と処分のための支出は第Ｘ１年度初めに、旧機械設備の除却損の税金への影響は第Ｘ１年度末に生じるものとする）。設備の更新による現金収支を伴う、年間の収益と費用の変化は以下のように予想されている（現金収支は各年度末に生じるものとする）。

（単位：百万円）

	旧機械設備	汎用機械設備	
		従来の染色加工分	新技術加工分
収益	520	520	60
費用	380	330	40

　なお、耐用年数経過後（５年後）の設備処分支出は、旧機械設備と新機械設備ともに５百万円であり、この支出および税金への影響は第Ｘ５年度末に生じるものとする。

第Ｘ１年度末における差額キャッシュフローの計算		各年度の差額キャッシュフロー	
項　　　　目	金　　　額		金　　　額
税引前利益の差額	（　　　）	第Ｘ１年度初め	（　　　）
税金支出の差額	（　　　）	第Ｘ１年度末	（　　　）
税引後利益の差額	（　　　）	第Ｘ２年度末	（　　　）
非現金支出項目の差額	（　　　）	第Ｘ３年度末	（　　　）
第Ｘ１年度末の差額キャッシュフロー	（　　　）	第Ｘ４年度末	（　　　）
		第Ｘ５年度末	（　　　）

　　注　金額欄については次のとおり。
　　　　１．単位は百万円。
　　　　２．マイナスの場合には△を付すこと。

（設問2）

　この案の採否を検討する際に考慮するべき代表的な指標を安全性と収益性の観点から1つずつ計算し、収益性の観点から採否を決定せよ。資本コストは7％である。なお、解答にあたっては、以下の複利現価係数を利用し、最終的な解答の単位における小数点第3位を四捨五入すること。

利子率7％における複利現価係数

	1年	2年	3年	4年	5年
複利現価係数	0.9346	0.8734	0.8163	0.7629	0.7130

第4問（配点28点）

（設問1）

　親会社D社単体の事業活動における当年度の損益状況を、30字以内で説明せよ。なお、子会社からの配当は考慮しないこと。

（設問2）

　再来年度に関連会社D-b社を子会社化するか否かを検討している。D-b社を子会社にすることによる、連結財務諸表の財務指標に対する主要な影響を30字以内で説明せよ。

（設問3）

　関連会社を子会社化することによって、経営上、どのような影響があるか。財務指標への影響以外で、あなたが重要であると考えることについて、60字以内で説明せよ。

80分間のドキュメント　事例Ⅳ

mcky 編（勉強方法と解答プロセス：p.154）

1．休み時間の行動と取り組み方針

　事例Ⅲで「終わった…」と思い、しばし落ち込んでいたが、ここで諦めたら本当に終わりなので、最後まで諦めず事例Ⅳを絶対倒すと決意し気合を入れ直す。長蛇のトイレの列に並び、最後の栄養ドリンクを飲み、板チョコを3切れ食べる。

2．80分間のドキュメント

【手順0】開始前（～0分）

　泣いても笑ってもこれで終わりだ。疲労が強く、集中力が最後まで持つかわからないが、絶対に最後まで諦めず食らいつこう。

【手順1】準備（～1分）

　受験番号を記入。疲れているため、本当に合っているか2回チェックする。

【手順2】与件文読解（～10分）

[1段落目]　ん？　D-a社？　子会社？　こんなのアリなの？　よくわからないけど、とりあえず読み進めていこう。

[2段落目]　「先端技術を有する」に下線、余白に「S」と記入。一定の評価を得ている説明箇所と高品質の製品を提供している説明箇所にも下線、余白に「S」と記入。

[3段落目]　全文に下線、余白に「K」と記入。

[4段落目]　バイオマスか、ふーん。ん？　直接減額方式の圧縮記帳って何だっけ？　思い出せそうで思い出せない。まずいな、これが解答に影響しなければいいが…。D-b社？だいぶややこしいことになってるな。

[5段落目]　特になし。まあ、普通に経営分析しなさいということかな？

【手順3】設問解釈・解答（～75分）

[第1問]　経営分析。

　（設問1）　きちんと設問要求に沿うことを意識。課題となっている指標2つと優れている指標1つ、小数点第3位を四捨五入。単位も間違えないようにしないと。「収益性」「安全性」「効率性」から答えよう。「売上債権回転率」「棚卸資産回転率」「有形固定資産回転率」はすべてD社が優れてるから、優れているのは「効率性」、課題は「収益性」「安全性」だな。各々どの指標を選ぶかアタリをつけながら、根拠を与件文から見つけよう。

　（設問2）　え、40字？　これで「収益性」「安全性」「効率性」の3つ書くの？　少ないなーと思いつつも、なんとか与件文の記述にあった強みと課題から根拠を拾い、コンパク

トに解答に盛り込む。

〔第2問〕　ＣＶＰ分析。

（設問1）　オーソドックスな問題だけに、ここで間違うと痛い。条件である「最終的な解答の単位未満を四捨五入」することをチェック。慎重に固変分解を行う。

（設問2）　試運転…？　試運転は費用として計上していいのかな…？　いや、ダミーかな。外すか。

（設問3）　設問文の「何円を下回ると損失か」、「売電単価は1円単位で設定」をチェックする。間違わないように慎重に計算する。26.75になったが、26だと赤なので27かな。念のため26の場合と27の場合で検算し、やはり27にする。

〔第3問〕　キャッシュフロー計算。

（設問1）　「最終的な解答において百万円未満を四捨五入」にチェック。また、「マイナスの場合には△を付すこと」にもチェック。問題文がだいぶややこしい。慎重に汎用機械設備導入前と導入後のX1年～X5年のキャッシュフローを問題用紙に下書きする。

（設問2）　「指標」ね。はいはい、まあ普通に回収期間と正味現在価値だろうね。普通に計算すればいいよね。正味現在価値の計算結果が正になったので、採用に○をする。

〔第4問〕

（設問1）　えっ何これ…？　わからない、パス。

（設問2）　ええ⁉　連結財務諸表⁉　何これ⁈　わからない、パス。

（設問3）　財務指標への影響以外の子会社化の影響か…。これ事例Ⅰだよね？　必死に子会社化のメリットについて思い出せるだけ思い出し、列記する。

（設問1）　再度チャレンジ。30字以内ということは、そんな大したことは書けないはず。ということは、まず大枠で確実に言えることを書こう。それ以上はいくら考えてもわかるものじゃないから、次だ。

（設問2）　再度チャレンジ。与件文のなかにある、D-b社に関する記述を読む。D社からの出資が2千万円、他主体からの出資が4千万円に対し、銀行からの融資12億円⁉　長期借入金がとんでもないことになるな…これは絶対安全性が悪くなるんじゃ…？

【手順4】検算、誤字脱字の確認等（～80分）

　全問の計算、誤字脱字、与えられた条件を今一度確認。特に問題なさそう。残った時間を第4問をよりよくするための考慮時間として充てるが、結局試験終了まで思い浮かばず。

3．終了時の手ごたえ・感想

　計算問題は例年どおりの難易度だったと思うが、連結財務諸表が出るなんて夢にも思っていなかった。第4問は日商簿記とかやってないとムリだと思った。ただ、財務が異常に得意な受験生を除く多くの受験生はできていないはずなので、いかに計算問題ができてるかだなと思った。事例Ⅲさえうまくできていれば清々しい気分でいられたのに、あまりのできなさに絶望していたので終了してもずっとモヤモヤしていた。

~試験当日の失敗・反省~

　事例Ⅲの残り時間3分から手がブルブル震えて字が汚くなった。

合格者再現答案＊（mcky 編） ━━━━━ 事例Ⅳ

第1問（配点25点）

（設問1）

	（a）	（b）
①	売上高総利益率[3]	12.70（%）[2]
②	負債比率[3]	403.14（%）[2]
③	棚卸資産回転率[3]	22.95（回）[2]

（設問2）　40字

子	会	社	の	保	管	業	務[2]	で	効
率	性	高	い[2]	が	借	入	金	増	加[2]
・	Ｖ	Ａ	等	の	合	理	化	遅	滞
で	収	益	性[2]	安	全	性	は	低	い。[2]

【メモ・浮かんだキーワード】　負債比率と自己資本比率どっちが適切？　棚卸資産回転率で適切？

【当日の感触等】　多分そんなに外してはないはず。

【ふぞろい流採点結果】　（設問1）15/15点　　（設問2）10/10点

第2問（配点18点）

（設問1）　　　　　　　　　　（単位：百万円）

売上高	（ 3,879[1] ）
売上原価	（ 3,310[1] ）
売上総利益	（ 569[1] ）
販管費及び一般管理費	（ 270[1] ）
営業利益	（ 299[2] ）

（設問2）

△184　（百万円）

（設問3）

再来年度以降の予想営業利益	250　（百万円）[4]
最低売電単価	27　（円/kWh）[4]

【メモ・浮かんだキーワード】　固変分解、40×P（価格）−210×40÷12−370＝0

【当日の感触等】　試運転をコストに含めるかどうかわからないが、多分そこそこできてるはず。

【ふぞろい流採点結果】　（設問1）6/6点　　（設問2）0/4点　　（設問3）8/8点

~試験当日の失敗・反省~ ━━━━━

事例Ⅳの途中で、疲労と焦りからしばらく頭がフリーズしてしまった。10分間くらい無駄にした。

第3問（配点29点）
（設問1）

第X1年度末における差額キャッシュフローの計算			各年度の差額キャッシュフロー	
項　目	金　額			金　額
税引前利益の差額	（　40[1]　）	第X1年度初め	（　△210[2]　）	
税金支出の差額	（　12　）	第X1年度末	（　61　）	
税引後利益の差額	（　28　）	第X2年度末	（　58[2]　）	
非現金支出項目の差額	（　33　）	第X3年度末	（　58[2]　）	
第X1年度末の差額キャッシュフロー	（　61　）	第X4年度末	（　58[2]　）	
		第X5年度末	（　58[2]　）	

（設問2）

	【指標の名称】	【数値（単位）】
安全性	回収期間年	3.57　（　　年　　）
収益性	**正味現在価値**[3]	30.62　（　百万円　）

【収益性の観点から】

この案の採否について（いずれかに○を付ける）	（採用する）[4]　・　採用しない

【メモ・浮かんだキーワード】　節税効果。回収期間、正味現在価値、ＩＲＲ
【当日の感触等】　キャッシュフローが合ってないと芋づる式にやばいな。注意深く読んだつもりだがどうだろう。
【ふぞろい流採点結果】　（設問1）11/17点　　（設問2）7/12点

第4問（配点28点）
（設問1）　　　　　　　30字

単	体	で	見	れ	ば	、	損	益	状	況	は	悪	化[3]	す	る	。

（設問2）　　　　　　　30字

銀	行	か	ら	の	借	入	金	が	加	算[3]	さ	れ	安	全	性	は	低	下[3]	す
る	。																	

（設問3）　　　　　　　60字

①	利	益	責	任	が	明	確	化[7]	さ	れ	る	②	迅	速	な	意	思	決	定
が	可	能[7]	に	な	る	③	独	自	の	組	織	風	土	が	醸	成[6]	さ	れ	る
④	協	力	体	制	が	強	化	さ	れ	る	。								

【メモ・浮かんだキーワード】　利益責任の明確化、迅速な意思決定
【当日の感触等】　まったくわからない。しかも配点が28点て。一応埋めたけど、合ってないだろう。
【ふぞろい流採点結果】　（設問1）3/7点　　（設問2）6/7点　　（設問2）14/14点

【ふぞろい評価】　80/100点　　**【実際の得点】**　74/100点
　　第2問（設問2）と第3問の一部の数値を間違っていますが、それら以外は数値も記述もしっかりと正答できているため、ふぞろい流採点では高得点につながっています。

～試験当日のアクシデント～
　男性用トイレがとにかく混んでいて休憩時間中に会場に戻れなかった。。。

シンゴ 編 （勉強方法と解答プロセス：p.156）

１．休み時間の行動と取り組み方針

　ついに最後の事例Ⅳだ。ここまで、事例Ⅱは手ごたえがあり、そのほかもそこそこ書けてはいると感じていたので、苦手な事例Ⅳできちんと守れれば受かるぞと気合を入れ直す。トイレに行き、席に戻って一口羊羹を２つ食べ、ファイナルペーパーを読む。脳の疲労を顕著に感じるため、計算ミスをしないように気をつけようと意識した。

２．80分間のドキュメント

【手順１】準備（～１分）

　これまで同様、受験番号を記入し、乱丁・落丁がないことを確認。問題冊子の与件文・設問部分をホッチキスから取り外し、それ以外をメモ用紙にする。

【手順２】設問解釈（～５分）

　事例Ⅳは与件文をとばし、いきなり設問へ。まずは答案用紙と一緒に全体を概観する。第１問は経営分析、第２問はＣＶＰ分析だ。この２問はできるだけ取ろう。第３問はＣＦ計算と取替投資、ややこしそうだ。第４問は…連結財務諸表？　子会社？　こんなの勉強してないぞ…。ただ、文章問題だから何かしら書いたら点数をくれるはず。一番最後に回して、与件文や他の設問から何かしらヒントを探して埋めよう。

【手順３】経営分析（～15分）

第１問（設問１）　課題が２つ、優れている点が１つか。「小数点第３位を四捨五入」「カッコ内に単位を明記」に下線を引きケアレスミスをしないように意識。

（設問２）　「財政状態および経営成績」の特徴とあるけれど、通常どおり収益性、効率性、安全性について記載すれば、その２つについて書いたことになるだろう。

与件文　第２段落にある「高品質の製品提供」は効率性の良さにつながりそう。一方で、第３段落にはっきり示されている「安定受注の確保」「適正料金の設定」「加工コストの削減」は収益性の悪さにつながりそうだ。

財務諸表（効率性指標）　棚卸資産回転率と有形固定資産回転率を計算。どちらも優れていたが、与件文の根拠が使える棚卸資産回転率を採用。

（収益性指標）　売上高売上総利益率、売上高営業利益率、売上高経常利益率を計算。すべて劣っているが、与件文の根拠が使える売上高売上総利益率を採用。

（安全性指標）　長期借入金が非常に多い。自己資本比率、負債比率を計算し、好みで負債比率を採用。

第１問（設問２）　制限字数が少なすぎる！　３指標の良否・理由を苦労して詰め込む。

【手順４】個別問題（～79分）

第２問

～試験当日のアクシデント～

時計が止まる、子供が急な発熱をする、コンタクトが取れる、いっぱい有りますよ‼　でも執念で受かった。

（設問1）　これは文章問題。計算条件の見落としをしないように、条件1つごとに文章をスラッシュで区切り、丁寧に計算する。

（設問2）　「売電単価」「売電量」といった単語に一瞬「？」となるが、少し考え単純に単価と販売量のことだと気づく。予想費用の表の項目が試運転・商業運転ともに「年間変動費」となっているので、どの時点で切り替えるのかを与件文で再度確認。上半期が試運転、下半期が商業運転ということなので、年間変動費のそれぞれ半額を変動費として扱えばよいと考え、予想営業利益を計算した。

（設問3）　（設問2）同様、売上高を計算し、（設問2）の表の変動費・固定費を引く（ここで、販売量が増加したにもかかわらず変動費を増加させないという単純ミスを犯してしまった）。最低売電単価は、だいたい当たりをつけて売電単価を下げてみて計算し、利益がマイナスになる単価を求めた（が、上記ミスがあったため連動して間違えた）。

第3問

（設問1）　一番ややこしそうな問題だ。更新前と更新後につき各期の計算表を作成する。なんとかそれらしい数値はでてきたものの、果たして合っているのかどうか…。ただ、計算量も多くかなり時間を費やしたため、次の問題へ。

（設問2）　問われている内容としてはNPVなどの投資案評価なんだろうけれど、安全性・収益性の指標といった経営分析のような視点で考えたことがなかったため悩む。しかし、ここでNPVを求めさせないということは考えられない。収益性の欄に「NPV」と書いて計算。計算結果はプラスだったので「採用する」に○を付ける。安全性の欄をどうするかと考え、IRRや回収期間法を想起する。何かの本に回収期間法が安全性を確かめるためのものだと書いてあったような気がし、「回収期間」と記載した。

第4問

（設問1）　D社単体の損益状況、求め方はわからないが与件文からすると悪いんだろう。

（設問2）　まったくわからない。B／Sの「被支配株主持分」が何か関連しそうなので絡めて書いておこう。

（設問3）　…。（設問1）で困ったことをそのまま書いておこう。第4問は全然ダメだな。

【手順5】検算、誤字脱字の確認（〜80分）

受験番号の再確認をし、誤字脱字の確認。その後、終了までできる限りいろいろなところの検算を行った。

3．終了時の手ごたえ・感想

事例Ⅳは守れれば、と思っていたけれど予想以上に手ごたえがない。第1問、第2問が合っていて、第3問である程度取れれば…というところ。ただ、今出せる力を出し切ったとはいえそうだ。心地よい疲労を感じながら、台風で欠航になった飛行機の代わりに急遽予約した高速バス乗り場へ向かった。

〜試験当日のアクシデント〜 ─────────────

台風直撃！　そんななか、どうしても昼休みにハンバーガーが食べたくなり駅まで戻ったこと。

合格者再現答案＊（シンゴ 編） ━━━━━━━━━ 事例Ⅳ

第１問（配点25点）

（設問１）

	（ａ）	（ｂ）
①	売上高売上総利益率[3]	12.70（％）[2]
②	負債比率[3]	403.14（％）[2]
③	棚卸資産回転率[3]	22.95（回）[2]

（設問２）　　40字

高	品	質	の	製	品	提	供[2]	で	効
率	性	が	良	い[2]	一	方	、	不	安
定	受	注[2]	等	で	収	益	性	低	く[2]
負	債	依	存[2]	で	安	全	性	低	い[2]。

【メモ・浮かんだキーワード】　収益性、効率性、安全性

【当日の感触等】　与件文の根拠もあるし、計算ミスがなければできているはず。

【ふぞろい流採点結果】　（設問１）15/15点　　（設問２）10/10点

第２問（配点18点）

（設問１）　　　　　　　　　（単位：百万円）

売上高	（　　3,879[1]　　）
売上原価	（　　3,310[1]　　）
売上総利益	（　　569[1]　　）
販管費及び一般管理費	（　　270[1]　　）
営業利益	（　　299[2]　　）

（設問２）

△109　（百万円）[2]

（設問３）

再来年度以降の予想営業利益	740　（百万円）
最低売電単価	15　（円/kWh）

【メモ・浮かんだキーワード】　固変分解

【当日の感触等】　設問の条件はすべて使えているはず。

【ふぞろい流採点結果】　（設問１）6/6点　　（設問２）2/4点　　（設問３）0/8点

第３問 （配点29点）
（設問１）

第Ｘ1年度末における差額キャッシュフローの計算		各年度の差額キャッシュフロー	
項　目	金　額		金　額
税引前利益の差額	（　40[1]　）	第Ｘ1年度初め	（　△210[2]　）
税金支出の差額	（　△3　）	第Ｘ1年度末	（　88　）
税引後利益の差額	（　43　）	第Ｘ2年度末	（　58[2]　）
非現金支出項目の差額	（　45　）	第Ｘ3年度末	（　58[2]　）
第Ｘ1年度末の差額キャッシュフロー	（　88　）	第Ｘ4年度末	（　58[2]　）
		第Ｘ5年度末	（　58[2]　）

（設問２）

	【指標の名称】	【数値（単位）】
安全性	回収期間[3]	3.81（　　年　　）
収益性	ＮＰＶ[3]	55.85（　百万円　）

【収益性の観点から】

この案の採否について（いずれかに○を付ける）	採用する[4]　・　採用しない

【メモ・浮かんだキーワード】　ＣＦ、ＮＰＶ、回収期間

【当日の感触等】　表を書いたが、ややこしくて合っているか不明。

【ふぞろい流採点結果】（設問１）11/17点　　（設問２）10/12点

事例IV

第４問 （配点28点）
（設問１）　　　　　　30字

不	安	定	受	注	、	**不**	**適**	**正**	**料**	**金**[1]	、	高	コ	ス	ト	体	**質**[2]	に	よ
り	損	益	状	況	は	悪	い[3]	。											

（設問２）　　　　　　30字

非	支	配	株	主	持	分	の	増	加	に	よ	る	純	資	産	の	増	加	に
よ	り	自	己	資	本	比	率	上	昇	。									

（設問３）　　　　　　60字

子	会	社	の	経	営	状	況	に	**親**	**会**	**社**	**の**	**損**	**益**	**が**	**左**	**右**	**さ**	**れ**
る[4]	た	め	、	親	会	社	単	体	で	の	経	営	状	況	を	評	価	す	る
こ	と	が	困	難	に	な	る	と	い	う	影	響	が	あ	る	。			

【メモ・浮かんだキーワード】　なし

【当日の感触等】　全然わからない。

【ふぞろい流採点結果】（設問１）6/7点　　（設問２）0/7点　　（設問２）4/14点

【ふぞろい評価】　64/100点　　【実際の得点】　57/100点

　取れるところは確実に取る精神で、手堅く部分点を積み上げることができています。さらに言うと、記述問題で多面的に解答することができれば他の受験生に対するアドバンテージにつながります。

~試験中の集中力アップの方法~ ────
頭が混乱してきたな、と思ったら、天井を見上げて一旦思考をリセットする。

たくじ 編（勉強方法と解答プロセス：p.158）

1．休み時間の行動と取り組み方針

　ここまでの3事例は可もなく不可もなくという感触だが、自分の力を発揮できたと感じた。あとはこの事例Ⅳを乗り切るのみ、と最後に気合を入れる。試験前のアナウンスで、「台風が強まっており、帰路に影響があるかもしれないので、交通手段は確保してください」という説明があった。帰り道について心配になるも、今はそんなことは関係ない、とほとんど気にしなかった。ここまで順調だったため、高得点を狙いにいかず、取れる問題を確実に取ることを意識。

2．80分間のドキュメント

【手順0】開始前（～0分）

　解答用紙が配られ、解答欄から設問内容は経営分析、P／L、取替投資かな、第4問は何の記述問題だろう、と思う。

【手順1】準備（～5分）

　ゆっくり受験番号を記入し、深呼吸。これで最後か、と再度気持ちを高める。乱丁・落丁がないことを確認。後半の配点が少し高めであることを確認。分量が少し多いと思ったため、解ける問題から確実に解く方針でいくことに決定。

【手順2】要求解釈、全設問に軽く目を通す（～10分）

与件文　1段落目を読み、規模、業種、従業員数を確認。

全設問　第1問はやはり経営分析、抽出する項目を確認して与件文から予想しよう。分量が多そうで、第2問、第3問は難しそう。設問ごとの設定を理解するのに時間がかかりそうだ。

【手順3】与件文通読（～17分）

1段落目　子会社があるのか、今までにあまりないパターンだな。

2段落目　D社と子会社の業務内容についての記述。D社の強みとして先端技術、高品質製品の提供があるのか。売上総利益率が高いかも。

3段落目　D社の課題が述べられている。ここは大事な段落だな。採算の改善、加工コストの削減が課題ということは、売上総利益率、売上高営業利益率が低いのかもしれない。高品質製品を提供しているのに採算が取れていないのか。

4段落目　新規事業の発電事業についてか、第3問に関係ありそうだな。内容はよくわからないが、銀行からの融資を受けるので自己資本比率、負債比率に大きく影響するな。

5段落目　D社が連結財務諸表であることは、同業他社が個別財務諸表であることに影響はないとのこと。発電事業やら連結やら、少し慣れないなあ。

【手順4】解答作成（～80分）

〜試験前日の過ごし方〜
　テンプレ文言集を作成し、それを回転させる。

第1問　～32分

　経営分析は確実に満点近くを取るため時間をかける。計算、単位を入念に確認。分析も安全性の観点から自己資本比率、収益性の観点から売上高総利益率、効率性の観点から棚卸資産回転期間を抽出し、字数内に収める。第1問に戻ってくる必要はないだろう。

第2問　～47分

　Ｐ／Ｌの作成とＣＶＰか、ＣＶＰは一瞬すぐに解けそうだと思ったが、今まで見てきた形式と少し違う気がする。まずはＰ／Ｌを確実に作成しよう。変更を加える部分を何度も確認して大丈夫と確信。続いてＣＶＰへ、公式に当てはめてみるも、変動費率の算出方法がいまいちわからない。売電単価が上がると変動費率は下がるけど…。まだできていない問題もあり、焦り始めたため後回しに。

第3問　～62分

　取替投資だが、これまた少し問われ方が今までの設問と違うなあ。非資金支出や税の差額まで、細かく区別して勉強してなかったから手が止まる。とりあえず、いつもとおり差額キャッシュフローを算出することに。第1期以外は自信があったが、半分はわからないなあ。再び焦り出し何も進まなくなったため第4問へ。

第4問　～72分

　ここは時間をかけずにすぐ第2問と第3問に戻ろう。（設問1）と（設問2）は全然自信がない。連結決算なんてわからないな。（設問3）は自分の考えを述べるということで、企業統治や人材育成について書いた。世間的に子会社の不正などがあったため、これでいいだろうと思い、根拠のない自信により気持ちを盛り返す。さあ残した問題を少しでも点にするぞ！

第2問　～76分

　変動費率の計算がわからないままだな。仕方ないから出た数字を解答用紙へ転記。やばい、もう時間がないぞ。

第3問　～80分

　キャッシュフローの数字は、はじめの数字でいこう。次は投資の可否の判断か、これは去年の過去問にもあったぞ。指標は回収期間法、正味現在価値法かな、数字を計算する時間はないため単位のみ記入。これで点数もらえるかな。採用の可否は、数字は出てないけど勘で採用することに。採用しないっていうパターンは少ないし、最後に正味現在価値を算出しようとするも時間切れ…。

3．終了時の手ごたえ・感想

　最後は考えてもわからなかったから時間切れになったことに後悔はない。ただ、今年の難易度が昨年と比較して難化したのかはわからない。勉強不足で難しく感じただけかもしれない。それでも、第1問、第2問のＰ／Ｌ、第3問の第1期以外のキャッシュフローはおそらく大丈夫なため、足切りはないだろう。場合によってはＡ答案もあり得るだろう。

~試験前日の過ごし方~

　ビジネスホテルに前泊しながら、中小企業白書を斜め読み。

合格者再現答案＊（たくじ 編） ── 事例Ⅳ

第1問 （配点25点）
（設問1）

	（a）	（b）
①	売上総利益率[3]	12.70（％）[2]
②	負債比率[3]	80.12（％）
③	棚卸資産回転期間[3]	22.95（回）[2]

（設問2）　40字

高	い	加	工	費[2]	と	長	期	借	入
金[2]	に	よ	り	収	益	性[2]	と	安	全
性	が	低	く	、	少	な	い	在	庫[2]
に	よ	り	効	率	性	は	高	い[2]	。

【メモ・浮かんだキーワード】 安全性、収益性、効率性の観点から
【当日の感触等】 （設問2）は少し不安だが、確実に得点できているはず。
【ふぞろい流採点結果】 （設問1）13/15点　　（設問2）10/10点

第2問 （配点18点）
（設問1）　　　　　　　　（単位：百万円）

売上高	（ 3,879[1] ）
売上原価	（ 3,310[1] ）
売上総利益	（ 569[1] ）
販管費及び一般管理費	（ 270[1] ）
営業利益	（ 299[2] ）

（設問2）

△144 （百万円）

（設問3）

再来年度以降の予想営業利益	460 （百万円）
最低売電単価	15 （円/kWh）

【メモ・浮かんだキーワード】 計算を確実に！　変動費と固定費の計算方法がわからない
【当日の感触等】 Ｐ／Ｌはおそらく大丈夫だろう。
【ふぞろい流採点結果】 （設問1）6/6点　　（設問2）0/4点　　（設問3）0/8点

第3問 （配点29点）
（設問1）

第X1年度末における差額キャッシュフローの計算		各年度の差額キャッシュフロー	
項　目	金　額		金　額
税引前利益の差額	（　30　）	第X1年度初め	（　△210^2　）
税金支出の差額	（　9　）	第X1年度末	（　51　）
税引後利益の差額	（　21　）	第X2年度末	（　58^2　）
非現金支出項目の差額	（　30^1　）	第X3年度末	（　58^2　）
第X1年度末の差額キャッシュフロー	（　51　）	第X4年度末	（　58^2　）
		第X5年度末	（　58^2　）

（設問2）

	【指標の名称】	【数値（単位）】
安全性	回収期間法^3	（　　年　　）
収益性	正味現在価値法^3	（　百万円　）

【収益性の観点から】

この案の採否について （いずれかに○を付ける）	採用する^4　・　採用しない

【メモ・浮かんだキーワード】　取替投資、減価償却費、税引後キャッシュフロー
【当日の感触等】　全然できた感触がないけど、取れるところを確実に取る。
【ふぞろい流採点結果】　（設問1）11/17点　　（設問2）10/12点

第4問 （配点28点）
（設問1）　　　　　30字

営	業	利	益	の	数	値	が	正	で	あ	り	、	事	業	活	動	に	お	い
て	利	益	を	計	上	し	て	い	る	。									

（設問2）　　　　　30字

総	資	本	の	増	加	に	よ	り	、		自	己	資	本	比	率	が	向	上	し 、
安	全	性	が	改	善	す	る	。												

（設問3）　　　　　60字

子	会	社	に	よ	り	企	業	統	治	体	制	の	強	化^7	、	人	材	交	流
に	よ	る	相	互	牽	制	・	組	織	活	性	化	、	人	材	育	成	へ	の
貢	献^6	等	の	良	い	影	響	が	あ	る	と	考	え	る	。				

【メモ・浮かんだキーワード】　営業利益、企業統治
【当日の感触等】　連結決算についてはまったく学習しておらず、まったく自信なし。
【ふぞろい流採点結果】　（設問1）0/7点　　（設問2）0/7点　　（設問2）13/14点

【ふぞろい評価】　63/100点　　**【実際の得点】**　73/100点
　　正答率の高かった問題を手堅く正答し、第3問では部分点を稼ぎつつ、第4問（設問3）の記述での大きな加点により、合格ラインを確保しています。

──────〜試験前日の過ごし方〜──────
　午前中だけ過去問を解き、午後はちょっと高めの整体に行き、早めに帰って寝ました。

ちょく 編（勉強方法と解答プロセス：p.160）

1．休み時間の行動と取り組み方針

　最後の糖分補給をしながらファイナルペーパーで定着の甘い公式を最終確認。だが、だいぶ動揺している。事例Ⅲはかなりやってしまった感がある。足切りは免れたとしても良くて50点くらいか。とすると、事例Ⅳで60点取る必要がある。昨年の事例Ⅳはかなり易しかったようで、事例Ⅳだけで受かった人も結構いたとか。とすると今年は難化する可能性が高いのでは？　難化したら60点取るのは…厳しいな。事例Ⅲの失敗で一気に窮地に立たされた。だが、とにかく今のベストを尽くすしかない。弱気を振り払うように、本当に最後となるファイナルペーパー読みに集中する。

2．80分間のドキュメント

【手順0】開始前（～0分）

　事例Ⅳは去年、計算に時間のかかるＮＰＶの問題から先に解いてしまったせいで、簡単だったはずのＣＶＰの問題で時間が無くなるという、悔やんでも悔やみきれない勿体無いミスをしたからな。まずは問題の難易度の見極めと、優先順位付けだ。

【手順1】準備（～1分）

　最後のゆっくりホチキス外しのルーティーン。とにかくこれで終わりだ。集中。

【手順2】与件文読解＆問題確認（～8分）

　与件文をざっと通読。子会社Ｄ－ａ社とＤ－ｂ社？　圧縮記帳？　連結財務諸表？　嫌な予感がしてきた。そして配点とどんな問題かを確認。第1問の経営分析はいつもどおり。第2問は予想損益計算書か。なんだか売電単価や売電量など、単位で惑わせてくるタイプかな。しかも配点が低い。第3問は差額キャッシュフローか。配点は高いが難易度も高そうだ。第4問の知識問題はどうか？　連結？　やはりまずい、まったくノーマークの論点だ。しかもこの配点は何だ、知識問題で28点なんて聞いたことがない。やはり今年はかなり難化したのか。とにかくできる問題を見極めて地道に部分点を拾っていくしかない。

【手順3】経営分析（～20分）

第1問　自分の経営分析の手順としては、オーソドックスに収益性、効率性、安全性の代表的な指標を3つずつ比較するのだが、収益性は売上高総利益率が既に悪いため、その他は比較するまでもなく課題となる指標の1つと決定。効率性はすべて良いので、もう一度与件を読みながら検討しよう。安全性は固定比率も自己資本比率も悪いが、これから出資しようというのに固定比率を指摘するのもおかしな話なので、自己資本比率で決定だ。あとは優れている点だが、与件からは売上債権回転率や棚卸資産回転率が長所となりそうな記述が見当たらない。むしろ得意先との交渉が必要なことやコスト面でのネガティブな記述しかない。消去法で有形固定資産回転率としよう。

~試験前日の過ごし方~
　特段、前日を意識せず、生活習慣を変えないようにした。

【手順４】第２問以降の計算および答案作成（～80分）

[第４問]　～25分

　まずは考えてもどうにもならなさそうな第４問から埋めておこう。

（設問１）　D社単体の事業活動か。連結の決算書ってどう見るのだろう？　「非支配株主損益」と見慣れないものがある。考えてもわからない。時間の無駄なのでとっとと埋める。

（設問２）　D−b社を子会社化か。連結的な目線はわからないが、課題と指摘した自己資本比率がさらに下がるのではないか。よし、それでいこう。

（設問３）　財務指標への影響以外？　ということは事業自体への影響ということか。発電事業を何か親会社の事業に結び付けられないかな。あまり時間も掛けたくないのでシンプルに。

[第２問]　～50分

　お次は、配点は低いが確実に得点を積み重ねられそうな第２問だ。

（設問１）　これはよくある固変分解だ。図を描きながら整理して丁寧に解く。

（設問２）　単純に売上から固定費と変動費をマイナスすればよいのかな？

（設問３）　これまた単純な計算で答えが出そうだ。何か間違ってやしないか。

[第３問]　～78分

　あと30分程度か。すんなり解ければよいが、知識問題が壊滅的な分、ここで半分くらいは取れないと足切りの可能性もある。

（設問１）　取替投資か。新設備と旧設備でこんがらがってミスをしがちだから、余分な白紙を１枚計算用紙として使う。と、計算を始めた矢先に混乱してきた。あれ、旧設備の処分に必要な支出はどんな扱いをすればよいのだっけ？　非現金支出項目に計上するものは？　ダメだ、焦りで頭が回らない。脳の疲労もあるのか。完全にフリーズした。時間がないのにもかかわらず、「またもう１年か」などと試験の内容以外のことが思い浮かぶ。終わりか…。時計は既に残りあと10分。無理か。…いや待て。もう一度落ち着いて計算し直す時間はギリギリある。最後まで絶対に諦めない。ダメでも後悔はしたくない。気力を振り絞り極限まで集中して、どうにか（設問１）は全部埋めた。おそらくすごい形相だったと思う。

（設問２）　～80分

　残り１分しかない。検討する際に考慮するべき安全性と収益性の観点の代表的な指標？何だそれ、まったくわからない。ダメだ。何も思い浮かばない。ただ、これだけ計算させるのだから採用する可能性は高いだろう。「採用する」に丸を付けた直後、無情にも試合終了のホイッスルならぬ、試験官の告げる試験終了の声が鳴り響いた…。

３．終了時の手ごたえ・感想

　最悪だ。この１年間は何だったのだろう。事例Ⅳに費やした時間はほかの事例よりも多かったのに。足切りかもしれない。足切りを免れても、40点台では事例Ⅲでの失敗も考えるとかなり絶望的だ。頼みの綱は事例Ⅲと同様、皆が崩れてくれていることだが…。

~試験前日の過ごし方~

　過去問、知識最終確認、ファイナルペーパー確認。

合格者再現答案＊（ちょく 編） ──────────── 事例Ⅳ

第1問（配点25点）

（設問1）

	（a）	（b）
①	売上高総利益率[3]	12.70（％）[2]
②	自己資本比率[3]	19.88（％）[2]
③	有形固定資産回転率[2]	1.93（回）[1]

（設問2） 40字

高	品	質[2]	な	為	効	率	性	は	良
い[2]	が	加	工	コ	ス	ト	が	多	く[2]
収	益	性	が	低	い[2]	。	借	入	金
が	多	く[2]	安	全	性	が	低	い[2]	。

【メモ・浮かんだキーワード】 収益性・効率性・安全性

【当日の感触等】 長所は微妙だが、最低限の指標しか覚えていないのでほかに書きようがない。

【ふぞろい流採点結果】 （設問1）13/15点　　（設問2）10/10点

第2問（配点18点）

（設問1） （単位：百万円）

売上高	（　3,879[1]　）
売上原価	（　3,310[1]　）
売上総利益	（　569[1]　）
販管費及び一般管理費	（　270[1]　）
営業利益	（　299[2]　）

（設問2）

△184　（百万円）

（設問3）

再来年度以降の予想営業利益	250　（百万円）[4]
最低売電単価	20　（円/kWh）

【メモ・浮かんだキーワード】 固変分解

【当日の感触等】 シンプル過ぎる？　何か見落としてポカミスしていないかな？

【ふぞろい流採点結果】 （設問1）6/6点　　（設問2）0/4点　　（設問3）4/8点

第3問（配点29点）

（設問1）

第X1年度末における差額キャッシュフローの計算		各年度の差額キャッシュフロー	
項　目	金　額		金　額
税引前利益の差額	（　△20[1]　）	第X1年度初め	（　△210[2]　）
税金支出の差額	（　△6　）	第X1年度末	（　66　）
税引後利益の差額	（　△14[1]　）	第X2年度末	（　58[2]　）
非現金支出項目の差額	（　80　）	第X3年度末	（　58[2]　）
第X1年度末の差額キャッシュフロー	（　66　）	第X4年度末	（　58[2]　）
		第X5年度末	（　58[2]　）

（設問2）

	【指標の名称】	【数値（単位）】
安全性		（　　　）
収益性		（　　　）

【収益性の観点から】

この案の採否について（いずれかに○を付ける）	採用する[4]　・　採用しない

【メモ・浮かんだキーワード】　減価償却費、除却損

【当日の感触等】　（設問1）はなんとか部分点は稼げたはず。（設問2）はタイムオーバー…。

【ふぞろい流採点結果】　（設問1）12/17点　　　（設問2）4/12点

第4問（配点28点）

（設問1）　　　　　　30字

単	体	で	は	当	期	純	利	益	が	プ	ラ	ス	43	百	万	円	と	充	分
に	利	益	が	出	て	い	る	。											

（設問2）　　　　　　30字

借	入	金	が	更	に	過	大	と	な	る[3]	為	自	己	資	本	比	率	が	低
下	し[4]	経	営	リ	ス	ク	高	ま	る	。									

（設問3）　　　　　　60字

木	質	バ	イ	オ	マ	ス	発	電	に	よ	り	発	電	し	た	電	力	を	染
色	加	工	事	業	に	転	用	す	る	事	で	、	省	エ	ネ	ル	ギ	ー	化
に	よ	り	加	エ	コ	ス	ト	が	削	減	で	き	る[5]	。					

【メモ・浮かんだキーワード】　連結会計

【当日の感触等】　どれもできた手ごたえがない。最悪ここは0点か…。

【ふぞろい流採点結果】　（設問1）0/7点　　　（設問2）7/7点　　　（設問2）5/14点

【ふぞろい評価】　61/100点　　　**【実際の得点】**　62/100点

　第3問（設問2）の指標の名称、数値は時間切れのため空欄となるも、全体的に部分点を含め満遍なく正答できたため、合格ラインを確保できています。

~資格を取ってやりたかったこと~

みんなに自慢する。

とよでい 編 （勉強方法と解答プロセス：p.162）

１．休み時間の行動と取り組み方針

　事例Ⅲが終了し、会場にいる受験仲間と目が合う。お互い「なにこれ、やばい」そんな表情だ。最後の事例Ⅳで挽回しよう。計算を慎重にやってミスしなければ大丈夫だ。今は気持ちを落ち着けることが第一だ。体の震えが止まらない…。目を閉じて深呼吸を続ける。

２．80分間のドキュメント

【手順０】開始前（〜０分）

　経営指標を埋めて、計算問題をミスしなければ問題ない。心を落ち着ける。

【手順１】準備（〜30秒）

　受験番号をしっかり記入。問題用紙の白紙部分を破る。計算過程を書く問題がなさそう。ええ！　第４問は計算ではなくて文章問題か！　書けなかったらまずいな…。

【手順２】経営分析（〜15分）

与件文 染色関連事業の企業であることはわかるが、子会社を有しているというのは見たことないパターンだ。子会社が補助的な業務を行っており、親会社は人工皮革分野やマイクロファイバーなどで評価を得ている。これらは強みとなるだろう。「適正料金の設定」「生産プロセスの見直し」「加工コストの削減」など、経営分析に使えそうな文言が散見される。新規事業として、え？　電力？　染色関連事業との関連性がまったく見えないな。補助金とか圧縮記帳とかいろいろ書かれているけれど、まったく頭に入ってこない。まずいな…。借入12億円はＤ社にしては大きすぎないか？　そして、連結財務諸表だと⁉　いやいや、中小企業の話じゃないの？　連結財務諸表なんて勉強してないよ。間違いない、今年は事例Ⅳが爆弾だ。落ち着け、落ち着け自分。

第１問 課題となる指標を２つ、優れている指標を１つ、書く順番が例年と逆なので注意が必要だな。財政状態と経営成績を述べるのに40字は少ないな…。収益性・効率性・安全性のそれぞれを評価するだけの解答になりそうだ。

財務諸表 財務諸表を俯瞰する。明らかに固定負債が多いので、課題として安全性の指標では「負債比率」を選択しようと判断する。

　（設問１）　収益性においては、「売上高総利益率」「売上高営業利益率」「売上高経常利益率」いずれも同業他社と比較して低い。与件文に「適正料金設定」「加工コスト削減」とあるから、課題として「売上高総利益率」を選択する。効率性に関しては、「有形固定資産回転率」「棚卸資産回転率」いずれも良好。判断がつかず、「有形固定資産回転率」を選択。

　（設問２）　「収益性が低い」「安全性が低い」「効率性が高い」と記入して、余った字数で「加工コスト」を盛り込む。高いか低いか書けば、少なくとも０点ではないだろう。

〜資格を取ってやりたかったこと〜

　自分の専門外の方と話す、たくさん話してたくさん知ること。

【手順３】個別問題（～60分）

第２問（設問１）　損益分岐点分析の問題のようだ。予想Ｐ／Ｌを埋める形式なので、冷静に対処すれば確実に得点できる！　予測資料の文章がややこしくて混乱するな…。

（設問２）　表に試運転の記載もあるけれど、商業運転の数字のみを使う形で問題ないような。紛らわしい表記だけど、試運転の数字はおそらく必要ないはず。

（設問３）　予想営業利益を算出する際の、売電単価は（設問２）記載の33円でよいのだろう。損失に陥る売電単価を算出するには、１kWh当たりの変動費は変わらないので売上がどう変わるかを１次方程式で計算していこう。

第３問　投資の経済性計算か。昨年も同じだったが、こうして解答を表形式にされると本当にわかりづらい。情報量が多くて内容整理と把握が難しい。複利現価係数が記載されているので、ＮＰＶを算定することは間違いないだろう。

（設問１）　初年度のＣＦ計算がややこしい。「税金支出の差額」「非現金支出項目の差額」と表記されるから、混乱してくる。税金の節税額ということになるのだろうが、合っているのか不安になってくる…。第Ｘ2年度末～第Ｘ5年度末までのＣＦは同様で問題ないな。

（設問２）　投資判断において、収益性の指標はわかるけれど、安全性って何だ。まったく思いつかない。正味現在価値法って収益性を見るものだと思ってたけれど、もしかして安全性も見るのか。安全性を「正味現在価値法」、収益性を「収益性指数法」にしてみた。

第４問　え、まったくわからない。連結財務諸表の読み方がわからないと解けないでしょこれ…。配点28点って大きいな…。まずい、どうしよう。計算問題だけでも当てておきたいから今のうち検算しておこう。

【手順４】計算問題の検算（～70分）

　所々で計算ミスが発覚し、修正する。設問文も再度読み込んで、入念にチェックする。

【手順５】とばした第４問を対応（～80分）

第４問（設問１）　Ｄ社単体での損益状況だと…！　連結財務諸表をどうやって見たら単体の損益がわかるっていうんだよ！　Ｐ／Ｌの下に書いてある「減損損失」「工場閉鎖関連損失」を書いておいて、利益が減少したという流れを書いておこう。わからん！

（設問２）　関連会社を子会社化することによる、財務諸表への影響？　まったくわからない。勢いで有形固定資産回転率が良くなる、と書いてしまった。

（設問３）　子会社化の経営上のメリット？　財務指標以外であれば、「意思決定迅速化」「企業風土醸成」とでも書いておこう。まったくわからない‼

３．終了時の手ごたえ・感想

　落ちたな…。今年もダメだったか…。計算ミスはおそらくしていないと思うが、手ごたえのあった問題はほとんどない。第４問の解答に点数が与えられるとも思わないし。再度１年がんばるしかないな。事例Ⅳはどう対応したらいいのだろう…。

事例Ⅳ

合格者再現答案＊（とよでぃ 編） ―――――――――― 事例Ⅳ

第1問（配点25点）

（設問1）

	（a）	（b）
①	売上高総利益率[3]	12.7（％）[2]
②	負債比率[3]	403.14（％）[2]
③	有形固定資産回転率[2]	1.93（回）[1]

（設問2）　　40字

加	エ	コ	ス	ト[2]	に	よ	り	収	益
性	が	低	い[2]	。	借	入	依	存	度
が	高	く[2]	安	全	性	が	低	い[2]	。
効	率	性	が	高	い[2]	。			

【メモ・浮かんだキーワード】 収益性、効率性、安全性、加工コスト、適正料金の設定
【当日の感触等】 効率性の指標選定は微妙だが、大枠として正解しているだろう。
【ふぞろい流採点結果】（設問1）13/15点　　（設問2）10/10点

第2問（配点18点）

（設問1）　　　　　　　　（単位：百万円）

売上高	（	3,879[1]	）
売上原価	（	3,410	）
売上総利益	（	469	）
販管費及び一般管理費	（	270[1]	）
営業利益	（	199	）

（設問2）

△244　（百万円）[4]

（設問3）

再来年度以降の予想営業利益	250　（百万円）[4]
最低売電単価	27　（円/kWh）[4]

【メモ・浮かんだキーワード】 固定費、変動費
【当日の感触等】 情報の整理に頭が混乱しており、固定費100万円を引き忘れて深く後悔…。
【ふぞろい流採点結果】（設問1）2/6点　　（設問2）4/4点　　（設問3）8/8点

第3問（配点29点）

（設問1）

第X1年度末における差額キャッシュフローの計算		各年度の差額キャッシュフロー	
項　目	金　額		金　額
税引前利益の差額	（　△20[1]　）	第X1年度初め	（　△210[2]　）
税金支出の差額	（　3　）	第X1年度末	（　73　）
税引後利益の差額	（　△17　）	第X2年度末	（　58[2]　）
非現金支出項目の差額	（　90[1]　）	第X3年度末	（　58[2]　）
第X1年度末の差額キャッシュフロー	（　73　）	第X4年度末	（　58[2]　）
		第X5年度末	（　58[2]　）

（設問2）

	【指標の名称】	【数値（単位）】
安全性	正味現在価値法	41.83 （　百万円　）
収益性	**収益性指数法**[1]	1.20 （　倍　）

【収益性の観点から】

この案の採否について （いずれかに○を付ける）	（採用する）[4]　・　採用しない

【メモ・浮かんだキーワード】　正味現在価値法、収益性指数法、節税効果

【当日の感触等】　思えばどちらも収益性の指標だった。「回収期間法」が思いつかなかった…。

【ふぞろい流採点結果】　（設問1）12/17点　　（設問2）5/12点

第4問（配点28点）

（設問1）　　　　　　30字

減	損	損	失	と	工	場	閉	鎖	関	連	損	失[2]	に	よ	り	当	期	純	利
益	は	小	さ	く[3]	な	っ	て	い	る	。									

（設問2）　　　　　　30字

有	形	固	定	資	産	が	減	少	す	る	こ	と	に	よ	り	有	形	固	定
資	産	回	転	率	が	改	善	す	る	。									

（設問3）　　　　　　60字

責	任	権	限	が	明	確	化[7]	さ	れ	る	こ	と	に	よ	っ	て	、	意	思
決	定	が	迅	速	化[7]	さ	れ	る	。	事	業	の	業	界	に	特	化	し	、
独	自	の	企	業	風	土	を	醸	成[6]	で	き	る	。						

【メモ・浮かんだキーワード】　貢献利益

【当日の感触等】　とにかく解答欄を埋めることだけに注力した。まったく自信はない。

【ふぞろい流採点結果】　（設問1）5/7点　　（設問2）0/7点　　（設問2）14/14点

【ふぞろい評価】　73/100点　　**【実際の得点】**　64/100点

　　正答率の高かった第2問（設問1）での失点を同（設問2）、（設問3）で挽回し、第4問（設問1）、（設問2）の失点も同（設問3）でしっかりとカバーできたため、ふぞろい流採点では高得点につながりました。

~資格以外に得られたこと~

　ともに苦労に立ち向かう仲間ができたこと。

事例Ⅳ

まき 編（勉強方法と解答プロセス：p.164）

1．休み時間の行動と取り組み方針

　ここまで、順調だと思う。今年は、ほとんど事例Ⅳの練習ができていないけど、記述の部分で勝負！　実際、配点が一番高いはずと気持ちを切り替える。栄養ドリンクを飲み、チョコレートを食べながらファイナルペーパーを眺める。全然頭に入らない。お手洗いを済ませ恒例のストレッチをして血行を良くする。頭が冴えなかったので目を閉じて俯く。

2．80分間のドキュメント

【手順0】開始前（〜0分）

　最後の企業だから楽しもう、とポジティブに考える。透けて見える解答用紙の字数、配点を確認する。時間のかからない問題からさくさく解いていこう。

【手順1】準備・設問解釈（〜10分）

　まずは受験番号を記入し、受験票と照合する。次に第1段落を読む。染色業者で親会社か、連結財務諸表とか出たら嫌だなと思いつつ、各設問にサラッと目を通す。第1問はやっぱり経営分析だ。第2問は予想P／Lの作成にCVP分析、第3問はNPV、第4問は、出た、連結に関する記述問題か、しかも配点高いな。第1問と第4問で50点超えてる‼

【手順2】経営分析（〜25分）

第1問　手順としては、いつもどおり、与件文を読みD社の強み・弱み（問題点）を確認する。指摘する財務指標をある程度絞り込んでから、それに関連する財務諸表の数値をチェックする。同業他社との比較なので、誤って同業他社の財務諸表の数値を用いて解答しないように、B／SとP／LのD社の数値を蛍光ペンで囲む。そして、設問文の「小数点第3位を四捨五入」と「単位を明記」の制約条件に蛍光ペンを引く。第2段落に「人工皮革分野…において国内外から一定の評価を得ている。」と「多様な染色加工に対応した仕上げ、後処理技術を保有し、高品質の製品」と述べられているので魅力ある高付加価値商品を提供していると判断する。しかし、第3段落を読むと顧客のニーズにタイムリーに対応できていないし、適正価格ではないため収益性が低いのね。そして、財務諸表を確認するとやはり売上高総利益率が低い。ほかに気になるのは、営業外費用が同業他社の倍以上で、しかもご丁寧に注意書きで支払利息と書かれている点かな。売上高経常利益率も候補に入れておこう。とすると、やっぱり負債が多く、自己資本が低い。あとは、棚卸資産が気になるな。与件文には、これといって根拠になる記述が見当たらないけれど、技術力が高く、品質が高いことから、商品の投資効率が高いことがいえるだろう。字数制限から3つの視点（収益性、安全性、効率性）を一文で説明できるよう、あえて売上高総利益率でなく売上高経常利益率を挙げよう。

【手順3】個別問題（～80分）

第2問（設問1）　変化する数値は多いけれど、難しくないからミスしないように気をつけよう。

第2問（設問2）　試運転と商業運転で年間の変動費が違う。いつから商業運転するのだろうと疑問を持ったので、与件文に書いてあると思い確認を行う。第4段落を見ると、ほらあった！「来年度より開始する予定」と。これで解ける。

第2問（設問3）　ＣＶＰ分析は、ＮＰＶと比較すると、毎年基本的な問題が出題されることが多く、正答率が高い。だから落としたくない問題。「売電単価は1円単位で設定」ということは、端数（小数点）は出ないはず。

第3問（設問1）　「税率30％」と「百万円未満を四捨五入する」に蛍光ペンで線を引く。キャッシュフローの問題。ひととおり計算するも、合っているのかなと不安になる。とりあえず、時間が余ったら検算しよう、と思い次の設問を解き始める。

第3問（設問2）　代表的な指標か。複利現価係数表が記載されているし、過去に解いた問題では正味現在価値だったと思うけれど、安全性と収益性の観点？　とパニックに陥り、設備投資だから、固定比率？　コストが削減されるから売上総利益率？　と解答。計算するわけでもなく、当年度の財務諸表の指標より高い数値を書き、「採用する」に勢いよく〇を付ける。

第4問（設問1）　頭が真っ白になったまま、子会社からの配当？　いくらだっけ。時間もなくなってきたと、焦ると何も考えられず、とりあえず適当にマス目を埋める。これまでの勉強風景が走馬灯のように頭のなかを駆けめぐった。今年は勉強時間が少ないながらも、なんとか1次を通過し、ここまで来たんだ、もう1年間勉強はきついし、一度冷静になろう、と深呼吸し、お茶を飲み正気を取り戻す。

第4問（設問2）　負債と固定資産が増えるからその影響について答えよう。資本構成が悪化し、安全性が低下する。安全性のことについて言及していたら特に問題ないだろう。

第4問（設問3）　財務指標への影響以外でという制約に気をつけよう。といっても（設問2）で答えたからな。それ以外の観点からということかな。事例Ⅳだから、あくまで財務会計の範囲をメインに与件文から根拠を引っ張って解答しよう。そして、字数が余れば、ほかの観点から広く答えよう。「経営上」ということは、意思決定とか裁量、既存事業との関連性で考えよう。

3．終了時の手ごたえ・感想

　途中でパニックに陥ってしまった。計算もミスしているだろうし、記述もいまいち、納得のいく答えが書けなかった。事例Ⅳの計算問題練習をしていたら、受かっていたかもしれなかったのに…今年もダメかな。廊下で集まった勉強仲間と感想を言い合いながら試験会場をあとにした。

~資格以外に得られたこと~

おそらくこの試験を受けていなければ出会えていないであろうすごい人とも出会えたこと。

合格者再現答案＊（まき 編）　　　　　　事例Ⅳ

第1問 （配点25点）

（設問1）

	（a）	（b）
①	自己資本比率[3]	19.88（％）[2]
②	売上高経常利益率[2]	4.62（％）[1]
③	棚卸資産回転率[3]	23.00（回）

（設問2）　　40字

借	入	金	が	過	大[2]	で	支	払	利
息	が	多	く[1]	安	全	性[2]	・	収	益
性	は	低	い[2]	が	製	品	投	資	効
率	が	良	く	効	率	性	は	高	い[2]。

【メモ・浮かんだキーワード】　字数が少ないから一文で説明できるように経常利益率を挙げよう

【当日の感触等】　なぜか、棚卸資産回転率だけ小数点第2位を四捨五入する痛恨のミスをした。今年もダメかも…。

【ふぞろい流採点結果】（設問1）11/15点　　（設問2）9/10点

第2問 （配点18点）

（設問1）　　　　　　　　　　（単位：百万円）

売上高	（　　3,879[1]　　）
売上原価	（　　3,310[1]　　）
売上総利益	（　　569[1]　　）
販管費及び一般管理費	（　　120　　）
営業利益	（　　△449　　）

（設問2）

△244　（百万円）[4]

（設問3）

再来年度以降の 予想営業利益	250　（百万円）[4]
最低売電単価	10　（円/kWh）

【メモ・浮かんだキーワード】　ＣＶＰ分析
【当日の感触等】　計算間違いをした。
【ふぞろい流採点結果】（設問1）3/6点　　（設問2）4/4点　　（設問3）4/8点

第3問（配点29点）

（設問1）

第X1年度末における差額キャッシュフローの計算		各年度の差額キャッシュフロー	
項　目	金　額		金　額
税引前利益の差額	（　20　）	第X1年度初め	（　△210[2]　）
税金支出の差額	（　△3　）	第X1年度末	（　△163　）
税引後利益の差額	（　17　）	第X2年度末	（　44　）
非現金支出項目の差額	（　30[1]　）	第X3年度末	（　44　）
第X1年度末の差額キャッシュフロー	（　47　）	第X4年度末	（　44　）
		第X5年度末	（　39　）

（設問2）

	【指標の名称】	【数値（単位）】
安全性	売上高総利益率	13.7（　％　）
収益性	固定比率	350（　％　）

【収益性の観点から】

この案の採否について （いずれかに○を付ける）	（採用する）[4] ・ 採用しない

【メモ・浮かんだキーワード】　ＮＰＶ、採用する

【当日の感触等】　複利現価係数が載ってるし、指標はＮＰＶだった。

【ふぞろい流採点結果】　（設問1）3/17点　　　（設問2）4/12点

第4問（配点28点）

（設問1）　　　　　　30字

経	常	利	益	が	正	で	あ	り	、		D	社	の	事	業	活	動	は	良	い
と	言	え	る	。																

（設問2）　　　　　　30字

影	響	は	、	**負**	**債**	・	固	定	資	産	の	**増**	**加**[3]	で	**安**	**全**	**性**	が	**低**
下[3]	す	る	と	言	え	る	。												

（設問3）　　　　　　60字

影	響	は	①	D	社	出	資	額	よ	り	も	銀	行	な	ど	か	ら	出	資
額	が	多	い	為	、	決	定	権	等	の	裁	量	が	小	さ	く	**独**	**自**	の
運	**営**	が	**困**	**難**[4]	②	既	存	事	業	の	**シ**	**ナ**	**ジ**	**ー**	**効**	**果**[5]	が	薄	い。

【メモ・浮かんだキーワード】　自己資本比率、安全性、裁量、意思決定、組織文化、離職

【当日の感触等】　初めての連結か。簿記2級の出題範囲に加わった論点だ。

【ふぞろい流採点結果】　（設問1）0/7点　　　（設問2）6/7点　　　（設問2）9/14点

【ふぞろい評価】　53/100点　　　【実際の得点】　56/100点

　　第3問（設問2）で経営指標を選択したことによる失点は痛かったですが、第1問と第2問でカバーできています。ＮＰＶの計算は図表を描く等して落ち着いて解けばさらに点数アップが見込めます。

～資格以外に得られたこと～

中小企業経営者の苦労を知り、自営業を営んでいる父を心から尊敬できるようになった。

第3節　合格者の解答プロセス大公開

1．合格者6名の解答プロセス〈ビフォー・アフター〉

【独学・ストレート受験生】　mcky
課題のプロセス：「読む」「考える」「書く」

独学のため身の回りにノウハウを有した勉強仲間はいなかったが、
インターネットや書籍から情報収集し、解答プロセスを模索。

	Before ➡	After
読む	・解答の際のポイントとなる与件文の記述にまったくアタリがついておらず、かつ情報整理もしないまま読んでしまっていたため、与件文の情報をどのように整理し、どのように解答に使うべきかわからなかった。	・段落に番号を振り、第1段落のみ読む。 ・与件文に書かれてある事例企業の強み『S』・弱み『W』・機会『O』・脅威『T』・企業（社長）の想い『H』・課題『K』に下線、成功要因、失敗要因、その他気になる表現に下線を引き、余白にメモを取るようにした。
考える	・解答の切り口や方向性がまったくわからず、どう考えてよいのかすらわからなかった。与件文や設問文をいくら読んでも何も解答すべき内容が思い浮かばず、空白になってしまった。	・問われていることに対して○、制約条件に波線、時制に▽をマークし、解答要素を外さないようにした。 ・解答骨子を考えると同時にメモすることによって、方向性を外さないようにした。 ・設問間の関連性、設問全体の方向性やテーマを自分なりに解釈するようにした。
書く	・与件文の言葉を使わず自分の言葉で書いていたため、効率が悪く、また、与件文に基づいておらずキーワードになっていなかったので得点が伸びなかった。	・与件文の言葉をそのまま使う。 ・得点となるであろう単語・フレーズ（組織活性化、部門間連携など）は過去の『ふぞろい』から抜き出し、暗記した。

変更したことによる効果

【読　む】→解答すべき要素は与件文の下線部分と余白のメモに絞られており、かつ強みや弱みなどに整理できているため、どれを解答要素として持ってくるべきかがわかりやすくなり、安定して得点がアップした。

【考える】→解答の切り口、方向性が理解できるようになり、大幅な失点がなくなった。また、考え方が定まったため、タイムマネジメントもしやすくなった。

【書　く】→得点にダイレクトに結び付くキーワードやフレーズを使えるようになり、得点の取りこぼしが減った。

〜この資格を目指して変わったこと〜
　コーヒー代（カフェ勉）が異常にかさむ。

【独学・ストレート受験生】　シンゴ
課題のプロセス：「読む」「考える」「書く」

独学のため、解答プロセスの確立に試行錯誤。
過去問演習を通じて、解答プロセスの修正を図ってきた。

	Before ➡	After
読む	・設問文で何が問われているのかを把握しないまま、与件文を先にすべて読んでいた。そのため、設問文を読んだ後、与件文を一から読み直す羽目に。結局、解答時間が大幅に足りない事態になってしまっていた。	・読むプロセスを下記のように改良した。 ①与件文の冒頭のみ読み企業概要をつかむ。 ②設問文を読み、分析。 ③解答要素の当たりをつけながら、与件文を読む。
考える	・設問解釈時、解答で求められているレイヤーが何なのか？　を意識できていなかった。そのため、全体戦略の解答を求められているのに機能戦略の解答を答えてしまうなど、的外れな解答を連発してしまっていた。	・合格者ブログから考え方を学び、設問解釈の際に「この設問ではどのレイヤーの解答が求められているのか？」を考える時間を設定した。
書く	・設問解釈時、解答の型（「メリットは～」など）や想定される解答要素をメモしていなかった。そのため、解答骨子作成時に、書こうと思っていた解答要素が頭から抜け落ち、解答要素の欠けた解答が出来上がる事態になってしまっていた。	・設問解釈時に解答の型や想定される解答要素を検討したら、メモ欄として用いる問題用紙の余白に下書きするようにした。与件文通読の際には、その下書きを適宜振り返りながら与件文を読んだ。

変更したことによる効果

【読　　む】→解答すべき要素の当たりがついているため、読み方にメリハリがついた。そのおかげで、通読した後に解答で使えそうな箇所の記憶が残る状態に。解答骨子の作成スピードも向上！

【考える】→解答の方向性を外すことが大幅に減った。また、レイヤーを意識するプロセスを繰り返すことで、設問の求めるレイヤーを意識せずとも徐々に外さないようになった。

【書　　く】→書こうと思った解答要素の抜け落ちが激減！　また、下書きを振り返りながら与件文通読を行うことで、解答要素の拾い漏れも少なくなった。

～この資格を目指して変わったこと～
周りの人の見る目。

【予備校通信・２年目受験生】 たくじ
課題のプロセス：「読む」「考える」「書く」

予備校の演習問題を解くごとに原因を分析し、解答プロセスを改良！ その反省をふまえて都度修正し、次の演習問題で実践していた。

	Before	After
読む	・与件文をただ読むだけで、何に着目して読めばいいのかわかっていなかった。 ・解答すべき要素の読み飛ばしや抜け落ちが多発した。	・与件文を読む際に着目する視点を確立。 ・「強み」「弱み」「機会」「脅威」「問題点」「課題」「原因」「社長の思い」「ビジョン」の９つの観点で読んでいき、印を付けていく。
考える	・設問解釈の時点で解答のイメージができていなかった。 ・解答要素を与件文から抜き出すだけになってしまい、それらをどの設問に対応させるのかを厳密に切り分けることができなかった。	・与件文の読解の前に設問文の制約条件やキーワードを確認し、知識レベルで解答を想定するようにした。
書く	・解答要素の整理をせずに、直接解答を記入していた。 ・字数を埋めることだけで精いっぱいだった。 ・多くの解答要素を盛り込めなかった。	・解答を書く前に解答要素を箇条書きする。 ・いくつの切り口で解答できそうか、多面的かどうかを確認する。 ・動詞の代わりに名詞を使う、などをして字数を節約することを意識する。

変更したことによる効果

【読 む】→読むポイントが明らかになることで、解答要素の抽出、全体の流れの把握、読解時間の短縮ができるようになり、後のステップにつなげやすくなった。

【考える】→設問文を見て考える時点で、解答に盛り込むべき要素、解答の方向性がわかり、どのような設問でも一定水準は得点できるようになった。

【書 く】→多面的に解答することを意識できるようになり、演習を重ねるうちに高得点を取れるようになった。

〜この資格を目指して変わったこと〜
　少しだけ、自分を信じられるようになった。

【独学・2年目受験生】　ちょく
課題のプロセス：「読む」「考える」

1年目の失敗から、課題は時間短縮とミスによる大事故を防ぐこと。どこで時間をロスしているのか、ミスしやすいポイントはどこか、自分の傾向を分析し、考え抜いた。

	Before ➡	After
読む①	・設問解釈の後にそのまま与件文を読んでいたが、設問があまり頭に残っていないため、解答のアタリがなかなかつかず、設問と与件の往復が増えて時間を浪費してしまっていた。	・設問解釈が終わって与件文を読み始める前に、もう一度設問の最初からざっと目を通しておくようにした。
読む②	・制約があったら下線やマーカーを引いていたが、他の気になった個所にも下線を引いていたため埋もれてしまい、制約を落としてしまうことがたびたびあった。	・漏らしそうな設問の制約があった場合に、下線やマーカーを引くだけでなく、設問文の下のスペース（自分はここに解答骨子を書く）まで矢印を引っ張っておくようにした。
考える	・難易度などを考えずに第1問から順番に解いていたため、途中の難問で時間をロスしてしまい、その後の取れるはずの問題を落としてしまうということがあった。	・設問読みをした段階で難問と判断した設問に「×」マークを付けておき、最後に回すようにした。

変更したことによる効果

【読む①】→与件文を読み始める前に、設問の全体像をあらためて頭に叩き込むことで、与件文を読みながら設問を意識しやすくなった。
　　　　　それにより、与件文の初見読みの段階で、設問との関連付けができることが増えたため、解答時間の短縮につながった。

【読む②】→解答骨子を作成する際に、嫌でも制約からの矢印が目に入ってくるようにすることで制約を漏らすことが大幅に減り、大事故を防ぎやすくなった。

【考える】→難問は、長く考えても結局納得のいく答えが出ない、ということが多かったため、優先度を下げて、取れそうな問題にその分時間をかけることで、着実に得点を積み上げるという意識がつき、得点の安定化につながった。

～この資格を目指して変わったこと～
　ちゃんと考えていけば大体の問題は解決できると思えるようになった。

【予備校通学・２年目受験生】 とよでぃ
課題のプロセス：「読む」「書く」

解答要素の見落としと書き漏れが多いことや、文章がまとまらず書き直しで時間を大幅にロスすることが悩みだった。そういったことから時間内に設問を解き切れるかが不安で、解決策を模索していた。

	Before ➡	After
読む	・４色ボールペンを使って各設問に色を設定し、与件文の対応する部分に下線を引く。 ・与件文読解の際、設問内容の確認はその都度設問文のページに戻って行う。 結果的に、与件文がカラフルになって何が重要かが不明確になり、下線を引いた部分のなかから再び要素を探すのが困難になってしまっていた。ページの往復で時間をロスしていた。	・シャーペン１本のみの使用。 　ＳＷＯＴの切り口に絞って与件文をチェックして、重要箇所に印を付けていく。段落と設問の対応に関しては、段落脇に番号を記載する。 ・設問文のページを切り離し、与件文と設問文が同時に見られるようにした。
書く	・各設問文に対応する解答要素を頭のなかで整理し、解答用紙に直接記入していた。 ・解答骨子を設定していなかった。 結果的に、解答要素の整理やそれぞれの関係性の検討が不十分なまま解答を書き始めてしまっていた。何度も解答を書き直して、時間内にすべての解答が埋まらない事態が多発した。	・各設問の解答要素を白紙部分に書き出し、それぞれの関係性を線で結んで視覚的に整理する。それにより文章の流れをイメージする。 ・解答骨子として、「対応策は～」「施策は～」などの書き出しの文言を設定し、ナンバリング（①～、②～）をして箇条書きで解答を記入することにした。

変更したことによる効果

【読　む】→常に設問文との対応関係を意識して与件文を読むことができ、一度の通読で対応付けをほぼ完了することができた。ＳＷＯＴの切り口で与件文をチェックすることで、重要な解答要素の見落としが解消された。

【書　く】→解答要素を視覚的に整理することで、解答に書くべき文章のイメージを具体化することができた。また、解答要素の抽出の漏れも大幅に減った。解答骨子の設定により文字数調整が格段に容易になった。結果として解答の書き直しがほぼなくなり、時間内に全問題を解答できるようになった。

【予備校通学・多年度受験生】　まき
課題のプロセス：「読む」「考える」「書く」

初年度は時間が足りず、解答欄に空白を作ってしまった。時間を短縮するために、各プロセスで自分にとって最適な方法を模索した。

	Before ➡	After
読む	・初年度は、意識すべき切り口などを設定せずに、設問文と与件文をただ読むのみ。そのため、設問制約条件を忘れたり、解答切り口の漏れがあった。	・設問文、リード文を文節ごとに区切り、一単語ずつ意識して読み、制約条件に△印を付けた。論理的に読むために与件文の接続詞を意識し、青ボールペンで印を付けた。 ・各レイヤーごとに、設問文のキーワードに蛍光ペンを引く（環境分析は緑色等）。 ・設問ごとに色を決め、解答に用いるであろう与件文のキーワードに同色の蛍光ペンで線を引く。 ・時制を□で囲む。
考える	・初年度は、読む時間が長く、考える時間が短かったため考えがまとまりきらなかった。そのため、過去問演習の際に80分を大幅にオーバーしてしまっていた。	・予備校の汎用的な解答フレームを活用し、考える時間を短縮する。また、過去問を解いた際に得られた気づきを付け加えることで、自分の解答フレームを構築する。
書く	・初年度、勉強を始めたころは、字数の多い設問でも、一文か二文の長い文章で解答を作成してしまっていた。そのため、字数が少し足りず、書き直すことがあった。	・切り口ごとに「①〜、②〜…」と箇条書きを用いることとした。 ・主語と述語を意識し、解答骨子を作成した。 ・因果関係の型（「○○のために△△を行い、■■する」など）を設定して解答を作成した。

変更したことによる効果

【読　む】→読み直す回数が減った。与件文のストーリー展開が予測できるようになり、設問と与件文の対応付けに時間がかからなくなった。

【考える】→解答フレームを用いた考え方が定着し、考える時間が短縮できた。

【書　く】→得点ポイントが明確な答案を書けるようになり、模試の点数が上がった。また、考えるプロセスにおいても、より切り口を意識するようになった。

〜こだわりの文房具〜
フリクションのラインマーカー。

第4節 不測の事態と現場対応力

　2次試験の本番では、それまでに勉強してきた成果を発揮し、自分なりに作り上げてきたプロセスどおりに解答することさえできれば、合格への道は約束されたようなものです。しかし、現実は、10人中8人が落ちてしまいます。

　当たり前のことですが、2次試験では、本番で実際に書いた答案がすべてです。普段どれだけできているかではなく、試験のその日・その場でいかに対応できたかが勝負の分かれ目となります。ところが、実際の現場では、いつもどおりの実力を出し切れなくなるような不測の事態が生じるものです。

　では、平成29年度の合格者には一体どのような不測の事態が生じ、実際の現場でどのように対応したのでしょうか。合格者の間でも、不測の事態が起きたという声が特に多かった事例Ⅲと事例Ⅳについて、座談会形式で語り合いました。

（左から）　　mcky　　シンゴ　　たくじ　　　　ちょく　とよでぃ　まき

1．事例Ⅲでハプニング！
【え⁉　ＳＷＯＴ分析じゃないの…？】

ｍｃｋｙ：じゃあ、早速始めましょう。皆さんよろしくお願いします。

全　　員：よろしくお願いします。

ｍｃｋｙ：今回は、第1問でＳＷＯＴ分析が問われなかったよね。

とよでぃ：そうだね。例年第1問でＳＷＯＴ分析が出る傾向にあるけど、今回は課題と対応策って書いてあって、全然文言が違ったから驚いたよ。ＳＷＯＴ分析だったら強み・弱み・機会・脅威っていう観点で与件文を見ていけばいいけど、課題と対応策って聞かれているから、どう与件文から拾っていいのか方針がつかめなかったな。

ま　　き：私は解答用紙が配布されたとき配点まで含めて透けて見えたけれど、第1問の
　　　　　配点が30点だったから多分ＳＷＯＴ分析じゃないなと思った。たしかに問われ
　　　　　方は変わったけど、第4問で成長戦略的なことが問われていたから、例年どお
　　　　　り強みと機会を拾っていって、第4問で強みを機会にぶつければいいんじゃな
　　　　　いかなーって思ってたから、本質としては変わらないんじゃないかな。今回の
　　　　　傾向の変化は、多分周りの人は動揺するんじゃないかなと思ったから、私は逆
　　　　　にラッキーだと思ったよ。

ちょく：たしかに。俺も最初設問を読んだ時は、傾向が変わったなーっ
　　　　　てびっくりはしたけど、かといって特に攻め方は変えなかった
　　　　　な。それなりに落ち着いて対応できてたと思う。結局やること
　　　　　は大して変わらないかなって思ったから。

【現場の対応】
・傾向が変化しても問われる本質は変わらない（ことが多い）ので冷静に本質を考え
　る！
・傾向の変化は、周りの人が動揺するため、逆にラッキーだと考える！

【課題と対応策⁉】
ちょく：「課題と対応策」っていう問われ方ってこれまでになかったんだっけ？
とよでぃ：なかったね。平成24年度に似たような問われ方をした設問はあったけど、その
　　　　　時は「課題と解決策」って問われ方をしているから。
ｍｃｋｙ：この「課題と対応策」なんだけど、どっちも問題解決に向けてやることだよなっ
　　　　　て思って、うまく言葉の切り分け方が思いつかずにめっちゃ困ったわ…。結局、
　　　　　言葉の切り分けは諦めて、課題と対応策をカブらせて書いたな。
とよでぃ：俺は、対応策については、具体的にこういうことやればいいっていうのは出て
　　　　　くるんだけど、課題がどうしても書けなかったな。抽象度が高すぎて、どう書
　　　　　こうかすごく迷った。もうしょうがないなと思って、上位概念みたいなことを
　　　　　書いた。たとえば生産体制の構築とか。課題はわからないけど、具体的な対応
　　　　　策でいくらか点数は取れるだろうなと思って書いた。
たくじ：僕は課題はあるべき姿で、対応策は行動という形で切り分けて書いたな。課題
　　　　　はわりと抽象的に書いて、あまり具体的にしなかったよ。対応策とカブってし
　　　　　まうから。
ま　　き：うん、私も課題があるべき姿で、対応策はあるべき姿に向けて起こすアクショ
　　　　　ンだと思って書いたよ。
ちょく：課題っていう言葉自体は過去に問われていたし、対応策も問われていたから、

～こだわりの文房具～
　　クルトガ。一文字だけ消せるペン型の消しゴム。

俺も特に言葉の切り分けで困ってはないな。たとえば仕掛品が多いです、みたいな問題があったら、仕掛品を減らすことが課題で、課題解決に向けて行うことが対応策だと思ってるから。たとえば多工程持ちにする、とかね。課題と対応策ということに対しては、どっちがどっちだっていうことについて特に困りはしなかったかな。

シ　ン　ゴ：俺も特に切り分けで困ってない。課題は問題点の裏返し、対応策が具体策だと思ってるよ。

> 【現場の対応】
> ・設問文で問われていることがうまく切り分けられない場合は、内容をカブらせて解答する‼

【第 1 問と第 2 問の切り分けは…？】

ち ょ く：俺はどっちかっていうと、第 1 問と第 2 問の切り分けのほうが困難だったな…。とよでぃの再現答案では第 1 問と第 2 問でマニュアル化と標準化がカブってるけど、これはどういう考えでカブらせた？

とよでぃ：新規事業も既存事業もどっちみちマニュアル化と標準化は両方ともカブるからいいだろうっていう考えで。予備校で勧められた日経の「春秋」の要約特訓のおかげで言葉をまとめるのが得意だったから、短くして入れるだけ入れようと考えて、カブってるけど入れたよ。他の設問で点数取ろう、ここはうまくできなくてもいいやって考えてた。

ｍｃｋｙ：ワシもうまく切り分けできずにカブらせて書いた。
　　　　　時間と緊張と手の震えがあったから、当日の現場での対応という意味では、それでもう正直限界だった（笑）

た　く　じ：僕も基本的には、第 1 問は生産管理について問われていて、与件文を見ると連携についての記述があったので、そこを書こうと考えた。第 2 問は、生産業務ということで、与件文から現場についての記述を見て、標準化やマニュアル化の部分を書こうと考えたけど、他の部分についてはカブらせて書いたよ。最後の最後まで解答をまとめることができなかったから、完全な切り分けはしなかった。

ま　　　き：私は、第 1 問のほうはＣＮＣ木工加工機について記述のあった最終段落を持ってくればいいんだろうなって考えて、第 2 問は、「現在の生産業務を整理して」って書かれてたから、生産概要が書いてある段落から持ってこよう、という風に考えて書いたので切り分け自体は迷わなかったよ。

〜こだわりの受験テクニック〜

　設問を読む時に、解答要素を抜き出し、「課題は、①…、②…、である」と解答フレームを決める。

> 【現場の対応】
> ・設問間の解答内容をうまく切り分けられない場合も、内容をカブらせて解答する！

【事例Ⅲなのにマーケティングが出た？！】

ｍｃｋｙ：第3問と第4問はマーケティングっぽかったね。これについてはどう？　ちなみにワシは、まったく意味が理解できずに完全にフリーズしてました。第3問については、事例Ⅱの知識から、ホームページといえばＢＢＳというキーワードがあったな…と、とにかく必死になってキーワードを導出したし、第4問も、「誰に何をどのように」っていう考えで、過去問で得点となったキーワードと、与件文からなんとか使えそうなワードを引っ張ってきて、それらしくまとめるので精いっぱいだったという…書かないよりは書いたほうがマシ程度のことを、震える手でミミズのような字で書いた（笑）

ちょく：たしかにマーケティングというか事例Ⅱっぽかったよね。事例Ⅲで、顧客にどう訴求するかを具体的に書くことって過去にはあまりなかったと思う。そういう意味で戸惑いはしたんだけど、逆に事例Ⅱっぽいならこれはチャンスだと思った。俺は事例Ⅱの申し子のはずだからね（笑）。結果、事例Ⅱは大して点を取れてなくて事例Ⅲのほうが高かったんだけど。でも得意だと思っていた分、うまく書こうって欲が出ちゃって、第3問はいろいろ書き直して第4問で時間がなくなって、第4問は思いついたことをそのまま解答用紙に書いた。「サービス」って何だ？　ってよくわからなかったし。すごくテンパってて、あと3分で第4問の解答欄がほぼ埋まってないという状況。頭のなか真っ白、解答用紙も真っ白。

全　　員：あるあるー（笑）

シ ン ゴ：俺もマーケティングっぽいとは思ったけど、第3問は、設問文に「展示会での成功を参考に」って制約条件が書いてあったから、与件文の該当箇所を参照して、アレンジして書いたよ。制約条件のおかげで逆にわかりやすかったと思う。ただ、第4問の制約条件は難しいと感じたね。第1問から第3問までで書いたようなことしか思いつかなくて、時間が無くなって最後の最後でサービスをどうするかということに思いが至って、与件文から探して書いたよ。

ま　　き：事例Ⅲでも、「誰に何をどのように」っていう視点から考えることが多いよね。第4問では、誰に対してどんな製品やサービスをどうやって提供していくのかっていうのをベースに考えた。ただ、第4問だから、会社の持つ強みを最大限活用するっていうのは書いたけど。制約条件も難しかったよね。「大きな設備投資や人員増をせずに」ということは、外部との連携も

余白を線で分割し、設問のメモ書きを問題ごとに分けること。

あったなと終わったあと思った。時間内に書けなかったことを後悔したなあ…。

たくじ：僕は、与件文に根拠がないところはその場で思いつかなかった。しかもマーケティングっぽい解答になってしまったけど、与件文に根拠があるところは、最低限ちゃんと書こうと思ったね。

とよでぃ：うん、俺も第３問では、「ホームページの活用方法」については与件文の言葉を使って書けたけど、「社内対応策」についてはヒントが少なくて、無理やり問い合わせ窓口っていうのを入れたな。

> 【現場の対応】
> ・他の事例っぽい設問が出ることもあり得る！　落ち着いて基本に立ち返り、設問文の制約条件や与件文をヒントに書く！

２．事例Ⅳでハプニング！

【連結財務諸表って…】

ｍｃｋｙ：じゃあ続いて事例Ⅳに入ろう。今回は連結財務諸表が出たよね。それによって、第１問の経営分析は安全性分析の計算式が通常と違うし、第４問の記述問題はしんどかったんじゃないかと思うけど…皆どうでした？

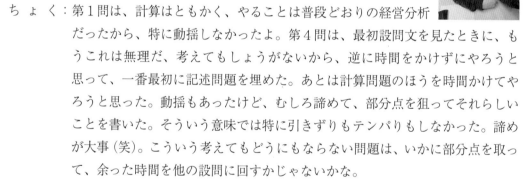

ちょく：第１問は、計算はともかく、やることは普段どおりの経営分析だったから、特に動揺しなかったよ。第４問は、最初設問文を見たときに、もうこれは無理だ、考えてもしょうがないから、逆に時間をかけずにやろうと思って、一番最初に記述問題を埋めた。あとは計算問題のほうを時間かけてやろうと思った。動揺もあったけど、むしろ諦めて、部分点を狙ってそれらしいことを書いた。そういう意味では特に引きずりもテンパリもしなかった。諦めが大事（笑）。こういう考えてもどうにもならない問題は、いかに部分点を取って、余った時間を他の設問に回すかじゃないかな。

まき：私は、第１問は与件文を見たとき「うわ連結だ〜！」と思ったけど、知識が曖昧だったから、下手に計算式を思い出して解答するよりも、普通の財務諸表の時の計算式で書こう！　と開き直って計算して書いた。少なくとも書かないよりは加点対象にはなるだろうと思ってね。実は今回は事例Ⅳを全然勉強していなかったから、時間が足りなくなるだろうな〜ということは予測してたけど、第４問を解答する時には、案の定時間がなくて、すごくパニックになった。第４問の（設問１）では頭真っ白で、わけのわからないことを書いていたんだけど、そのとき走馬灯のように診断士の勉強をしてたシーンが思い浮かんで、もう勉強したくないって思ったの。なおかつ、落ち着こうと思ってお茶を飲んだ

ら、そこで冷静になれて、頭が正常に戻った。時間が無くなってパニックになるのはわかっていたし、そういう時はお茶を飲もうと事前に決めていたからね。

全　　員：お茶万能～（笑）

シ　ン　ゴ：俺は、第1問は、いつもの財務諸表と同じように扱ったよ。連結の財務諸表だという認識はしてたけど、特にそれが持つ意味はわかっていなかった。逆に中途半端に知識があったほうが動揺していたかもしれないね。第4問はもう諦めたよ。ただ、最初に第4問の記述問題に解答したら、欲を出して時間をかけてしまうと思ったから、一番最後にしようと思った。諦めることによってパニックを回避したかな。

た　く　じ：僕も全然連結財務諸表の知識がなかったから、点数はもう半分くらい取れていればいいやと思って、第4問の記述問題を短時間で先に埋めた。考えたからといって答えが出るわけではないと思ったから。それから、時間的に余裕を持って他の計算問題を解いたよ。

とよでぃ：俺は事例Ⅲが終わった時点で、すごくネガティブになってたから、事例Ⅳの与件文を読んだ時に、まったく頭に入ってこなくて…染色業者が発電事業を始めるというのも唐突すぎて。第4問はまったくわからなかったから、とりあえず文字だけ埋めたっていう感じ。かなりテンパって震えてたね。相対評価だから皆ができないところはできなくてもやばいわけではないって  思えればいいんだけど、解いている最中は絶対評価で考えてしまってて、かなりやばいって思ってたね。だから、できないところは割り切って、できるところにリソースを割くべきだと思う。

> 【現場の対応】
> ・時には諦めて、部分点狙いに切り替える！　他の設問に時間を使って挽回を図る！

【最終問題ゆえの疲労との戦い】

ｍｃｋｙ：ほかに何か想定してなかったことって、ある？

シ　ン　ゴ：そうだね…。前日バス移動があったから、最終問題ってこともあって、疲労のピークを迎えてしまって、第3問で眠くなったな。これはやばいと思ったから、一旦ちょっとリフレッシュ  しようと思って深呼吸したり天井を見たり気持ちを切り替える時間を取って、また立ち向かって乗り越えた。

ち　ょ　く：俺は第3問の（設問1）のキャッシュフローの計算をしている時にごちゃごちゃになってきて、まきみたいに、勉強してきた自分が走馬灯のように思い浮

~効果的なノートの作り方~
　間違えたところと、何で間違えたのかをノートに記録し、定期的に確認する。

　　　　　かんだ。多分疲労と焦りで脳が諦めたんだと思う。残り10分くらいで、このまま
　　　　　まだと本当に終わる！　と思って一瞬冷静になった。今のままだと後悔する、
　　　　　全力を出し切れてない、と思ったから、もうやるしかない！　という気合で脳
　　　　　が切り替わった。とにかく現状を整理して残り時間でやれることをやろうと、
　　　　　どうにかキャッシュフローを全部埋めた。結果として部分点は取れてたっぽい
　　　　　から、多分ここが生死の分かれ目だったと思う。

たくじ：僕はキャッシュフローの計算と投資判断の計算は諦めた。キャッシュフローの
　　　　　計算はわかるところだけ埋めた。最低限取る問題と取らない問題を切り分けて
　　　　　考えていたから案外テンパらずに済んだのかも。

ま　き：私も時間がなかったから、第 3 問（設問 2 ）の数値は、計算せずに書いた。設
　　　　　問に対する解答は D 社の課題解決のための提案につながり、投資に対して積極
　　　　　的な傾向があるから、投資案の採択のところは、「採用する」にマルをしたよ。
　　　　　過去問でもだいたい「採用する」が解答になってたからね。ただ、投資する以
　　　　　上、当期の財務指標の数値を上回っていないといけないから、計算せずに書い
　　　　　たとはいっても、整合性を取るために当期より大きい数値にはしたけどね。

ｍｃｋｙ：なるほど。合格者でも、皆結構ギリギリだったということがよくわかりました。
　　　　　ギリギリでも、とにかく解答用紙を埋めることが大事だと感じました。これが
　　　　　受験生の参考になることを祈りつつ…今日はありがとうございました。

全　　員：ありがとうございました！

【現場の対応】
・本番では疲労との戦いも発生する！　自分なりに、集中力や冷静さを取り戻す方法
　を決めておく!!

〜効果的なノートの作り方〜
　事例を解いて気づいたことや反省を思うがままに書き殴る。アウトプットと視覚化で頭が整理される。

あとがき

親愛なる『ふぞろいな再現答案5』の読者の皆さま

　このたびは本書をご購入いただき、ありがとうございます。皆さまの受験勉強の参考になったでしょうか。この本は、答案分析編と合わせて『ふぞろいな合格答案』のエピソード11とエピソード12のエッセンスを別途編集したものです。この『ふぞろいな合格答案』シリーズは、我々プロジェクトメンバーだけでなく、多くの中小企業診断士受験生および受験生を応援している方々のご協力をいただき、世に出すことができました。この場をお借りして、読者の皆さま、ご協力いただいた多くの方々に厚く御礼申し上げます。

　さて本書を手に取った皆さまは、当然ながら、10月の中小企業診断士2次試験に何としても合格したいと、日々受験勉強に取り組まれていることと思います。しかしながら、どれだけ勉強を重ねてもなかなか答案の完成度が上がらず、周囲の受験生に置いていかれていると感じる方も、少なからずいると思います。もちろん診断士2次試験は競争試験であり、周囲の受験生より1点でも多く得点を獲得する必要があります。ただ、この受験勉強の期間にモチベーションを維持するためには、「他人と比較する」ことよりも、「自分の変化・成長」に目を向けていただきたいと思っています。模擬試験の受験結果を通じて他人と比較し、自分の現在位置を把握する必要はあります。ですが、大切なことは「比べるのは他人ではなく過去の自分」ということです。もしかすると小さな変化かもしれないですが、日々の自分が成長していることに目を向けて、この過酷な受験勉強を走り抜けていただきたいと思っております。

　そしてこの受験勉強は視点を変えてみると、皆さんご自身の新たな可能性を切り開くためのトレーニングと言えるかもしれません。厳しいトレーニングをやり切った後には、また別の新たな世界が広がっています。この世界に入るために、多少時間がかかり、遠回りになったとしても、あきらめない限り必ず入ることができるのは、これまでの多年度受験生が証明しています。

　本書をお手に取った皆さまが、魅力的な診断士の世界に入ってきていただければと、この『ふぞろいな再現答案5』は製作されました。皆さまが過酷なトレーニングをやり切るためのパートナーとして、手元に置いてご活用いただけますと幸いです。本書もまだまだ発展途上な部分もあるかと思います。皆さまの温かい叱咤激励や、ご意見・ご要望を頂戴できれば幸甚です。

　最後になりましたが、診断士試験に臨む皆さまがいつもどおりの力を発揮し、見事合格されますことを当プロジェクトメンバー一同祈念しております。

ふぞろいな合格答案プロジェクトメンバーを代表して

仲光　和之

【編集・執筆】

仲光　和之　　　奥村　直樹　　　益田　知幸　　　伊藤　小由美　　　糸井川　瞬

◆ふぞろいな合格答案エピソード11

奥村　直樹	上出　和紗	佐藤　太一	中嶋　亜美	益田　知幸
須田　正人	藤満　理恵	清水　隆典	吉井　勇樹	松田　大輔
上田　卓司	川崎　航季	北奥　理江	迫田　真季	平田　淳
田所　伸吾	田中　直	豊田　博之	佐々木　祐人	森若　壽英
早田　直弘	荻野　美紗	小野　竜生	眞里谷　理恵	田中　桂

◆ふぞろいな合格答案エピソード12

伊藤　小由美	本薗　宜大	糸井川　瞬	伊與部　純	森上　京
中村　亮	武田　正憲	松本　一真	川瀬　朋子	熊田　圭祐
高橋　育美	星野　盛雄	岡野　知弘	早田　直弘	春田　明範
西亀　久美子	植村　貴紀	山本　篤司	数本　優	荒井　竜哉
山田　麻耶香	中井　丈喜	尾笹　由佳		

2020 年 4 月 25 日　第 1 刷発行
2022 年 4 月 15 日　第 3 刷発行

ふぞろいな再現答案5【2018～2019年版】

ⓒ編著者　　ふぞろいな合格答案プロジェクトチーム

発行者　脇坂康弘

〒113-0033　東京都文京区本郷 3-38-1
TEL. 03 (3813) 3966
FAX. 03 (3818) 2774
URL　https://www.doyukan.co.jp

発行所　株式会社同友館